Auf einen Blick

1 Basiswissen Schrift 17
- Die Entwicklung der Schrift
- Schnitte und Familien
- Einteilung der Schriften in Klassen
- Das typografische Maßsystem

2 Das Zeichen 85
- Der Bleisatz
- Messen und Berechnen der Schriftgröße
- Räume, Laufweiten und Wortabstände

3 Wort und Zeile 135
- Ausrichtung, Länge und Abstand von Zeilen
- Layoutfehler

4 Anforderung und Wirkung 171
- Die verschiedenen Leseformen
- Schrift und ihre Wirkung
- Schriften mischen

5 Die Seite 187
- Raumaufteilung, Papierformat und Satzspiegel
- Raster für die Gestaltung
- Registerhaltigkeit

6 Die Gesamtkomposition 241
- Bild- und Textkombination
- Schmückende Elemente

7 Typografie im Web und mobil 271
- Die Unterschiede zwischen Print und Web
- Neue typografische Möglichkeiten im Internet
- Geeignete Schriften für das Web
- Besonderheiten bei mobilen Geräten

8 Schrifttechnologien 311
- PostScript, TrueType, OpenType, MultipleMaster, WOFF, EOT
- Unicode, ASCII, Hinting

Glossar 327

Inhalt

Vorwort 16

1   Basiswissen Schrift

1.1   Schriftentwicklung 18

3500 v. Chr. und die Sumerer 18

3000 v. Chr. und die Hieroglyphen 19

1200 v. Chr. und die Phönizier 20

800 v. Chr. und die Griechen 21

100 v. Chr. und die Römische Kapitalis 22

800 und die Karolingische Minuskel 24

1000 und die Romanik 25

1200 und die hochgestreckte Gotik 26

1400 und der Beginn der Renaissance 27

1450 und Gutenberg 28

1500, die gebrochenen Schriften und die
Französische Renaissance-Antiqua 29

1500 und die Kursive 30

1700 und Barock und Rokoko 31

1800 und der Klassizismus 32

1880 und der Jugendstil 34

1900, die Times und die serifenlosen Schriften 35

1920 und das Bauhaus 36

1950 und die Schweizer Typografie 38

70er, 80er, 90er und die Einführung des DTP 38

1990 bis heute 41

Pixel- und Screenfonts 41

1.2   Schriftschnitt und Schriftfamilien 42

Ist Italic eine Kursive? 42

Frutiger und seine Zahlen 43

MultipleMaster 44

Schrift als Gebrauchsinstrument 45

Schriftenwelle in der Industrialisierung 45

Experten 46

Kapitälchen 46

Falsche Kapitälchen – ein Kapitalverbrechen? 47

1.3	Schriftklassifikation	48
	Warum überhaupt Klassen?	48
	Schriftklassifikation nach DIN	48
	1. Klasse: Venezianische Renaissance-Antiqua	49
	2. Klasse: Französische Renaissance-Antiqua (Mediäval)	50
	3. Klasse: Barock-Antiqua	51
	4. Klasse: Klassizistische Antiqua	52
	5. Klasse: Serifenbetonte Linear-Antiqua	53
	6. Klasse: Serifenlose Linear-Antiqua	54
	7. Klasse: Antiqua-Varianten	55
	8. Klasse: Schreibschriften	56
	9. Klasse: Handschriftliche Antiqua	56
	10. Klasse: Gebrochene Schriften	58
	11. Klasse:Fremdsprachliche Schriften	60
1.4	DIN 16518 von 1998	60
1.5	Beinert-Matrix	61
1.6	Schriftkünstler	62
	Otl Aicher	62
	Neville Brody	63
	Tobias Frere-Jones	64
	Adrian Frutiger	65
	Claude Garamond	66
	Luc(as) de Groot	67
	Rudolf Koch	68
	Günter Gerhard Lange	69
	Hans Eduard Meier	70
	Stanley Morison	71
	Jim Parkinson	72
	Jean-François Porchez	73
	Paul Renner	74
	Werner Schneider	75
	Erik Spiekermann	76
	Ludwig Sütterlin	77
	Jan Tschichold	78
	Kurt Weidemann	79
	Hermann Zapf	80

1.7	**Typografisches Maßsystem**	81
	Didot-Punkt	81
	DTP-Punkt	81
	Pica-Point	81
1.8	**Ein zeitlicher Überblick**	82

2   Das Zeichen

2.1	**Der Buchstabe**	86
	Form	86
	Schriftgröße	87
	Der Bleisatz in wenigen Worten	88
	Kegelgröße und Schriftgröße	88
	Bleisatz und Digitalsatz?	89
	Weitere Faktoren für die Schriftgrößenmessung	90
	Schriftgröße per Versalhöhe	90
	Versalhöhenbeispiele	90
	Versalhöhen	91
	Begriffsdefinitionen	92
2.2	**Serifen**	94
	Ursprung der Serifen	94
	Serif oder Sans Serif	95
	Humanistische serifenlose Schrift	96
	Der persönliche Stil	97
2.3	**Ligaturen**	98
	Buchstabenform	98
	Voraussetzung	99
	OpenType	99
2.4	**Zahlen**	100
	Arabische Zahlen	100
	Römische Zahlen	100
	Aufbau des arabischen Zahlensystems	101
	Mediäval- und Versalziffern	101
2.5	**Auszeichnungen**	102
	Ästhetische und optische Auszeichnungen	102
	Sparsame Verwendung optischer Auszeichnungen	103

2.6	**Lesegewohnheiten**	104
	Art und Weise des Lesens: die Sakkaden	104
	Ruhe zwischen den Sakkaden	105
	Erschwerte Lesbarkeit durch breite Schrift	105
	Reihenfolge der Buchstaben	105
	Die obere Hälfte des Textes	106
	Grauwert	106
2.7	**Leere Räume**	108
	Geviert – die feste Größe	108
	Geviert statt flexible Räume	108
2.8	**Der Wortabstand**	109
	Die optimale Größe	109
	Große Größen bei dünnen Schriften	110
	Unfreiwillige Größenänderung	110
	Manuelle Bearbeitung	111
	Optische Löcher	111
2.9	**Der Zeichenabstand**	112
	Automatisch optimale Laufweiten	112
	Laufweiten und Schriftgrößen	112
	Laufweiten und Einsatzzweck	112
	Unterschneidungstabellen und AFM-Dateien	114
	Standardregeln	115
	Laufweiten bei großen und kleinen Schriften	116
	Versalsatz und Kapitälchen	116
	Negativsatz	117
	Zeichenkombinationen verändern	118
	Ausgleich in der Praxis	118
	Laufweite / Kerning manuell ändern	119
2.10	**Anwendung in InDesign**	120
	Kerning und Laufweite in InDesign	120
	Das Kerning prüfen	121
	Die Laufweite prüfen	121
	Das gesamte Dokument überprüfen	122
	Änderung per Tastatur	122
	Kerning auf Wortzwischenräume beschränken	123
	Typografische Sonderzeichen einfügen	123

2.11	Anwendung in QuarkXPress	124
	Laufweite ändern	124
	Eintrag vornehmen	124
	Geviertgröße	125
	Laufweitenänderung per Tastaturkürzel	126
	Laufweitenänderungen entfernen	126
	Kerning- und Laufweitentabellen	126
	Tabellen bearbeiten	127
	Typografische Sonderzeichen einfügen	127
2.12	**Schreibregeln**	128
	An- und Abführungszeichen	128
	Datum und Uhrzeit	128
	Zahlen und Formeln	129
	Preise	129
	Prozent und Grad	129
	Abkürzungen	129
	Telefon, Fax, Postfach	130
	Bankleitzahlen und Kontonummern	130
	BIC und IBAN	130
	DIN und ISBN	130
	Striche	130
	Auslassungspunkte	131
2.13	**Kurzbefehle Adobe InDesign**	132
2.14	**Kurzbefehle QuarkXPress**	133

3   Wort und Zeile

3.1	Die Ausrichtung	136
	Flattersatz und Rausatz	137
	Links- und rechtsbündig	138
	Mittelachsensatz	139
	Silbentrennzone in XPress und InDesign	139
	Freier Satz und Formsatz	140
	Blocksatz	140
	Die Variablen	141
	Verändern der Zeichenbreite	142
	Verändern der Zeichen- und Wortabstände	142

	Grenzwerte	143
	Blocksatz in QuarkXPress	144
	Blocksatz in InDesign	144
	Grenzen überschreiten	145
	Trennung oder optimaler Abstand?	145
	Adobe-Absatzsetzer in InDesign	146
	Der Randausgleich: hängende Interpunktion	146
	Entscheiden Sie sich!	146
3.2	**Die Zeilenlänge**	148
	Zu lange Zeilen werfen aus der Reihe	148
	Zu kurze Zeilen strengen Auge und Verstand an	148
	Satzbreite und Satzspiegel	150
	Zeilenbreite und Zeilenabstand	150
3.3	**Der Zeilenabstand**	151
	Durchschuss	151
	Kompress und splendid	152
	Schreib- und Sprechweise	152
	Der optimale Zeilenabstand	152
	Sonderregelungen	154
	Schrift und Zeilenabstand	155
	Mittellängen und Zeilenabstand	156
	Faustregeln zum Zeilenabstand	156
3.4	**Die Spalte**	157
	Optimaler Spaltenabstand: die Leerzeile	158
	Spaltenabstand mit »mii«	158
	Ausnahmen bestätigen die Regel	159
	Spaltenlinien	159
3.5	**Umbruchfehler**	160
	Das Hurenkind	160
	Der Schusterjunge	160
	Geisteshaltung und Merkhilfen	161
	Abhilfe schaffen	162
	Schummeln erlaubt	162
	Gesamten Absatz verändern	163
	Software schafft Abhilfe?	164
	QuarkXPress und Adobe InDesign	164
	Falscher Ansatz	165

3.6	**Der Einzug**	166
	Die optimale Größe des Einzugs erste Zeile	166
	Software-Tipp	166
	Hängender Einzug	167
3.7	**Das Initial**	168
	Hängendes Initial	168
	Der Einsatz	168
	Welches Initial für welchen Zweck?	169

4 Anforderung und Wirkung

4.1	**Leseart**	172
	Verschiedene Formen des Lesens	172
	1. Typografie für lineares Lesen	173
	2. Typografie für informierendes Lesen	173
	3. Typografie für konsultierendes Lesen	173
	4. Typografie für differenzierendes Lesen	174
	5. Typografie für inszenierendes Lesen	174
4.2	**Schriftwahl und Schriftwirkung**	175
	Schrift transportiert eine Meinung	175
	Wirkung auf den zweiten Blick	175
	Die Faustregeln	176
	Die Faustregeln widerlegen	178
	Ein bisschen Serifen	178
	Größenabhängige Wahl	179
	Zwingende Umstände bei der Schriftwahl	180
	Ein einfacher Trick – die Gegenüberstellung	180
	Ist das Unerwartete schon Kunst?	181
4.3	**Schriftkombination**	182
	Semantische Typografie	185

5 Die Seite

5.1	**Raumaufteilung**	188
	Das Vor-Layouten	188
	Eine grobe Skizze erstellen	188
	Grenzen durch Gestaltungsvorgaben	190

	Optimal verpackte Information	190
	Von groß nach klein gestalten	191
	Checkliste von groß nach klein	191
5.2	**Papierformat**	192
	DIN-Format	192
	DIN-Reihen	192
	Grundfläche	192
	Der goldene Schnitt	194
	Fibonacci	194
	Unbewusste harmonische Aufteilung	194
	Unübliche Formate	195
5.3	**Satzspiegel**	196
	Stegbreiten	196
	Berechnung des Satzspiegels	197
	Doppelseitiger Satzspiegel mit Linienkonstruktion	198
	Wer ängstlich oder unschlüssig ist …	200
	Doppelseitiger Satzspiegel nach dem goldenen Schnitt	200
	Doppelseitiger Satzspiegel nach Neunerteilung	202
	Verschiedene Konstruktionen, ähnliche Ergebnisse	202
	Einseitiger Satzspiegel	202
	XPress und InDesign	202
	Korrekturen im Kleinen	204
	Berechnung	204
	Visuelle Kontrolle	205
	Kolumnentitel und Pagina	206
	Marginalien	207
5.4	**Proportionswirkung**	208
	Textausrichtung	208
	Optische Mitte	209
	Verschiedene Raumaufteilungen	210
	Vertikaler Text	212
	Stufen	212
	Beurteilung in QuarkXPress	213
	Beurteilung in Adobe InDesign	213
5.5	**Registerhaltigkeit**	214
	Qualität durch registerhaltigen Text	214
	Was sollte registerhaltig sein?	215

		Magnetisches Raster in der Software	215
		Vorteil des magnetischen Rasters	216
		Drei Funktionen des Rasters	216
		Registerhaltigkeit in QuarkXPress 10	217
		Registerhaltigkeit in InDesign CC	218
5.6	**Gestaltungsraster**		219
		Vertikale Unterteilung	220
		Horizontale Unterteilung	221
		Breiten und Höhen	222
		Nur die Horizontale	222
		Rasterzwang vermeiden	223
5.7	**Platzierung von Text und Bild**		224
		Platzierung im Groben	224
		Platzierung im Feinen	224
		Und wieder das Gestaltungsraster	226
		Abstand zwischen Bild und Bildunterschrift	226
		Abstand zwischen Bild und Fließtext	226
		Randabfallende Elemente	227
		Anschnitt erstellen	228
		Anschnitt in QuarkXPress	229
		Anschnitt in InDesign	230
5.8	**Schmückende Elemente**		231
		Linien	231
		Linie und Strich	232
		Zitate	232
		Rahmen	233
		Ornamente	233
5.9	**Regeln und Beispiele**		234
		Tipps für den Seitenaufbau	234
		Beispiele	236

6 Die Gesamtkomposition

6.1	**Vorbereitung**		242
		Dokument anlegen	242
		Gestaltungsraster	243

6.2	**Bildplatzierung**	243
	Bildunterschriften	244
6.3	**Text**	245
	Headline	245
	Vorspann	246
	Grundtext	247
	Größe der Zwischenüberschrift	247
	Ausrichtung der Zwischenüberschrift	248
	Die Platzfrage	248
	Berechnung der Abstände bei der Zwischenüberschrift	249
	Zweizeilige Zwischenüberschrift	250
	Stolperfallen	251
6.4	**Variationen und Wiedererkennung**	252
	Variationen	252
	Wiedererkennung	253
6.5	**Schmückende Elemente**	254
	Zitate	254
	Kontrast und Farben	255
	Sieben Prinzipien des typografischen Kontrasts	256
6.6	**Kleine Änderung, große Wirkung**	259
	Die Anzeige, erster Teil	259
	Die Anzeige, zweiter Teil	260
	Die Anzeige, dritter Teil	261
	Die Anzeige, vierter Teil	262
	Die Anzeige, fünfter Teil	262
	Die Visitenkarte	264
6.7	**Die schwarze Liste**	266

7 Typografie im Web und mobil

7.1	**Schrift im Internet**	272
	HTML und CSS	272
	@fontface für Schriftvielfalt	272
	Webfonts	273
	Embedded Open Type	274
	Web Open Font Format	274

Schriften erwerben 275

Unterschiede bei den Anbietern 276

Selbst hosten oder fremd hosten,
kaufen oder mieten 277

Schrifteignung 277

Große Anbieter 278

Webfonts von Google 279

Webdesign früher 280

Text als Bild 280

Das PDF – die Website als Bild 281

7.2   Schriftwahl und Schriftgröße 282

Ohne Serifen oder mit Serifen? 282

Mit Serifen 283

Kanten glätten 284

Websichere Schriften 286

Empfehlungen für websichere Schriften 286

Empfehlungen für andere Schriften 288

Schriftgröße 290

Empfehlung 291

Auszeichnungen im Web 291

7.3   Zeilen 292

Zeilenlänge 292

Zeilenabstand 293

Ausrichtung 295

Online ausprobieren 297

7.4   Kontrast und Farbe 298

Weißraum 298

Farbe 298

Kontrast 299

7.5   Typografie mobil 301

Lesebedingungen 302

Schriften für mobile Geräte 304

Performance 304

Mobilsichere Schriften 305

Schriftgrößen 306

Weitere Räume 306

Kontrast 307

7.6	Sonderzeichen	308
	Kodierung	308

8 Schrifttechnologien

8.1	PostScript und TrueType	312
	PostScript	312
	Encapsulated PostScript (EPS)	312
	Die Entstehung von PostScript und TrueType	313
	Der Adobe Type Manager (ATM)	313
	Probleme mit TrueType	313
	Die Basis	314
	Outline-Font	314
	Schlechter Ruf	315
	Vorteile von PostScript	315
	Hinting	316
	Unabhängige Schriftgröße	317
8.2	MultipleMaster	318
	Das Beispiel Myriad	318
8.3	OpenType	320
	Weiterentwicklung des TrueType-Formats	320
	Vorteil: Problemloser Plattformwechsel	320
	Vorteil: Erweiterter Zeichensatz	320
	Vorteil: Erweiterte typografische Funktionalität	322
	Bedingung 1: Die Zeichenbelegung	323
	Bedingung 2: Betriebssystem und Applikation	324
	Die Software	324
8.4	Dfonts	325

Glossar	327
Index	339

Vorwort

Eigentlich mag ich kein Vorwort, das aufrichtig und sachlich über den Inhalt des vorliegenden Buchs referiert. Spätestens dann, wenn mir der Autor ernsthaft anvertraut, warum er dieses Buch geschrieben hat und mich davon überzeugen will, es zu kaufen, kommt bei mir Desinteresse auf.

Da ist mir doch ein Vorwort, in dem der Autor gekonnt und fern vom eigentlichen Gegenstand ein paar Witze erzählt, weitaus lieber – das erfrischt und macht neugierig. Aha. Und warum ist es dann hier nicht so? Vielleicht, weil ich mich zu oft mit aller Leidenschaft über den typografischen Kulturverfall ärgern muss und mit diesem Buch meinen Nerven etwas Gutes tun will. Im Grunde dachte ich, dass ich für den erhobenen Zeigefinger zu jung wäre, aber ich habe mich getäuscht. Schon ein Spaziergang durch das Berliner Friedrichshain bringt mich an den Rand des Nervenzusammenbruchs. In neun von zehn Schaufenstern springen mir entweder Rechtschreibfehler, grammatikalische Vergehen oder eine typografische Sauerei entgegen; Kombinationen sind dabei keine Ausnahme.

Natürlich muss nicht jeder Krämerladenbesitzer den Zwiebelfisch gelesen haben, und von Klaus, dem Besitzer des »Kornecks«, erwarte ich nicht, dass er Weidemann, Zapf oder Lange kennt. Genauso wenig hoffe ich, dass sie am anhaltenden Serif-SansSerif-Streit teilnehmen, den sogar ein typomanischer Mensch wie ich auf Dauer verdrießlich findet. Aber ein wenig Interesse, ob die in 3 600 Punkt erstandene Leuchtschrift über dem Laden in Auge und Kopf schmerzt, könnte man doch zeigen.

Doch ich möchte nicht nur Wünsche, sondern auch Dank aussprechen. Meine Freundin und Lektorin Ruth stand mir nicht nur mit Rat, sondern auch mit Tat zur Seite, und meine Freundin Silke hat sämtliche Abbildungen des Buchs mit Gradationskurven ins rechte Licht gerückt.

Berlin, Januar 2014
Claudia Korthaus

Kapitel 1
Basiswissen Schrift
Die Schriftentwicklung, die Klassifikation und die Erben des Bleisatzes

Sie werden lernen:

- ▶ Wie ist Schrift entstanden?
- ▶ Was sind Schriftschnitte und Schriftfamilien?
- ▶ Wie funktioniert die Schriftklassifikation nach DIN 16518?
- ▶ Was ist die Beinert-Matrix?
- ▶ Wer sind berühmte Schriftkünstler? Welche Schriften haben sie entworfen?

Die Grundlagen unserer heutigen Schrift sind Jahrtausende alt und haben sich immer weiterentwickelt. Wir spüren den Verlauf der Schriftentwicklung auf, teilen Schriften in Klassen und in Maße ein und zollen den Großen unter den Schriftkünstlern unseren Respekt.

1.1 Schriftentwicklung

Das heute verwendete Schriftsystem hat keine geradlinige Vergangenheit. In den verschiedensten Ecken der Welt hat man mehrere tausend Jahre vor unserer Zeitrechnung Ansätze einer Bild- oder Begriffsschrift entwickelt, und auch die folgenden Entwicklungsstufen verlaufen nicht nur linear, sondern auch parallel oder sogar konträr. Und auch wenn die Entwicklung der chinesischen, indischen, arabischen Schrift oder der mittelamerikanischen Mayaschrift sicher nicht weniger interessant ist, gilt an dieser Stelle der Entwicklung der lateinischen Schrift und deren Vorläufern unsere besondere Aufmerksamkeit.

3500 v. Chr. und die Sumerer

Die ersten konkreten Ansätze einer Schrift werden mit den Sumerern 3500 v. Chr. zusammengebracht. Hierfür wird auch der Begriff KEILSCHRIFT verwendet. Dabei handelt es sich um eine Bilderschrift, die aus Piktogrammen und Ideogrammen besteht. Sie mündet im Laufe der Zeit über die Silbenschrift in eine Konsonantenschrift und lebt im alten Orient über mehr als zwei Jahrtausende weiter.

Abbildung 1.1 ▼
Piktogramme übermitteln Aussagen auf kleinstem Raum, auch wenn sie, wie hier, manchmal mehr zur Erheiterung als zur Information beitragen.

Abbildung 1.2 ▶
Die Keilschrift der Sumerer ist eine Bilderschrift und entwickelt sich durch die ständige Vereinfachung im Laufe der Zeit über die Silbenschrift zur Konsonantenschrift. Quelle: *www.uni-essen.de*

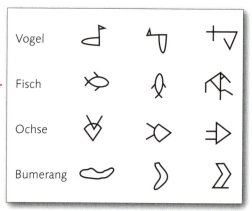

3000 v. Chr. und die Hieroglyphen

Im Niltal entstehen währenddessen die ägyptischen Hieroglyphen, eine Zusammensetzung aus Bilderschrift und Lautschrift, mit denen bemerkenswert konkrete Aussagen getroffen werden können. Die ägyptischen Hieroglyphen sind deshalb eine hohe Gestaltungskunst, erfordern aber gleichzeitig sehr hohen Schreibaufwand und sind nicht alltagstauglich. Durch viele Fremdeinflüsse, Veränderungen und die Suche nach einfacheren Schriftsystemen verliert die Schreibweise nach und nach an Bedeutung.

Auch wenn wir heutzutage kaum jemanden finden, der seinen Aufsatz in Keilschrift oder den Fachartikel in ägyptischen Hieroglyphen abfasst, sind Piktogramme und Ideogramme allgegenwärtig, und so mancher Wissenschaftler warnt uns sogar davor, dass sie überhandnehmen. Wir finden sie im Straßenverkehr, in Gebrauchsanleitungen oder in der Kartografie, als Wasch- oder Bügelanleitung, und ganz besonders stark vertreten sind sie im Internet. Der Grund für die Vorliebe liegt auf der Hand: Die Aussage wird auf kleinstem Raum untergebracht und ermöglicht dem Betrachter, die Information mit einem Blick zu erfassen. Besonders auch in Ländern, in denen der Analphabetismus sehr hoch ist, vereinfacht der Einsatz der Bildzeichen das Leben in vielerlei Hinsicht.

▼ Abbildung 1.3
Die ägyptischen Hieroglyphen waren mehr eine Kunst denn ein alltagstaugliches Schriftsystem.

1200 v. Chr. und die Phönizier

Es scheint, als fühlen sich die Phönizier durch die ägyptischen Hieroglyphen angeregt, eine eigene Schrift zu erfinden. Das große Händler- und Entdeckervolk des Altertums aus Phönizien (dem heutigen Libanon) verwendet als Basis die Bilder- und Lautschrift und entwickelt daraus ein neues Schriftsystem mit Buchstaben. Die Phönizier geben alle Konsonanten ihrer Sprache durch 22 einfache Zeichen wieder. Es ist das erste Schriftsystem, in dem immer mehr abstrahiert und weniger bildlich dargestellt wird und stellt die Grundlage für unser heutiges Alphabet dar. Die Leserichtung verläuft aber noch von rechts nach links.

Die Entwicklungsstufen einiger Zeichen lassen sich wunderbar nachvollziehen. Beispielsweise steht unser heutiges A ursprünglich für den Kuhkopf beziehungsweise den Ochsen, aus dem Zeichen für die Gottheit Hator geschaffen. Die Phönizier entwickeln daraus das phonetische Zeichen, das durch die Weiterentwicklung der Griechen zu unserem heutigen A wurde.

Genau genommen haben die Phönizier somit die Grundlage für das griechische, lateinische, hebräische und das arabische Alphabet geschaffen.

Abbildung 1.4 ▼
Das Alphabet der Phönizier ist die Grundlage für unser heutiges Alphabet. Es gibt alle Konsonanten durch 22 Schriftzeichen wieder.

Abbildung 1.5 ▶
Die phönizischen Schriftzeichen zählen zu den ältesten Zeichen in der Gruppe der kanaanitischen Schriftzeichen. Man schreibt sie von rechts nach links. Quelle: Schriftzeichen und Alphabete alter Zeiten und Völker, Carl Faulmann, 2004. Mit freundlicher Genehmigung des Marix-verlags, Wiesbaden.

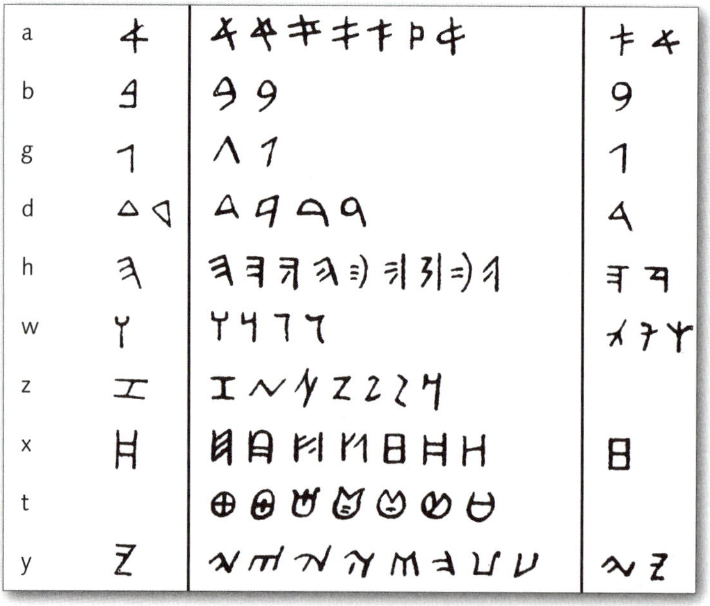

800 v. Chr. und die Griechen

Das klassische griechische Alphabet basiert auf den Buchstaben der Phönizier, die durch den Handel mit den Griechen in Kontakt kommen. Die Griechen übernehmen das Alphabet und entwickeln es zu ihrer sogenannten Lapidarschrift weiter. Da die Sprache der Griechen sehr viel vokalreicher ist als die der Phönizier, ergänzen sie Vokale und ändern ihnen nicht bekannte Konsonanten in Vokale um. Außerdem beginnen Sie damit, die Leserichtung zu ändern. Bei manchen Texten kommt eine Mischform zum Einsatz, bei der die Schreibrichtung von Zeile zu Zeile wechselt. Erst im 4. Jahrhundert v. Chr. wird konsequent rechtsläufig geschrieben.

Die Basiselemente der griechischen Architektur sind die geometrischen Grundformen Quadrat, Rechteck, Dreieck und Kreis. Die gleichen Formen sind in der griechischen Schrift erkennbar. Das griechische Alphabet wird als Ursprung der lateinischen Schrift angesehen.

Α Β Γ Δ Ε Ζ Η Θ Ι Κ Λ Μ Ν
Ξ Ο Π Ρ Σ Τ Υ Φ Χ Ψ Ω

▼ **Abbildung 1.6**
Die griechischen Buchstaben basieren auf den Grundformen der griechischen Architektur.

1 Basiswissen Schrift

100 v. Chr. und die Römische Kapitalis
Nach der Adaptierung und Modifikation durch die Griechen wird das Alphabet in Italien übernommen. Hier entsteht die Urschrift der lateinischen Schriften, die Römische Kapitalis, auch CAPITALIS ROMANA genannt. Die Großbuchstabenschrift mit Querstrichen an den Senkrechten, Vorläufer der Serifen, wird in Stein gemeißelt, eignet sich aber nicht zum flüssigen Schreiben. Als Basis dienen geometrische Grundformen wie der Kreis und das Quadrat. Angeblich entstanden die später folgenden Serifen durch das Ansetzen des Meißels.

Davon abgeleitet wird eine weitere Form der Kapitalis, die CAPITALIS QUADRATA. Hier beruhen sämtliche Abstände, Räume und Formen auf dem goldenen Schnitt. Da auch das Schreiben in der Capitalis Quadrata sehr zeitaufwendig ist, findet sie in erster Linie bei anspruchsvollen Texten Verwendung. Durch den Einsatz von Feder und Pergament und das Bedürfnis, schneller und flüssiger zu schreiben, bilden sich die CAPITALIS RUSTICA sowie kursive Ableitungen.

Versalien und Gemeine
Als Majuskel oder Versalie bezeichnet man einen Großbuchstaben; die Kleinbuchstaben werden auch als Minuskel oder als Gemeine bezeichnet.

CAPITALIS ROMANA
Odoaker von Manfred Klein

CAPITALIS QUADRATA
MKwadrata von Manfred Klein

CAPITALIS RUSTICA
MKapitalis Rustica von Manfred Klein

UNZIALE
Latin Uncial von Jack Kilmon

halbunziale
Roman Halfuncial von Jack Kilmon

Der Untergang des Römischen Reiches führt auch zum Verfall der Schriftkultur. Die Kirche und ihre Gelehrten üben aufgrund ihrer Bildung immer noch den größten Einfluss auf die Schriften aus – durch ihre Ablehnung des »heidnischen Roms« lehnen sie auch die Schriften dieser Zeit ab. Aus den Formen der römischen Buchschriften entwickelt sich stattdessen die UNZIALE. Diese ist im Vergleich zur Capitalis runder und verlässt erstmals das Zwei-Linien-Prinzip: Kleinbuchstaben mit Ober- und Unterlängen sind deutlich zu erkennen. Als Nächstes wird die HALBUNZIALE geschaffen, die bereits eine echte Vier-Linien-Schrift ist.

▼ Abbildung 1.7
Augustinus: Über das Gut der Ehe – De bono coniugali; Originalhandschrift aus Italien, 600 n. Chr., in der Unziale.
Quelle: Schreiben wie im Mittelalter, Klaus Höffler-Preißmann, Augustus Verlag, Augsburg 1991

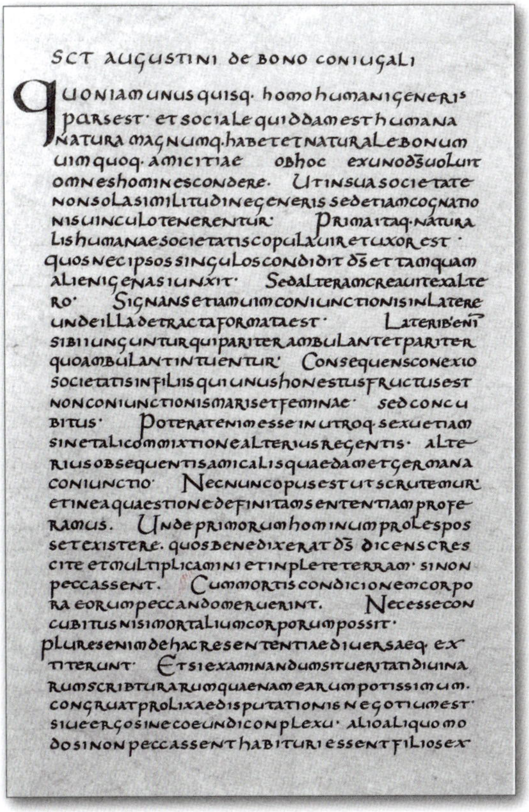

▼ Abbildung 1.8
Krönungsevangeliar, 8. Jahrhundert, mit Capitalis Rustica ❶, Capitalis Romana ❷ und Unziale ❸.
Quelle: Schreiben wie im Mittelalter, Klaus Höffler-Preißmann, Augustus Verlag, Augsburg 1991

1 Basiswissen Schrift

800 und die Karolingische Minuskel

Unter Karl dem Großen entsteht um 800 die KAROLINGISCHE MINUSKEL, eine gut lesbare Rundbogenschrift mit ausgewogenem Schriftduktus, die sich typografisch gesehen auf hohem Niveau bewegt. Mit der Karolingischen Minuskel wird erstmals eine einheitliche Schrift im gesamten Reich verwendet, von den Herrschern befohlen und von den Geistlichen umgesetzt. Die Durchsetzung des Großreichs und die Vereinheitlichung, die karolingische Könige und Kaiser erreichen wollen, spiegeln sich in der einheitlichen Verwendung der Karolingischen Minuskel wider. So ist sie ein Beispiel für eine Schrift, die man erstmals zu politischen Zwecken einsetzt.

Als Basis dienen die Halbunziale und die Römische Kursive; Versalien sind nicht vorhanden und werden bei Bedarf aus der Quadrata, aus der Rustica oder der Unziale verwendet. Die Schrift dient als Vorbild für die Humanistische Antiqua der Renaissance (S. 27).

Schriftduktus
Als Duktus bezeichnet man den Charakter beziehungsweise die Ausprägung eines Strichs.

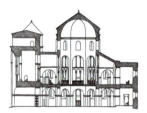

Abbildung 1.9 ▼
Querschnitt der Pfalzkapelle in Aachen, ein karolingischer Bau. Quelle: Deutsche Baukunst, Alexander von Reitzenstein, Reclam, Stuttgart 1956

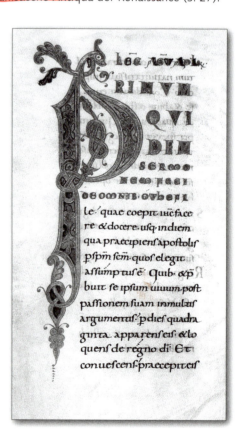

Abbildung 1.10 ▶
Aus einem Lektionar; 9. Jahrhundert; der untere Teil ist in der Karolingischen Minuskel. Quelle: DuMont's Handbuch Kalligraphie, Reinhard Kunze, DuMont Buchverlag, Köln 1992

Beispiel einer Karolingischen Minuskel

Carolinga von William Boyd

24

1.1 Schriftentwicklung

1000 und die Romanik

Um 1000 wandelt sich der Stil der Karolingischen Minuskel zur Romanik. Der romanische Kunststil erlebt im 12. Jahrhundert seine Blüte und ist heute noch an vielen Kirchenbauten in ganz Europa wiederzuentdecken. Merkmale sind wuchtige Türme und Rundbögen sowie Verzierungen mit Ornamenten – berühmte Beispiele sind die Dome zu Speyer, Worms und Mainz sowie auch die Notre-Dame von Paris. Die Bauten werden höher, die Schrift steiler. Die Karolingische Minuskel kommt an dieser Stiländerung nicht vorbei und wandelt sich weiter bis hin zur gotischen Form.

Euro-Scheine und Architektur
Übrigens sind die Euro-Scheine mit Bauten aus sieben Epochen der europäischen Kulturgeschichte geschmückt, entworfen von Robert Kalina. Der Künstler hat zum Thema »Zeitalter und Stile in Europa« den 10-Euro-Schein auf seiner Vorderseite mit einem romanischen Bauwerk versehen.

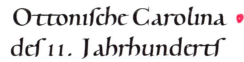

Abbildung 1.11 ▲
Die romanische Schrift Otto hat Klaus-Peter Schäffel nach dem Perikopenbuch Heinrichs II. nachempfunden, das 1012 dem romanischen Dom von Bamberg geschenkt wurde.

▼ **Abbildung 1.12**
Die Klosterkirche Maria Laach ist ein Beispiel für die Bauten der Romanik. Quelle: Deutsche Baukunst, Alexander von Reitzenstein, Reclam, Stuttgart 1956

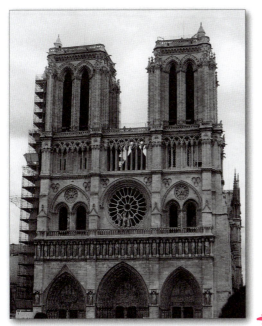

◄ **Abbildung 1.13**
Die Fassade der Kathedrale Notre-Dame von Paris wurde im romanisch-frühgotischen Stil Frankreichs erbaut und 1250 fertiggestellt.

1 Basiswissen Schrift

1200 und die hochgestreckte Gotik

Die Gotik durchbricht die Rundungen der Karolingischen Minuskel. Hochgestreckte Spitzbögen und scharfe Ecken sind typische Anzeichen für den gotischen Stil, den man in der Betonung der Vertikalen in der Schrift wiederfindet. Die Schriften sind optisch an den Stil der gotischen Kathedralen angelehnt, und es entsteht eine völlig neue Schriftform, die GOTISCH, eine Vorläuferin der gebrochenen Schriften (siehe Seite 56). Gutenberg verwendet später für die 42-zeilige Bibel die TEXTURA, die aus der Gotisch erwächst. Die Weiterentwicklung der Gotisch in Form der FRAKTUR oder SCHWABACHER hat einen großen Einfluss auf die deutsche Schriftgeschichte. Die Schwabacher aus dem 15. Jahrhundert ist für lange Zeit die populärere Schrift, wird aber etwa ein Jahrhundert später durch die Bibel Luthers von der Fraktur abgelöst.

Klassifizierung der Fraktur
Die Fraktur gehört in die Gruppe der gebrochenen Schriften; die Gruppe selbst wird oft fälschlicherweise Fraktur genannt. Die Gruppe der gebrochenen Schriften zeichnet sich vorwiegend durch die gebrochenen Rundungen aus.

Gotische Textura

Textualis von Klaus-Peter Schäffel

Die Alte Schwabacher

Abbildung 1.14 ▲
Die Schwabacher wird zum ersten Mal 1472 verwendet. Sie ist breiter und runder als die typisch gotische Textur.

Abbildung 1.15 ▶
Die Westfassade des Doms zu Orvieto von Lorenzo Maitani da Siena (um 1275 begonnen). Quelle: Welcher Stil ist das?, Busch/Reuter, Spemann Verlag, Stuttgart 1958

26

Schriftentwicklung 1.1

1400 und der Beginn der Renaissance

Im Zuge der Neuorientierung entdeckt man in der Renaissance die Antike wieder. Zunächst fertigen italienische Mönche zu Ehren der römischen Antike in der Frührenaissance um 1400 eine italienische Renaissance-Schrift, die HUMANISTISCHE MINUSKEL. Diese Buchschrift wird auch als HUMANISTISCHE ANTIQUA bezeichnet. Die entscheidenden Vorlagen bei der Bildung der Humanistischen Minuskel sind die Römische Kapitalis für das Großbuchstaben-Alphabet und die Karolingische Minuskel für das Kleinbuchstaben-Alphabet – zum ersten Mal unterscheidet man diese explizit. Neben der Minuskel entwickelt sich zudem eine Kursivschrift, die HUMANISTISCHE KURSIVE, die Niccolò Niccoli 1423 veröffentlicht. Die Gotische Schrift lebt in der RUNDGOTISCHEN SCHRIFT weiter.

Antiqua
Im 9. Jahrhundert wurden mit der Karolingischen Minuskel viele Abschriften von antiken Handschriften der römischen und griechischen Klassiker erstellt. Diese Schrift wurde später von den Humanisten »Antiqua«, die Schrift der Alten, genannt.

Die **Gotische Schrift** existiert in der **Rundgotischen** Schrift weiter.

Wallau Rundgotisch

Humaniſtiſche **Minuſkel**

von Klaus-Peter Schäffel

◀ **Abbildung 1.16**
Humanistische Buchkursive aus Italien, 15. Jahrhundert. Quelle: DuMont's Handbuch Kalligraphie, Reinhard Kunze, DuMont Buchverlag, Köln 1992

▼ **Abbildung 1.17**
Das Alte Schloss in Stuttgart. Quelle: Deutsche Baukunst, Alexander von Reitzenstein, Reclam, Stuttgart 1956

27

1 Basiswissen Schrift

1450 und Gutenberg

Johannes Gutenberg revolutioniert 1450 mit der Erfindung des mechanischen Buchdrucks den Einsatz von Schrift. Seine Idee besteht darin, den Text in seine Einzelteile wie Groß- und Kleinbuchstaben, Ligaturen (siehe Seite 96), Satzzeichen und Abkürzungen zu zerlegen.

Der Buchdruck verbreitet sich explosionsartig, Druckereien wachsen wie Pilze aus dem Boden. Die Verbreitung von Nachrichten und Wissen erreicht neue Dimensionen und ist nicht mehr nur auf die kleine Gruppe der Geistlichen begrenzt. Endlich hat auch die breite Masse die Möglichkeit zur Bildung.

Die Erfindung des Buchdrucks nimmt im Folgenden nicht nur auf den Erfolg der reformatorischen Lehre Einfluss, als sie bei der Verbreitung von Martin Luthers Thesen eine Hauptrolle spielt, sondern auch auf wirtschaftliche, gesellschaftliche und nicht zuletzt politische Entwicklungen dieser Zeit. Wissenschaftler halten die Erfindung des Buchdrucks nach der phonetischen Notation des griechischen Alphabets für den zweiten fundamentalen Entwicklungsschritt für die Verbreitung von Informationen.

290 Zeichen für die Bibel
Um den Charakter der Textura wie in Abbildung 1.18 möglichst gut wiederzugeben, fertigt Gutenberg für seine 42-zeilige Bibel insgesamt 290 verschiedene Zeichen an.

Abbildung 1.18 ▶
Altes Testament aus dem 1. Band der Gutenberg-Bibel. Hier wird die TEXTURA verwendet. Quelle: www.gutenberg-museum.de

Schriftentwicklung **1.1**

1500, die gebrochenen Schriften und die Französische Renaissance-Antiqua

Als Weiterführung der Gotischen Minuskel entwickeln sich im 16. Jahrhundert speziell in Europa die gebrochenen Schriften, bei denen die Rundungen der Schriften teilweise oder ganz gebrochen sind. Eine der gebrochenen Schriften, die Fraktur, erlangt durch Martin Luthers Bibelübersetzung große Popularität. Sie basiert auf der Textura und der Rotunda und wird ursprünglich im Auftrag des deutschen Kaisers Maximilian I. erstellt. Als typisch deutsche Schrift entwickelt sie sich in den nächsten vier Jahrhunderten zur am häufigsten verwendeten Druckschrift. Lateinische Texte erstellt man zu dieser Zeit in der Rotunda, und die weiter bearbeitete Antiqua taucht fast ausschließlich in humanistischen Texten auf.

In Frankreich entsteht wenig später eine Variante, die Schriftengruppe der französischen Renaissance-Antiqua. Der Typograf und Verleger Claude Garamond gilt als ihr Begründer und erschafft mit der Garamond eine der bekanntesten Schriften dieser Art.

Rotunda
Die Rotunda gilt als die runde Variante der gotischen Minuskel und zählt zur Gruppe der gebrochenen Schriften.

▼ **Abbildung 1.19**
1514 illustriert unter anderem Albrecht Dürer das Gebetbuch für Maximilian I., das von Hans Schönsperger in der Fraktur gedruckt wird.

Die gilt als die **Fraktur** typisch deutsche Schrift.

Für lateinische Texte verwendete man vorwiegend die Rotunda.

Palatino
Goudy Old Style
Sabon
Garamond

sind Schriften aus der Gruppe der französischen Renaissance-Antiqua.

1 Basiswissen Schrift

1500 und die Kursive

Zur selben Zeit entwickeln sich die kursiven Schriften stark weiter. Nach den vorsichtigen Anfängen treibt Aldus Manutius die Entwicklung und Verbreitung der Kursiven voran. Als Basis dient die Humanistische Kursive von Niccolis, die mit einem konstanten Winkel von 45 Grad geschrieben wird. Manutius entwirft daraus die erste kursive Drucktype, die ausschließlich aus Kleinbuchstaben besteht; für die Versalien verwendet er einen geraden Schnitt.

Von Ludovico degli Arrighi stammt die Kursive Cancellaresca, eine noch feinere Kursive. Beide Schriften gelten als Basis für alle kommenden lateinischen Handschriften und verbreiten sich in Schreibstuben in ganz Europa und darüber hinaus. Während die Kursiven heute als Schriftschnitt, also als Variation einer Schriftart angesehen werden, gelten sie im 16. Jahrhundert noch als gleichberechtigte Schrift. Erst im folgenden Jahrhundert versucht man, einen geraden Schnitt mit einer passenden Kursiven zu ergänzen.

Übrigens steht der Begriff kursiv (von lat. currere, »laufen«) ursprünglich nicht für schräg, sondern für die Verbindung der einzelnen Buchstaben miteinander.

Abbildung 1.20 ▼
Aldus Manutius entwickelt 1501 die erste kursive Drucktype. Das Buch wurde 1502 von Manutius gedruckt.
Quelle: La Réforme de la typographie royale sous Louis XIV – le Grandjean, André Jammes, Paris, Librairie Paul Jammes, 1961; Neuauflage Faksimile, Promodis 1985

Cancellaresca von Ludovico degli Arrighi

1700 und Barock und Rokoko

Um 1700 entwickelt sich durch feinere Drucktechniken und die barocke Stilrichtung das Erscheinungsbild der Schriften weiter. Ein wichtiges Merkmal des Barock ist die schwungvolle Linienführung, die im Rokoko in Spielereien endet. So bilden sich geschwungene Schriften, weitere Kursivschriften und viele Schreibschriften. Um 1700 bis 1800 stellt Holland die Hochburg der Typografen dar, die Janson Text und die Fleischmann entstehen. John Baskerville, englischer Schriftentwerfer und Drucker, hat mit seiner Baskerville eine elegante Barock-Antiqua geschaffen, ebenso William Caslon 1722 mit der Caslon.

▼ Abbildung 1.21
Frauenkirche Dresden (um 1730 erbaut)

Die Baskerville ist eine typische Barock-Antiqua vom englischen Drucker John Baskerville.

Der Schriftsteller George Bernard Shaw ließ all seine Bücher ausschließlich in der Caslon von William Caslon drucken.

Abbildung 1.22 ▶
Die verspielten Schriften des Rokoko findet man heute beispielsweise beim Frisör oder auch im Schmuckgewerbe.

◀ Abbildung 1.23
Die Karlskirche zu Wien von Johann Bernhard Fischer von Erlach (um 1720 erbaut). Quelle: Welcher Stil ist das?, Busch/Reuter; Spemann Verlag, Stuttgart 1958

1800 und der Klassizismus

Manuale Tipografico

Bodoni hinterlässt mit dem Handbuch der Typografie, dem »Manuale Tipografico«, eine Sammlung zahlreicher Schriftformen und -typen, die er erstellt und verlegt hat. Das Buch, das posthum 1818 von seiner Witwe veröffentlicht wurde, enthält 169 Schnitte des lateinischen Alphabets sowie griechische, hebräische und andere Schriften, außerdem viele florale Ornamente.

Grotesk

Weil zur damaligen Zeit vielen eine Schrift ohne Serifen seltsam vorkam, entstand für eine serifenlose Antiqua der Begriff »Grotesk«.

Bereits in der Mitte des 18. Jahrhunderts beginnt der Klassizismus mit seiner Nüchternheit die barocke Kultur zu verdrängen. Während des Klassizismus tritt in erster Linie der Zweck, die Ratio, in den Vordergrund, und es entstehen hauptsächlich klare, strenge, kontrastreiche Schriftformen, die an die Formen der griechisch-römischen Antike angelehnt sind. Die schmückenden Initiale aus der Zeit des Rokoko findet man kaum noch, die Entwicklung geht hin zu klaren und strukturierten Texten. Firmin Didot, der Pate für den Didot-Punkt steht, schafft mit der KAISER-ANTIQUA zur Krönung von Napoleon eine typisch Klassizistische Antiqua. Nach ihm wird das typografische Maßsystem benannt, das zunächst in vielen Ländern gültig ist und für das Streben nach Klarheit und Norm steht.

Ende des 18. Jahrhunderts entwirft der »König der Typografen«, der Drucker und Stempelschneider Giambattista Bodoni, eine neuartige Schrift, die später typisch für eine Schriftklasse sein sollte: die Klassizistische Antiqua BODONI. Auch die WALBAUM des Stempelschneiders Justus Erich Walbaum stammt aus dieser Zeit. Die deutsche Variante entwickelt sich – im Laufe der Jahre immer wieder überarbeitet – zu einer schlichten und eleganten Klassizistischen Antiqua. Auch eine moderne Form der Fraktur ist ein Werk von Walbaum.

Die beginnende Industrialisierung hinterlässt ihre Spuren: Die Drucktechniken sind ausgefeilter, was zu teilweise abwegigen und unleserlichen Schriften führt und stellenweise in Experimentierwut mündet. Erste Ansätze für Werbung verlangen nach neuen und geeigneten Schriftgesichtern. Doch nicht nur Eintagsfliegen entstehen: 1815 taucht die erste EGYPTIENNE auf, eine Variante mit deutlich verstärkten Serifen, und kurze Zeit darauf die erste SERIFENLOSE GROTESK. Während Robert Thorne 1803 zum ersten Mal eine Sans Serif gezeigt haben soll, entsteht 1816 die GROTESK von William Caslon. Der Durchbruch der serifenlosen Schriften erfolgt später durch die AKZIDENZ-GROTESK.

Die **Linotype Didot** wird 1991 von **Adrian Frutiger** geschaffen. Sie orientiert sich an den Schriften, die **Firmin Didot** zwischen 1799 und 1811 erstellt hat.

Schriftentwicklung **1.1**

F1

Mit der **Bodoni** entsteht ein neuer Stil mit stark ausgeprägten Unterschieden zwischen Grund- und Haarstrichen.

Die Egyptienne F – eine Variante der **Egyptienne**

Da die ersten serifenlosen Schriften wie die **Akzidenz Grotesk** als befremdlich und seltsam empfunden wurden, bezeichnete man sie als »grotesk«.

▼ **Abbildung 1.24**
Konzerthaus (früher Schauspielhaus) Berlin, gebaut vom klassizistischen Architekten Karl Friedrich Schinkel 1818 bis 1821

33

1 Basiswissen Schrift

1880 und der Jugendstil

Zum Ende des 19. Jahrhunderts hat der Jugendstil seine Hochzeit, die bis zum Beginn des 20. Jahrhunderts anhält. Der Begriff Jugendstil ist von einer Münchner Kunstzeitschrift abgeleitet, die Wurzeln der Bewegung liegen aber in England. Der englische Künstler William Morris gilt als Begründer des Jugendstils. Er mischt gotische und barocke Elemente und lässt dazu japanische und orientalische Einflüsse wirken.

Der Jugendstil umfasst nahezu alle Kunstgattungen und ist eine Mischung aus verschiedenen europäischen Strömungen. Er entstand als Protest gegen die Vereinheitlichung und Vermaßung.

Typisch für diese Epoche sind die gewölbten Linien. Als Vorbild dienen viele Elemente aus der Natur, und zum klassischen Jugendstilelement wird so die geschwungene, pflanzliche Linie. Entsprechend leicht sind die Schriften aus dieser Stilepoche zu erkennen, deren Linienformen kräftig und geschwungen sind und in ihrer Linienstärke stark variieren.

Eine bekannte Jugenstilschrift ist die ECKMANN des Deutschen Otto Eckmann (1865–1902). Das Hauptmotiv des Malers, Grafikers und Buchkünstlers war der Schwan, der daraufhin zu einem Leitmotiv des Jugendstils wird. Ebenso bekannt und verbreitet ist die Schrift ARNOLD BÖCKLIN, die der Schweizer Künstler Böcklin entwirft.

Otto Eckmann

▼ Abbildung 1.25
Die Natur als Vorbild: Typische Kunst aus der Zeit des Jugendstils, mit zahllosen Pflanzen- und Tiermotiven

Arnold Böcklin ist einer der bedeutendsten **Künstler** des 19. Jahrhunderts. Der Schweizer arbeitete als Maler, Zeichner, Grafiker und Bildhauer.

34

1900, die Times und die serifenlosen Schriften

Jede Bewegung ruft eine Gegenbewegung hervor, so auch hier. Nach der strengen Zeit des Klassizismus und dem geschwungenen und häufig aufdringlichen Jugendstil findet man zurück zu typografisch anspruchsvollen Arbeiten, die besonders in den ersten Jahrzehnten des 20. Jahrhunderts zu wegweisenden Schriften verhelfen. Die Schriften BASKERVILLE und BODONI werden neu entdeckt, überarbeitet und populär, ebenso die BEMBO.

Die bekannteste Schrift aus dieser Zeit ist die TIMES, die vom englischen Typografen Stanley Morison stammt. Als eine der einflussreichsten Personen der Zeit und als typografischer Berater der Monotype Corporation und der Cambridge University Press entwickelt er im Auftrag der englischen Zeitung »The Times« die gleichnamige Barock-Antiqua. Im Oktober 1932 erscheint die erste Ausgabe der Zeitschrift mit der neuen Titelzeile.

Zum Jahrhundertwechsel halten auch die serifenlosen Schriften Einzug. 1898 wird als das Geburtsjahr der AKZIDENZ-GROTESK beziffert, die sich aus einer Reihe serifenloser Schriften wie der ROYAL-GROTESK von Ferdinand Theinhardt heraus entwickelt. Sie gilt als Vorläuferin vieler bekannter serifenloser Schriften wie der HELVETICA und der UNIVERS. Die Berliner Schriftgießerei Berthold bringt sie auf den Markt.

▼ **Abbildung 1.26**
Die Tageszeitung »The Times«, deren Titel-Schrift von Stanley Morison stammt

1 Basiswissen Schrift

1920 und das Bauhaus

Die 20er-Jahre haben einen weitreichenden Einfluss auf Kunst, Architektur, Grafik und Typografie des gesamten 20. Jahrhunderts in Mitteleuropa. Eine wichtige Rolle spielt dabei das von Walter Gropius gegründete Bauhaus. Die Grundidee der Bauhaus-Pädagogik ist die Einheit von künstlerischer und praktischer Ausbildung; die Trennung zwischen freien Künstlern und Handwerkern soll aufgehoben werden. Unter dem Stichwort »Neue Typografie« entsteht ein Anspruch auf Modernität. Man arbeitet mit Grotesken, asymmetrisch, mit Balken und Linien, in Schwarz, Weiß und Rot. Im Lehrerkreis des Bauhauses findet man Namen wie Marcel Breuer, Karel Teige, Herbert Bayer, Kurt Schwitters und den Ungar László Moholy-Nagy, die in der Grotesk-Typografie den Fortschritt der Industriegesellschaft sehen.

Beispielhaft für diese Zeit ist aus dem Jahr 1925 der Schriftentwurf der Kombinationsschrift von Josef Albers, der am Bauhaus lehrt: Er reduziert sein Alphabet auf geometrische Grundformen. Jan Tschichold entwirft in München die »Neue Typografie« und plädiert für einen klaren, elementaren Funktionalismus. 1925 gibt Tschichold unter dem Namen »elementare typografie« ein Sonderheft der Zeitung »typografische mitteilungen« heraus, das ihn zum Wortführer der Avantgarde-Typografie macht. Von ihm stammen Schriften wie Transit, Zeus und die Sabon, die er 1964 auf der Basis der Garamond erschafft.

Abbildung 1.27 ▲
Die Schrift P22 Albers von Josef Albers

Abbildung 1.28 ▶
Eine Geschäftskarte von Herbert Bayer; die verwendeten Farben sind Rot und Schwarz. Quelle: typografische mitteilungen – sonderheft elementare typografie von Iwan Tschichold, Nachdruck Verlag H. Schmidt, Mainz 1986

Schriftentwicklung 1.1

Die ersten beiden Grundregeln der elementaren Typografie lauten:
1. Die neue Typografie ist zweckbetont.
2. Zweck jeder Typografie ist Mitteilung. Die Mitteilung muss in kürzester, einfachster, eindringlichster Form erscheinen.

Paul Renner entwirft 1927 die FUTURA, die den Grundsätzen der Neuen Typografie entspricht und besonders in den sechziger Jahren die Standardschrift darstellt. Rudolf Koch gestaltet 1927 mit der KABEL eine Basis für viele der folgenden serifenlosen Schriften, deren Durchbruch kaum noch zu stoppen ist.

Parallel dazu entwickeln sich die gebrochenen Schriften weiter. Rudolf Koch gestaltet EINE DEUTSCHE SCHRIFT sowie die KLINGSPOR. Die Fraktur ist ab 1933 der Inbegriff einer deutschen Schrift und wird vorwiegend verwendet. Die Nationalsozialisten setzen sie als politisches Propaganda-Instrument ein, und 1937 wird sogar jüdischen Verlagen verboten, eine Frakturschrift zu verwenden. Wenig bekannt ist die Tatsache, dass sich die Nationalsozialisten 1941 völlig von ihr abwenden und sie in einem Erlass als »Schwabacher Judenletter« explizit verbieten. Ab sofort müssen sämtliche Zeitungen und Schulbücher in die Antiqua-Schrift geändert werden.

Durch die Verwendung durch die Nationalsozialisten hat die Fraktur Schaden genommen, und sie löst auch heute noch bei vielen Betrachtern die gedankliche Verbindung zum Dritten Reich aus.

▼ **Abbildung 1.29**
1923; Einband zu Majakowsky; DIja gólossa. Quelle: typografische mitteilungen – sonderheft elementare typografie von Iwan Tschichold, Nachdruck Verlag H. Schmidt, Mainz 1986

WALLAU DEUTSCH
Duc De Berry
Fette Fraktur

Mit der Futura schafft Paul Renner 1927 eine serifenlose Schrift, die sich an den Ideen der Bauhaus-Pädagogik und der Neuen Typografie orientiert.
Die Futura entwickelt sich zu einer beliebten und zeitlosen Grotesk.

1950 und die Schweizer Typografie

In Deutschland liegt die Entwicklung der Grotesken während der Zeit der Nationalsozialisten brach, dafür gilt die Schweiz in dieser Zeit als Nabel der serifenlosen Schriften. Namhafte Typografen entwickeln die heute noch gültige »Schweizer Typografie«, die sich aufgrund der Nachwirkungen des Bauhaus-Stils besonders durch ein klares Gestaltungsraster und reduzierte, geometrische Formen auszeichnet.

In der Zeit des Wiederaufbaus setzt sich auch in Deutschland der Siegeszug der Grotesk-Schriften weiter fort, die Schweiz als Hochburg der Typografie tut ein Übriges. Viele Schriftenkünstler verewigen sich in serifenlosen Schriften, deren Basis häufig in den 20er-Jahren zu finden ist. Hier entsteht 1957 die HELVETICA von Max Miedinger, der die Schelter-Grotesk von 1880 zugrunde liegt. Die UNIVERS von Adrian Frutiger spielt ab dieser Zeit eine ebenso wichtige Rolle wie die FOLIO von Konrad F. Bauer und Walter Baum, die auf der breiten Grotesk von 1867 basiert.

Auch wenn die Streitfrage zwischen Grotesk und Antiqua nie ruht, spielt doch die serifenlose Schrift in den folgenden Jahrzehnten die Hauptrolle.

70er, 80er, 90er und die Einführung des DTP

Die Einführung des Fotosatzes und nun des Desktop-Publishings erweitert die Möglichkeiten der Schrifterstellung und -anwendung enorm. Das Berufsbild des Schriftsetzers muss sich durch die Entwicklung vom Bleisatz über den Fotosatz zum Desktop-Publishing innerhalb von wenigen Jahren wandeln, man muss sich mit gänzlich neuen Ansprüchen und Inhalten auseinandersetzen. Doch was zunächst mit der Einführung des DTP und PageMaker den gelernten Typografen vorbehalten ist, wird spätestens in den 90ern zu einem Massenphänomen. Aufgrund der digitalen Revolution bedarf es für die technische Erzeugung einer Schrift weder einer künstlerischen noch einer handwerklichen Ausbildung. Spätestens seit den 90er-Jahren sind Hard- und Software auch für private Geldbeutel erschwinglich und ermöglichen so nicht nur die Verwendung vieler verschiedener Schriften, sondern auch deren Erstellung.

Durch die elektronische Verzerrung ist kein Schnitt mehr vor Variationen sicher. Frei nach dem Motto »wozu einen Schnitt kaufen, wenn man ihn verzerren kann« füllen Flugblätter und Werbezettel den Briefkasten, die Typografen Tränen in die Augen treiben.

Schriftentwicklung 1.1

abcdefghijklmnopqrstuvwxyz
ABCDEFGHIJKLMNOPQRSTUVWXYZ
1234567890 Helvetica Regular

abcdefghijklmnopqrstuvwxyz
ABCDEFGHIJKLMNOPQRSTUVWXYZ
1234567890 Univers 55 Roman

abcdefghijklmnopqrstuvwxyz
ABCDEFGHIJKLMNOPQRSTUVWXYZ
1234567890 Folio Light

▲ **Abbildung 1.30**
Quelle: Briefkasten Berlin, Prenzlauer Berg

◄ **Abbildung 1.31**
Das Haus der Kulturen der Welt in Berlin entstand 1957 und steht symbolisch für den neuen Architekturstil dieser Zeit, der die Freiheit der Gedanken widerspiegeln soll.

1 Basiswissen Schrift

Doch das Ignorieren aller typografischen Regeln bringt nicht ausschließlich den Verlust von qualitativ hochwertigen typografischen Arbeiten und Schriften mit sich. Neville Brody und David Carson stehen für eine neue Stilrichtung, in der auf gekonnte Art und Weise typografische Stilregeln durchbrochen werden.

Künstler arbeiten individualistisch und experimentell und wecken Erinnerungen an den Dadaismus aus den 20er-Jahren. Viele Klassiker werden überarbeitet und ergänzt. Ein Paradebeispiel ist Günter Gerhard Lange, der als künstlerischer Direktor der Berthold AG zahlreiche Originalschriften neu interpretiert und schafft. Es entstehen neue Schriftbibliotheken genauso wie eine Vielzahl neuer Schriftanbieter.

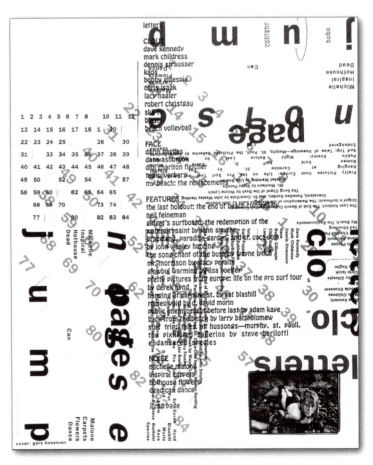

Abbildung 1.32 ▶
Inhaltsangabe von 1991; Komposition aus Zahlen, Buchstaben und Bildern von David Carson; Quelle: David Carson, The End of Print, Chronicle Books, San Francisco 2000

Abbildung 1.33 ▼
»Holidays in Hell«, The Face, No. 53, September 1984. Quelle: The Graphic Language of Neville Brody, Neville Brody/Jon Wozencroft, Thames and Hudson, 1994

1990 bis heute

Neben den unzähligen unbekannten Schriftdesignern der vergangenen Jahre, die wie Eintagsfliegen kaum von sich reden machten, haben die jüngsten Jahrzehnte aber auch namhafte Typografen mit bedeutenden Schriften hervorgebracht: Otl Aicher entwirft 1988 die Rotis; von Hermann Zapf stammen die Palatino, ITC Zapf Dingbats, die ITC Zapf Chancery, die Optima und die Zapfino; Adrian Frutiger mit der Frutiger, der Avenir, der Univers; Kurt Weidemann mit der ITC Weidemann; Werner Schneider mit der Vialog; Erik Spiekermann mit der FF Meta und der ITC Officina Sans und Serif, FF Unit und Berliner Grotesk und Lucas de Groot mit Mono, Thesis TheSans, Spiegelsans, Corpid (1997) und TheSans, die als Tagesschau-Schrift als die erste speziell für den Bildschirm entworfene Schrift gilt.

Die Aufbereitung von »alten« Schriften nimmt ebenfalls einen relativ bedeutenden Platz in der Schriftsammlung ein. So hat Jean-François Porchez die in die Jahre gekommene Sabon den heutigen technischen Möglichkeiten angepasst, um nur ein Beispiel zu nennen. Herausgekommen ist ein gelungenes Redesign der Sabon, die Sabon Next. Porchez hat unter Beibehaltung der Buchstabenformen die Grundidee Tschicholds übernommen, gleichzeitig aber die Einschränkungen überwunden, die damals für den Bleisatz und den Stempel-Handsatz herrschten, wie beispielsweise die fehlende Möglichkeit der Unterschneidung.

Durch die unterschiedlichen Überarbeitungen diverser Schrifthersteller entstehen außerdem unterschiedliche Erscheinungsbilder von einer Ausgangsschrift, in deren Namen häufig der Schriftanbieter wie Apple, ITC oder Adobe enthalten ist.

Pixel- und Screenfonts

Durch die Verbreitung des Internets entsteht eine neue Gruppe von Schriften: die Pixel- oder Screenfonts. Diese müssen gänzlich anderen Ansprüchen genügen, da sie möglichst optimal am Monitor beziehungsweise am Smartphone zu lesen sein sollen. Jahrhundertealtes Wissen um die Lesbarkeit, die Struktur und den Aufbau von gedruckten Schriften genauso wie um optimale Zeilenlänge, Raumaufteilung und Farbkombination muss neu überdacht und den neuen Ansprüchen angepasst werden.

Rotis

Zapfino

Frutiger

Avenir

Meta

TheSans

Screendesign
Mehr zu Typografie im Internet erfahren Sie in Kapitel 7, »Typografie im Web und mobil«.

1.2 Schriftschnitt und Schriftfamilien

Nach heutiger Auffassung versteht man unter Schriftschnitt eine Variationsmöglichkeit des Schriftbildes. Alle Varianten des Schriftbildes bezeichnet man als SCHRIFTFAMILIE. Manche Schriften weisen nur einen Schnitt auf, andere nur die Klassiker kursiv und fett, andere Familien wiederum bestehen aus 20 und mehr Schnitten. Dabei unterscheidet man zwischen den Schriftbreiten wie schmal, normal oder breit, den Schriftstärken wie leicht, mager, halbfett oder fett sowie der Schriftlage wie kursiv. Bei vielen Schriften taucht die Art des Schriftschnittes im Schriftnamen auf, häufig auch als englische Variante wie FUTURA OBLIQUE oder HELVETICA NARROW. Der Begriff »normal« wird meistens weggelassen, die Variante »Book« ist häufig ein wenig schmaler als normal. Auch die KAPITÄLCHEN sind üblicherweise ein eigener Schnitt und sollten auch nur dann, wenn sie als eigener Schnitt vorliegen, verwendet werden – elektronische Kapitälchen hingegen sind lediglich in der Größe modifizierte Zeichen, die entsprechende optische Nachteile aufweisen.

Ist Italic eine Kursive?

Die Übersetzung OBLIQUE für einen kursiven Schnitt liegt auf der Hand, aber was haben die Italiener beziehungsweise was hat die Bezeichnung ITALIC mit einer Kursivschrift zu tun? Für diese Erklärung reisen wir in das 16. Jahrhundert, in dem der Ursprung der kursiven Schriften liegt. In Italien soll zum ersten Mal der kursive Schreibstil bewusst eingesetzt worden sein. Besonders beim a oder g ist deutlich zu sehen, dass nicht nur das Papier ein wenig gedreht wurde, sondern dass die Kursive auf einem anderen Stil und einer anderen, nämlich der schnelleren Schreibweise basiert. Durch die Nachahmung anderer Gelehrter entwickelte sie sich zur Schrift der Intellektuellen und Gebildeten. Aldus Manutius, der als der »Erfinder« der kursiven Schrift gilt, zeigte den richtigen Riecher und schnitt mit

Bold und Fett
Durch die Vermischung der deutschen und englischen Bezeichnungen sollte man auf eventuelle Verwechslungen achten: Das englische »bold« in einem Schriftnamen steht ursprünglich für einen halbfetten Schnitt, wird aber häufig mit »fett« übersetzt.

Abbildung 1.34 ▼
Speziell beim Buchstaben a ist gut zu erkennen, wie sich der kursive von einem geraden Schnitt unterscheidet. Die Buchstaben sind nicht gekippt, sondern die Kursive ist ein eigenständiger Schriftschnitt.

Francesco Griffo aus Bologna Kursivschriften, um das Buchmaterial der Gelehrten zu drucken. Konkurrierende Druckereien kopierten daraufhin kursive Schnitte und benannten sie, um von dem Begriff *kursiv* wegzukommen, nach dem Schaffensort Italien von Aldus Manutius: ITALIC.

Frutiger und seine Zahlen

Zugegeben, die Gliederung der Schnitte in fett, halbfett oder dreiviertelfett ist nicht besonders übersichtlich und fordert bei 20 oder mehr Schnitten einer Schrift einen scharfen Verstand. Adrian Frutiger hat sich deshalb ein eigenes Zahlensystem ausgedacht, das er bei seiner Univers einsetzte. Allerdings wurde sein Zahlensystem nur von wenigen anderen aufgenommen und weiterverwendet.

Jeder Schriftschnitt erhält eine zweistellige Zahl; beide Ziffern bewegen sich zwischen der 3 und der 9. Die erste Zahl bestimmt dabei die Schriftstärke. Die zweite Zahl beinhaltet die Angaben zur Dickte und zur Schriftlage: An der Einerstelle steht eine niedrigere Zahl für einen schmalen Schnitt, eine höhere für einen breiten Schnitt; eine gerade Zahl bezeichnet einen kursiven Schnitt, eine ungerade Zahl steht für die normale Schriftlage.

Das Prinzip der Nummerierung wird von Frutiger auch auf seine Schrift FRUTIGER sowie auf die NEUE HELVETICA angewendet.

▼ Abbildung 1.35
Frutiger schlüsselte seine Schnitte nach einem Zahlensystem auf.

		u45	*u46*	u47	*u48*
u53	*u54*	u55	*u56*	u57	*u58*
u63		**u65**	***u66***	**u67**	***u68***
u73	***u74***	**u75**	***u76***		
		u85	***u86***		
u93	***u94***				

1 Basiswissen Schrift

MultipleMaster

Wenn das Zahlensystem von Frutiger nicht angenommen wurde, was bedeutet dann beispielsweise der kryptische Name Myria-MM_215 LT 300 CN? Hierbei handelt es sich um eine Multiple-Master-Schrift, und für die Aufschlüsselung der Namenskonvention hilft es, das Prinzip dieses Schriftsystems zu verstehen.

Die MultipleMaster-Technologie beinhaltet zwei oder mehr Outlines, die MASTER genannt werden und eine oder mehr Designachsen beschreiben. Auf der Designachse liegen dynamische Werte eines typografischen Parameters wie Stärke oder Breite, an den Enden der Achse liegen die gegensätzlichen Attribute wie leicht und fett, wie schmal und breit. Solange die Bézierpunkte eine sinnvolle Interpolation zulassen, entstehen durch Interpolation der Masterdesigns die Schnitte. Somit weist beispielsweise die erste von Adobe entwickelte MultipleMaster-Schrift MYRIAD zwei Achsen auf: eine Stärkeachse, auf der von light nach black gearbeitet wird, sowie eine Breitenachse, auf der CONDENSED bis EXPANDED angeboten wird.

Bei den vier Masterdesigns handelt es sich um LIGHT CONDENSED, BLACK CONDENSED, LIGHT EXPANDED und BLACK EXPANDED. Alle Stadien dazwischen kann der Benutzer festlegen, sofern die Software dies unterstützt beziehungsweise auf vordefinierte Zwischenschritte zurückgreift. Auch multiple Achsen sind möglich, jedoch verdoppelt jede zusätzliche Achse die Anzahl der benötigten Masterschnitte.

Abbildung 1.36 ▼
Die erste Zahlenspalte beschreibt die Strichstärke, die zweite Spalte die Breite. So steht 215 LT für ein geringes Gewicht (niedrige Zahl sowie die Abkürzung LT für Light); 300 CN lässt die Breite erkennen: Die niedrige Zahl sowie die Abkürzung CN (condensed) stehen für eine schmale Schrift. Die Abkürzung RG bedeutet regular, SB steht für semibold und SE steht für semi-extended.

Myriad   215 LT   300 CN

[...]
215 LT   700 SE
400 RG   **300 CN**
400 RG   **700 SE**
565 SB   **700 SE**
[...]

Myriad 830 BL 700 NO

44

So bedeutet beispielsweise der Name MyriaMM_215 LT 300 CN, dass es sich um eine MultipleMaster-Schrift Myriad mit zwei Designachsen, nämlich Stärke und Breite, handelt. Diese Variante weist eine geringe Strichstärke (LT für Light) und eine schmale Breite (CN für condensed) auf.

Schrift als Gebrauchsinstrument

Die beiden Begriffe SCHRIFTFAMILIE und SCHRIFTSCHNITT existieren noch nicht lange in der Geschichte der Schrift. Der Grund dafür liegt allerdings nicht in einer Umbenennung der Begrifflichkeiten, sondern in der Tatsache, dass verschiedene Schnitte einer Schrift bis vor 150 Jahren weder nötig noch üblich waren. Schriften waren früher keine Handelsware so wie heute – man erschuf einzig und allein deswegen eine Schrift, weil man sie für ein Projekt oder eine Auftragsarbeit benötigte.

Claude Garamond, Aldus Manutius oder John Baskerville, die zwar als Schriftenschneider, aber auch als Drucker und Verleger arbeiteten, sie alle erschufen Schriften für den eigenen Einsatz. Mitunter entstanden auch Schriften als eine Art Auftragsarbeit, wie beispielsweise die GRECS DU ROI von Claude Garamond, die für einen königlichen Ratgeber entstand. Ein anderes Beispiel ist Gutenberg mit seiner zweispaltig gesetzten 42-zeiligen Bibel, für die er eigens die Schrift TEXTURA entwickelte.

Das Erstellen und Kategorisieren von Schriften und Familien sollte erst viel später geschehen, gab es doch zu dieser Zeit noch keinen Anlass dafür, da die Menge an Schriften und Größen überschaubar war.

Schriftenwelle in der Industrialisierung

Etwa zu Zeiten Giambattista Bodonis, im 18. Jahrhundert, begann das Schriftschneiden zu einem Selbstläufer zu werden. Doch auch hier verhinderten die Handarbeit, die noch für jede Schrift Voraussetzung war, sowie die noch beschränkten Handelswege, dass Schriften als Massenware erstellt und verkauft wurden.

Der eigentliche Startschuss hierfür fällt erst mit der beginnenden Industrialisierung im 19. Jahrhundert. Durch die Entwicklung des Wirtschaftssystems wird die Schrift als Ware gesehen, und Schriftmengen überschwemmen die Landschaft. Abgesehen von verschiedensten Variationen eines Schriftbildes entstanden zu dieser Zeit Unmengen an unzulässigen Kopien, was den Schriftgießereien ein Dorn im Auge war.

Garnitur
Als Schriftgarnitur werden sämtliche Schriftgrade (also Schriftgrößen) eines Schriftschnittes bezeichnet. Die SCHRIFTSIPPE bezeichnet eine Gruppe von Schriften, die eine einheitliche Basis, also die gleichen grafischen Merkmale, aufweist und Varianten mit und ohne Serifen enthält. Ein Beispiel dafür ist die Officina, die aus der Officina Sans und der Officina Serif besteht.

Abhilfe sollte die American Type Founders schaffen, ein Zusammenschluss von Schriftgießereien, der 1892 gegründet wurde. Die ATF sollte nicht nur Ordnung ins Schriftenchaos bringen, sondern das finanzielle Fiasko stoppen, das den Schriftgießereien drohte und das aufgrund der zahllosen Nachahmungen näher rückte. Eine tragende Rolle spielte dabei Morris Fuller Benton, der wie sein Vater im ATF eine leitende Position innehatte. Er selbst überarbeitete unzählige Klassiker, räumte aber gleichzeitig mit unbekannten Kopien und Nachahmungen auf und entwickelte Sortierungssysteme. Aus dieser Notwendigkeit heraus entstand die Idee der Schriftfamilie.

Experten
Besteht eine Familie aus dem normalen Schnitt, dem kursiven, dem halbfetten, dem fetten Schnitt und einer Kapitälchenvariante, bezeichnet man die Familie auch als Expertensatz. Die Arbeit mit einem Expertensatz erleichtert das Mischen von Schriften: Grundsätzlich können sämtliche Schriftschnitte innerhalb einer Familie ohne Bedenken gemischt werden. Aber auch diese Regel wird von der Ausnahme bestätigt. So sollte man Schnitte, die sich sehr ähnlich sind, nicht miteinander kombinieren: Die Book-Variante sollte nicht neben dem normalen Schnitt stehen, und einen Light-Schnitt sollte man nicht unbedingt mit der Ultralight kombinieren.

Schriftmischung
Mehr Informationen zur Schriftmischung finden Sie in Kapitel 4, »Anforderung und Wirkung«.

Kapitälchen
Eine beliebte und elegante Auszeichnung innerhalb einer Schriftfamilie sind die Kapitälchen. Dabei handelt es sich um einen eigenen Schriftschnitt ähnlich wie bei einer Kursiven oder einer fetten Schrift. Bei den Kapitälchen werden alle Zeichen mit der Buchstabenform von Versalien gesetzt. Die eigentlichen Versalbuchstaben sind unverändert, die Größe für die Gemeinen ist entsprechend kleiner und reicht von der Grundlinie zur Oberkante der Gemeinen.

Der Grundstrich ist bei allen Zeichen gleich und insgesamt etwas kräftiger als bei normalen Versalien. An der Ausgeglichenheit der Grundstriche lässt sich auch schnell feststellen, ob es sich um eine echte Kapitälchen-

Abbildung 1.37 ▼
Bei falschen Kapitälchen zeigt sich ein deutlicher Unterschied in den Strichstärken.

Schriftschnitt und Schriftfamilien **1.2**

schrift, also einen eigenen Schnitt, oder um eine »Fälschung« handelt: Viele Anwendungsprogramme wie QuarkXPress und Adobe InDesign weisen die Möglichkeit auf, mit einem normalen Schnitt in Kapitälchen zu setzen. Dabei ändert die Software den Text zu Versalsatz und skaliert dann die Gemeinen, also die Kleinbuchstaben, auf eine kleinere Schriftgröße. Der Unterschied ist somit leicht zu erkennen: Bei der elektronischen Kapitälchenschrift weisen die kleinen Versalien eine entsprechend dünnere Strichstärke auf als die großen Anfangsversalien, da ja eine unterschiedliche Schriftgröße verwendet wird. Das Schriftbild wirkt somit weniger ausgeglichen und harmonisch.

Falsche Kapitälchen – ein Kapitalverbrechen?

Auch wenn mittlerweile in durchaus eleganten Werbekampagnen falsche Kapitälchen verwendet werden, sollte man sich das nicht zum Vorbild nehmen. Auch wenn es sicherlich Dinge gibt, die größere typografische Schmerzen bereiten als die Verwendung von falschen Kapitälchen – wie zum Beispiel der Einsatz einer elektronisch kursivierten Schrift –, an die Eleganz einer echten Kapitälchenschrift wird eine elektronische nie heranreichen.

Schriftschnitt
Vorsicht bei einer Diskussion mit einem »alten« Setzer: Noch im Bleisatz stand die Bezeichnung Schnitt für einen Satz von Zeichen in gleichem Stil und gleicher Größe, also für ein komplettes Schriftenset.

FALSCHE KAPITÄLCHEN

KAPIT

ECHTE KAPITÄLCHEN

KAPIT

1.3 Schriftklassifikation

Betrachtet man die heutigen Schriftklassen, so zeigt sich, dass in den einzelnen Klassen oft die Schriften einer bestimmten Phase der historischen Schriftentwicklung zusammengefasst sind. Die ursprüngliche Intention war es aber, den Stil und nicht die Entstehungszeit einer Schrift als Hauptmerkmal einer Klasse heranzuziehen.

Warum überhaupt Klassen?
Klassen dienen dem Zuordnen von Schriften, der Pflege und helfen unter anderem beim Kombinieren von Schriften. Ohne an dieser Stelle zu viel aus Kapitel 4 vorwegzunehmen, sollte man es zum Beispiel tunlichst vermeiden, Schriften aus der Klasse der Renaissance-Antiqua mit Schriften aus der Barock-Antiqua zu mischen.

Schriftklassifikation nach DIN
Immer wieder versucht man, für alle Fälle gültige Klassifikationen und Klassifikationsmethoden zu entwickeln. Die Schriftklassifikation nach DIN 16518 existiert seit 1964 und wurde vom Deutschen Institut für Normung e.V. für den materiellen Schriftsatz (Bleisatz) festgelegt und von Schriftkünstlern entwickelt. Dabei unterscheidet man elf Stilrichtungen. Diese Norm ist aber immer wieder auf Kritik gestoßen, da die Gliederung aufgrund der technischen Weiterentwicklung und den daraus resultierenden Möglichkeiten in der Zeit des digitalen Satzes überholt ist. Doch trotz aller Kritik und einer neuen DIN-Norm von 1998 wird die alte Klassifikation nach wie vor eingesetzt und auch noch unterrichtet.

Auf den folgenden Seiten wird die Klassifikation nach DIN 16518 von 1964 vorgestellt.

Abbildung 1.38 ▶
Ordnung ist das halbe Leben. Im Bleisatz verwendete man für jede Schrift und jede Größe einen separaten Bleikasten.

1. Klasse: Venezianische Renaissance-Antiqua

Die venezianische Form wurde Ende des 15. Jahrhunderts aus der Humanistischen Minuskel entwickelt. Die Strichstärke ist dünn, die Unterschiede in der Strichstärke sind sehr gering. Der Übergang zu den Serifen ist abgerundet, und die Achse der Buchstaben ist schräg, was beim e, aber auch bei allen anderen Buchstaben mit einer Rundung wie dem d oder dem b erkennbar ist. Auch beim o sieht man deutlich eine schräge Achse. Die Oberlängen der Kleinbuchstaben ragen über die Großbuchstaben hinaus.

Die meisten Schriften aus der Gruppe der Renaissance-Antiqua sind sehr gut lesbar und weisen ein klares, harmonisches Schriftbild auf.

▶ **Merkmale** der Venezianischen Renaissance-Antiqua im Überblick:
  ▶ abgerundete Serifen ❶
  ▶ schräger Dachansatz der Serifen ❷
  ▶ schräge Achsen ❸
  ▶ schräger Querstrich im e ❹
  ▶ leichte Strichstärkenunterschiede zwischen den Längs- und Querbalken ❺
  ▶ Oberlängen der Kleinbuchstaben überragen die Versalien.
▶ **Beispiele:** Schneidler Stempel, Centaur, Berkeley Old Style

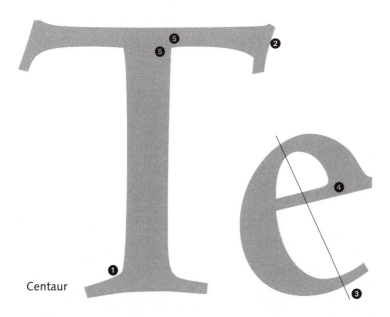

Centaur

1 Basiswissen Schrift

FRAN
ZÖ
SISCHE

RE
NAIS
SAN
CE

AN
TI
QUA

2. Klasse: Französische Renaissance-Antiqua (Mediäval)
Diese Schrift entstand Mitte des 16. Jahrhunderts; Claude Garamond gilt als ihr Entwickler. Basis der Französischen Renaissance-Antiqua ist die Humanistische Minuskel. Die Capitalis Quadrata steht für die Großbuchstaben Pate, die Kleinbuchstaben beruhen auf der Karolingischen Minuskel. Bei der französischen Variante weichen die Eigenheiten der Renaissance-Antiqua bereits etwas auf: Die Achsen bewegen sich Richtung Senkrechte, die Serifenübergänge werden kantiger und die Strichstärkenunterschiede etwas deutlicher.

▶ **Merkmale** der Französischen Renaissance-Antiqua im Überblick:
  ▸ gerundete Serifen ❶
  ▸ schräge Achsen ❷
  ▸ gerader Querstrich im e ❸
  ▸ Oberlängen der Kleinbuchstaben überragen die Versalien ❹.

▶ **Beispiele:** Eine der wohl bekanntesten Schriften aus dieser Gruppe ist die GARAMOND, aber auch BEMBO, die GOUDY OLD STYLE, PALATINO, SABON oder die TRUMP-MEDIAEVAL sind Beispiele für klassische Schriften der Renaissance-Antiqua.

Garamond

Die Palatino mit einem Zitat von Erik Spiekermann
»*Schrift ist sichtbare Sprache.*«

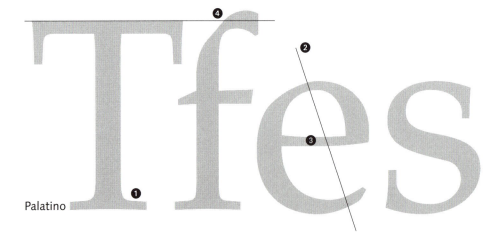

Palatino

50

Schriftklassifikation 1.3

3. Klasse: Barock-Antiqua

Die Barock-Antiqua wird auch Übergangsantiqua genannt und stand unter dem Einfluss der Kupferstecherschriften. Die Schriften der barocken Zeit entstanden vorwiegend im 17. und 18. Jahrhundert. Die Unterschiede in der Strichstärke sind ausgeprägter, die Achse teilweise nach links geneigt. Das Schriftbild ist offener, und die Mittellängen sind erheblich größer als die Oberlängen. Die Querstriche sind waagerecht. Die Serifenachsen sind oben meist schräg, unten waagerecht angesetzt. In Holland entstanden zu der Zeit die JANSON TEXT und die FLEISCHMANN.

▶ Merkmale der Barock-Antiqua im Überblick:
  ▸ leicht abgerundete Serifen ❺
  ▸ fast senkrechte Achsen ❻
  ▸ größere Strichstärkenunterschiede ❼

▶ Beispiele: John Baskerville, englischer Schriftentwerfer und Drucker, hat mit seiner BASKERVILLE eine elegante Barock-Antiqua geschaffen, und William Caslon hat 1722 mit der CASLON OLD FACE ebenfalls die Gruppe erweitert. Die bekannteste Schrift aus der Klasse der Barock-Antiqua ist aber wahrscheinlich die TIMES.

BA
ROCK
AN
TI
QUA

»Eine Zeit, die das Gedächtnis für die Dinge, die ihr Leben formen, verloren hat, weiß nicht, was sie will.«
Die Times mit einem Zitat von Siegfried Giedeon, 1948

1 Basiswissen Schrift

KLAS
SI
ZIS
TI
SCHE
AN
TI
QUA

4. Klasse: Klassizistische Antiqua

Wer die BODONI identifizieren kann, hat einen der bekanntesten Stellvertreter dieser Gruppe bereits erkannt. Die Gruppe, die von Bodoni und Didot geprägt ist, entstand um 1800. Typisch für die Klassizistische Antiqua sind – angelehnt an die Bauweise des Klassizismus – klare, streng wirkende Schriften. Erreicht wird das unter anderem durch die gerade angesetzten Serifen, die sehr eckig wirken. Die Endungen sind waagerecht, bei den kursiven Schnitten sind sie gerundet. Die Achsen verlaufen senkrecht, und passend zum kontrastreichen Klassizismus ist der Unterschied in den Strichstärken deutlich ausgeprägt.

▶ **Merkmale** der Klassizistischen Antiqua im Überblick:
  - ▶ waagerechte Serifen ohne Rundungen ❶
  - ▶ senkrechte Achse ❷
  - ▶ starker Unterschied in den Strichstärken ❸
  - ▶ Oberlängen der Kleinbuchstaben und Versalhöhen sind gleich groß ❹.

▶ **Beispiele:** BAUER BODONI, WALBAUM, DIDOT, NEW CENTURY SCHOOLBOOK, CENTENNIAL

Klassizistische

Century Schoolbook

Antiqua

Didot

Bauer Bodoni Roman und italic

klar und *streng*

52

5. Klasse: Serifenbetonte Linear-Antiqua

Die Gruppe der Serifenbetonten Linear-Antiqua ist zu Beginn des 19. Jahrhunderts entstanden und hat aufgrund des Ägypten-Trends, der durch Napoleon aufkam, den Namen EGYPTIENNE erhalten. Aufgrund sehr unterschiedlicher Merkmale teilt man die Gruppe in drei Untergruppen, wobei die erste so wie die gesamte Gruppe heißt:

▶ **Die Egyptienne**

Typisch für diese wohl bekannteste Untergruppe sind die eckigen Übergänge zu den Serifen. Schriften wie die AMERICAN TYPEWRITER, die LUBALIN GRAPH, die MEMPHIS oder die ROCKWELL zählen hierzu.

▶ **Die Clarendon**

Bei dieser Untergruppe sind die Übergänge zu den Serifen abgerundet. Schriftbeispiele sind die CLARENDON oder die IMPRESSUM.

▶ **Die Italienne**

In dieser Untergruppe sind die Serifen dicker als der Grundstrich der Schrift, die Achsen der Rundungen sind senkrecht und die Anstriche waagerecht. Beispiele aus dieser Gruppe sind die PRO ARTE und die FIGARO.

SE
RI
FEN
BE
TON
TE
LI
NE
AR
AN
TI
QUA

Memphis Medium

Betonte

serifen

Rockwell

SE RI FEN LO SE LI NE AR AN TI QUA

6. Klasse: Serifenlose Linear-Antiqua

Die Schriften der Serifenlosen Linear-Antiqua zeichnen sich natürlich durch das Fehlen der Serifen aus. Außerdem weisen sie eine optisch gleichmäßige Strichstärke auf. Anfang des 19. Jahrhunderts tauchte die erste serifenlose Schrift auf; 1816 ist als Geburtsjahr der ersten GROTESK von William Caslon angegeben. Mit der AKZIDENZ-GROTESK, die 1898 entsteht, gelingt den serifenlosen Schriften der endgültige Durchbruch. Da die ersten dieser Schriften den Menschen im 19. Jahrhundert als grotesk erschienen, wird auch heute noch eine serifenlose Schrift als Grotesk bezeichnet.

▶ **Merkmale** der Serifenlosen Linear-Antiqua im Überblick:
  ▸ keine Serifen ❶
  ▸ senkrechte Achsen ❷
  ▸ Oberlängen der Kleinbuchstaben und Versalhöhen sind oft gleich groß ❸.
  ▸ optisch gleiche Strichstärke ❹

▶ **Beispiele:** Zu den bekanntesten serifenlosen Linear-Antiqua zählen HELVETICA, GILL, FUTURA, AKZIDENZ-GROTESK, UNIVERS, AVANT GARDE, GOTHIC, KABEL, FRUTIGER, ROTIS SANS, STONE SANS, ANTIQUE OLIVE und PROFILE.

Helvetica Akzidenz-Grotesk

Antique Olive **Futura**

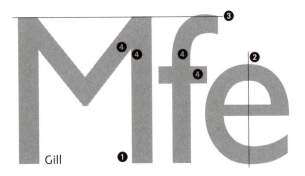
Gill

7. Klasse: Antiqua-Varianten

Diese Klasse besteht aus Schriften, die zwar an die Antiqua angelehnt sind, aber grundsätzlich nicht in die anderen Klassen einsortiert werden können. Es sind Druck- und Bildschirmschriften mit und ohne Serifen. Häufig haben wir es mit dekorativen Schriften zu tun, wie den Schriften ARNOLD BÖCKLIN oder ECKMANN aus der Jugendstilzeit, aber auch die OPTIMA von Hermann Zapf und die ROTIS von Otl Aicher gehören in diese Klasse.

▶ **Merkmale** der Antiqua-Varianten:
Sie können nicht in die Klassen 1 bis 6 einsortiert werden und weisen weder den Charakter der geschriebenen Antiqua noch den von Schreibschriften oder handschriftlichen Antiqua auf.

▶ **Beispiele:** ARNOLD BÖCKLIN, ROTIS SEMISERIF, MAMBO BOLD, MOONBASE ALPHA, REVUE, BLUR, SOUVENIR, ECKMANN, BROADWAY

»Die Forderung des Inhalts an die Typografie ist, dass der Zweck betont wird, zu dem der Inhalt gedruckt werden soll.«

Die Optima mit einem Zitat von Kurt Schwitters

Eine Frage des Stils
Arnold Böcklin

1 Basiswissen Schrift

Schreib schriften

Wechselstrich
Durch die Haltung des Schreibwerkzeugs wechselt die Strichstärke.

Hand schrift liche Antiqua

8. Klasse: Schreibschriften

Als Vorlage für die Schreibschriften dienten Handschriften, die mit der Feder gezeichnet wurden. Sie haben häufig einen Wechselstrich sowie auffällige, geschwungene Anfangsbuchstaben und sollten deswegen eher als Auszeichnungsschrift denn als Leseschrift verwendet werden. Zwischen den Kleinbuchstaben findet man oft kleine Verbindungsstriche, als wäre der Text in einem Stück geschrieben.

▶ **Merkmale** der Schreibschriften im Überblick:
  ▶ Feder- oder Pinselcharakter
  ▶ Wechselstrich
  ▶ geschwungene Anfangsbuchstaben

▶ **Beispiele:** Die bekanntesten Schreibschriften sind die ZAPFINO von Hermann Zapf, die ENGLISCHE SCHREIBSCHRIFT, die KÜNSTLER-SCHREIBSCHRIFT, die BERTHOLD-SCRIPT, die POETIC und die LINO-SCRIPT. → gleichmäßiger Stil

9. Klasse: Handschriftliche Antiqua

Während die Schreibschriften einen gleichmäßigeren Stil haben, zeichnen sich die Schriften dieser Gruppe durch eher unregelmäßige, handschriftliche und auch originelle Merkmale aus. Teilweise ähneln sich die Schriften der Klasse 8 und 9 sehr, so dass eine Einteilung oft nicht problemlos möglich ist.

▶ **Merkmale** der Handschriftlichen Antiqua im Überblick:
  ▶ handschriftlicher Charakter
  ▶ Wechselstrich
  ▶ geschwungene Anfangsbuchstaben

▶ **Beispiele:** Beispielschriften für die Gruppe der Handschriftlichen Antiqua sind die MISTRAL, die TEKTON und die VIVALDI, weiterhin die KAUFMANN, die DELPHI und die PEPITA. Die MISTRAL beispielsweise wird abhängig vom Typografen teilweise in die Klasse der Schreibschriften, teilweise in die Klasse der Handschriftlichen Antiqua eingeteilt. Aufgrund ihres handschriftlichen Charakters plädiere ich eindeutig dafür, sie in die Klasse der Handschriftlichen Antiqua einzusortieren.

Abbildung 1.39 ▶
Schreibschriften und Handschriftliche Antiqua werden häufig im Kunst- und Schmuckbereich verwendet, in dem noch handwerklich gearbeitet wird.

56

Zapfino

LinoScript

Kuenstler Script

&

Kaufmann

Pepita

Mistral

Tekton

10. Klasse: Gebrochene Schriften

Bereits im 12. Jahrhundert entstehen durch die Weiterführung der Gotischen Minuskel die gebrochenen Schriften, die ihren Namen aufgrund ihrer gebrochenen Rundungen erhalten, und entwickeln sich ab dem 14. Jahrhundert zur Buchschrift. Die häufige Verwendung findet im 20. Jahrhundert ihr Ende. Wenn auch zeitlich begrenzt, werden sie von den Nationalsozialisten als Propagandamittel verwendet und erhalten so den Makel, den sie bis heute tragen. Umgangssprachlich wird die Gruppe der Gebrochenen Schriften auch als Gruppe der deutschen Schriften oder als Fraktur bezeichnet; letztere ist jedoch nur eine Untergruppe der Klasse 10.

▶ **Gotisch**
In dieser Gruppe sind die runden Kleinbuchstaben gebrochen, die Schriften wirken eher streng. Als Beispiel sei die FETTE GOTISCH und die WILHELM-KLINGSPOR-GOTISCH genannt.

▶ **Rundgotisch**
Die Rundgotische Schrift basiert auf der ROTUNDA, weshalb die Gruppe auch als Rotunda bezeichnet wird, und ist die runde Form der Gotischen Minuskel. Schriften aus dieser Gruppe entstehen hauptsächlich im 14. Jahrhundert in Italien. Die Kleinbuchstaben sind kaum gebrochen, die Schrift ist runder und wirkt dadurch weniger streng als die Gotisch. Beispielschriften sind die LINOTEXT, die WALLAU von Rudolf Koch, die WEISS-RUNDGOTISCH, die DUC DE BERRY und die CLAIRVAUX.

▶ **Schwabacher**
Die dritte Untergruppe der gebrochenen Schriften stammt aus Süddeutschland. Die Buchstaben sind noch runder, weiter und offener und wirken breit – typisch ist das kleine »o«, das einen deutlichen Unterschied zur Gotisch und Rundgotisch aufzeigt. Für die Lutherbibel wurde häufig eine Schwabacher verwendet. Zu der Gruppe der Schwabacher zählen die Renata und die Alte Schwabacher.

▶ **Fraktur**
Die Frakturschriften verdrängten im 16. Jahrhundert die weit verbreiteten Schwabacher Schriften und wurden dann zu den meist verwendeten Druckschriften. Die Frakturschriften wirken eleganter und schlanker als die Schwabacher und die Rotunda. Zu den Schriften zählen die Fette Fraktur, die Neue Fraktur und die Walbaum-Fraktur.

▶ **Fraktur-Varianten**
Diese Gruppe enthält schlussendlich sämtliche Varianten der gebrochenen Schriften, die sich nicht in die vier anderen Untergruppen einsortieren lassen.

Fraktur

▼ **Abbildung 1.40**
Gebrochene Schriften findet man immer wieder; häufig bei Tageszeitungen oder in Verbindung mit traditioneller Küche.

1 Basiswissen Schrift

11. Klasse: Fremdsprachliche Schriften
Der Vollständigkeit halber sei hier noch die letzte Gruppe der DIN 16518 erwähnt: die Gruppe der fremdsprachlichen Schriften. In diese Gruppe gehören all die Schriften, die nicht auf unserem lateinischen Schriftsystem basieren, wie kyrillische, japanische oder arabische Schriften.

1.4 DIN 16518 von 1998

1998 wurde die DIN-Norm 16518 überarbeitet und ein neuer Entwurf geschaffen. Danach werden die Schriften in fünf Gruppen eingeteilt. Die Klassifikation besteht aus zwei Grundelementen:
- horizontale Einteilung nach formalen Merkmalen
- vertikale Einteilung nach differenzierten stilistischen Merkmalen

Diese Unterteilung gilt immer noch als Entwurf. Letztlich gibt es bezüglich der »korrekten« Klassifikation keine allgemeingültigen Aussagen, und auch in der Lehre findet man genauso viele Dozenten, die nach der alten Klassifikation unterrichten, wie solche, die dem neuen Entwurf folgen.

▼ **Tabelle 1.1**
Klassifikation der Schriften nach DIN 16518 von 1998

Gruppe 1 Gebrochene Schriften	Gruppe 2 Römische Serifenschriften	Gruppe 3 Lineare Schriften	Gruppe 4 Serifenbetonte Schriften	Gruppe 5 Geschriebene Schriften
1.1 Gotisch	2.1 Renaissance-Antiqua	3.1 Grotesk	4.1 Egyptienne	5.1 Flachfederschrift
1.2 Rundgotische	2.2 Barock-Antiqua	3.2 Anglo-Grotesk	4.2 Clarendon	5.2 Spitzfederschrift
1.3 Schwabacher	2.3 Klassizismus-Antiqua	3.3 Konstruierte Grotesk	4.3 Italienne	5.3 Rundfederschrift
1.4 Fraktur	2.4 Varianten	3.4 Geschriebene Grotesk	4.4 Fraktur	5.4 Pinselschrift
1.5 Varianten	2.5 Dekorative	3.5 Varianten	4.5 Varianten	5.5 Varianten
1.6 Dekorative	–	3.6 Dekorative	4.6 Dekorative	5.6 Dekorative

Mit dem Wissen um die alte Klassifikation lässt sich aber problemlos mit dem neuen Entwurf arbeiten, da es sich um eine Reduzierung des Ursprungsentwurfs auf fünf Gruppen handelt. Deswegen wird hier auch nicht näher auf die neue Klassifikation eingegangen.

1.5 Beinert-Matrix

Eine weitere Einteilung ist die Beinert-Matrix für das Electronic Publishing. Im Jahr 2001 hat der deutsche Typograf Wolfgang Beinert eine Abwandlung der DIN-Norm für die digitalen westeuropäischen Schriften herausgebracht, die er 2005 aktualisierte. Dabei unterscheidet Beinert neun Gruppen:

1. Antiqua (Druckschriften mit Serifen)
2. Egyptienne (Druckschriften mit betonten Serifen)
3. Grotesk (Druckschriften ohne Serifen)
4. Corporate Typography (Schriftsysteme, CD-Schriften, DIN, ISO und OCR)
5. Zierschriften (Decorative, Display, Schreibmaschinen- und Schreibschriften)
6. Bildschirmschriften (Pixel- und World-Wide-Web-Fonts)
7. Gebrochene Schriften
8. Nichtrömische Schriften
9. Bildzeichen (Piktogramme, Ornamente, Zierrat, Logos usw.)

Alle Gruppen weisen noch Unter- und Nebengruppen auf. Ein Klassifikationsbeispiel nach Beinert lautet:

▸ Schriftgattung: Antiqua
▸ Hauptgruppe: Antiqua
▸ Untergruppe [Schriftart]: Klassizistische Antiqua
▸ Nebengruppe: Bodoni-Varianten
▸ Schriftbezeichnung: Bauer Bodoni®
▸ Schriftstil: Kursiv
▸ Figurenverzeichnis: Mitteleuropa (nach ISO), Mac
▸ Bibliothek: Linotype® Library 1996
▸ Technik: PostScript 1
▸ Schriftgestalter: Giambattista Bodoni (1790)
▸ Quelle: Fundicion Tipografica Neufville, S.A. 1926
▸ Überarbeitet: Jost, Heinrich 1926/1927 und Höll, Lois
▸ Distributor: Linotype-Hell AG®, Adobe Systems Incorporated®

1.6 Schriftkünstler

An dieser Stelle möchte ich Ihnen eine Auswahl an bedeutenden Schriftkünstlern vorstellen, in alphabetischer Reihenfolge.

Otl Aicher
Typograf und Autor (1922–1991)
Bekannte Schriften: Traffic und Rotis

Otl Aicher absolviert 1946 das Studium der Bildhauerei an der Akademie der Bildenden Künste in München; 1947 gründet er ein grafisches Atelier in Ulm und wirkt ab 1967 auch in München. Er fungiert als Gründungsmitglied der Hochschule für Gestaltung in Ulm und als Dozent der Abteilung für visuelle Kommunikation. Von 1967–72 ist er als Gestaltungsbeauftragter der Olympischen Spiele in München tätig und entwickelt unter anderem ein international gebräuchliches System von Piktogrammen. Aicher lebt ab 1972 in der Stadt Rotis im Allgäu, die Namensgeber für seine Schrift Rotis wird.

Mit der ROTIS will Otl Aicher eine Gebrauchsschrift schaffen, deren einzelne Buchstaben weniger maßgeblich sind als das Zusammenspiel – ein Versuch, die Vorteile der Grotesken mit den Vorteilen der Serifenschriften zu vereinen. Die Rotis entsteht in vier Varianten:
1. Die ROTIS SERIF (ROTIS ANTIQUA) verfügt über Serifen.
2. Bei der ROTIS SEMI SERIF (ROTIS SEMI-ANTIQUA) sind die Serifen leicht angedeutet.
3. Die ROTIS SANS SERIF (ROTIS GROTESK) hat keine Serifen.
4. Die ROTIS SEMI SANS (ROTIS SEMI GROTESK) hat keinen Serifen, aber Kontraste in den Strichstärken.

Der Befürworter der serifenlosen Schriften sagt: »Typografie ist nichts anderes als die Kunst, jeweils herauszufinden, was das Auge mag, und Informationen so schmackhaft anzubieten, dass es ihnen nicht widerstehen kann.«

Abbildung 1.41 ▲
Otl Aicher; Quelle: Ein Typografisches Handbuch, Martin Binder, Selbstverlag, Würzburg 1995

Rotis Serif 55
Rotis Serif 56 Italic
Rotis 65 Bold
Rotis Semi Serif 55
Rotis Semi Serif 65 Bold
Rotis Sans Serif 45 Light
Rotis Sans Serif 46 Light Italic
Rotis Sans Serif 55
Rotis Sans Serif 56 Italic
Rotis 65 Bold
Rotis 75 Extra Bold
Rotis Semi Sans 45 Light
Rotis Semi Sans 46 Light Italic
Rotis Semi Sans 55
Rotis Semi Sans 56 Italic
Rotis Semi Sans 65 Bold
Rotis 75 Extra Bold

Neville Brody

Grafikdesigner, Typograf (geboren 1957 in London)
Bekannte Schriften: Arcadia, Industria, Insignia, Blur, Pop, Gothic, Harlem

Brody startet mit einem Kunststudium, sattelt dann aber zum Grafikdesign um und arbeitet zunächst bei einem freien Plattenlabel als Art Director. Inspiriert durch die Punkerszene in London versucht Brody, die Problematik der Industrialisierung und der Konformität der modernen Kommunikation und des heutigen Arbeitsalltags herauszuarbeiten.

In den 80er-Jahren prägt er das Lifestyle-Magazin »The Face«, danach arbeitet er für das englische Magazin »Arena«. In seinen Werken arbeitet Brody häufig mit Rätseln, die er durch hervorgehobene Texte und Kontraste kenntlich macht. Besonders mit dem Durchbrechen sämtlicher typografischer Regeln bis hin zur Unleserlichkeit macht Brody von sich reden. Er gilt als einer der ersten Designer und Typografen, die den Mac konsequent als Arbeitsmittel einsetzen. Mit seiner Ausstellung »The Graphic Language of Neville Brody« 1988 sowie dem gleichnamigen Buch gelingt ihm der internationale Durchbruch, 1994 folgt der zweite Band.

Er arbeitet unter anderem für Swatch, Nike, The Body Shop, den ORF, Premiere, das Berliner Haus der Kulturen der Welt und das Hamburger Schauspielhaus und gründet 1990 zusammen mit Stuart Jenson FontWorks (*www.fontworks2.type.co.uk*). 1994 gründet er das erste von inzwischen fünf Research Studios (*www.researchstudios.com*). Als Direktor von FontShop International und Gründungsmitglied des Typedesign-Magazins »FUSE« von FontShop entwirft er die FState und FCrash und steht zusammen mit Jon Wozencroft für experimentelle Schriften. Die Arcadia, Blur, FF Pop und die FF Pop LED sind weitere seiner vielen Schriften. Als anfänglich belächelter und umstrittener Querdenker wird Neville Brody nun schon seit Jahren als einer der Kultdesigner gehandelt.

▲ **Abbildung 1.42**
Neville Brody; Quelle: Ein Typografisches Handbuch, Martin Binder, Selbstverlag, Würzburg 1995

Interview
Interessante Gespräche mit Brody findet man unter *www.zeit.de/1997/40/titel.txt.19970926.xml*.

1 Basiswissen Schrift

Abbildung 1.43 ▲
Tobias Frere-Jones; Quelle: Justine Cooper

Tobias Frere-Jones
Designer, Typograf (geboren 1970)
Bekannte Schriften: Benton Sans, Garage Gothic, Grand Central, Griffith Gothic, Interstate, Niagara, Nobel, Text, Reiner Script
Nach seinem Abschluss an der Kunsthochschule Rhode Island School of Design arbeitet Tobias Frere-Jones sieben Jahre als Senior Designer bei Font Bureau. Während dieser Zeit entstehen zahlreiche Schriften wie die INTERSTATE oder die POYNTER OLDSTYLE & GOTHIC. 1999 verlässt er Font Bureau und beginnt die Zusammenarbeit mit Jonathan Hoefler in New York. Die beiden Künstler arbeiten unter anderem für das Wall Street Journal, Nike, Esquire, The New York Times, Business 2.0 und das New York Times Magazine. 2004 gründen Tobias Frere-Jones und Jonathan Hoefler die Font-Company Hoefler Frere-Jones. Ihre Schwerpunkte sind Werksatzschriften und Fonts für Editorial Design. Inzwischen hat Frere-Jones die Firma verlassen.

Zudem unterrichtet Frere-Jones an Schulen und Universitäten. Die Zahl der im Laufe der Jahre von ihm entworfenen und überarbeiteten Schriften wird mit über zweihundert angegeben.

Interstate
1994 entwirft Frere-Jones die INTERSTATE. Sie basiert auf dem Alphabet der »FHWA-Series«, die bisher für die Beschriftung der Verkehrsschilder in den USA verwendet wurde, nun aber nach und nach von der Clearview-Schriftfamilie abgelöst wird.

Adrian Frutiger

Zeichner, Schriftsetzer, Designer (geboren 1928)
Bekannte Schriften: Frutiger, Univers, Egyptienne, OCR-B, Herculanum, Pompeijana

Der Schweizer Adrian Frutiger ist gelernter Schriftsetzer und zählt zu den bekanntesten und umstrittensten Schriftdesignern des 20. Jahrhunderts. Er wird auch als lebende Legende bezeichnet. Er studiert Zeichnen und Holzschnitt, gründet in den 60er-Jahren ein Designstudio in Paris und arbeitet von dort aus als Schriftdesigner für Firmen wie Linotype, IBM oder AirFrance. Neben den von ihm entworfenen Schriften kreiert er Logos und Corporate Images. Zu seiner Bekanntheit trägt mit Sicherheit die UNIVERS bei, mit der er auf die FUTURA von Paul Renner reagiert: Kennzeichen der Univers ist trotz ihrer 63 Schnitte, dass alle Gemeinen die gleiche x-Höhe haben.

1968 entwirft Frutiger die OCR-B (Optical Character Recognition). Dabei handelt es sich um eine Schrift, die gleichermaßen von Menschen und von Lesegeräten erkannt werden kann und im Vergleich zu ihrer Vorgängerin, der OCR-A, auf einem feineren Raster beruht und somit für den Betrachter angenehmer zu lesen ist. Fünf Jahre später wird die OCR-B von der Computerindustrie aller Industrieländer zum Weltstandard erklärt.

Am Beschriftungssystem der Pariser Metro ist er ebenfalls maßgeblich beteiligt. Auch die Schrift FRUTIGER ist ein Klassiker. Sie wurde zunächst 1959 als neuartige Textschrift unter dem Namen CONCORDE veröffentlicht und elf Jahre später von Frutiger überarbeitet, leicht verändert und unter dem Namen ROISSY für den Pariser Flughafen verwendet. Erst 1975 wird sie zur FRUTIGER.

Auch die EGYPTIENNE, eine serifenbetonte Linear-Antiqua, stammt aus Frutigers Feder.

▲ **Abbildung 1.43**
Adrian Frutiger; Quelle: FontShop

HERCULANUM

Egyptienne

Univers

Frutiger

Frutiger 47 Light Condensed
Frutiger 57 Condensed
Frutiger 67 Bold Condensed
Frutiger 77 Black Condensed
Frutiger 87 Extra Black Condensed
Frutiger 45 Light
Frutiger 55 Roman

1 Basiswissen Schrift

Abbildung 1.44 ▲
Claude Garamond; Quelle:
Ein Typografisches Handbuch,
Martin Binder, Selbstverlag,
Würzburg 1955

Mediävalziffern
Mehr Informationen zu Zahlen und Mediävalziffern finden Sie in Abschnitt 2.4, »Zahlen«.

Claude Garamond
Französischer Schriftgießer, Schriftentwerfer, Stempelschneider und Verleger (1499–1561)
Bekannte Schriften: Garamond

Garamond lernt zunächst in Paris den Beruf des Druckers und arbeitet anschließend als Schriftgießer und Drucker. Unter dem Einfluss seines Lehrmeisters Antoine Augereau entwirft er ab 1530 die ersten Schnitte seiner Antiqua, die später als GARAMOND bekannt wird.

1540 entstehen drei Grade der GREC DU ROI, die Garamond nach den Vorlagen von Angelo Vergecio fertigt. Die GREC DU ROI ist eine Auftragsarbeit für den französischen König François I.

Später arbeitet Garamond auch als Verleger in der Druckerei seines Schwiegervaters. 1550 überarbeitet er seine Antiqua und ergänzt sie um einen kursiven Schnitt. Die Schrift wird allerdings erst etwa hundert Jahre später von Jean Jannon nachgeschnitten und unter dem Namen GARAMOND veröffentlicht. Sie gilt heute noch als Vorbild für jede elegante Französische Renaissance-Antiqua.

Garamond entwickelt auch die erste Schrift mit arabischen Zahlen, die ähnliche Proportionen aufweisen wie Kleinbuchstaben – heute als Mediävalziffern bezeichnet. Sie ist als Vorbild für die folgende Entwicklung der Zahlen maßgeblich.

Heute verfügt nahezu jeder große Schriftanbieter über seine eigene GARAMOND, die mehr oder weniger stark überarbeitet und an die Bedürfnisse des digitalen Satzes angepasst wurde. So stammt beispielsweise die BERTHOLD-GARAMOND von Günter Gerhard Lange, die GARAMOND von Adobe wurde von Robert Slimbach überarbeitet.

Garamond Pro Regular Adobe Garamond

Garamond Monotype Garamond

Garamond 3 Medium Adobe Garamond

Stempel Garamond von Linotype
Garamond
Garamond

Schriftkünstler **1.6**

Luc(as) de Groot
Schriftdesigner (geboren 1963 in den Niederlanden)
Bekannte Schriften: Thesis, Spiegel, taz, Corpid

Luc(as) de Groot entwirft 1998 für die Neugestaltung der Tagesschau die THESIS, die in den Varianten TheSans, TheSerif, TheMix sowie Monospace vorliegt. Bei der Monospace-Variante entspricht die Schriftbreite eines jeden Zeichens exakt 60 % der Schriftgröße. Speziell die serifenlose THESIS THESANS hat sich zu einer Standardschrift entwickelt. De Groot erstellt zudem die Headline-Schriften der Zeitschrift »Spiegel« (SPIEGELSANS) sowie Schriften für die »taz« (TAZ und TAZTEXT).

Die CORPID und CORPID CONDENSED entstehen aus einem Corporate-Design-Projekt für das Holländische Ministerium für Landwirtschaft und Fischfang. Beim Überarbeiten des Corporate Designs des Ministeriums vertritt das Designstudio Dumbar, für das de Groot als Freelancer arbeitet, die Meinung, dass auch einem Ministerium ein wenig Modernität nicht schaden könne, und schlägt vor, die bisher verwendete FRUTIGER zu ersetzen. Für eine möglichst reibungslose Umstellung soll das Erscheinungsbild des neuen Fonts der Frutiger zumindest ähneln. In den ersten Jahren setzt das Ministerium die CORPID exklusiv ein, aber als de Groot dann seine eigene Type Foundry eröffnet, wird sie als AGROSANS aufgenommen und seitdem überarbeitet und erweitert.

▲ **Abbildung 1.45**
Lucas de Groot; © de Groot

Luc(as) de Groots Website:
www.lucasfonts.com

IN PREPARATION
ExtraBlack
Corpid OT
ABCABCabc123123etc

Of all the achievements

of the human mind, the birth of the alphabet is the most momentous. "**Letters,**

like men, have now

an ancestry, and the ancestry of words, as of men, is

often a very noble

possession *making*

them capable of great things": indeed, it has been said that the invention of writing

67

Abbildung 1.46 ▲
Rudolf Koch; Quelle:
Ein Typografisches Handbuch,
Martin Binder, Selbstverlag,
Würzburg 1995

Zitat Rudolf Koch
»Das Buchstabenmachen in jeder Form ist mir das reinste und größte Vergnügen meines Lebens.«

Abbildung 1.47 ▼
Die blumigen Antiqua-Initiale;
Quelle der Koch-Abbildungen:
http://moorstation.org/Koch_Memorial

Abbildung 1.48 ▶
Das ABC-Büchlein ist aus der gemeinsamen Arbeit von Rudolf Koch und seinen Schülern Fritz Kredel und Berthold Wolpe entstanden. Es besteht aus 25 Blättern mit verschiedenen Alphabeten und erschien 1934 im Insel-Verlag. Mit freundlicher Genehmigung des Insel-Verlags.

Rudolf Koch

Typograf, Kalligraf, Lehrer und Designer (1876–1934)
Bekannte Schriften: Koch-Fraktur, auch Deutsche Schrift genannt, Frühling, Maximilian, Deutsche Zierschrift, Deutsche Anzeigenschrift, Wilhelm-Klingspor-Gotisch, Jessen, Wallau, Neu-Fraktur, Deutsche Werkschrift

Nach einer Zeichenlehrerausbildung an der Kunstgewerbeschule Nürnberg und an der Technischen Hochschule München arbeitet Koch als Maler und Zeichner in einer lithografischen Anstalt in Leipzig. Ab 1898 verdient der Künstler sein Geld hauptsächlich als Zeichner, acht Jahre später beginnt er als künstlerischer Mitarbeiter bei der Rudhardschen Gießerei in Offenbach, die später in Druckerei Gebrüder Klingspor umbenannt wird. Kochs Ehrgeiz gilt der Erneuerung der Druckschriften sowie der deutschen Schreibschrift. Die Groteskschrift KABEL, die er für die Schriftgießerei Gebrüder Klingspor entwirft, ist eine seiner bekanntesten Schöpfungen. Durch seine Leidenschaft für die gebrochenen Schriften entstehen unter anderem die WILHELM-KLINGSPOR-GOTISCH und die KOCH-FRAKTUR, zunächst Deutsche Schrift genannt, die auf der Schwabacher basieren und mit denen er sich zur Leitfigur der Frakturschrift-Designer entwickelt.

Berühmt ist Rudolf Koch auch für seine Deutschlandkarte, die er Anfang der 30er-Jahre erstellt und die ein Jahr nach seinem Tod im Insel-Verlag erscheint. Nachdem er über Jahre hinweg keine Deutschlandkarte gefunden hat, die seinen Ansprüchen genügt, erstellt er selbst eine Karte. Es ist ein Kunstwerk mit klarer Gliederung, das zum ersten Mal über die schematische Darstellung hinaus ein perspektivisches Bild von Deutschland zeichnet.

Günter Gerhard Lange

Schriftentwerfer, Typograf, Lehrer (1921–2008)
Bekannte Schriften: Regina, El Greco, Concorde, AG Buch, Garamond (Neuschnitt), Walbaum (Neuschnitt), Caslon (Neuschnitt), Berthold Script, Baskerville (Neuschnitt), Bodoni Old Face (Neuschnitt)

Nach seiner Ausbildung an der Akademie für grafische Künste und Buchgewerbe in Leipzig und weiteren Studien, die er auch parallel zur Arbeit betreibt, ist Günter Gerhard Lange als freischaffender Maler und Grafiker tätig. 1950 beginnt seine freie Mitarbeit bei der H. Berthold Schriftgießerei, wo er ab 1961 als künstlerischer Direktor arbeitet. Bei der Entwicklung der Berthold-Schriften spielt er eine entscheidende Rolle. Im Laufe der Jahre entwirft er zahlreiche neue Schriften und überarbeitet viele Klassiker wie die BODONI oder die WALBAUM. Mit der Berthold-Schriftenkollektion gelingt ihm ein Qualitätssprung, der ihn zu einem der bedeutendsten Typografen unserer Zeit werden lässt. Lange erhält zahlreiche Auszeichnungen und Preise.

Neben seiner typografischen Arbeit ist Günter Gerhard Lange immer wieder auch lehrend tätig und unterrichtet ab 1955 typografische Gestaltung an der Meisterschule für Grafik, Druck und Werbung in Berlin und in den 70ern in Kassel das Lehrfach Typografik. Er ist Lehrbeauftragter an der Hochschule für angewandte Kunst in Wien. Nicht zuletzt dank seiner Sprachgewandtheit ist der »rhetorisch brillant-provokant Vortragende«, wie ihn der Typograf Wolfgang Beinert bezeichnet, ein vortrefflicher, beliebter und kurzweiliger Dozent.

▲ **Abbildung 1.49**
Günter Gerhard Lange;
© Michael Bundscherer

Zitat Günter Gerhard Lange
»Ein guter Typograph, Grafiker oder Designer muss mit Leib und Seele, einem Übermaß an Begeisterung und Interesse bei der Sache sein. Nur mit Leidenschaft kommt man wie in der Liebe, im gesamten Leben oder beim Lernen, so auch im Design weiter.«

Concorde Roman
Concorde Italic
Concorde Bold
Concorde Bold Italic

»Eine Bleiletter in den Händen zu halten und deren Punzen zu fühlen – das wäre eine Therapie für euch tastaturgläubige Bildschirmglotzer!«
Zitat von Günter Gerhard Lange, gesetzt in der Concorde italic

1 Basiswissen Schrift

Abbildung 1.50 ▲
Hans Eduard Meier;
Quelle: Linotype GmbH

Zitat Hans Eduard Meier
»Schriftgestaltung ist halt fast wie eine Sucht.«

Die Linotype Syntax im Einsatz
Die Grundschrift des vorliegenden Buches ist die Linotype Syntax. Für Beispieltexte wie die im unteren Teil von Seite 163 wurde die Linotype Syntax Serif verwendet.

Hans Eduard Meier
Schweizer Typograf, Kalligraf, Grafikdesigner (geboren 1922)
Bekannte Schriften: Syntax, Barbedor, ITC Syndor, Oberon, SNB-Alphabet, Elysa, ABCSchrift

Hans Eduard Meier schließt 1943 seine Schriftsetzerlehre und wenige Jahre später seine Ausbildung zum Grafiker in Zürich ab. Nach einigen Jahren Verlagsarbeit ist er als freier Mitarbeiter bei Verlagen und Agenturen in Paris und Zürich tätig. Von 1950 an unterrichtet er an der Kunstgewerbeschule in Zürich Schrift und Zeichnen.

Der Typograf entwirft die Schriften für die neuen Banknoten der Schweizer Nationalbank. Mit der Oberon schafft Meier eine serifenlose Schrift im humanistisch-handschriftlichen Stil.

Im Auftrag der D. Stempel AG entstehen 1955 die ersten Entwürfe für die SYNTAX, 1967 wird sie in Blei gegossen. Als serifenlose Linear-Antiqua liegt den Gemeinen der Syntax-Antiqua die Renaissance-Antiqua zugrunde. Nach über 30 Jahren überarbeitet Hans Eduard Meier seine SYNTAX und präsentiert im Jahr 2000 mit Linotype eine neue, komplett ausgestattete LINOTYPE SYNTAX mit sechs aufrechten und sechs kursiven Schnitten, mit Kapitälchen sowie gänzlich neuen Zeichen.

Linotype Syntax Serif Light

Linotype Syntax Serif Light Italic

Linotype Syntax Serif Regular

Linotype Syntax Italic

Linotype Syntax Serif Medium

Linotype Syntax Serif Medium Italic

Linotype Syntax Serif Bold

Linotype Syntax Serif Bold Italic

Linotype Syntax Serif Heavy

Linotype Syntax Serif Heavy Italic

Linotype Syntax Light

Linotype Syntax Light Italic

Linotype Syntax Regular

Linotype Syntax Italic

Linotype Syntax Medium

Linotype Syntax Medium Italic

Linotype Syntax Bold

Linotype Syntax Bold Italic

Linotype Syntax Heavy

Linotype Syntax Heavy Italic

Schriftkünstler 1.6

Stanley Morison
Herausgeber, Autor, Journalist und Typograf (1889–1967)
Bekannte Schriften: Times, Plantin, Baskerville (Neuinterpretation), Bembo (Neuinterpretation)

Angeblich hat sich das Leben Morisons, der zunächst als Hilfsarbeiter und in einer Bank jobbt, durch einen Artikel über Typografie vollständig gewendet. Der Artikel, der in der englischen Zeitschrift Times erscheint, enthält eine Stellenanzeige, auf die sich Morison erfolgreich bewirbt, so dass er Verlagsluft schnuppern kann. Er arbeitet im Folgenden als Herausgeber, Autor, Journalist und Typograf. Als typografischer Berater der Monotype Corporation und der Cambridge University Press entwickelt er 1932 die TIMES, die in der Zeitung »The Times« als Titelschrift verwendet wird. In seiner Zeit bei Monotype überarbeitet er ältere Schriften wie die BASKERVILLE und die BEMBO von Francesco Griffo aus dem 15. Jahrhundert.

Die TIMES ist heute aus der typografischen Landschaft nicht mehr wegzudenken, auch wenn sie für weitaus weniger Projekte geeignet ist, als sie verwendet wird.

▲ **Abbildung 1.51**
Stanley Morison; Quelle:
Ein Typografisches Handbuch,
Martin Binder, Selbstverlag,
Würzburg 1995

1 Basiswissen Schrift

Abbildung 1.52 ▲
Jim Parkinson; © Parkinson

Webadresse
Die Website von
Jim Parkinson lautet
www.typedesign.com.

Jim Parkinson
Typograf, Logo-Designer, Schriftenmaler
(1941 in Kalifornien geboren)
Bekannte Schriften: Amador, Amboy, El Grande, ITC Bodoni, Parkinson, Diablo, Bonita, Dreamland, Modesto, Poster Black, Richmond, Manchester

Inspiriert von einem Nachbarn in Richmond beginnt Jim Parkinson bereits in seiner Kindheit, sich für Schriften zu interessieren. Er absolviert ein Werbedesign- und Zeichenstudium. Während seiner anschließenden Arbeit bei Hallmark Cards ist Hermann Zapf einer seiner Lehrer.

In den folgenden Jahren arbeitet Parkinson als freier Schrift- und Logo-Designer. Hauptsächlich entwirft er typografische Logos für Magazine und Zeitschriften. In den 70ern gestaltet er den weltberühmten Schriftzug der Zeitschrift »Rolling Stone«, aber auch Logos für »Newsweek«, »Esquire«, »Wall Street Journal« und die »Chicago Tribune«. Seine anfängliche Abneigung gegen Computer legt sich, und seit 1990 arbeitet Parkinson nur noch digital.

Abbildung 1.53 ▼ ▶
Rechts die vereinfachte Version der Schrift für die Zeitschrift Rolling Stone. Unten das Logo für Esquire, das in Zusammenarbeit mit Roger Black und Ann Pomeroy entstanden ist.

Jean-François Porchez
Designer, Typograf (geboren 1964)
Bekannte Schriften: Le Monde Journal (1994), Parisine (1996), Costa (1999), Sabon Next (2002), Renault Identité (2004)

Bereits während seiner Ausbildung zum Grafikdesigner spezialisiert sich Porchez auf das Schriftdesign. Während seiner anschließenden Tätigkeit als Type Director bei der Werbeagentur Dragon Rouge gestaltet er vorwiegend Schriften für Logos. 1994 entdeckt er einen Artikel über die geplante Neugestaltung des Schriftzuges der Pariser Tageszeitung »Le Monde«, bei der noch die TIMES verwendet wird. Mit einem Leserbrief macht Porchez auf sich aufmerksam und ist schließlich für die Neugestaltung von »Le Monde« zuständig. Damit gelingt ihm der große Durchbruch, und fortan arbeitet er für Peugeot, Costa Crociere, France Télécom sowie für internationale Unternehmen.

Ob als Jurymitglied, Vice President von ATypI oder als Gewinner diverser Schrift- und Designwettbewerbe, Porchez entwickelt sich zu einem bedeutenden Schriftkünstler unserer Zeit. 1996 entwickelt er eine neue Schrift für das Pariser Metro-Netzwerk (RATP). Die Schrift soll auf den Hinweistafeln zum einen leicht lesbar, zum anderen platzsparend sein. Mit der PARISINE erfüllt Porchez alle Ansprüche und baut die Schriftfamilie drei Jahre später noch um weitere Schnitte aus.

2002 gelingt ihm mit dem Redesign der SABON ein großer Wurf. 1965 entwickelt Jan Tschichold die Sabon auf Basis der Garamond, und 35 Jahre später passt Porchez die Schrift an die digitalen Bedürfnisse an. Entstanden ist die LINOTYPE SABON NEXT mit 47 neuen Schnitten und sechs Gewichtungen, unter anderem Kapitälchen, Minuskelziffern und einem Ornament-Zeichensatz.

▲ **Abbildung 1.54**
Jean-François Porchez;
© Porchez

Webadresse
Die Type Foundry von Jean-François Porchez finden Sie unter *www.typofonderie.com*.

Zitat Jean-François Porchez
»Beim Schriftdesign hat man dann beste Arbeit geleistet, wenn keiner merkt, was man geleistet hat.«

Abbildung 1.55 ▲
Paul Renner; Quelle:
Ein Typografisches Handbuch,
Martin Binder, Selbstverlag,
Würzburg 1995

Zitat Paul Renner
»Auch der Dienst am Scheinbaren verlangt genaueste Präzisionsarbeit; niemand weiß das besser als der Schriftgießer.« Aus: Die Kunst der Typografie

Buchempfehlung
Ein lesenswerter Klassiker ist »Die Kunst der Typografie« von Paul Renner aus dem Jahr 1939, der beim Maro Verlag Augsburg erhältlich ist.

Paul Renner
Typograf, Schriftentwickler, Autor, Maler (1878–1956)
Bekannte Schriften: Futura, Plak, Ballade, Renner
Paul Renner kann ohne Zweifel als einer der Vorreiter und Leitbilder der »Modernen Typografie« bezeichnet werden. Nach dem Studium der Malerei und Architektur gründet er 1911 die Münchner Schule für Illustration und Buchgewerbe und leitet später die grafischen Berufsschulen in München. Seine Bekanntheit verdankt er der FUTURA, an deren Entwürfen er ab 1924 arbeitet; 1928 erscheint der erste Schnitt. Die FUTURA kommt einer typografischen Revolution gleich, gilt sie doch als die erste moderne serifenlose Schrift, die auf geometrischen Formen beruht und offensichtlich die Grundideen des Bauhaus-Stils widerspiegelt. Dabei beschäftigt sich Renner immer wieder mit der Frage, wie Klein- und Großbuchstaben zusammenpassen und ein harmonisches Bild abgeben können. Während die Großbuchstaben auf der römischen Kapitalschrift basieren, sind die Kleinbuchstaben an die karolingische Minuskel angelehnt. Die notwendige Annäherung beider Bestandteile und deren Bedeutung für das gesamte Schriftbild und den Grauwert beschäftigen den Typografen, und die FUTURA ist sein Versuch, dies umzusetzen.

Mit dem »Kulturbolschewismus« von Paul Renner erscheint 1932 eine Kampfschrift für die moderne Kunst, in der er deutliche Kritik an der Kulturpolitik der Nazis übt. Bereits kurz darauf wird Renner vorübergehend verhaftet, Verleger sind nicht mehr zu finden, und das Buch erscheint nur noch in der Schweiz. Mittlerweile gibt es einen Reprint im Verlag Stroemfeld.

ABCDEFGHIJKLMNOPQRSTUVWXYZ
abcdefghijklmnopqrstuvwxyz
1234567890

book

Abbildung 1.56 ▶
Mit der FUTURA erstellt Renner eine Buchschrift, die lange Zeit wegweisend und heute ein Klassiker ist.

ABCDEFGHIJKLMNOPQRSTUVWXYZ
abcdefghijklmnopqrstuv
wxyz   1234567890

bold

Werner Schneider

Schriftgestalter, Typograf, Kalligraf (geboren 1935 in Marburg)
Bekannte Schriften: Schneider-Antiqua, Libretto, Vialog

Nach dem Studium bei Prof. Friedrich Poppl an der Werkkunstschule Wiesbaden arbeitet Werner Schneider zunächst als Assistent von Poppl und beginnt 1959 als Dozent für Grafikdesign. Mittlerweile kann Professor Werner Schneider auf nahezu 40 Jahre Lehrtätigkeit an der Werkkunstschule/Fachhochschule Wiesbaden zurückblicken. Sein bevorzugtes Arbeitsgebiet ist das Schriftdesign (Type-, Logo- und Logotype-Design). Werner Schneider hat zahlreiche internationale Auszeichnungen erhalten, so unter anderem viele Preise für kalligrafische Arbeiten und die Goldmedaille für Type-Design für die Schneider-Antiqua.

1988 entwickelt Professor Werner Schneider im Auftrag des Bundesverkehrsministeriums die EURO TYPE. Dabei gilt es, lesetechnische Untersuchungen in Bezug auf die Optimierung und Vereinheitlichung europäischer Verkehrsschriften zu beachten. In Zusammenarbeit mit Helmut Ness vom Designbüro Fuenfwerken überarbeitet Schneider dann die EURO TYPE. Es entsteht die VIALOG, eine Schrift, die robust ist und gleichzeitig eine große Detailqualität, speziell auch bei den Zahlen, aufweist. Durch das große Schriftbild in der x-Höhe ist sie auch bei extremer Unschärfe noch verhältnismäßig gut lesbar und wird deshalb von der Münchner Verkehrsgesellschaft eingesetzt. Schneider und Ness entwickelten 22 Schnitte sowie die VIALOG SIGNS, die aus zehn verschiedenen Symbolschriften besteht.

▲ **Abbildung 1.57**
Werner Schneider;
© Schneider

Ausstellung
Werkzeichnungen von Type-Design befinden sich im Archiv der Akademie der Künste in Berlin.

◄ **Abbildung 1.58**
Entwurfsmodifikationen vom Versal-W einer neuen Schreibschrift, eines von Dutzenden Studienblättern von Werner Schneider, bezogen nur auf einen einzigen Buchstaben

1 Basiswissen Schrift

Abbildung 1.59 ▲
Erik Spiekermann;
© Spiekermann

FF
Die Abkürzung FF steht für FontFont, das Kennzeichen für eine Schrift von FontShop.

Erik Spiekermann
Fachautor, typografischer Gestalter und Schriftentwerfer (geboren 1947)
Bekannte Schriften: FF Meta, ITC Officina, FF Info, FF Unit, Nokia, Glasgow 99, LoType, Berliner Grotesk

Nach seinem Studium der Kunstgeschichte geht Erik Spiekermann nach London, wo er unterrichtet und als Berater für Designunternehmen arbeitet. Zurück in Berlin gründet er im Jahre 1979 MetaDesign. Zu den Kunden zählen Audi, Skoda, Volkswagen, Lexus, Heidelberger Druckmaschinen und die Stadt Berlin. Mit Font-Shop ruft Erik Spiekermann 1988 den Vertrieb von elektronischen Fonts ins Leben.

Seit 2000 arbeitet er als freier Gestalter unter dem Label United Designers Network, seit 2009 firmiert die Agentur als Edenspiekermann. Er erledigt Auftragsarbeiten für internationale Firmen und ist unter anderem Honorarprofessor an der HfK in Bremen, arbeitet als Autor typografischer Fachbücher und als Jurymitglied internationaler Gestaltungswettbewerbe. 2011 erhält Spiekermann den Designpreis der Bundesrepublik Deutschland für sein Lebenswerk.

Eine seiner bekanntesten Schriften ist die FF META. Die ursprünglich als Hausschrift für sein Büro United Designers gestaltete Schrift mit vielfältigen Schnitten erfüllt sämtliche Wünsche nach guter Typografie. »Keine überflüssigen Mätzchen, aber viel Charakter ... «, so Spiekermann über die META. Mit der FF UNIT schafft Spiekermann die »große, strenge Schwester von FF META«. Durch die deutlichen Strichstärkenunterschiede bei den horizontalen und vertikalen Linien eignet sich die kontrastreiche und sachliche FF UNIT auch für kleine Schriftgrößen.

Schriftkünstler 1.6

Ludwig Sütterlin
Grafiker (1865–1917)
Bekannte Schriften: Sütterlin

Der Berliner Grafiker Ludwig Sütterlin unterrichtet an der Vereinigten Staatsschule für freie und angewandte Kunst das Fach »künstlerische Schrift«. Ab 1924 wird seine Schreibschrift Sütterlin für den Schreibunterricht an allen preußischen Grundschulen verbindlich. Trotz der Konkurrenz, wie beispielsweise der Offenbacher Schrift von Rudolf Koch, unterrichtet man in den Schulen der meisten deutschen Länder die SÜTTERLIN, die auch heute noch als die »deutsche Schrift« bezeichnet wird.

Kurz nach der Einführung der SÜTTERLIN ändert der Typograf seine Schrift noch einmal ab, so dass sie sich für Schreibanfänger besser eignet. Die Worte bestehen aus einem einzigen Schriftzug, die Buchstaben stehen gerade und sind auf das Notwendigste reduziert. Die Sütterlin wurde etwa 30 Jahre an deutschen Schulen gelehrt, nach dem Zweiten Weltkrieg aber langsam von den Druckschriften verdrängt.

▲ **Abbildung 1.60**
Ludwig Sütterlin;
© Frank Lange@wikipedia

1 Basiswissen Schrift

Abbildung 1.61 ▲
Jan Tschichold; Quelle:
Ein Typografisches Handbuch,
Martin Binder, Selbstverlag,
Würzburg 1995

Zitat Jan Tschichold
»Gute Schrift, richtige Anordnung – das sind die beiden Pfeiler der Schriftkunst.«

Abbildung 1.62 ▲
Entwurf der Sabon-Antiqua,
1965; Foto: Ronald Schmets,
D. Stempel AG, Frankfurt/Main

Jan Tschichold
Typograf, Kalligraf, Autor, Lehrer (1902–1974)
Bekannte Schriften: Transit, Saskia, Zeus, Sabon

Tschichold absolviert sein Studium an der staatlichen Akademie für grafische Künste und Buchgewerbe in Leipzig. Ab 1923 arbeitet er als Typograf bei Fischerl und Wittig, in den Folgejahren unterrichtet er Typografie und Schrift an der Städtischen Berufsschule München und an der Meisterschule für Deutschlands Buchdrucker. Der Besuch der ersten Ausstellung des Weimarer Bauhauses 1923 regt Tschichold zur intensiven Auseinandersetzung mit der Rolle der Typografie in der Kunst an. Fortan spielt er in der »Neuen Typografie« eine zentrale Rolle und steht für das asymmetrische Design. Mit dem Sonderheft »elementare typografie«, das er 1925 herausgibt, sind er und seine Thesen zur klaren, zweckbetonten Typografie in aller Munde. Aufgrund seiner Begeisterung für Russland nennt er sich Iwan, muss unter dem Druck der Nationalsozialisten seinen Namen nur ein Jahr später aber wieder in Jan ändern. Nach einer Verhaftung 1933 geht er nach Basel und setzt dort seine Arbeit in einem Verlag sowie an der Berufsschule fort.

Die SABON-ANTIQUA ist sicherlich die bekannteste, aber nicht typischste Schrift von Tschichold, die er für Stempel, Linotype und Monotype erschafft. Namensgeber ist der Typograf und Schüler von Garamond, Jacques Sabon; die Basis wird von der Garamond gestellt. Die SABON hat eine klassische und elegante Wirkung und wird beispielsweise in der Beck'schen Reihe im Verlag C. H. Beck verwendet.

Die digitale Überarbeitung der Stempelvariante von Tschichold hat der französische Typograf Jean-François Porchez übernommen. Die daraus resultierende SABON NEXT strahlt gewollt den Charakter einer Bleisatzschrift aus.

Abbildung 1.63 ▼
Die überarbeitete SABON NEXT
von Jean-François Porchez

abcdefABCDEFG
&@€1234567890

Schriftkünstler 1.6

Kurt Weidemann
*Typograf, Grafikdesigner, Autor und Lehrer (1922–2011)
Bekannte Schriften: ITC Weidemann, Biblica, Corporate A · S · E*
Weidemann beginnt 1949 nach seiner Entlassung aus der russischen Gefangenschaft mit einer Ausbildung zum Schriftsetzer und studiert anschließend an der staatlichen Akademie der Bildenden Künste in Stuttgart. Dort unterrichtet Weidemann und ist ab 1958 als freier Gestalter tätig. Er arbeitet unter anderem als Buchgestalter, Gebrauchsgrafiker, Werbeberater und Texter und ist am Erscheinungsbild von COOP, Zeiss, Mercedes-Benz, Daimler-Benz und der Deutschen Bahn beteiligt.

Die Lehrtätigkeit des gefragten Typografen ist breit gefächert. Seit 1983 ist er Dozent für verbale und visuelle Kommunikation an der Wissenschaftlichen Hochschule für Unternehmensführung in Koblenz und seit 1991 an der Hochschule für Gestaltung im Zentrum für Kunst- und Medientechnologie in Karlsruhe.

Die BIBLICA entsteht für die Deutsche Bibelgesellschaft, die CORPORATE A · S · E (eine serifenlose, eine serifenbetonte und eine Variante mit Serifen) wird als Hausschrift für den Daimler-Benz-Konzern entwickelt. Auch mit seinen Werken wie »Wo der Buchstabe das Wort führt« und »Wortarmut« trägt er zur Bereicherung der typografischen Landschaft bei.

▲ **Abbildung 1.64**
Kurt Weidemann; Quelle: Ein Typografisches Handbuch, Martin Binder, Selbstverlag, Würzburg 1995

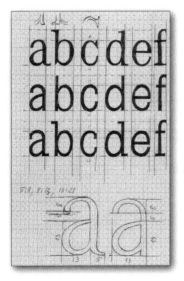
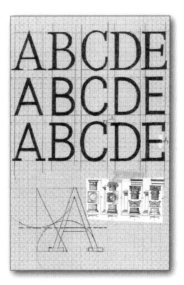

◄ **Abbildung 1.65**
Eine erste Konzeption der CORPORATE A · S · E von 1984/85. Quelle: Wo der Buchstabe das Wort führt, Kurt Weidemann, Cantz Verlag, Ostfildern 1994

79

1 Basiswissen Schrift

Abbildung 1.66 ▲
Hermann Zapf; Quelle: Heidelberger Druckmaschinen AG

Hermann Zapf
Typograf und Designer (geboren 1918)
Bekannte Schriften: Optima (1958), ITC Zapf International (1977), ITC Zapf Dingbats (1978), Edison (1978), ITC Zapf Chancery (1979), Zapfino (1998)

Hermann Zapf ist einer der wichtigsten Schriftgestalter des 20. Jahrhunderts. Von ihm stammen Klassiker wie die PALATINO von 1950, die LINOTYPE ZAPFINO oder die OPTIMA, die Zapfs Lieblingsschrift sein soll. Nach seiner Ausbildung zum Retuscheur betätigt sich Zapf bereits früh als freier Schriftgrafiker und Kalligraf. In den 50er-Jahren arbeitet er als künstlerischer Leiter der typografischen Abteilung der Schriftgießerei D. Stempel AG, unterrichtet an Hochschulen und hält Kalligrafie-Kurse im Ausland. Als Berater sowie künstlerischer Leiter der Linotype AG prägt er mit seiner Frau Gudrun Zapf von Hesse die letzten Jahrzehnte der Typografie und ist spätestens durch die Zapf Dingbats, die auf den meisten Betriebssystemen vorinstalliert ist, allen Publishern bekannt.

Mit der ZAPFINO EXTRA PRO hat Zapf für Linotype eine Open-Type-Schrift entwickelt, bei der verschiedene Varianten eines Buchstabens vorhanden sind. Abhängig von der eingesetzten Anwendung kann so automatisch oder manuell eine zu den Vor- und Nachzeichen passende Variante gewählt werden.

1.7 Typografisches Maßsystem

Heutzutage sind zwei Maßeinheiten zur Messung von Schriftgrößen relevant: der Didot-Punkt, auch Berthold-Fotosatzpunkt genannt, und der DTP-Punkt. Der Didot-Punkt des Franzosen François Ambroise Didot kam hauptsächlich in Europa zum Einsatz.

Didot-Punkt

Der französische Buchdrucker, Schriftgießer und Verleger François Ambroise Didot entwickelte zusammen mit seinem Sohn Firmin Didot um 1800 das typografische Maßsystem zur Bestimmung der verschiedenen Schriftkegelgrößen. Dessen Ansätze stammten vom Pariser Typografen Pierre Simon Fournier. Didot löst mit seinem nicht metrischen »Didot'schen Maßsystem« das Fournier-Punkt-System ab. Die Größe ergab sich aus dem 864sten Teil des französischen Grundmaßes des königlichen Fußes, des »Pied du Roi«, der mit etwa 32,4 Zentimetern angegeben war. Somit betrug der Didot-Punkt 0,376065 Millimeter. Im Laufe der Jahre wurde er gerundet und beträgt jetzt 0,375 Millimeter.

In der Didot-Maßeinheit bezeichnet man 3 Punkte als Billant, 6 Punkte nennt man auch Nonpareille, und der Cicero entspricht 12 Didot-Punkten, also 4,5 Millimetern.

DTP-Punkt

Durch die Einführung der DTP-Systeme wird der Didot-Punkt vom DTP-Punkt abgelöst. Seine Größe beträgt ein 72stel eines Inches. Ein Inch entspricht 25,4 Millimetern. Somit kommen wir beim DTP-Punkt ebenfalls auf eine für das metrische Maßsystem »krumme« Größe von 0,353 Millimetern.

Pica-Point

Streng genommen gibt es noch eine dritte Punktgröße: den Pica-Point. Er beträgt 1/996 von 35 Zentimetern und misst somit 0,35145 Millimeter, ist also fast identisch mit dem DTP-Punkt. Der Pica-Point wird fast ausschließlich im amerikanischen Raum eingesetzt.

Übrigens wurde 1978 in der Rechtsverordnung der EG festgelegt, dass nur noch das metrische Maß verwendet werden darf. Diese Verordnung konnte sich aber nicht durchsetzen. Schriftgrößen und zum Teil auch Zeilenabstände werden nach wie vor in Punkt angegeben.

Typometer
Das Typometer ist ein Messgerät, mit dem sich Schriftgrößen, Zeilenabstände, aber auch Linienstärken und Rasterweiten messen lassen. Es ähnelt einem herkömmlichen Lineal, ist transparent und weist als Maßeinheit neben den Millimetern auch Punkt auf. Achten Sie beim Erwerb eines Typometers auf das Vorhandensein der richtigen Punktgröße.

1 Basiswissen Schrift

1.8 Ein zeitlicher Überblick

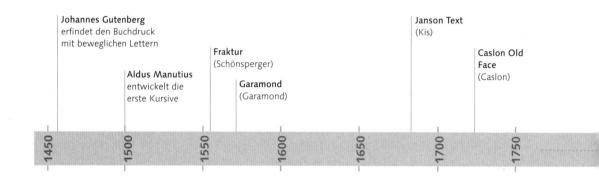

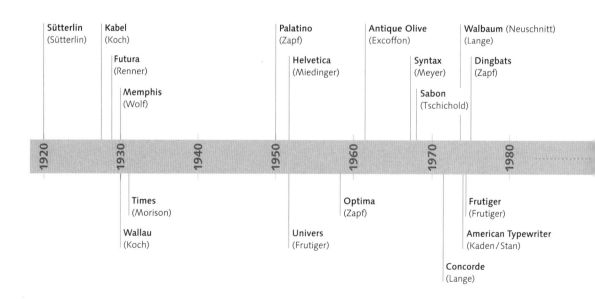

Ein zeitlicher Überblick **1.8**

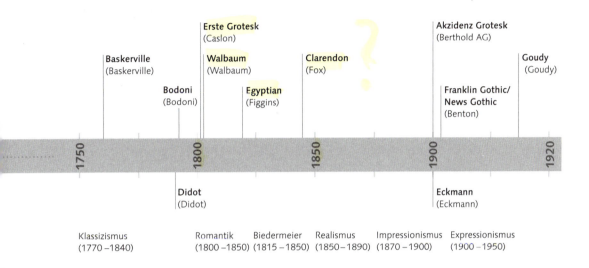

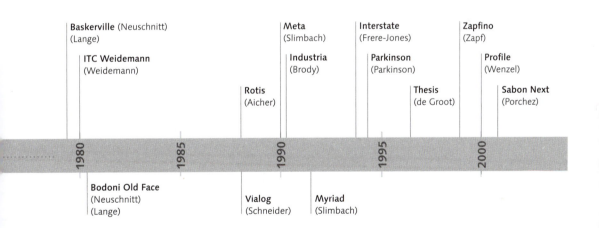

Kapitel 2
Das Zeichen
Der kleinste gemeinsame Nenner in der Typografie

Sie werden lernen:

- Welche Begriffe aus dem Bleisatz sind wichtig?
- Wie berechnet man die Schriftgröße?
- Was sind Serifen?
- Wie entstanden Ligaturen, und wann werden sie verwendet?
- Wie kann man Text sinnvoll auszeichnen?
- Wie funktioniert unser Leseverhalten?
- Wozu freie Räume?
- Wie stellt man Laufweiten und Wortabstände korrekt ein?
- Die typografische Anwendung in InDesign und QuarkXPress
- Mikrotypografie: Die wichtigsten Schreibregeln

2 Das Zeichen

Wir fangen mit dem kleinsten gemeinsamen Nenner der Typografie an: dem Zeichen. In diesem Kapitel dreht sich alles um den Buchstaben und die vielen verschiedenen Bezeichnungen, die seine Merkmale und seine Form beschreiben.

2.1 Der Buchstabe

Das Zeichen ist die kleinste Einheit der Typografie. Und obwohl es so klein ist, müssen wir seine Eigenheit, seine Aussage, seine Räume und Formen verstehen, damit wir darauf aufbauen können. Kein Mensch kann ein Mathematiker werden und mit Zahlen jonglieren, ohne die Zahlenreihe 0–9 zu beherrschen. Ähnliches gilt für die Typografie und ihre Künstler: Ohne die einzelnen Zeichen werden wir das Blatt Papier oder das Buch nicht mit typografisch anspruchsvollen Inhalten füllen können.

Form

Jedes Zeichen, jeder Buchstabe, jede Zahl und jedes Interpunktionszeichen weist seine ganz spezifische Form auf. Den Größenverhältnissen der einzelnen Bestandteile wie Oberlängen und Unterlängen liegt ein Prinzip zugrunde. Zwar sind die Verhältnisse der drei Bereiche »oben«, »Mitte« und »unten« sowie auch die Verhältnisse von Zeichen zu Freiräumen bei jeder Schrift ein wenig anders, aber grundsätzlich liegt dem Zeichen eine harmonische Aufteilung zu-

Abbildung 2.1 ▲
Bei vielen Schriften ist zu sehen, wie das Quadrat Pate für den Buchstaben M gestanden hat. Oben die Myriad, darunter eine Capitalis Monumentalis namens Capitalis TypOasis.

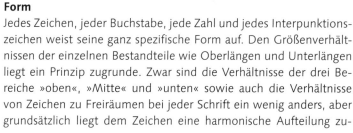

Abbildung 2.2 ▶
Ein Setzkasten aus dem Zeitalter des Bleisatzes

grunde. Speziell bei der Capitalis Monumentalis ist die Aufteilung schön zu sehen. Dabei beruht der breiteste Buchstabe, das M, auf einem Geviert; alle anderen Buchstaben nutzen nur einen Teil davon aus.

Schriftgröße

Vielleicht ist es die erste, vielleicht auch erst die dritte Frage, die Sie sich stellen, wenn Sie ein Layout vorbereiten: Wie groß wird die Schrift? In jedem Fall stellt diese Größe einen wichtigen Faktor in der Gestaltung mit Schrift dar.

Sicherlich haben Sie sich auch schon einmal gefragt, warum eine Schrift, wenn wir sie auf dem Ausdruck messen, kleiner ist als die Schriftgröße, die wir im Programm eingegeben haben? Und warum Schriften – bereits am Bildschirm – unterschiedlich groß sind, auch wenn sie mit der gleichen Schriftgröße ausgezeichnet werden? Und sofort sind wir mitten drin in den Geheimnissen der Schriftgrößen und Bleikegel.

Kegelausnutzung
Warum berühren sich nicht zwingend die Buchstaben, wenn Zeilenabstand und Schriftgröße identisch sind? Die unterschiedliche Kegelausnutzung erklärt's.

Kegel und Kegelgröße
Den Metallkörper, der das Zeichen trägt, bezeichnet man als Kegel. Die Kegelgröße wird im heutigen DTP-Satz als Schriftgrad, Schriftgröße oder Buchstabengröße bezeichnet. Dabei misst man die Versalhöhe plus Unterlänge plus einen ungewissen Zuschlag.

◄ **Abbildung 2.3**
Der Bleikegel eines Versal-G. Die Bilder sind in der Druckerei Stempel in Berlin entstanden, die noch mit Bleisatz arbeitet.

2 Das Zeichen

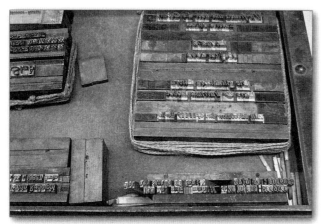

Der Bleisatz in wenigen Worten
Der Bleibuchstabe, die Letter genannt, besteht aus einer Metalllegierung aus Blei, Antimon und Zinn. Die Lettern weisen alle die gleiche »Schrifthöhe« auf. Der Fuß ist rechteckig oder quadratisch, auf der anderen Seite befindet sich das erhabene spiegelverkehrte Bild des Buchstabens. Die Lettern werden aufgereiht, in die Druckform gebracht, dann mit Farbe bestrichen und auf das Papier gepresst.

Abbildung 2.4 ▲
Die druckenden Bereiche sind erhaben und werden, mit Farbe bestrichen, auf das Papier gepresst.

Kegelgröße und Schriftgröße
Aus verschiedenen Gründen ist der Bleikörper, der als Kegel bezeichnet wird, größer als der erhabene Buchstabe, das heißt, der Buchstabe reicht nicht bis an den Rand des Kegels. Der Raum um den Buchstaben herum wird als Fleisch bezeichnet. Im Druck wirken

Abbildung 2.5 ▼ ▶
Unten: Im Winkelhaken werden die Bleilettern aufgereiht.
Rechts: Verschiedene Bleikegel.
Quelle: fotolia © Marina Lohrbach; fotolia © Foto-Rhein-Main

besondere Kräfte auf den Kegel und auf den erhabenen Buchstaben. Ein Buchstabe auf einem 12-Punkt-Kegel wurde im Bleisatz nicht bis ganz an den Rand gegossen, sondern musste rundherum noch Raum aufweisen, um dem Bleikegel Festigkeit zu verleihen. Besonders bei Schriften mit feinen, geschwungenen Linien wie der englischen Schreibschrift würde ein Linienschwung, wenn er bis an den Kegelrand reichen würde, durch den Druck abbrechen oder sehr leicht beschädigt werden.

So findet auf einem 12-Punkt-Kegel ein Buchstabe Platz, der in jedem Fall etwas kleiner ist als 12 Punkt. Das bedeutet gleichzeitig, dass jede 12-Punkt-Schrift eine andere Größe aufweisen kann; besonders bei Schreibschriften sind die Größenunterschiede zwischen Kegelgröße und tatsächlich gedruckter Schriftgröße zum Teil erheblich.

Bleisatz und Digitalsatz?

Die messbare Schriftgröße ist also immer von der Kegelausnutzung abhängig, und diese wiederum wird vom Schriftdesigner bestimmt. Auch wenn die Zeit des Bleisatzes vorbei ist und wir mit QuarkXPress, InDesign oder Ähnlichem arbeiten, bestimmen wir doch in der Software immer die fiktive Kegelgröße und nicht die eigentliche Schriftgröße.

Minuskel und Majuskel
Kleinbuchstaben werden auch Gemeine oder Minuskeln genannt. Großbuchstaben bezeichnet man auch als Versalien oder Majuskeln.

Tipp Schriftgrößen
Welche ist denn nun die richtige Schriftgröße? Wenn Sie unsicher sind: Immer ein Punkt kleiner als vermutet ...

▼ Abbildung 2.6
Von oben nach unten: Die Times, die Palatino und die Adobe Garamond. Alle drei Zeilen sind in 48 Punkt gesetzt, die Schriftgrößenunterschiede sind aber deutlich zu erkennen. Das graue Rechteck um den Buchstaben »M« symbolisiert das Geviert und weist die Größe von 48 Punkt im Quadrat auf.

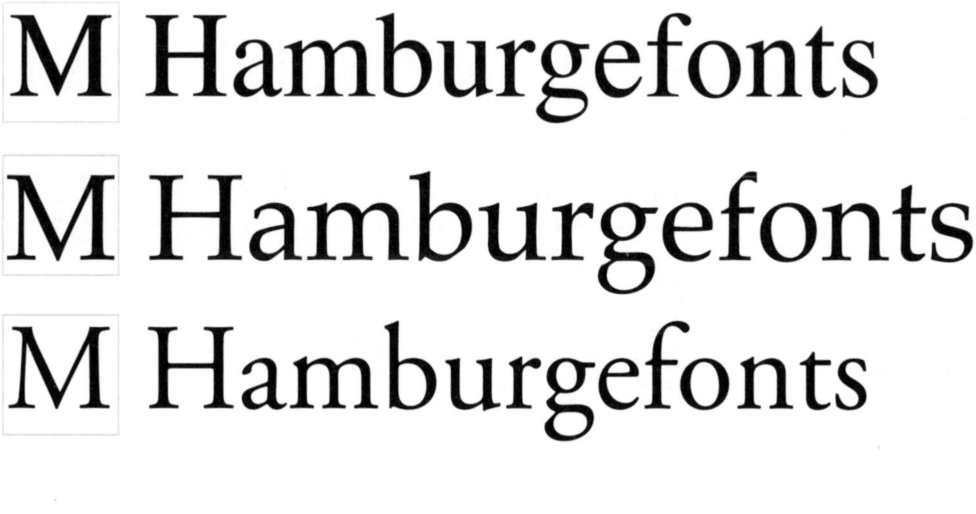

M Hamburgefonts

M Hamburgefonts

M Hamburgefonts

Charakter und Aussage
Mehr zum Schriftcharakter und zu seiner Aussage finden Sie in Kapitel 4, »Anforderung und Wirkung«.

Weitere Faktoren für die Schriftgrößenmessung

Nicht zu vergessen sind das zu bedruckende Papier und die Tinte sowie natürlich das Druckverfahren. Besonders bei Schriften mit feinen Linien können Überraschungen entstehen, da diese auf einem Tintenstrahldrucker und ungestrichenem Papier sehr viel dicker werden können und die Schrift dadurch in ihren Ausmaßen wächst. Im Offsetdruck hingegen und auf einem nicht saugfähigen Papier wird die gleiche Schrift feiner wirken und kann auch messbar kleiner sein.

Schriftgröße per Versalhöhe

Eine andere Variante der Größenbestimmung funktioniert über die Versalhöhe (siehe Seite 92). Die Versalhöhe entspricht der Größe eines Versalbuchstabens, am einfachsten an einem Buchstaben ohne Rundungen wie einem H, Z oder E zu messen. Bestimmte Plug-ins und XTensions für QuarkXPress wie TypoX von JoLauterbach Software erlauben statt der Eingabe der Schriftgröße die Eingabe der Versalhöhe. Aber auch hier entstehen aus den genannten Gründen Abweichungen. Für eine wirklich exakte Schriftgrößenbestimmung ist letztlich der Probedruck nötig. Mit der Zeit sammeln Sie genug Erfahrungen, um einschätzen zu können, welche Größeneingabe zu welcher gedruckten Größe führt.

Versalhöhenbeispiele

Um Ihnen ein paar Beispiele der Kegelausnutzung zu geben und Ihnen eventuell auch den einen oder anderen Probeausdruck mit

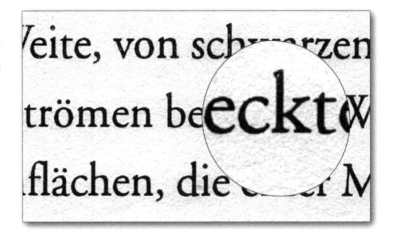

Abbildung 2.7 ▶
Bei kleiner Schrift auf grobem Papier kann die Schrift verlaufen und ausfransen. Das Messen der Schriftgröße wird dadurch sehr schwierig.

Messversuchen zu ersparen, habe ich Versal- und Mittellängengrößen einiger gängiger Schriften ausgemessen. Bitte beachten Sie, dass ich hier Angaben zur Versalhöhe und nicht zur Schriftgröße mache. Beachten Sie weiterhin, dass die Schriftgrößen auch vom Schrifthaus abhängig sind – so weist eine Adobe Garamond nicht zwingend die gleichen Versalhöhen und Mittellängen auf wie die Apple Garamond.

Uppercase und Lowercase
Die Bezeichnungen UPPERCASE LETTERS für Großbuchstaben und LOWERCASE LETTERS für die Kleinbuchstaben haben sich durch die Aufteilung des Bleisetzkastens (siehe Foto unten) entwickelt. Dort sind nämlich die Kleinbuchstaben, weil häufiger benötigt, weiter unten (low) platziert, damit sie leichter für den Setzer zu erreichen sind. Die Großbuchstaben werden weniger häufig benötigt und liegen deswegen weiter oben (up).

Versalhöhen

Adobe Caslon Pro	71 %
Antique Olive	74 %
ITC Avant Garde Gothic	74 %
Arial	71 %
Bodoni	68 %
Baskerville	67 %
Century Schoolbook	77 %
Franklin Gothic	70 %
Futura	76 %
Garamond	62 %
Gill Sans	67 %
Helvetica	71 %
Linotype Syntax	70 %
Myriad	68 %
News Gothic	78 %
Optima	68 %
Rotis Sans	70 %
Times	66 %
Univers	73 %

▼ **Abbildung 2.8**
Versal- und Mittellängenhöhen im Vergleich, bei einer Schriftgröße von 100 Punkt; links die Neue Helvetica, rechts die Futura.

Ein Beispiel: Die Helvetica weist eine Versalhöhe von 71 % auf, die Höhe der Mittellänge beläuft sich auf 52 %. Bei einer Schriftgröße von 100 Punkt ergibt sich bei einer Versalhöhe von 71 % eine tatsächliche Versalhöhe von 71 Punkt. Die Mittellänge beläuft sich bei 52 % von 100 Punkt also auf 52 Punkt.

Vielleicht ist es auch für Ihren Arbeitsablauf sinnvoll, von einigen Schriften, die Sie immer wieder verwenden, einen Ausdruck zu machen und die gedruckten Schriftgrößen, Versalhöhen und Mittellängen auszumessen und zu notieren.

Begriffsdefinitionen
Damit im Folgenden keine Missverständnisse aufkommen, klären wir zunächst einige Grundbegriffe der Typografie.

- Die VERSALHÖHE ist die Größe der Versalien, auch Großbuchstaben oder Majuskeln genannt. Am einfachsten misst man sie an einem großen H, E oder M. Runde Buchstaben wie das O eignen sich nicht dazu ❶.
- Die OBERLÄNGE ist die Strecke, mit welcher ein Kleinbuchstabe wie das b oder h über die Mittellänge nach oben hinausragt ❷.
- Die SCHRIFTLINIE oder GRUNDLINIE ist eine gedachte Linie, auf der alle Buchstaben aufsitzen. Die Rundungen ragen leicht über die Grundlinie hinaus ❸.

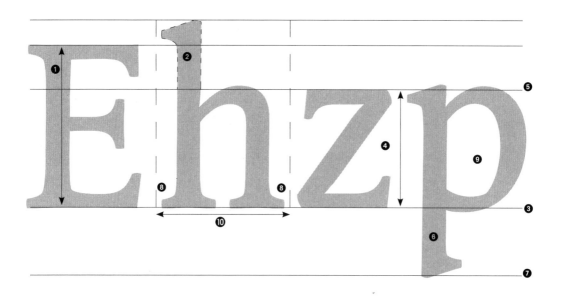

- Die MITTELLÄNGE ist die Höhe der Kleinbuchstaben ohne Oberlängen, wie beispielsweise beim e, m oder a. Die Mittellänge ❹ wird auch als x-Höhe bezeichnet und beträgt circa die Hälfte bis zwei Drittel der Gesamtschriftgröße. Die X-LINIE ❺ bildet den oberen Abschluss.
- Die UNTERLÄNGE ❻ ist die Strecke von der Grundlinie bis zum unteren Ende des Buchstabens, also bis zur P-LINIE ❼, wie sie beim g, j, p oder y vorkommt.
- Eine normale Laufweite beinhaltet, dass sich die Buchstaben nicht berühren – vorausgesetzt, dass es sich nicht um eine Schreibschrift oder eine handschriftliche Variante handelt. Besonders bei Serifen ist darauf zu achten, dass diese nicht aneinanderstoßen. Für diesen natürlichen Abstand sind VOR- UND NACHBREITE ❽ eines jeden Zeichens zuständig, also ein pro Zeichen festgelegter freier Raum vor und nach dem Zeichen.
- Der Buchstabeninnenraum, der beim b, o oder d entsteht, wird als PUNZE bezeichnet ❾.
- Als DICKTE bezeichnet man die Breite des Zeichens inklusive der Vor- und Nachbreite ❿.
- Der aus der Kalligrafie stammende Begriff DUKTUS bezeichnet den Charakter eines Strichs. Abhängig von der Federführung entstehen Unterschiede in Strichstärke und Strichführung.

◄ Abbildung 2.9
Der Bleikegel mit seinen Begriffen:
⓫ Kegel
⓬ Schriftbild
⓭ Fleisch
⓮ Dickte
⓯ Kegel- bzw. Schriftgröße
⓰ Signatur

2.2 Serifen

Serifen sind die An- und Abstriche, auch Endstriche oder Füßchen genannt. Schriften können Serifen aufweisen oder gänzlich ohne erscheinen – wie bei der Gruppe der Groteskschriften üblich. Es gibt zudem noch die Gruppe der serifenbetonten Schriften, bei der die Serifen als Stilmittel besonders hervorgehoben werden, sowie halbe oder nur sehr unauffällig geformte Serifen. Die Serifen können rund in den Buchstaben auslaufen oder eckig angesetzt sein. Sie sind waagerecht oder schräg.

Ursprung der Serifen
Welchen Ursprung die Serifen haben, wird wohl immer umstritten bleiben. So gibt es Vermutungen, dass die Serife beim Einsatz des Meißels auf Stein die Arbeit erleichtert habe und der Stein dadurch nicht ungewollt aufbrechen konnte. Andere Untersuchungen widerlegen diese Theorie. Eine weitere Vermutung ist, dass durch die Verwendung von Tinte und Feder der Anstrich die Tinte zum Laufen bringen sollte. Edward Catich wiederum behauptet in »The Origin of the Serif«, dass die Serifen aus der Gravurtechnik stammen.

Serif oder Sans Serif

Die Streitfrage um Sinn und Unsinn von Serifen treibt viele Schriftinteressierte schnell in die Unentschlossenheit. Verfechter der Serifenschriften argumentieren mit dem Ergebnis wissenschaftlicher Untersuchungen, dass die Augen aufgrund der Serifen nicht so schnell ermüden. Die Serifen führen sozusagen das Auge entlang der Zeile. Das zweite Argument für die Serifenschriften sind die Unterschiede in der Strichstärke – die meist gleichförmige Strichstärke einer serifenlosen Schrift führt zur schnelleren Ermüdung. Deswegen wären die Serifenschriften für längere Texte und Bücher besser geeignet. Für Sach- und Fachbücher werden aber dennoch meist serifenlose Schriften verwendet, der sachliche Charakter dieser Schriften passt zum Ziel der Bücher, Wissen zu vermitteln. Auch lassen sich serifenlose Schriften aufgrund ihrer Klarheit unter schwierigen Umständen wie in Dunkelheit oder bei Unschärfe leichter lesen und werden deswegen beispielsweise für Straßenschilder verwendet.

Die Untersuchungen zur Ermüdung der Augen basieren auf bestimmten, klassischen Schriftarten. Dabei werden beispielsweise die neuen serifenlosen Schriften der jüngsten Zeit nicht berücksichtigt. In dem Artikel »Profile of a Modern Sans Serif« stellt John D. Berry, Typograf und Autor von »U&lc Upper and lowercase« sowie »U&lc Online« infrage, ob die Behauptung heute noch Gültigkeit hat. Serifenlose Schriften werden aber laut Berry nach wie vor als mechanisch und leblos bezeichnet, und der kalten, grausamen Logik des Computerzeitalters stehe die subtile Wärme einer stilvollen Serifenschrift gegenüber.

Humanistische serifenlose Schrift

Da inzwischen aber ein neuer Schriftstil entwickelt wurde, der zwar als serifenlos bezeichnet wird, trotzdem aber lesefreundliche Vorteile einer Serifenschrift aufweist, sollte das alte Vorurteil überdacht werden – die serifenlosen Schriften lassen sich nicht mehr alle über einen Kamm scheren. In der FF Profile des Deutschen Martin Wenzel (*www.martinplus.com*), die seit 1999 von FontShop angeboten wird, sieht Berry den Stellvertreter für die neue Gruppe der humanistischen serifenlosen Schriften. Sie basiert auf der gleichen Grundidee wie die Proforma von Petr van Blokland, die Thesis von Luc(as) de Groot und auch die Meta von Erik Spiekermann, bei denen die Tradition der humanistischen holländischen Typografie unverkennbar ist. Die FF Profile steht auf der einen

Abbildung 2.10 ▼
Die FF Profile von Martin Wenzel gilt als serifenlose Schrift, zeigt aber vorsichtige Ansätze von Serifen.

Seite für die saubere und reine Wirkung der humanistischen Serifenlosen, gleichzeitig lässt sie sich aber nicht mit der geometrischen,
rationalen Ausstrahlung der klassischen serifenlosen Schriften in
Verbindung bringen.

Der Schriftdesigner Wenzel selbst beschreibt die Entstehung der
FF Profile etwa so: »Man nehme die Form einer klassischen Schrift
[…] wie zum Beispiel die Garamond. Dann gilt es, den Kontrast vorsichtig auf ein Minimum zu reduzieren. Abschließend werden die
Serifen so reduziert, dass nur noch kleine Details an ihr Vorhandensein erinnern. Anschließend unskaliert und mit genügend Zeilenabstand servieren.«

Der persönliche Stil
In Anbetracht der Tatsache, dass diese neue Form von Schriften als
serifenlos bezeichnet wird, aber Ansätze beziehungsweise Reste von
Serifen hat, sollte die Diskussion um lesefreundliche Schriften mit
und ohne Serifen neu durchdacht und untersucht werden. Die
Schönheit und Eleganz der humanistischen serifenlosen Schriften ist
sicher unumstritten.

Grundsätzlich muss man bedenken: Einige wenige Merkmale
reichen aus, um Personen in Gruppen einzuteilen, und doch hat
jede ihre eigene Ausstrahlung und ihren persönlichen Stil. Das Gleiche gilt auch für Schriften. Deswegen sollte nicht die Frage nach vorhandenen oder fehlenden Serifen, sondern vielmehr die Frage nach
der Schrift selbst in den Vordergrund treten.

FF Profile Light	FF PROFILE SC LIGHT
FF Profile Light Italic	*FF PROFILE SC LIGHT ITALIC*
FF Profile Regular	FF PROFILE SC REGULAR
FF Profile Regular Italic	*FF PROFILE SC REGULAR ITALIC*
FF Profile Medium	**FF PROFILE SC MEDIUM**
FF Profile Medium Italic	***FF PROFILE SC MEDIUM ITALIC***
FF Profile Bold	**FF PROFILE SC BOLD**
FF Profile Bold Italic	***FF PROFILE SC BOLD ITALIC***
FF Profile Black	**FF PROFILE SC BLACK**
FF Profile Black Italic	***FF PROFILE SC BLACK ITALIC***

2.3 Ligaturen

Manche Schriften beziehungsweise Schnitte enthalten Ligaturen. Dabei handelt es sich um eine Buchstabenkombination von mindestens zwei Zeichen, die ursprünglich aus der Notwendigkeit des schnelleren und flüssigeren Schreibens entstand und die im Bleisatz auf einen Schriftkegel gegossen wurde, um Probleme mit Vor- und Nachbreiten zu vermeiden. Besonders bei Kombinationen, die stark unterschnitten werden mussten und sich somit an manchen Stellen fast berührten, erleichterte ein gemeinsamer Kegel die Arbeit. Zudem erhöhen Ligaturen die Lesbarkeit.

Buchstabenform

Bei Ligaturen geht es jedoch nicht ausschließlich um die Verringerung der Laufweite – auch die Buchstabenform variiert, wie in Abbildung 2.14 zu sehen ist. Die beiden bekanntesten Ligaturen sind sicherlich das & und das ß. Das & ist aus der Kombination von e und t entstanden; das ß hat sich parallel aus zwei verschiedenen Quellen entwickelt: In englischen und französischen Antiquaschriften findet man die Ligatur ß für das lange und das kurze s. Als zweite Quelle dienen die Frakturschriften, in denen bereits seit dem Mittelalter das lange s und das z zu einer Ligatur verbunden wurden. Auch wenn Typografen wie Jan Tschichold für die erste Quelle plädierten, beruht zumindest der Name unseres heutigen ß zweifellos auf dem langen s und dem z. Ein schönes Beispiel dafür findet man in den

Abbildung 2.11 ▼
Hier ist schön zu sehen, wie aus der Kombination des langen und des kurzen s das ß entstanden ist. Es gibt allerdings auch andere Fachbeiträge, die der These der Zusammenziehung von langem und kurzem s widersprechen.

Abbildung 2.12 ▼
Ein Straßenschild in Ostberlin; das ß setzt sich bei dieser Schrift deutlich aus dem langen s und dem alten z zusammen.

Abbildung 2.13 ▶
Ligaturen im Bleisetzkasten

alten Straßenschildern von Ostberlin: Hier ist zu sehen, wie sich das ß aus dem langen s und dem z zusammenfügt.

Wenn auch im Bleisatz noch der Großteil der Schriften über Ligaturen verfügte, findet man im Computersatz leider nur eine beschränkte Anzahl von Schriften, die Ligaturen enthalten.

Voraussetzung
Voraussetzung für den Einsatz von Ligaturen ist natürlich das Vorhandensein der Zeichen in der Schrift, der Schriftdesigner muss die Ligaturen also auch geschaffen und in seine Schrift eingebaut haben. Wenn mehr als die wenigen Standardligaturen, die in einigen PostScript-Schriften enthalten sind, benötigt werden, müssen zudem das Betriebssystem und die Software den Einsatz von OpenType-Schriften unterstützen.

OpenType
OpenType, das plattformübergreifende Schriftformat mit einem erweiterten Schriftsatz sowie erweiterten Layoutfunktionen basiert auf der Unicode-Norm und kann somit über 65 000 Zeichen enthalten. Unicode hält auch ein paar wenige Codes für Ligaturen bereit, wie zum Beispiel für das lange »s«, für die Ligaturen »ff«, »fi« oder »fl«. Auch andere typografische Besonderheiten wie Mediävalziffern, echte Kapitälchen oder Brüche, Währungssymbole und fremdsprachige Sonderzeichen lassen sich auf der Unicode-Basis unterbringen.

Weitere Ligaturen
Weitere Ligaturen sind ck, fl, fi ft, ll, sch, si, sl, ss, st, tt und tz. In der hier im Buch verwendeten Schrift Linotype SyntaxOsF sind lediglich die beiden Liga-

Formate und Normen
Mehr zu Unicode, OpenType und PostScript finden Sie in Kapitel 8, »Schrifttechnolo-

▼ **Abbildung 2.14**
Die Zapfino ist ein Paradebeispiel für eine OpenType-Schrift mit unzähligen Sonderzeichen und typografischen Feinheiten. Auch Ligaturen sind in dem großen Zeichenumfang enthalten. Die obere Zeile zeigt die normalen Buchstabenkombinationen, die untere Zeile die entsprechenden Ligaturen.

99

2.4 Zahlen

Arabische Zahlen
Unser Zahlensystem besteht aus arabischen Ziffern und stammt, anders als unsere Buchstaben, ursprünglich aus Indien. Während Griechenland und Rom als die Wiegen der Buchstaben angesehen werden, kann man wohl Indien als die Wiege der Zahlen und Mathematiker bezeichnen. Das Zahlensystem der Inder wurde von der arabischen Welt übernommen und weiterentwickelt. Durch die Null, deren Fehlen lange Zeit die mathematische Entwicklung behinderte, gelang dem arabischen Rechensystem ein gewaltiger Sprung nach vorn. Über Spanien gelangte das Zahlensystem dann nach Europa.

Römische Zahlen
Die römischen Zahlen I, V, X, L, C, D und M haben ihren Ursprung im Römischen Reich, wobei nicht klar ist, ob die Römer die Zahlen neu entwickelten oder aus einem anderen Alphabet ableiteten. Auch wenn sich der Handel durch die Verwendung der römischen Zahlen umständlicher gestaltete, setzte sich das arabische Zahlensystem erst im Mittelalter durch. Heutzutage werden römische Ziffern nur in speziellen Fällen eingesetzt, zum Beispiel beim Nummerieren von Kapiteln, bei Zifferblättern von Uhren oder für eine Nummerierung zu Dekorationszwecken.

Linotype Syntax Medium **Versalziffern**
1234567890

Lintoype SyntaxOsF Medium **Mediävalziffern**
1234567890

Aufbau des arabischen Zahlensystems

Der einfache Aufbau wird besonders beim Rechnen deutlich. Die rechte Stelle einer Zahlenreihe zählt einfach, die zweite Stelle von rechts zählt zehnfach, die dritte Stelle von rechts zählt hundertfach und so fort – vergleicht man diese Rechenweise mit römischen Ziffern, wird schnell klar, warum sich das arabische Zahlensystem durchgesetzt hat.

Mediäval- und Versalziffern

Die erste Schrift mit arabischen Zahlen entwickelte Claude Garamond. Der Schriftkünstler wollte Zahlen schaffen, die zur Schrift passen und die sich optimal in das Schriftbild integrieren. Als logische Folge entstanden Zahlen mit ähnlichem Größenverhältnis wie die Kleinbuchstaben, mit Oberlängen, Mittellängen und Unterlängen sowie unterschiedlichen Breiten. Garamond schuf mit diesen Zahlen, die heute als Mediäval-, Minuskelziffern oder gemeine Ziffern bezeichnet werden, ein Vorbild für die folgenden Jahrhunderte. Die heute sehr viel gängigeren Tabellenziffern, die die gesamte Versalhöhe einnehmen, entstanden erst sehr viel später.

Im Zuge der Digitalisierung verschwanden die Mediävalziffern immer mehr aus dem Schriftbild. Mittlerweile findet man sie nur noch als eigenen Schriftschnitt oder innerhalb einer Kapitälchenschrift. Durch ihre Lebendigkeit und da sie sich mit ihren Ober- und Unterlängen optisch ähnlich verhalten wie die Buchstaben selbst, fügen sie sich besser in Fließtext ein. Die Versalziffern mit einheitlicher Breite hingegen eignen sich für Tabellen oder Formulare.

Charakterziffern
Da Mediävalziffern nicht in Einheitsgröße erscheinen, sondern einen eigenen Charakter aufweisen, nennt man sie auch Charakterziffern.

◄ **Abbildung 2.15**
In der assyrisch-babylonischen Keilschrift verwendete man zwei Arten von Ziffern: Im linken Kasten ist das Dezimalsystem zu sehen; rechts daneben sind Beispiele für das Sechziger-System, bei dem das Symbol ❙ eine große Einheit, also 60 darstellt. Quelle: Schriftzeichen und Alphabete alter Zeiten und Völker, Carl Faulmann, 2004; Mit freundlicher Genehmigung des Marixverlags, Wiesbaden.

2.5 Auszeichnungen

Auszeichnungen im Text werden überwiegend als optische Hervorhebung wichtiger Textpassagen verwendet. Dadurch wird dem Leser das Querlesen erleichtert, und der Text ist schneller zu erfassen. Besonders in Dokumentationen oder Nachschlagewerken helfen Auszeichnungen, die Begriffe schneller zu finden. Aus typografischer Sicht unterscheiden wir dabei zwischen ästhetischer und optischer Auszeichnung.

Ästhetische und optische Auszeichnungen

Zu den ästhetischen oder auch typografischen Auszeichnungen gehören der kursive Schnitt, Kapitälchen und Versalien. Zu den optischen Auszeichnungen gehören halbfette und fette Schriften, Sperrungen und Unterstreichungen sowie farbiger Text. Sie fallen dadurch auf, dass sie sich nicht nur deutlich vom Satzbild abheben, sondern auch den Grauwert des Satzes unterbrechen. Natürlich hängt die optimale Auszeichnung nicht nur, aber auch von der Art des Druck- oder Online-Erzeugnisses ab: Innerhalb eines wissenschaftlichen Textes sollte in jedem Fall mit einer ästhetischen Auszeichnung gearbeitet werden; Flugblätter zu Sonderangeboten im Supermarkt oder dem neuen Pizzadienst setzen optische Auszeichnungen ein, was zum Teil sogar gerechtfertigt ist. Grundsätzlich gilt: Wer innerhalb eines längeren Textes dezente Auszeichnungen erstellen möchte, verwendet die ästhetischen Auszeichnungen.

Abbildung 2.16 ▶
In diesem Beispiel sind ausschließlich ästhetische Auszeichnungen verwendet worden. Dadurch kann der Grauwert des Textes erhalten bleiben.

Zu den ästhetischen Auszeichnungen gehören der *kursive Schnitt*, Kapitälchen und Versalien. Zu den optischen Auszeichnungen gehören *halbfette* und *fette* Schriften, Sperrungen und Unterstreichungen sowie farbiger Text. Sie fallen dadurch auf, dass sie sich nicht nur deutlich vom Satzbild abheben, sondern auch den *Grauwert* des Satzes unterbrechen. Natürlich hängt die optimale *Auszeichnung* auch von der Art des Druck- oder *Online-Erzeugnisses* ab: Innerhalb eines wissenschaftlichen Textes sollte in jedem Fall mit einer ästhetischen Auszeichnung gearbeitet werden; Flugblätter zu Sonderangeboten im Supermarkt oder dem neuen Pizzadienst setzen optische Auszeich-

Sparsame Verwendung optischer Auszeichnungen

Auch wenn sich bestimmte Arten der optischen Auszeichnung – wie zum Beispiel die Unterstreichung bei einem Weblink – durchgesetzt haben, sollte man sie nur äußerst sparsam und sehr gezielt einsetzen. Besonders das Sperren von Text ist eine typografische Unart, die lediglich den Lesefluss stört.

Um ganze Absätze auszuzeichnen und den Text zu gliedern, setzt man andere Gestaltungsmittel ein. Hierzu verwendet man Einzüge oder Initiale – mehr Informationen dazu finden Sie in Kapitel 3, »Wort und Zeile«.

Wenige Auszeichnungsarten
Typo-Tipp: Beschränken Sie sich auf möglichst wenige unterschiedliche Auszeichnungsarten.

ihnen bereits ihr Sein etwas anderes ist als ihr Wesen, obwohl dieses ohne Materie ist (also reine Form). Durch das Hinzukommen der Materie entstehen individuell versch. Substanzen, in denen Sein und Wesen, Form und Materie sich unterscheiden.
   Die immaterielle, unsterbl. *Seele* des Menschen behält deswegen Individualität, weil ihr als Form eines Leibes die Bestimmung der Vereinzelung auch nach der Trennung vom Körper bleibt.
THOMAS gibt 5 **Beweise** (quinque viae) für die Existenz Gottes an. Da die Erkenntnis des Menschen (als leibl. Wesen) bei seinen Sinnen anhebt, lehnt THOMAS apriorische Gottesbeweise ab. Seine Beweise gehen daher von der Erfahrung aus. Sie basieren auf dem Verbot eines regressus in infinitum (eines Fortschreitens ins Unendliche).
– Alle Bewegung und Veränderung verlangt ein Bewegendes. Da eine Reihe von be-

◄ Abbildung 2.17
In manchen Anwendungsbereichen kann das Mischen von optischen und ästhetischen Auszeichnungen sinnvoll sein. In diesem Lexikon wurde mit fetten und kursiven Schnitten sowie mit Kapitälchen gearbeitet.

Zu den ästhetischen Auszeichnungen gehören der **kursive Schnitt**, Kapitälchen und Versalien. Zu den **optischen Auszeichnungen** gehören halbfette und fette Schriften, S p e r r u n g e n und Unterstreichungen sowie **farbiger Text**. Sie fallen dadurch auf, dass sie sich nicht nur deutlich aus dem S a t z b i l d hervorheben, sondern auch den Grauwert des Satzes unterbrechen. Natürlich hängt die optimale **Auszeichnung** auch von der Art des Druck- oder Online-Erzeugnisses ab: Innerhalb eines wissenschaftlichen Textes sollte in jedem Fall mit einer ästhetischen A u s z e i c h n u n g gearbeitet werden; Flugblätter zu Sonderangeboten im Supermarkt oder dem neuen **Piz-**

◄ Abbildung 2.18
In diesem Beispiel sind ausschließlich optische Auszeichnungen verwendet worden. Der Grauwert des Textes geht dabei verloren.

2.6 Lesegewohnheiten

Bevor ich nun auf die Feinheiten bei Wort- und Zeichenabständen eingehe, möchte ich beschreiben, warum man sich als verantwortungsvoller Typograf überhaupt Gedanken darüber machen sollte. Damit kommen wir zu den Sakkaden und zum Grauwert.

Art und Weise des Lesens: die Sakkaden

Zunächst sollten wir uns klarmachen, auf welche Art und Weise der Mensch liest. Am deutlichsten wird dies, wenn man ein Kind bei seinen ersten Leseversuchen beobachtet und ihm zuhört. Sie werden merken, wie sich der Leseanfänger von Buchstabe zu Buchstabe hangelt, eventuell bereits Silben erkennt.

Was ist der Unterschied zwischen dem Kind und einem geübten Leser? Der geübte Leser liest Wortbilder und keine einzelnen Buchstaben. Deswegen bewegt sich unser Auge beim Lesen auch nicht gleichmäßig von Buchstabe zu Buchstabe, sondern in Sprüngen vorwärts, es springt in sogenannten Sakkaden.

Genau genommen bezeichnet man mit Sakkaden ganz allgemein die ruckhaften Bewegungen, in denen unsere Augen von einem interessanten Punkt in unserer Umwelt zum nächsten springen, und unser Gehirn setzt die Einzelteile zu einem Gesamtbild zusammen. Das Gleiche passiert beim Lesen. Sieben bis zwölf Buchstaben sind als Sakkadenlänge normal; die Sakkaden werden kürzer, je schwieriger und anspruchsvoller der Text ist. Eine Informationsaufnahme findet in dieser Phase nicht statt.

Etwa 15 % der Sakkaden bestehen aus Regressionen, auch als Regressionssakkaden bezeichnet. Dabei springt das Auge rückwärts, entgegen der Leserichtung. Mit zunehmender Schwierigkeit des Textes erhöht sich die Zahl der Regressionen und Fixationen.

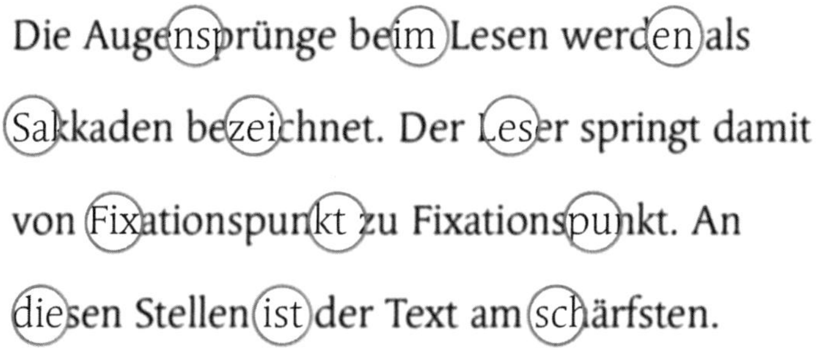

Geschwindigkeit der Sakkaden

Sakkaden bezeichnen die schnellstmöglichen Bewegungen des Auges, wobei die Geschwindigkeit der Sakkade nicht willentlich bestimmt werden kann. Allerdings verringern Müdigkeit und fehlende Aufmerksamkeit eindeutig die Geschwindigkeit.

Abbildung 2.19 ▶
An den Fixationsstellen ist der Text am schärfsten. Hier verweilen wir, um die Informationen zu verarbeiten.

Die Augensprünge beim Lesen werden als Sakkaden bezeichnet. Der Leser springt damit von Fixationspunkt zu Fixationspunkt. An diesen Stellen ist der Text am schärfsten.

Ruhe zwischen den Sakkaden

Zwischen den Sprüngen, also an der Stelle, wo wir beim Sackhüpfen rasten, findet die sogenannte Fixation statt. An welcher Stelle sie vorkommt, darüber sind sich die Wissenschaftler nicht einig – einige behaupten zwischen den Wörtern, andere glauben mitten im Wort. Erst in der Phase der Fixation verarbeiten und verstehen wir die Information, über die wir gerade hinweggesprungen sind. Lesewissenschaftler haben herausgefunden, dass die Fixation mit 90% den größten Teil der Lesezeit in Anspruch nimmt.

Erschwerte Lesbarkeit durch breite Schrift

Ausgehend von der Sakkadentheorie lässt sich erklären, warum ein Text in einer breiten Schrift grundsätzlich schwieriger zu lesen ist als Text in einer schmalen Schrift: Bei der breiten Schrift können nämlich während einer Sakkade weniger Zeichen vom Auge aufgenommen und somit während der Fixation verarbeitet werden als bei einer schmalen Schrift.

Aber auch weiße Räume, Leerzeilen und andere Mittel, die auf das Graubild einwirken, üben einen starken Einfluss auf die Sakkaden aus.

Reihenfolge der Buchstaben

Wussten Sie, dass unsere Wortbilderkennung wesentlich vom ersten und vom letzten Buchstaben abhängig ist? Stimmen diese beiden Buchstaben, spielt die Reihenfolge der restlichen Buchstaben eine eher untergeordnete Rolle.

Wesstun Sie, dsas die Eknunnerg enis Tteexs wlesctenih vom etresn und vom lzetten Bebhcustan agähnibg ist? Snid dseie bieedn Bebhcustan kreorkt, seplit die Roghelifene der rhilstecen Bebhcustan enie unregdetenrote Rlole.

◄ **Abbildung 2.20**
Testen Sie selbst: Dieser Text liest sich erstaunlich einfach, obwohl lediglich der erste und der letzte Buchstabe eines jeden Wortes korrekt gesetzt sind. Die Reihenfolge der anderen Buchstaben innerhalb des Wortes spielt eine untergeordnete Rolle.

Die obere Hälfte des Textes

Sie sitzen am Frühstückstisch und Ihr Gegenüber teilt das Brötchen in eine obere und eine untere Hälfte. Für welchen Teil entscheiden Sie sich? Falls Sie einmal in die Verlegenheit kommen sollten, die gleiche Entscheidung bei einer Zeile Text treffen zu müssen, lautet mein Tipp: Entscheiden Sie sich für den oberen Teil. Untersuchungen haben nämlich ergeben, dass wir die Informationen hauptsächlich aus dem oberen Teil des Wortes beziehen.

Sie werden die Untersuchungsergebnisse leicht nachvollziehen können, wenn Sie das Textbeispiel unten auf der Seite betrachten. Der Text, bei dem der untere Teil fehlt, ist ohne Probleme zu lesen; hingegen erhalten wir beim Betrachten der unteren Hälfte nur mangelhafte Informationen. Übrigens erleichtern Serifen in diesem Fall das Erkennen zusätzlich.

Grauwert

Je anstrengender das Lesen, desto schneller ermüden die Augen und desto kürzer wird sich der Leser mit dem Text auseinandersetzen. Es gibt einige wissenschaftliche Untersuchungen darüber, welche Fak-

Abbildung 2.21 ▶

Testen Sie es selbst: Welcher Text lässt sich leichter erkennen? Der obere Textblock, in dem nur die obere Hälfte erkennbar ist, oder der untere Textblock, in dem die untere Texthälfte zu sehen ist?

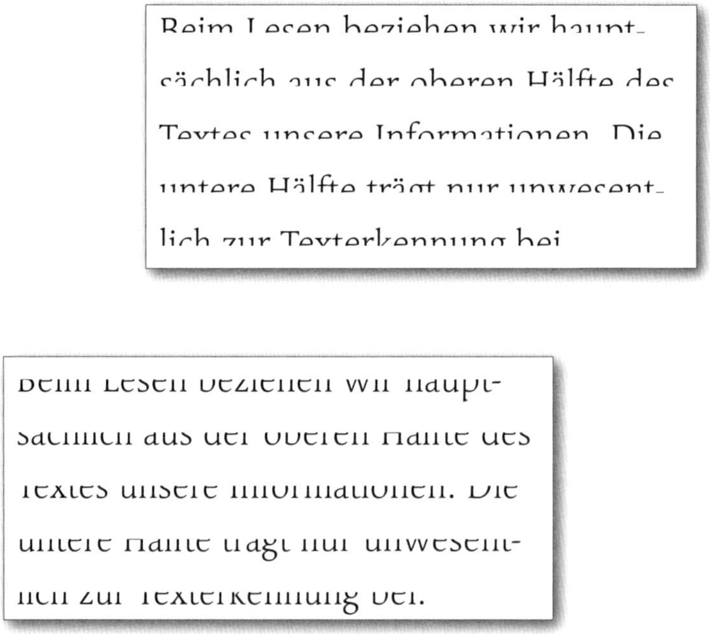

toren zur Ermüdung der Augen beitragen beziehungsweise welche Faktoren wir als anstrengend empfinden. Dabei spielt der Grauwert eines Textes die Hauptrolle.

Der Grauwert ist am einfachsten abzuschätzen, wenn Sie das Druckerzeugnis mit circa 40 Zentimetern Abstand vor die Augen halten und diese dabei leicht zukneifen. Bei einem guten Grauwert erscheinen die Textzeilen dann als gleichmäßige graue Balken. Unterstreichungen oder fette Auszeichnungen zerstören diesen Grauwert und erscheinen beim Testblick als dunkle Klumpen.

Bei der Erstellung von Büchern oder längeren Texten spielt der Grauwert eine wichtige Rolle – je gleichmäßiger der Grauwert, desto ruhiger das Bild und desto entspannter das Lesen; deswegen greift man hier eher zu den ästhetischen Auszeichnungen. Man sollte auch ein besonderes Augenmerk auf die Verteilung der Abstände und Weißräume legen. Im Anzeigensatz oder in der Werbung kann der Grauwertfaktor eher vernachlässigt werden.

Kapitälchen und Versalien
Um einen optimalen Grauwert zu erhalten, sollte man Kapitälchen und Versalien leicht sperren. Je nach Schriftart kann Versaltext zudem noch leicht in der Schriftgröße reduziert werden, damit er sich optimal in das Schriftbild einfügt.

Grauwert

Testen Sie selbst: Halten Sie den Text in etwa 40 Zentimetern Abstand vor Ihre Augen, und kneifen Sie die Augen dabei leicht zusammen. Weist der Text einen ausgewogenen *Grauwert* auf, sehen Sie gleichmäßige GRAUE BALKEN. Typografische Auszeichnungen wie kursive Schnitte oder Kapitälchen im Text zerstören diesen Grauwert nicht. Optische Auszeichnungen hingegen erscheinen bei dem Test mit zusammengekniffenen Augen als dunkle Klumpen.

Um den Test korrekt durchführen zu können, decken Sie am besten die umliegenden TEXTBEREICHE ab.

Grauwert

Testen Sie selbst: Halten Sie den Text in etwa 40 Zentimetern Abstand vor Ihre Augen, und kneifen Sie die Augen dabei leicht zusammen. Weist der **Text** einen ausgewogenen **Grauwert** auf, sehen Sie gleichmäßige graue Balken. Typografische Auszeichnungen wie kursive Schnitte oder Kapitälchen zerstören diesen Grauwert nicht. Optische Auszeichnungen hingegen erscheinen bei dem Test mit zusammengekniffenen Augen als dunkle **Klumpen**.

Um den Test korrekt durchführen zu können, decken Sie am besten die umliegenden Textbereiche ab.

◀ **Abbildung 2.22**
Der Grauwert eines Textes lässt sich leicht mit zusammengekniffenen Augen testen.

2.7 Leere Räume

Nachdem wir uns verdeutlicht haben, welch wichtige Rolle den Räumen und Abständen zukommt, betrachten wir sie im Einzelnen. Beginnen wir mit dem Begriff Geviert, auf dem viele typografische Größen basieren.

Geviert – die feste Größe

Beim Geviert handelt es sich um eine feste Größe – ein Quadrat, dessen Länge und Breite der Kegelhöhe entspricht. Da umgangssprachlich die Kegelgröße mit der Schriftgröße gleichgesetzt wird, kann man auch sagen, dass die Höhe des Gevierts der Schriftgröße gleicht. Vom Geviert abgeleitete Größen sind das Halbgeviert (50 % der Geviertbreite), das Viertelgeviert (25 % der Geviertbreite) und das Achtelgeviert (12,5 % der Breite eines Gevierts).

Geviert statt flexible Räume

Das Geviert ist aber nicht so angestaubt, wie es im ersten Moment scheint. Auch in der heutigen DTP-Welt begegnet man ihm oder seinen Verwandten immer wieder, speziell bei den Programmeinstellungen zu Laufweite und Kerning. Auch beim Einsatz von Freiräumen bieten sich die alten Herren an – das Leerzeichen ist nämlich nicht immer die beste Wahl.

Bei Blocksatz beispielsweise kann die Größe eines Leerzeichens stark variieren, was zu hässlichen Löchern führen kann. Zudem kann beim Leerzeichen immer auch ein Zeilenumbruch stattfinden, was manchmal nicht gewünscht ist, beispielsweise zwischen akademischem Titel und Namen. Für solche Fälle sollte man andere, feste Leerräume wie ein Geviert, Halb- oder Viertelgeviert verwenden.

Die meisten Layoutprogramme bieten zudem die geschützten Räume an, in denen kein Zeilenumbruch stattfindet. Für die Gliederung von Telefonnummern oder Bankleitzahlen bieten QuarkXPress und InDesign das sogenannte Interpunktionsleerzeichen an.

em und en
Wenn jemand den Begriff »M« statt Geviert verwendet, benutzt er lediglich die englische Bezeichnung. In der englischen Sprache wird das Geviert nämlich als »em« bezeichnet, weil es ursprünglich der Größe eines großen M glich. Das Halbgeviert heißt somit »en«, da es traditionell der Breite eines »N« entsprach.

Abbildung 2.23 ▼
Adobe InDesign bietet unter Schrift · Leerraum einfügen eine Menge verschiedener Größen an Leerräumen an.

2.8 Der Wortabstand

Die Größe des Wortzwischenraums, auch Wortabstand oder Leerzeichen genannt, spielt neben anderen Faktoren eine wichtige Rolle für die Lesbarkeit des Textes. Bei zu kleinen Abständen kann das Auge die einzelnen Wörter nicht richtig trennen, bei zu großen Abständen zerfällt der Text, was die Erkennung der Wortbilder erschwert. Wir haben es also wieder mit einer Größe zu tun, die wir mit unserem kritischen Typografen-Auge betrachten und eventuell sorgfältig nachbearbeiten sollten. Dabei ist es aber sinnlos, den Wortabstand isoliert zu sehen – Sie sollten gleichzeitig die Laufweite und den Zeilenabstand beachten, da diese Größen alle miteinander in Beziehung stehen und nicht unabhängig voneinander wirken.

Die optimale Größe

Bei der Größe des Wortabstandes handelt es sich um eine feste Breite, die der Schriftdesigner seiner Schrift mitgegeben hat. Grob gesagt ist das klassische Maß hier ein Drittelgeviert. Dem pingeligen Typografen wird allerdings auffallen, dass der Wortzwischenraum genauso wie die Laufweite beziehungsweise die Buchstabenabstände auch von der Schriftart und -form abhängig sind. Spätestens bei besonders schmalen oder breiten Schriftschnitten drängt sich die Punzenbreite wieder in den Vordergrund: Hier entspricht der Wortzwischenraum in etwa dem Innenraum eines n.

Wortzwischenraum
Neben dem normalen Wortzwischenraum bieten die Layoutprogramme noch einen geschützten Wortzwischenraum an. Wenn Sie diesen verwenden, findet an dieser Stelle keine Zeilensprung statt. Er eignet sich beispielsweise als Wortzwischenraum zwischen einem Doktortitel und dem folgenden Namen.

Punze
Als Punze wird der Innenraum eines Buchstabens bezeichnet.

▼ **Abbildung 2.24**
Bei schmalen Schriften gilt der Innenraum eines kleinen n als Anhaltswert für die Größe eines Wortzwischenraums.

 Der Wortzwischenraum einer sehr eng laufenden Schrift weicht von dem Drittelgeviert ab. Bei der Univers 59 Ultra Condensed beträgt der Wortzwischenraum ein Viertelgeviert.

M M Der Wortzwischenraum einer sehr weit laufenden Schrift weicht von dem Drittelgeviert ab. Bei der Univers 53 Extended beträgt der Wortzwischenraum ein Halbgeviert.

Der Wortzwischenraum der Myriad Pro Light in 44 Punkt beträgt 16,5 Punkt.

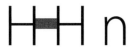

Der Wortzwischenraum der Myriad Pro Black in 44 Punkt beträgt 13,8 Punkt.

Abbildung 2.25 ▼
Unterschiedliche Wortzwischenräume und deren Einfluss auf die Lesbarkeit: links zu kleine Abstände, im rechten Text zu große Wortzwischenräume.

Große Größen bei dünnen Schriften

Durch den Einsatz der Punzen entsteht eine Größenzuordnung, die im ersten Moment merkwürdig anmutet. Einer besonders fetten Schrift würde man vielleicht intuitiv einen genauso fetten, also relativ großen Wortabstand zutrauen. Ebenso würde man im ersten Moment vermuten, dass mit einer sehr dünnen Schrift eher ein ebenso dünner Wortabstand harmoniert. Doch genau das Gegenteil ist der Fall.

Eine fette Schrift weist eine fette Strichstärke auf. Dadurch wird die Punze schmal, weil weniger Platz vorhanden ist. Lehnt sich der Wortabstand also an die Größe der Punze des »n« an, ist auch der Wortzwischenraum einer fetten Schrift schmal. Umgekehrt verhält es sich bei einer Schrift mit dünner Strichstärke. Hier kann die Punze und somit auch der Wortabstand sehr viel größer sein als bei einem normalen oder fetten Schnitt.

Unfreiwillige Größenänderung

Im Optimalfall, das heißt bei Text, der sich keiner Form anpassen muss und nach rechts, links oder mittig flattert, wird in den Anwendungsprogrammen der vom Schriftdesigner festgelegte Wortzwischenraum auch verwendet. Anders sieht dies beim Blocksatz aus, bei dem jede Zeile eine vorgegebene Länge aufweisen muss – hier ist der Wortzwischenraum neben dem Buchstabenabstand eine der beiden Variablen, mit denen man arbeitet. Mehr zum Blocksatz finden Sie in Kapitel 3, »Wort und Zeile«.

Im linken Text wird ein zu kleiner Wortzwischenraum verwendet. Das Ergebnis ist ein Text, der nur schwer zu lesen ist, da das Auge des Lesers Mühe hat, die Wörter als eigenständige Gruppen zu erkennen. Im rechten Textblock hingegen ist der Wortzwischenraum zu groß gewählt. Auch das bedeutet Mehrarbeit für das Auge: Der Text zerfällt durch die zu großen Abstände, und der Leser kann ebenfalls nur schwer die Wortgruppen erkennen. In beiden Fällen verhindern die falschen Wortzwischenräume den optimalen Grauwert.

Im linken Text wird ein zu kleiner Wortzwischenraum verwendet. Das Ergebnis ist ein Text, der nur schwer zu lesen ist, da das Auge des Lesers Mühe hat, die Wörter als eigenständige Gruppen zu erkennen. Im rechten Textblock hingegen ist der Wortzwischenraum zu groß gewählt. Auch das bedeutet Mehrarbeit für das Auge: Der Text zerfällt durch die zu großen Abstände, und der Leser kann ebenfalls nur schwer die Wortgruppen erkennen. In beiden Fällen verhindern die falschen Wortzwischenräume den optimalen Grauwert.

Der Wortabstand **2.8**

Manuelle Bearbeitung

Zwar haben die meisten Designer mit viel Liebe und Sorgfalt die Größe des Wortabstandes berechnet, jedoch gibt es immer wieder Gründe, die Größe manuell zu ändern.

Dies ist oft bei sehr großen Schriftgraden der Fall; hier sollte man den Wortzwischenraum in der Regel verkleinern. Zudem sollte – gerade bei großen Überschriften oder anderen Hinguckern – der Wortzwischenraum optisch reguliert werden. Je nachdem, welche Zeichen den Wortabstand einrahmen, kann er zu groß, in seltenen Fällen aber auch zu klein wirken. Ähnlich wie beim manuellen Ausgleichen von Buchstabenabständen ist es also auch wichtig, ob der Wortzwischenraum Buchstaben wie L und V oder L und T trennt oder ob er sich zwischen der Buchstabenkombination H und L befindet. Sind Interpunktionszeichen im Spiel, verschärft sich die Situation: Die Zeichenreihenfolge p, V schreit geradezu nach manueller Verringerung des Abstandes, speziell in großen Schriftgrößen.

Wurde die Laufweite des gesamten Textes erhöht, sollten natürlich auch die Wortabstände erhöht werden.

Optische Löcher

Das Drittelgeviert oder die Punze eines n sind also wieder nur Anhaltspunkte, die sich bei Mengentext eignen. Spätestens bei großen Schriftgraden ist jedoch auch hier das feine typografische Auge gefragt, mit dem es das optische Loch auszumachen und zu entfernen gilt.

▼ **Abbildung 2.26**
Durch die reduzierte Buchstabenanzahl bei schmalen Spalten stehen dem Programm weniger Möglichkeiten zur Verfügung, die Zeile im Blocksatz zu füllen. Somit entstehen schnell die Flughäfen – riesige Wortzwischenräume im Text. Silbentrennungs- und Laufweiteneinstellungen können das Problem vergrößern oder reduzieren.

Beim Blocksatz entstehen, abhängig von den gewählten Einstellungen im Programm, schnell große Wortzwischenräume, speziell wenn die Spaltenbreite im Verhältnis zur Schriftgröße sehr schmal ausfällt.

Bei Blocksatz entstehen, abhängig von den gewählten Einstellungen im Programm, schnell große Wortzwischenräume, speziell wenn die Spaltenbreite im Verhältnis zur Schriftgröße sehr schmal ausfällt.

GABEL TRIFFT
Stopp, Vorfahrt!

◄ **Abbildung 2.27**
Abhängig von der Buchstabenform kann eine Nachbearbeitung der Abstände notwendig sein.

2 Das Zeichen

2.9 Der Zeichenabstand

Spatium

Im Bleisatz wurde sogenanntes Ausschlussmaterial oder Blindmaterial verwendet, um Räume freizuhalten, zum Beispiel um Telefonnummern zu gliedern oder um die Laufweite zu erhöhen. Dabei handelt es sich um nicht druckendes, weil weniger hohes Material in einer bestimmten Breite. Das Spatium ist ein solcher nicht druckender Zwischenraum. Die exakte Breite eines Spatiums ist nicht festgelegt – alle Zwischenräume, die kleiner als ein Achtelgeviert sind, werden als Spatium bezeichnet. Zu den Zwischenräumen zählen weiter das Geviert, das Halbgeviert, das Viertelgeviert und das Achtelgeviert.

Laufweite

Als Laufweite wird der Abstand der Buchstaben zueinander bezeichnet.

Sperren, Spationieren, Unterschneiden, Tracking

Sperren, Spationieren oder die Laufweite erhöhen bedeutet, die Abstände der Buchstaben zueinander zu vergrößern. Das Verringern des Abstandes wird als Unterschneiden bezeichnet, im DTP-Zeitalter versteht man aber unter dem Begriff Unterschneiden beide Vorgänge. Der Begriff Tracking taucht ebenfalls immer wieder auf und bezeichnet üblicherweise das Verringern der Laufweite.

Auch für den Zeichenabstand beziehungsweise Buchstabenabstand gilt die Aussage: Nur ein optimaler Wert fördert die Lesbarkeit. Ein zu kleiner Abstand lässt schnell die beiden Zeichen optisch miteinander verschmelzen – denken Sie nur an die Entstehung des »ß«! Auch die Kombination »uu« wird schnell zu einem »w«, aus »rl« entsteht leicht ein »d«. Ein zu großer Abstand hingegen zerreißt die Wörter und hindert uns beim Erkennen der richtigen Zeichengruppen. Ergo sollten wir uns um eine optimale Laufweite bemühen.

Automatisch optimale Laufweiten

Früher war alles besser? Nun, zumindest gab es grundsätzlich weniger Anlass, sich über Laufweiten den Kopf zu zerbrechen. Auch wenn die Arbeitszeit, die vor einigen hundert Jahren im Satz eines Buches steckte, nicht mit der heutigen zu vergleichen ist – der Vorteil war, dass der Schriftschneider bis zum Siegeszug des Fotosatzes jede Schriftgröße einzeln schnitt, was zwar eine enorme Arbeit beinhaltete, logischerweise aber auch implizierte, dass er die Zeichenabstände der Schrift auf die Größe zuschneiden und optimieren konnte. Somit besaß eine 12-Punkt-Garamond auch die Laufweite, die sich für 12 Punkt optimal eignet.

Laufweiten und Schriftgrößen

Auch wenn Schriftgestalter heutzutage die Laufweite ihrer Schrift in der Regel in liebevoller Kleinarbeit optimieren, gibt es verschiedenste Gründe, warum sie vom Anwender nachträglich verändert werden sollte. Denn durch das Desktop-Publishing verwenden wir ein und dieselbe Schrift für alle Größen. Die Laufweite einer Schrift kann aber in 8 Punkt zu eng erscheinen, in 12 Punkt optimal und in 48 Punkt viel zu weit. Hier greifen zwar teilweise schriftgrößenabhängige Kerning-Tabellen, allerdings sind dies meist softwaregesteuerte Standardwerte, und letztendlich gilt es, den Charakter einer jeden Schrift zu erkennen und ihren Stil durch die optimale Zurichtung zu unterstreichen.

Laufweiten und Einsatzzweck

Welche Ansprüche und Anforderungen werden an eine Schrift gestellt? Wo wird sie eingesetzt? Einige Schriftdesigner planen bereits vor oder während der Entwicklung ihrer Schrift, für welche Zwecke sie sich eignen soll – wird sie mehr als Gebrauchsschrift in kleinen

112

Größen dienen oder doch als eigenwillige Auszeichnungsschrift in großen Größen Verwendung finden? Je klarer der berufliche Werdegang der Schrift im Vorhinein bestimmt werden kann, desto besser wird auch die Qualität der Schrift in der entsprechenden Größe sein – und dazu zählt eben auch eine optimierte Laufweite. Nichts anderes hat Gutenberg mit seiner 42-zeiligen Bibel gemacht. Auch heute lässt nahezu jedes Unternehmen, das etwas auf sich hält, eine eigene Schrift entwerfen, deren Einzigartigkeit dem Unternehmen nicht nur Profil verleiht, sondern die auch den Anforderungen ent-

Die Laufweite dieses Textes ist zu eng gewählt. Deswegen lässt sich der Text nur schwer lesen. Die Laufweite dieses Textes ist zu eng gewählt. Deswegen lässt sich der Text nur schwer lesen. Die Laufweite dieses Textes ist zu eng gewählt. Deswegen lässt sich der Text nur schwer lesen. Die Laufweite dieses Textes ist zu eng gewählt. Deswegen lässt sich der Text nur schwer lesen.

Die Laufweite dieses Textes ist zu weit gewählt. Deswegen lässt sich der Text nur schwer lesen, die Worte wirken gesperrt und zerfallen. Die Laufweite dieses Textes ist zu weit gewählt. Deswegen lässt sich der Text nur schwer lesen, die Worte wirken gesperrt und zerfallen. Die Laufweite dieses Textes ist zu weit gewählt. Deswegen lässt sich der Text nur schwer lesen, die Worte wirken gesperrt und zerfallen.

Die Laufweite dieses Textes ist optimal gewählt und entspricht den Vorgaben des Schriftdesigners. Der Text ist problemlos zu lesen. Die Laufweite dieses Textes ist optimal gewählt und entspricht den Vorgaben des Schriftdesigners. Der Text ist problemlos zu lesen. Die Laufweite dieses Textes ist optimal gewählt und entspricht den Vorgaben des Schriftdesigners. Der Text ist problemlos zu lesen. Die Laufweite dieses Textes ist optimal gewählt und entspricht den Vorgaben des Schriftdesigners. Der Text ist problemlos zu lesen.

Abbildung 2.28 ▼
Auweia. Das Entziffern macht hier keinen Spaß.

Abbildung 2.29 ▼
Auch hier orientiert sich die Laufweite an der Zeilenbreite. Allerdings ist es völlig unnötig, dass alle Zeilen gleich lang sind.

sprechend entwickelt werden kann. Bekannte Beispiele sind die Schrift VAG Rounded für Volkswagen sowie die bereits erwähnte Corporate A · S · E für den Daimler-Benz-Konzern. So mancher Schriftdesigner lebt heute ausschließlich von der Auftragsarbeit.

Unterschneidungstabellen und AFM-Dateien

Schriftdesigner liefern mit ihrer Schrift sogenannte Kerning- oder Unterschneidungstabellen aus, in denen im Optimalfall sämtliche Buchstabenkombinationen enthalten sind und deren Abstand festgelegt ist. Eine gute Schrift zeichnet sich auch durch ein gutes Kerning aus – schlechte oder fehlende Kerning-Werte erkennen Sie an mangelnder Ästhetik im Schriftbild.

Die Unterschneidungstabellen sind in der Regel in der Schrift enthalten. Einige Schrifthäuser wie Adobe legen ihrer PostScript-Schrift eine separate Textdatei bei, die als AFM-Datei (Adobe Font Metric) bezeichnet wird. Diese ASCII-Datei enthält Informationen zum Copyright, zum Namen des Fonts, zum Gewicht (normal oder fett), Schrägstellung, zu diversen metrischen Angaben sowie zu den Kerning-Werten. Üblicherweise werden die AFM-Dateien aber weder am Mac noch auf der Windows-Plattform benötigt; in den Post-

Script-Schriften für den Mac sind die Metadaten bereits enthalten, unter Windows befinden sie sich in der PFM-Datei (PostScript Font Metrics).

Mehr Infos
Mehr zu PostScript und anderen Schriftformaten finden Sie in Kapitel 8, »Schrifttechnologien«.

Standardregeln

Trotz allem wollen wir die Schuld an unschönen Abständen nicht dem Desktop-Publishing und unentschlossenen Schriftdesignern zuweisen und mit verschränkten Armen »Ich bin unschuldig« proklamieren. Für die Wahl der richtigen Abstände gibt es ein paar Standardregeln, die ich im Folgenden vorstelle. Mit ihnen kann man zwar nicht jede Schrift optimieren, aber zumindest lassen sich grobe Fehler vermeiden.

▼ **Abbildung 2.30**
Auszüge aus der AFM-Datei der Schrift AquilliaComicHandBold

```
StartFontMetrics 2.0                            C 52 ; WX 508 ; N four ; B 12 -23 448 771 ;
Comment Generated by Fontographer 3.5 31.12.1992  C 53 ; WX 508 ; N five ; B -5 -11 464 772 ;
19:40:48 Uhr                                    C 54 ; WX 508 ; N six ; B -1 -18 448 751 ;
FontName AquilliaComicHandBold                  C 55 ; WX 508 ; N seven ; B 12 -23 456 771 ;
FullName AquilliaComicHandBold                  C 56 ; WX 508 ; N eight ; B -5 0 448 771 ;
FamilyName Aquillia                             C 57 ; WX 508 ; N nine ; B -8 3 441 772 ;
Weight Bold                                     C 58 ; WX 212 ; N colon ; B 6 -5 160 517 ;
Notice ©1992, all rights reserved, by Aquillia C 59 ; WX 212 ; N semicolon ; B 6 -143 172 517 ;
ItalicAngle 0                                   C 60 ; WX 305 ; N less ; B 8 -26 279 607 ;
IsFixedPitch false                              C 61 ; WX 549 ; N equal ; B 15 166 526 500 ;
UnderlinePosition -238                          C 62 ; WX 323 ; N greater ; B 27 -26 298 607 ;
UnderlineThickness 31                           C 63 ; WX 486 ; N question ; B 13 -18 408 771 ;
Version 001.000                                 C 64 ; WX 622 ; N at ; B 6 102 568 663 ;
EncodingScheme AdobeStandardEncoding            C 65 ; WX 615 ; N A ; B 10 -23 574 657 ;
FontBBox -137 -232 991 788                      C 66 ; WX 477 ; N B ; B 9 -28 405 654 ;
CapHeight 628                                   C 67 ; WX 566 ; N C ; B 2 -17 564 654 ;
XHeight 517                                     C 68 ; WX 569 ; N D ; B 18 -23 515 648 ;
Descender -226                                  C 69 ; WX 514 ; N E ; B 15 -23 508 652 ;
Ascender 752                                    C 70 ; WX 517 ; N F ; B 15 -23 508 652 ;
StartCharMetrics 111                            C 71 ; WX 658 ; N G ; B -2 -17 600 628 ;
C 32 ; WX 500 ; N space ; B 0 0 0 0 ;           C 72 ; WX 569 ; N H ; B 22 -23 517 651 ;
C 33 ; WX 292 ; N exclam ; B 45 -25 246 771 ;   C 73 ; WX 265 ; N I ; B 40 -23 209 651 ;
C 34 ; WX 346 ; N quotedbl ; B 22 480 306 771 ; C 74 ; WX 363 ; N J ; B 11 -212 323 651 ;
C 35 ; WX 705 ; N numbersign ; B 9 55 694 697 ; C 75 ; WX 502 ; N K ; B 12 -26 446 652 ;
C 36 ; WX 458 ; N dollar ; B -6 -23 442 771 ;   C 76 ; WX 471 ; N L ; B 15 -22 409 651 ;
C 37 ; WX 745 ; N percent ; B 15 -23 718 771 ;  C 77 ; WX 797 ; N M ; B 18 -23 727 651 ;
C 38 ; WX 628 ; N ampersand ; B 15 -23 605 771 ; C 78 ; WX 637 ; N N ; B 18 -23 566 651 ;
C 39 ; WX 240 ; N quoteright ; B 15 466 1/2 751 ; C 79 ; WX 665 ; N O ; B -2 -27 568 652 ;
C 40 ; WX 337 ; N parenleft ; B -5 -43 318 788 ; C 80 ; WX 538 ; N P ; B 15 -23 467 652 ;
C 41 ; WX 375 ; N parenright ; B 18 -43 342 788 ; C 81 ; WX 622 ; N Q ; B -2 -127 568 652 ;
C 42 ; WX 540 ; N asterisk ; B 11 66 522 601 ;  C 82 ; WX 545 ; N R ; B 15 -25 467 652 ;
C 43 ; WX 425 ; N plus ; B 11 118 397 626 ;     C 83 ; WX 520 ; N S ; B -6 -21 442 634 ;
C 44 ; WX 200 ; N comma ; B 15 -134 172 148 ;   C 84 ; WX 489 ; N T ; B 3 -23 467 652 ;
C 45 ; WX 477 ; N hyphen ; B 15 318 452 425 ;   C 85 ; WX 508 ; N U ; B -1 -31 452 651 ;
C 46 ; WX 191 ; N period ; B 6 -5 160 148 ;     C 86 ; WX 508 ; N V ; B -2 -23 443 651 ;
C 47 ; WX 437 ; N slash ; B 15 -23 374 771 ;    C 87 ; WX 834 ; N W ; B -2 -23 800 651 ;
C 48 ; WX 508 ; N zero ; B 0 -18 471 771 ;      C 88 ; WX 498 ; N X ; B 8 -23 441 651 ;
C 49 ; WX 508 ; N one ; B 132 -23 302 771 ;     C 89 ; WX 412 ; N Y ; B 23 -23 371 651 ;
C 50 ; WX 508 ; N two ; B 10 -23 452 771 ;      C 90 ; WX 535 ; N Z ; B -3 -25 483 655 ;
C 51 ; WX 508 ; N three ; B 17 -22 466 772 ;    C 91 ; WX 382 ; N bracketleft ; B 18 -25 311 771
```

Abbildung 2.31 ▼
Im oberen Text ist die Laufweite unverändert, im unteren Text ist sie leicht erhöht.

Laufweiten bei großen und kleinen Schriften

Auch wenn die erste Grundregel lautet: »Niemals die Laufweite einer Schrift ändern«, lautet bereits die zweite Regel: »Je größer die Schrift, desto eher sollte man die Laufweite verringern«. Verwendet man hingegen eine sehr kleine Schriftgröße wie 5 oder 6 Punkt, verbessert eine erhöhte Laufweite normalerweise die Lesbarkeit.

Versalsatz und Kapitälchen

Wie bereits erwähnt, wird sich ein typografisch anspruchsvolles Auge fast immer über eine minimale Laufweitenerhöhung bei Versalsatz und Kapitälchen freuen. Übrigens empfiehlt es sich dabei, nicht nur die Laufweite der Buchstaben, sondern auch die Wortzwischenräume zu erhöhen, da diese durch die Versalienform gedrängt und zu klein wirken könnten.

> AUCH BEI KAPITÄLCHENSATZ UND VERSALSATZ SOLLTE MAN DIE LAUFWEITE DES TEXTES LEICHT ERHÖHEN, UM DIE LESBARKEIT ZU VERBESSERN. IM OBEREN BEISPIEL IST DIE LAUFWEITE UNVERÄNDERT, IM UNTEREN BEISPIEL IST SIE LEICHT ERHÖHT, IN DIESEM FALL UM 10/1000 EINHEITEN EINES GEVIERTS.
>
> AUCH BEI KAPITÄLCHENSATZ UND VERSALSATZ SOLLTE MAN DIE LAUFWEITE DES TEXTES LEICHT ERHÖHEN, UM DIE LESBARKEIT ZU VERBESSERN. IM OBEREN BEISPIEL IST DIE LAUFWEITE UNVERÄNDERT, IM UNTEREN BEISPIEL IST SIE LEICHT ERHÖHT, IN DIESEM FALL UM 10/1000 EINHEITEN EINES GEVIERTS.

Abbildung 2.32 ▶
Versaltext als Negativschrift ist ausgesprochen schwer lesbar. Solche auf diese Weise präsentierte Informationen lassen sich kaum im Vorübergehen aufnehmen, wie es bei dieser Tafel gedacht war.

Der Zeichenabstand 2.9

Negativsatz
Eine Erhöhung der Laufweite ist auch beim Negativsatz zu empfehlen. Weißer oder heller Text, der auf einer schwarzen oder dunklen Fläche platziert wird, überstrahlt immer etwas und wird durch die Erhöhung der Laufweite besser lesbar. Ähnliches gilt beim Screendesign – auch hier sollte man die Laufweite leicht erhöhen.

Don't
Typo-Tipp: Verwenden Sie niemals Schreibschriften oder gebrochene Schriften für Versalsatz.

◂ **Abbildung 2.33**
Im oberen Negativsatz ist die Laufweite unverändert, im unteren Beispiel wurde sie leicht erhöht, was die Lesbarkeit verbessert.

◂ **Abbildung 2.34**
Viel zu enge Laufweiten in Kombination mit schmalen Schriften verderben die Lust aufs Lesen.

▴ **Abbildung 2.35**
Eine Menge Fehler auf einmal: Verschiedenste Änderungen an der Laufweite und Buchstabenbreite, das Ganze als Negativ-Text – wer will das lesen?

Zeichenkombinationen verändern

Neben der generellen Veränderung der Laufweite für einen ganzen Absatz oder das Layout gibt es natürlich auch Fälle, in denen nur bestimmte Zeichenkombinationen in ihrem Abstand zueinander verändert werden sollen. Dabei handelt es sich zum einen um die Gliederung von Zahlen wie Telefonnummern, Bankleitzahlen oder Ähnlichem, zum anderen haben bestimmte Buchstabenkombinationen besondere Aufmerksamkeit verdient. Der optimale Abstand zwischen zwei Buchstaben ist nämlich immer auch von ihrer Form abhängig. Folgt auf ein e ein o, wird der Abstand im Optimalfall größer sein als bei einer Kombination von e und v. Diese exakte Zurichtung bei besonders kritischen Buchstabenkombinationen wie der von Y, T, P oder V mit einem gemeinen Folgebuchstaben, aber auch zum Beispiel bei vo, v. oder wa, nennt man KERNING, wobei die Erhöhung der Abstände als SPERREN, eine Verringerung als UNTERSCHNEIDEN bezeichnet wird.

Ausgleich in der Praxis

Schlussendlich kann und sollte aber jeder DTPler bei bestimmten, kritischen Buchstabenkombinationen selbst Hand anlegen, und dies wird dringender, je größer der Schriftgrad ist. Das optische Loch, das zum Beispiel bei der Kombination LT oder wie im Bild rechts bei Ve entsteht, wirkt umso extremer, je größer der Schriftgrad ist. In der Praxis können natürlich nicht sämtliche kritischen Kombinationen manuell ausgebessert werden, da dies zu viel Zeit erfordern würde.

Abbildung 2.36 ▼
In der oberen Zeile wurde das automatische Kerning der Schrift entfernt. Die untere Zeile weist die vom Designer integrierte Laufweitenkorrektur auf.

Vo LT Ya
Vo LT Ya

Dies ist aber bei kleinen Schriftgraden auch gar nicht unbedingt nötig. Wichtig ist der Ausgleich hingegen bei Überschriften und bei Text, der als Blickfang eingesetzt wird, wie zum Beispiel Zitate in großen Schriftgraden.

In folgenden Fällen sollte man manuell in die Laufweite beziehungsweise das Kerning eingreifen:
- bei Versalsatz: erhöhen
- bei weißem Text auf dunklem Hintergrund: erhöhen
- bei einem sehr schmalen Schnitt: erhöhen
- bei Headline-Satz mit großer Schriftgröße: verringern
- bei kritischen Buchstabenkombinationen: verringern
- In der Not: Fehlt in einem Layout eine Zeile Text oder gibt es eine Zeile zu viel, kann geschummelt werden: Dabei erhöht oder verringert man die Laufweite eines Absatzes mit einer entsprechend langen oder kurzen Ausgangszeile um maximal 2 % eines Gevierts.

▼ **Abbildung 2.37**
Auch bei grundsätzlich sauber ausgeglichenen Schriften sollte ab einer bestimmten Schriftgröße manuell nachgearbeitet werden, da die optischen Löcher mit wachsender Schriftgröße unangemessen groß wirken. Die Kombination Ve im dunklen Grau wirkt in 300 Punkt unausgeglichen, der Abstand viel zu groß. Das e im hellen Grau steht hingegen optimal, muss aber manuell unterschnitten werden.

2.10 Anwendung in InDesign

Im professionellen Publishing-Bereich sind zwei Layoutprogramme verbreitet: Adobe InDesign und QuarkXPress. Wir sehen uns zunächst an, wie man in InDesign Einfluss auf die Laufweite und das Kerning nimmt.

Kerning und Laufweite in InDesign
Möchte man in InDesign die Werte zu Kerning und Laufweite ändern, benötigt man die Bedienfelder ZEICHEN oder STEUERUNG, die üblicherweise direkt unter der Menüleiste eingeblendet ist. Um Verwechslungen zu vermeiden, wird das Folgende anhand des Bedienfeldes ZEICHEN erklärt. Hier finden Sie unter der Schriftgröße die Einstellungen zum Kerning ❶, rechts daneben unter dem Wert für den Zeilenabstand bestimmen Sie die Laufweite ❷.

Laut Grundeinstellung von InDesign werden zunächst die schrifteigenen Kerning-Werte übernommen, die Werte werden also aus den Schriften ausgelesen und verwendet. Deswegen lautet auch der Eintrag unterhalb der Schriftgröße entweder (0) oder, sind mehrere Buchstaben markiert, METRISCH ❸.

Die Alternative zu METRISCH lautet OPTISCH ❹. Mit dieser Einstellung prüft das Programm die Form und Abfolge der Buchstaben und entscheidet intern, ob die Laufweite – wie im Beispiel unten – korrigiert werden muss. Setzt man die Texteinfügemarke zwischen zwei Buchstaben, wird statt METRISCH der jeweilige Unterschneidungswert angezeigt.

Abbildung 2.38 ▲
InDesign unterscheidet zwischen dem Kerning und der Laufweite.

Abbildung 2.39 ▼
Mit der Einstellung OPTISCH im Vergleich zu METRISCH prüft InDesign, ob die Abstände optisch auch wirklich optimal sind, und korrigiert gegebenenfalls. In diesem Fall wird die Laufweite verringert.

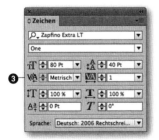

Das Kerning prüfen

Wenn Sie nun einen Kerning-Wert prüfen möchten, setzen Sie den Cursor zwischen die beiden Zeichen. Dadurch erscheint in der Zeile beim Kerning der Unterschneidungswert.

Da in InDesign das Geviert aus 1 000 Einheiten besteht, ist der angezeigte Wert ein Vielfaches von einem 1000stel Geviert. Ein Rechenbeispiel zur Verdeutlichung: Bei einer Schriftgröße von 24 Punkt und einem Eintrag von –50 würde das 50/1000 von 24 Punkt, also einer Unterschneidung von 5 % beziehungsweise 1,2 Punkt entsprechen.

Auch wenn Sie manuell keine Werte eingetragen haben, kann es sein, dass in der Zeile KERNING ein Wert auftaucht. Dieser stammt dann von den Einstellungen OPTISCH beziehungsweise METRISCH und wird, um Verwechslungen zu vermeiden, in Klammern gesetzt.

InDesign CC
Die Erklärungen zu Adobe InDesign beziehen sich auf die aktuelle Version CC, lassen sich aber in der Regel auch für ältere Versionen übernehmen.

Die Laufweite prüfen

Um die Laufweite und gegebenenfalls vorgenommene Einträge zu prüfen und zu ändern, werfen Sie einen Blick auf den Eintrag rechts neben dem Kerning, auf die Laufweite. Die Werte geben ebenfalls die Größe in 1000stel Einheiten eines Gevierts an.

Die Laufweitenkorrektur bezieht sich im Gegensatz zum Kerning immer auf mehr als eine Buchstabenkombination. Um Einträge vorzunehmen oder zu kontrollieren, genügt es somit nicht, den Cursor zu platzieren – Sie müssen mindestens ein Zeichen markieren, um eine Wirkung zu erzielen.

◄ **Abbildung 2.40**
Die Anzeige der Laufweite in InDesign. Links eine unveränderte Laufweite mit der Einstellung METRISCH, der Eintrag lautet »0«. Rechts wurde die Laufweite um 20/1000 Einheiten eines Gevierts verringert.

2 Das Zeichen

Das gesamte Dokument überprüfen

Um Änderungen an Kerning und Laufweite im Dokument anzuzeigen, wählen Sie in den VOREINSTELLUNGEN in der Kategorie SATZ den Befehl BENUTZERDEFINIERTE(S) LAUFWEITE/KERNING. Sämtliche Texte, in denen benutzerdefinierte Laufweitenänderungen beziehungsweise benutzerdefiniertes Kerning angewendet wurden, hinterlegt das Programm nun blau, solange Sie sich im Bildschirmmodus »Normal« befinden. Bereiche, bei denen Sie weder mit METRISCH noch mit OPTISCH arbeiten, an denen dafür aber manuell die Laufweite korrigiert wurde, sind orange hinterlegt.

Änderung per Tastatur

Wie bereits gesagt, besteht in InDesign das Geviert aus 1 000 Einheiten. Um manuell einen Kerning- oder Laufweitenwert zu ändern, tragen Sie den gewünschten Wert entweder ein oder suchen einen Wert aus der Ausklappliste aus.

Auch bestimmte Tastenkombinationen lassen sich dazu verwenden, die Werte zu ändern. So verringert die Kombination ⌥+← beziehungsweise Alt+← den Abstand um 20/1 000 eines Gevierts. Die Kombination ⌥+→ beziehungsweise Alt+→ erhöht den Abstand um 20/1 000 eines Gevierts. Nehmen Sie noch die Befehls- beziehungsweise Strg-Taste hinzu, vergrößern sich die Schritte auf 100/1 000.

Die Schrittgröße von 20/1 000 eines Gevierts lässt sich übrigens ändern. Sie wählen in den VOREINSTELLUNGEN die Kategorie EINHEITEN UND EINTEILUNGEN und verändern KERNING/LAUFWEITE.

Abbildung 2.41 ▼
Die Voreinstellung BENUTZERDEFINIERTE(S) LAUFWEITE/KERNING markiert sämtliche Änderungen an der Laufweite beziehungsweise am Kerning im gesamten Dokument.

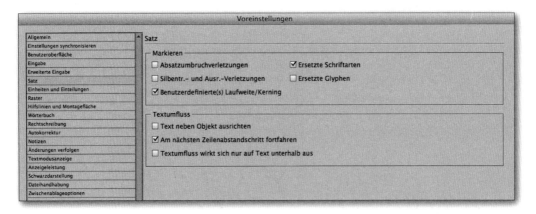

Kerning auf Wortzwischenräume beschränken

InDesign-Anwender können das Kerning auch auf die Wortzwischenräume beschränken. In diesem Fall wird lediglich der Abstand zwischen dem letzten Buchstaben eines Wortes und dem ersten des nächsten Wortes verändert. Dies ist dann sinnvoll, wenn beispielsweise bei Versalsatz lediglich die Wortzwischenräume, nicht aber die Buchstabenabstände vergrößert werden sollen.

Möchten Sie den Abstand vergrößern, aktivieren Sie den Text und wenden den Kurzbefehl ⌥+⌘+< bzw. Alt+Strg+< an. Um den Abstand zu verkleinern, drücken Sie bei aktivem Text die Kombination ⌥+⌘+← bzw. Alt+Strg+←. Durch das Kombinieren dieses Befehls mit der Umschalttaste wird der Kerning-Wert auf das Fünffache erhöht.

Um sämtliche Kerning- und Laufweitenänderungen zu entfernen, bietet InDesign ebenfalls einen Befehl an. Allerdings beendet der voreingestellte Tastaturbefehl ⌘+⌥+Q beziehungsweise Alt+Strg+Q das Programm. Verändern Sie also am besten gleich zu Beginn der Arbeit per BEARBEITEN TASTATURBEFEHLE das Kürzel, beispielsweise in ⌥+Q beziehungsweise Alt+Q.

Typografische Sonderzeichen einfügen

Im Menü SCHRIFT tauchen die Befehle SONDERZEICHEN EINFÜGEN sowie LEERRAUM EINFÜGEN auf. Hier finden Sie Geviertstriche, fest definierte Leerräume und andere Größen, die Sie in den Text einfügen können, ohne sich den Kurzbefehl merken zu müssen.

Tastaturbefehle
Eine Übersicht über Tastaturkurzbefehle für Laufweitenänderung und andere typografische Feinheiten in InDesign finden Sie am Ende des Kapitels.

Unsichtbare Zeichen
Per Befehl VERBORGENE ZEICHEN EINBLENDEN aus dem Menü SCHRIFT blenden Sie Platzhalterzeichen ein, die die nicht druckbaren Sonderzeichen symbolisieren. Folgende Symbole stehen für Leerräume:

· Leerzeichen
∧ geschütztes Leerzeichen
⋎ Achtelgeviert
⁞ Viertelgeviert
⊤ Halbgeviert
⊤ Geviert
! Interpunktionsleerzeichen

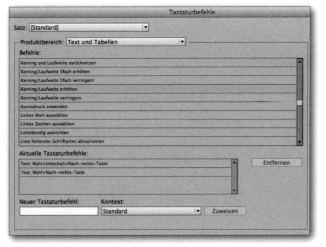

◄ **Abbildung 2.42**
In InDesign lassen sich nahezu sämtliche Tastenkurzbefehle einstellen beziehungsweise selbst belegen. Dazu wählen Sie im Menü BEARBEITEN den Befehl TASTATURBEFEHLE.

2.11 Anwendung in QuarkXPress

QuarkXPress 10
Die Beschreibungen zu QuarkXPress beziehen sich auf die aktuelle Version XPress 10, lassen sich meist aber auch in älteren Versionen verwenden.

Laufweite ändern
Möchten Sie in QuarkXPress die Laufweite ändern, verwenden Sie die Palette Masse. Dort finden Sie im Reiter Anfangsposition und im Reiter Zeichen die Laufweite des Textes. XPress unterscheidet hier nicht zwischen Kerning und Laufweite, sondern verwendet lediglich einen Eintrag für den Abstand der Buchstaben zueinander.

Die Werte, die bereits in den Schriften hinterlegt sind, werden erst ab einer bestimmten Schriftgröße eingesetzt. Den Grenzwert, ab dem die Werte verwendet werden, legen Sie als Anwender in den Vorgaben fest. Standardmäßig werden die Werte ab 4 Punkt Schriftgröße verwendet. Wer den Wert ändern möchte, macht dies in den Vorgaben in der Kategorie Drucklayout · Zeichen.

Eintrag vornehmen
Um nun Laufweiten zu korrigieren, tragen Sie in der Palette Masse bei der Laufweite ❶ den gewünschten Wert ein. Möchten Sie nur den Abstand zwischen zwei Zeichen verändern, genügt es, den Cursor zwischen den beiden Zeichen zu platzieren und dann den Eintrag vorzunehmen.

Abbildung 2.43 ▼
Klickt man auf den Reiter Classic der Palette Masse, kann man Einfluss auf die Laufweite des Textes nehmen ❶.

◀ ▼ **Abbildung 2.44**
Das Standard-Geviert, das in der vorletzten Zeile des Beispiels links eingegeben wurde, entspricht – wie darunter zu sehen – exakt der Schrift- beziehungsweise Kegelgröße, die durch das Kästchen dargestellt ist.

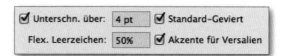

Geviertgröße

Wie auch in InDesign beziehen sich die Werte, die Sie bei der Laufweitenänderung eintragen, auf ein Geviert. Allerdings unterscheiden sich die beiden Programme in zwei wesentlichen Punkten: Zum einen unterteilt XPress sein Geviert lediglich in 200 Teile, zum anderen bietet XPress zwei verschieden große Gevierte an; abhängig von der Voreinstellung arbeitet man dann auch mit dem einen oder dem anderen Geviert.

Sehen wir uns zunächst die beiden Gevierte an: XPress bietet das Standard-Geviert und das sogenannte Quark-Geviert an. Letzteres kommt dann zum Einsatz, wenn der Befehl für das STANDARD-GEVIERT deaktiviert wird. Da sich einige Einstellungen wie die gerade betrachteten Laufweitenkorrekturen und auch Einstellungen zum Blocksatz auf einen Verwandten des Gevierts, nämlich auf das Halbgeviert beziehen, ist die Entscheidung für eines der Gevierte außerordentlich wichtig; eine nachträgliche Änderung führt eventuell zu einem Neuumbruch, da sich sämtliche Abstände verändern könnten.

Das Standard-Geviert basiert auf den herkömmlichen typografischen Regeln. Es entspricht also der Schrift- beziehungsweise der Kegelgröße. Sie haben demnach bei einer Schriftgröße von 24 Punkt eine Geviertgröße von 24 Punkt. Wählen Sie das Standard-Geviert, haben Sie die gleiche Größe wie in InDesign.

Ein Quark-Geviert hingegen ist nicht notwendigerweise ein Quadrat: Seine Breite ändert sich mit der Schrift, sie entspricht der Breite von zwei Nullen. Eine schmale Schrift enthält in der Regel auch eine schmale Null, womit wir ein schmaleres Geviert hätten.

Einheiten
Unabhängig von der Wahl des Gevierts bezieht sich die Eingabe auf 1/200 eines Gevierts. Ein Wert von 100 entspricht also einem Halbgeviert.

Abbildung 2.45 ▼ ▶
Das XPress-Geviert, das in der vorletzten Zeile des Beispiels rechts eingegeben wurde, entspricht der Breite zweier Nullen. Das klassische Geviert in der letzten Zeile ist bei einer schmalen Schrift entsprechend breiter.

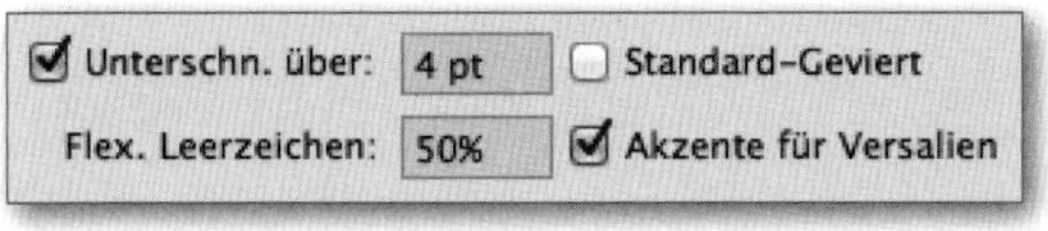

2 Das Zeichen

Eine breit laufende Schrift mit breit ausladenden Nullen ergibt ein breiteres Geviert. Dies bedeutet gleichzeitig, dass sich bei einem Schriftwechsel auch die Abstände verändern können. Das Quark-Geviert wirkt aufgrund seiner flexiblen Größe unzuverlässig, aber genau diese Flexibilität ist auch sein Vorteil: So wird es gerne beim Tabellensatz eingesetzt, bei dem mit Halbgevierten nicht benutzte Zahlenstellen freigehalten werden. Eine grundsätzliche Empfehlung für das eine oder andere Geviert gibt es aber nicht.

Tastaturbefehle
Eine Übersicht über Tastaturkurzbefehle für Laufweitenänderung und andere typografische Feinheiten in QuarkXPress finden Sie am Ende des Kapitels.

Laufweitenänderung per Tastaturkürzel

Die Erhöhung oder Verringerung der Laufweite kann auch mit einem Tastaturkurzbefehl erfolgen. Drückt man beispielsweise die Kombination ⌘ + ⇧ + Ä bzw. Strg + ⇧ + Ä, wird die Laufweite um zehn Einheiten, also um 1/20 Geviert verringert. Die Kombination ⌘ + ⇧ + # bzw. Strg + ⇧ + # erhöht die Laufweite um den gleichen Wert. Um mit feineren Einheiten zu arbeiten, kombinieren Sie die Alt-Taste dazu: Die Kombination ⌘ + ⌥ + ⇧ + Ä bzw. Strg + Alt + ⇧ + Ä verringert die Laufweite um eine Einheit, also um 1/200 eines Gevierts; hingegen wird die Laufweite durch die Kombination ⌘ + ⌥ + ⇧ + # bzw. Strg + Alt + ⇧ + # um eine Einheit erhöht.

Übrigens lassen sich Laufweitenänderungen genauso wie in InDesign auf die Wortzwischenräume beschränken. Die Kurzbefehle finden Sie in der Tastaturkürzelübersicht am Ende des Kapitels.

Laufweitenänderungen entfernen

Seit XPress 10 taucht im Menü STIL der Befehl MANUELLE UNTERSCHNEIDUNG LÖSCHEN auf, in den Versionen davor findet man den Befehl im Menü HILFSMITTEL. Um die manuelle Veränderung zu entfernen, aktivieren Sie also den Text und wählen den Befehl aus.

Kerning- und Laufweitentabellen

Wie bereits erwähnt, bringt jede Schrift eine eigene Tabelle mit, die Informationen und Werte zu Laufweite und Unterschneidung enthält. In QuarkXPress haben Sie auf diese Werte Zugriff beziehungsweise können neue Werte hinzufügen. Allerdings sollte man hier Vorsicht walten lassen: Verändert man beispielsweise die Kerning-Tabelle der Rotis Serif, greift XPress zukünftig immer auf diese Werte zu, das heißt, die neuen Werte kommen immer dann zum Einsatz, wenn die Rotis Serif in QuarkXPress genutzt wird, unabhängig vom Dokument. Wird die Schrift aber in einem anderen Programm verwendet, hat die Änderung keine Auswirkung.

Zurück zu den Originalen
Möchte man sämtliche Änderungen an Laufweite und Kerning entfernen und auf die Standardeinstellung der Schrift zugreifen, löscht man die Datei »XPress Preferences« und startet das Programm neu.

126

Tabellen bearbeiten

Im Menü BEARBEITEN finden Sie die beiden zuständigen Befehle UN-TERSCHNEIDUNGSPAARE sowie SCHRIFT-SPATIONIERUNGSTABELLEN. Hier sind sämtliche Schriftschnitte aufgeführt, auf die Sie Zugriff haben. Die Änderungen werden pro Schnitt und nicht pro Schrift vorgenommen.

Der erste Befehl UNTERSCHNEIDUNGSPAARE zeigt die Kerning-Werte von Buchstabenkombinationen. Die Werte lassen sich einsehen und anhand einer kleinen Vorschau ändern. Werden keine Unterschneidungswerte angezeigt, sind entweder keine vorhanden, oder es besteht kein Zugriff. Sie können aber jederzeit neue Unterschneidungspaare hinzufügen.

Mit dem zweiten Befehl SCHRIFT-SPATIONIERUNGSTABELLEN verändern Sie die Laufweite einer Schrift abhängig von ihrer Größe. So würde es sich anbieten, die Laufweite zu verringern, je größer der Schriftschnitt ist. Allerdings sollte man die Änderungen nicht »aus dem Bauch heraus« vornehmen, sondern Werte verwenden, die sich in Laufweitentests bewährt haben.

Typografische Sonderzeichen einfügen

Mit QuarkXPress 10 ist es für den Anwender einfach geworden, typografische Sonderzeichen wie ein Geviert-Leerzeichen oder einen Halbgeviertstrich einzugeben. Im Menü HILFSMITTEL findet man unter dem Befehl ZEICHEN EINFÜGEN sämtliche geschützen und nicht geschützen Sonderzeichen zum Auswählen.

QuarkXPress 9 und älter
In älteren Versionen findet man die beiden Befehle im Menü HILFSMITTEL. Sie heißen SPATIONIERUNG BEARBEITEN und UNTERSCHNEIDUNGSTABELLE BEARBEITEN.

Unsichtbare Zeichen
Per Befehl SONDERZEICHEN aus dem Menü ANSICHT blenden Sie Platzhalterzeichen ein, die die nicht druckbaren Sonderzeichen symbolisieren. Folgende Symbole stehen für Leerräume:
- .   Leerzeichen
- ·. geschütztes Leerzeichen
- | Achtelgeviert
- ⊨ Viertelgeviert
- ⊨ Halbgeviert
- — Geviert
- !   Interpunktionsleerraum

▼ **Abbildung 2.46**
Links die Spationierungswerte, die in Abhängigkeit von der Schriftgröße verändert werden können, rechts die Unterschneidungspaare und die dazugehörigen Werte

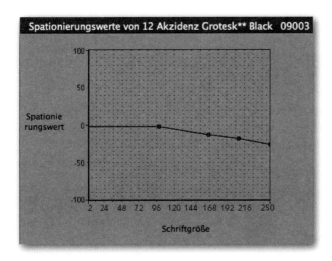
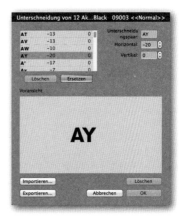

2.12 Schreibregeln

Im Folgenden möchte ich einige Regeln zu Schreibweisen und der Gliederung von Zahlengruppen behandeln – denn wie so vieles unterliegt auch diese Schreibung klaren Vorgaben. Man sollte jedoch das Regelwerk nicht nur als Bürde, sondern auch als Erleichterung sehen. Wie wir wissen, lesen wir in Sprüngen, unser Auge erfasst Blöcke; nicht anders verhält es sich beim Erfassen von Zahlenreihen, und durch die genormte Gliederung von Telefonnummern oder Bankleitzahlen erleichtern wir – ähnlich wie bei korrekter Rechtschreibung – das Lesen.

Satzzeichen zählen zum vorhergehenden Wort oder Zeichen. Somit erhält ein Wort in einem fetten Schnitt auch ein fettes Ausrufezeichen, auch wenn danach ein anderer Schnitt eingesetzt wird.

An- und Abführungszeichen

Bei den An- und Abführungszeichen sind mehrere Variationen im Umlauf, streng genommen ist aber in Deutschland nur eine Form korrekt, nämlich die deutschen Anführungszeichen in Form der 99 unten und der 66 oben („Das Wort") beziehungsweise in abgewandelter Form für das Hervorheben von Begriffen mit der 9 unten und der 6 oben (‚Das Wort'). Allerdings ist mittlerweile auch eine Abwandlung der französischen, schweizerischen und italienischen Anführungszeichen üblich. Während diese spitzen Anführungszeichen dort mit der Spitze nach außen zeigen, werden sie in Deutschland mit der Spitze nach innen verwendet (»Das Wort«).

Die englischen Anführungszeichen ("The word") sind 66 und 99 oben.

„Korrekte Anführungszeichen"

Deutsch:
„Das Wort"
‚Das Wort'
Auch möglich:
»Das Wort«

Englisch:
"The word"

Französisch, italienisch und schweizerisch:
«Le mot»

16.5.2013
16. Mai 2013
Montag, 16. Mai 2013

8.20 Uhr
08.20 Uhr
8:20 Uhr
08:20 Uhr

von 8.00 bis 21:00 Uhr
17:45–18:00 Uhr

Datum und Uhrzeit

Grundsätzlich sollten Sie sich beim Datum an die Reihenfolge Tag, Monat und Jahr halten. Die Gliederung JJJJ-MM-TT sollten Sie vermeiden, da hier schnell Verwechslungen zwischen dem Tag und dem Monat entstehen. Einstellige Tage oder Monate füllt man nur in Tabellen mit Nullen auf, in allen anderen Fällen kann die Zahl einstellig bleiben.

Bei der Uhrzeit verwenden wir im deutschsprachigen Raum die 24-stündige Zählweise. Bei einstelligen Zahlen können Sie eine Null voranstellen, müssen aber nicht. Mehrere Schreibweisen sind möglich – wichtig ist, dass sie in einem Schriftstück einheitlich sind.

Zahlen und Formeln

Mehr als drei Zeichen werden für eine bessere Übersicht mit einem halben oder einem viertel Wortzwischenraum getrennt, drei Ziffern von rechts bilden eine Gruppe. In wissenschaftlichen Dokumentationen werden auch Punkte zur Trennung verwendet.

Dezimalstellen werden mit einem Komma getrennt, Stunden und Minuten mit einem Doppelpunkt. Reiht man Wörter und Zahlen aneinander, verbindet man diese mit dem kurzen Strich, dem Divis. Rechenzeichen werden mit einem halben oder ganzen Wortzwischenraum von den Zahlen getrennt.

12 345
10,3 m
18:30 Uhr
5-km-Strecke
$61 - 5 = 56$

Preise

Euro und Cent werden mit einem Komma getrennt; die Euro-Angabe steht entweder vor oder hinter der Zahl. Bei großen Beträgen werden drei Stellen vor dem Komma mit einem Punkt abgetrennt. Volle Euro-Beträge schreibt man ohne Komma und Strich aus. Besteht der Kunde auf Komma und Strich, kommt nach dem Komma der Gedankenstrich.

Im Fließtext kann man die Zahlen ausschreiben, solange die Einheit auch ausgeschrieben wird. So ist die Schreibweise »achtzehn Euro« ebenfalls korrekt, während man »achtzehn €« vermeidet.

30,45 Euro
3.456,70 Euro
18 Euro
18,– Euro
€ 18,–
Achtzehn Euro

Prozent und Grad

Steht das Prozentzeichen für das Wort »Prozent«, sollte zwischen der Zahl und dem Prozentzeichen ein halber Wortzwischenraum stehen. Wird das Prozentzeichen als Ableitung wie bei »100%ig« verwendet, fällt der Raum weg.

Bei der Gradregelung ist es wichtig, ob der Angabe eine Einheit wie Grad oder Fahrenheit folgt. Ist dem so, wird die Zahl vom Gradzeichen getrennt, und zwar mit einem Wortzwischenraum. Folgt hingegen keine Einheit, wird das Gradzeichen ohne Zwischenraum an die Zahl angesetzt. Wer die Einheit ausschreibt, sollte auch das Gradzeichen ausschreiben.

25 %
100%ige Lösung
+17 °C
+17°
17 Grad Celsius

Abkürzungen

Abkürzungen, bei denen der volle Wortlaut gesprochen wird, erhalten einen Punkt. Ausnahmen bilden metrische Maße, Gewichte, Einheiten aus der Naturwissenschaft, der Technik sowie die Himmelsrichtungen und die Währungseinheiten, wo der Punkt wegfällt.

Steht eine Abkürzung mit Punkt am Ende eines Satzes, gilt der Abkürzungspunkt gleichzeitig als Satzpunkt.

z. B. (zum Beispiel)
Dr. (Doktor)
m (Meter)
kg (Kilogramm)
NO (Nordosten)

2 Das Zeichen

Telefon +49 228 4567-32

Fax 7654 8907

(030) 76 65

Postfach 12 34

Telefon, Fax, Postfach

Die Telefon-, Fax- oder Postfachnummern werden funktionsbezo-gen getrennt. Die Telefon- und Faxnummer wird mit Leerzeichen unterteilt, und zwar nach Anbieter, Landesvorwahl, Ortsnetzkenn-zahl und Anschluss. Die alte Schreibweise mit Klammern wird aber ebenfalls noch verwendet. Die Durchwahl wird mit einem Binde-strich abgetrennt. Internationale Rufnummern erhalten vor der Lan-deskennzahl das Pluszeichen.

Das Postfach wird in Zweiergruppen von rechts gegliedert, in der Regel mit einem halben Wortzwischenraum.

Kto.-Nr. 1 345 456

BLZ 123 456 78

Bankleitzahlen und Kontonummern

Kontonummern werden in Dreiergruppen von rechts gegliedert; hier verwendet man einen halben Wortzwischenraum. Die Bankleit-zahl besteht aus acht Ziffern und wird in zwei Dreiergruppen und eine Zweiergruppe gegliedert. Alle Gliederungen erhalten einen hal-ben Wortzwischenraum. Die Bankleitzahl muss nicht mehr in runde Klammern eingefasst sein, obwohl dies noch häufig gemacht wird.

BIC RZTIAT22263

IBAN DE55 3006 0601
0001 9563 62

BIC und IBAN

Die Identifizierung von Kreditinstituten BIC besteht aus 8 oder 11 Zeichen und wird nicht gegliedert. Die internationale Kontonummer IBAN besteht aus 22 Stellen und wird von links in fünf Vierergrup-pen und eine Zweiergruppe unterteilt.

DIN 5008

DIN 16 567

ISBN 978-4-123-12007-1

ISBN 978-4 123 12007 1

DIN und ISBN

DIN-Nummern werden ab der fünften Stelle in Dreiergruppen von rechts nach links gegliedert. Die ISBN besteht aus fünf Angaben mit insgesamt 13 Ziffern und wird mit Divis oder Leerraum in fünf vor-gegebene Gruppen unterteilt.

Striche

Bei den Strichlängen unterscheidet man zwischen dem kurzen Trennstrich, auch Divis genannt, und dem Halbgeviertstrich bezie-hungsweise Gedankenstrich.

Müller-Thurgau

Im- und Export

Den **Divis** setzt man bei Trennungen, gekoppelten Wörtern (»Mül-ler-Thurgau«) oder Auslassungen (»Im- und Export«) ein. Diesen Strich bezeichnet man auch als Bindestrich.

Als Gedankenstrich:
»Wir sollten – wenn auch
nur kurz – nachdenken.«

Der **Halbgeviertstrich** entspricht der Breite eines halben Gevierts. Er wird auch als Gedankenstrich bezeichnet und entsprechend ver-

130

wendet. Aber auch als »Gegen«-Strich (England – Italien), Währungsstrich, Streckenstrich und »Bis«-Strich kommt er zum Einsatz.

Setzt man ihn als Gedankenstrich ein, kommen normale Wortzwischenräume zum Zug. Wird der Halbgeviertstrich im Sinne von »gegen« verwendet, nimmt man ebenfalls einen Wortzwischenraum. Beim Einsatz als Währungsstrich (20,– Euro) entfällt der Raum zwischen Komma und Strich; beim Streckenstrich wird ebenfalls ohne Raum gearbeitet (Berlin–Moskau). Kommt der Strich als Bis-Strich (Geöffnet: 8–12 Uhr) vor, entfallen Zwischenräume, oder es wird ein Achtelgeviert eingefügt.

> Als Gegenstrich:
> England – Italien
> Als Währungsstrich:
> 20,– Euro
> Als Streckenstrich:
> Berlin–Moskau
> Als Bis-Strich:
> Geöffnet: 8–12 Uhr oder
> Geöffnet: 8 – 12 Uhr

Der **Geviertstrich** weist die Länge eines ganzen Gevierts auf und sollte nur als schmückendes Element oder als Platzhalter für zwei Ziffern in Tabellen verwendet werden.

> — als Aufzählungszeichen
> 20,23 Euro
> 45,— Euro

Auslassungspunkte
Bei den Auslassungspunkten handelt es sich um drei Punkte, die allerdings nicht durch dreimaliges Eingeben des Satzpunktes erzeugt werden sollten. Das sogenannte Ellipsenzeichen ist nämlich ein eigenes Zeichen, das auf dem Mac durch Drücken der Kombination ⌥ + [.], beim PC durch [Alt] + [0][1][3][3] erzeugt wird. Die Punkte des echten Ellipsenzeichens weisen einen geringeren Abstand auf als drei einzelne Satzpunkte.

> »Wie sollte er sich das
> bloß alles merken…«
> »Das ist doch Sch…!«

Am Satzende ersetzen die Auslassungspunkte den Satzpunkt eines Satzes. Folgt nach den Auslassungspunkten ein ? oder ein !, trennt man diese mit einem halben bis einem Wortzwischenraum.

Ersetzen die Auslassungspunkte einen Teil eines Wortes, wird kein Leerzeichen gesetzt. Stehen die Punkte aber für Wörter oder Wortgruppen, wird ein Leerzeichen verwendet.

▼ **Abbildung 2.47**
So schwer ist es doch eigentlich nicht … Weder vor noch nach dem Trennstrich steht ein Wortzwischenraum.

◄ **Abbildung 2.48**
Auch wenn der Apostroph an dieser Stelle laut neuer Rechtschreibung erlaubt ist, gilt er immer noch als Deppen-Apostroph.

2 Das Zeichen

2.13 Kurzbefehle Adobe InDesign

Tabelle 2.1 ▶
In der Tabelle sind Kurzbefehle für Adobe InDesign CC aus der Kategorie Typografie aufgelistet. Einige Leerzeichen wie das Viertelgeviert oder das Interpunktionsleerzeichen weisen standardmäßig keinen Kurzbefehl auf und sind deswegen auch nicht in der Liste aufgeführt. Bedenken Sie aber, dass Sie nahezu alle Tastaturbefehle in InDesign ändern beziehungsweise selbst belegen können. Die Befehle finden Sie im Menü BEARBEITEN · TASTATURBEFEHLE.

Geschützte Leerzeichen
InDesign bietet zwei verschiedene geschützte Leerzeichen an, die beide einen Zeilenumbruch verhindern. Das geschützte Leerzeichen mit variabler Breite ist so groß wie ein normaler Wortzwischenraum, kann aber bei Blocksatz seine Größe verändern; das Leerzeichen mit fester Breite verändert seine Größe nicht. QuarkXPress bietet ein geschütztes Leerzeichen an, das seine Breite bei Blocksatz verändern kann.
Mehr Infos zum Blocksatz finden Sie in Abschnitt 3.1, »Die Ausrichtung«.

Typografische Zeichen	Macintosh	Windows
Bedingter Trennstrich	⌘ + ⇧ + -	Strg + ⇧ + -
geschützter Trennstrich	⌘ + ⌥ + -	Strg + Alt + -
Aufzählungspunkt	⌥ + Ü	Alt + Ü
Punkt auf Mitte	⌥ + ⇧ + 9	Alt + 0 1 4 9
Geviertstrich	⌥ + ⇧ + -	Alt + ⇧ + -
Halbgeviertstrich	⌥ + -	Alt + -
geschütztes Leerzeichen	⌘ + ⌥ + X	Strg + Alt + X
Geviert-Leerzeichen	⌘ + ⇧ + M	Strg + ⇧ + M
Halbgeviert-Leerzeichen	⌘ + ⇧ + N	Strg + ⇧ + N
Achtelgeviert-Leerzeichen	⌘ + ⇧ + ⌥ + M	Strg + ⇧ + Alt + M
Kerning um 20/1 000-Geviert verringern/erhöhen	⌥ + ← ⌥ + →	Alt + ← Alt + →
Kerning um 100/1 000-Geviert verringern	⌘ + ⌥ + ←	Strg + Alt + ←
Kerning um 100/1 000-Geviert erhöhen	⌘ + ⌥ + →	Strg + Alt + →
Wortzwischenraum um 20/1 000 erhöhen	⌘ + ⌥ + <	Strg + Alt + <
Wortzwischenraum um 20/1 000 verringern	⌘ + ⌥ + ←	Strg + Alt + ←
Wortzwischenraum um 100/1 000 erhöhen	⌘ + ⌥ + ⇧ + <	Strg + Alt + ⇧ + <
Wortzwischenraum um 100/1 000 verringern	⌘ + ⌥ + ⇧ + ←	Strg + Alt + ⇧ + ←

132

2.14 Kurzbefehle QuarkXPress

◄ **Tabelle 2.2**
In der Tabelle sind typografische Kurzbefehle für Quark-XPress 10 aufgelistet.

Typografische Zeichen	Macintosh	Windows
weicher Trennstrich	⌘ + -	Strg + -
Aufzählungspunkt	⌥ + Ü	Alt + Ü
Punkt auf Mitte	⌥ + ⇧ + 9	Alt + 0 1 4 9
Geviertstrich	⌥ + ⇧ + -	Strg + '
Halbgeviertstrich	⌘ + ⌥ + -	Alt + 0 1 5 0
Halbgeviertstrich (geschützt)	⌥ + -	Strg + ^
geschütztes Leerzeichen	⌘ + Leertaste	Strg + 5
flexibles Leerzeichen	⌥ + ⇧ + Leertaste	Strg + ⇧ + 5
Geviert-Leerzeichen	⌘ + 6	Strg + ⇧ + 2
Geviert-Leerzeichen (geschützt)	⌘ + ⌥ + 6	Strg + Alt + ⇧ + 2
Halbgeviert-Leerzeichen	⌥ + Leertaste	Strg + ⇧ + 6
Achtelgeviert-Leerzeichen	⌘ + 7	Strg + 7
Interpunktionsraum	⇧ + Leertaste	⇧ + Leertaste
Laufweite um 1/20 Geviert verringern/erhöhen	⌘ + ⇧ + Ä / ⌘ + ⇧ + #	Strg + ⇧ + , / Strg + ⇧ + .
Wortzwischenraum um 1/20 Geviert verringern	⌘ + ctrl + ⇧ + ,	Strg + ⇧ + 1
Wortzwischenraum um 1/20 Geviert erhöhen	⌘ + ctrl + ⇧ + .	Strg + ⇧ + 2
*An- und Abführung „ "	⇧ + 2	Alt + 0 1 3 2 / Alt + 0 1 4 7
*An- und Abführung » «	⌥ + ⇧ + Q / ⌥ + Q	Alt + 0 1 8 7 / Alt + 0 1 7 1

Geschützte Leerzeichen
Seit QuarkXPress 7 gibt es ein geschütztes Leerzeichen, dessen Breite im Blocksatz variabel ist.
Mehr Infos zum Blocksatz finden Sie in Abschnitt 3.1, »Die Ausrichtung«.

*Korrekte Voreinstellung
Für die korrekten An- und Abführungszeichen muss in den Vorgaben von Quark-XPress in der Kategorie PROGRAMM · EINGABE-EINSTELLUNGEN das richtige Format gewählt und der Befehl ANFÜHRUNGSZEICHEN aktiviert sein.

Kapitel 3
Wort und Zeile
Ausrichtungen und Abstände

Sie werden lernen:
- Welche Ausrichtungsarten gibt es?
- Wie ist die optimale Zeilenlänge und warum?
- Welche Rolle spielt der Zeilenabstand?
- Welche Spaltenbreiten sind optimal?
- Was sind Hurenkinder und Schusterjungen?
- Wann arbeitet man mit Initial und Einzug?

Gelungene Typografie beinhaltet neben der Wahl der passenden Schrift-
art, Schriftgröße und Laufweite auch das richtige Verhältnis von
Zeilenlänge zu Zeilenabstand. In diesem Kapitel dreht sich alles um
Zeilen, deren Abstände, Spalten und Breiten.

3.1 Die Ausrichtung

Als Ausrichtung bezeichnet man die horizontale Platzierung der
Zeile. Wir wollen zunächst klären, auf welche Arten der Text ausgerichtet sein kann. Abhängig von der Ausrichtung gelten nämlich
auch unterschiedliche Regeln, was beispielsweise die Zeilenlänge
betrifft. Der Typograf unterscheidet sechs verschiedene Ausrichtungen: linksbündig, rechtsbündig, zentriert, Blocksatz, den freien
Satz und den Formsatz.

▶ **Links- und rechtsbündig:** Wie bereits der Name vermuten lässt,
weisen die Ausrichtungen links oder rechts einen Bund auf und
flattern zur anderen Seite hin. Die Zeilenenden eines linksbündigen Textes beispielsweise enden an der rechten Kante an unterschiedlichen Stellen und der Zeilenrand »flattert« wie ein
Fähnchen im Wind.

▶ **Mittelachse:** Der zentrierte Satz, der übrigens
auch als Mittelachsensatz oder Axialsatz bezeichnet wird, flattert zu beiden Seiten, da er seine
Achse in der Mitte der Zeilen hat.

▶ **Blocksatz:** Beim Blocksatz weist jede
Zeile die gleiche Breite auf. In diesem
Fall haben wir sozusagen an beiden
Seiten links und rechts einen Bund.
Um Blocksatz zu erreichen, müssen wir
Anwender beziehungsweise die Soft-
ware ein wenig nachhelfen, da die Zei-
len nicht automatisch alle gleich lang
sind.

▶ **Freier Satz:** Beim freien Satz gibt es
keine Achse. Hier wird jede Zeile einzeln ausgerichtet und platziert.

▶ **Formsatz:** Schlussendlich gibt es noch
den Formsatz, bei dem die Zeilenenden links und rechts eine bestimmte
Figur formen.

Schlussend-
lich gibt es noch den Formsatz,
bei dem die Zeilenenden links und rechts eine
bestimmte Figur formen. Schlussendlich gibt es
noch den Formsatz, bei dem die Zeilenenden
links und rechts eine bestimmte Figur formen.
Schlussendlich gibt es noch
den Formsatz, bei dem
die Zeilenenden links
und rechts eine be-
stimmte Figur for-
men. Schlussendlich
gibt es noch den
Formsatz, bei dem
die Zeilenenden links und rechts eine bestimmte
Figur formen. Schlussendlich gibt es noch den
Formsatz, bei dem die Zeilenenden links und
rechts eine bestimmte Figur formen. Schlussendlich gibt es noch den Formsatz, bei dem die Zei-

Flattersatz und Rausatz

Apropos flattern: Genau genommen unterscheidet man zwischen Flattersatz und Rausatz. Wer von sich behauptet, er erstelle Text im Flattersatz, aber in XPress oder InDesign lediglich auf das Symbol für linksbündig klickt, schwindelt ein wenig. Flattersatz beinhaltet nämlich eigentlich einen schönen Zeilenfall mit einem relativ großen Flatterbereich. Abhängig von den Einstellungen in den Programmen entsteht aber nicht unbedingt automatisch ein schöner Rand – so fallen die Zeilen manchmal treppenförmig, oder mehrere Zeilen enden blockweise auf einer Länge. Diese zum Teil unschöne Form mit kurzem Flatterbereich wird als Rausatz bezeichnet. Das »raue« Ende der Zeilen ist also das Ergebnis der Standardeinstellungen der Layoutprogramme.

Wer den althergebrachten Anspruch an echten Flattersatz befriedigen möchte, sollte zum einen den Flatterbereich vergrößern, zum anderen müsste er eigentlich jeden Zeilenfall kontrollieren und manuell nachbearbeiten – eine Arbeit, die beim heutigen Zeitdruck lediglich bei einem kleinen Textblock und bei wenigen Zeilen möglich ist.

Flatterbereich
Der Flatterbereich ist der Bereich zwischen dem Ende der kürzesten und dem Ende der längsten Zeile im Textblock.

▼ Abbildung 3.1
Der grau hinterlegte Bereich ist der Flatterbereich. Beim Rausatz im linken Beispiel fällt er sehr viel schmaler aus als beim echten Flattersatz wie im rechten Beispiel.

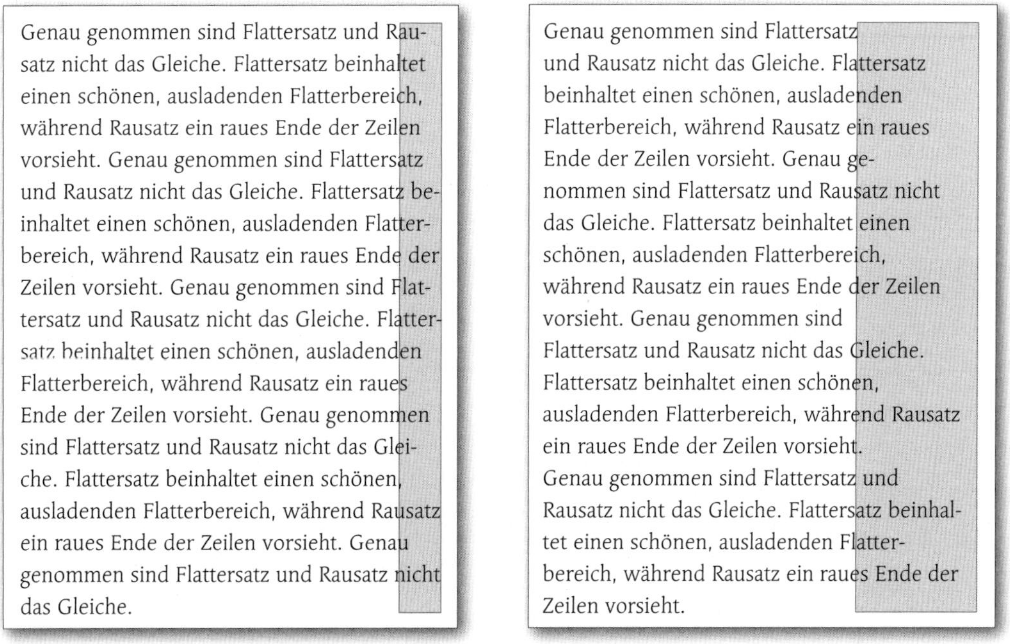

Genau genommen sind Flattersatz und Rausatz nicht das Gleiche. Flattersatz beinhaltet einen schönen, ausladenden Flatterbereich, während Rausatz ein raues Ende der Zeilen vorsieht. Genau genommen sind Flattersatz und Rausatz nicht das Gleiche. Flattersatz beinhaltet einen schönen, ausladenden Flatterbereich, während Rausatz ein raues Ende der Zeilen vorsieht. Genau genommen sind Flattersatz und Rausatz nicht das Gleiche. Flattersatz beinhaltet einen schönen, ausladenden Flatterbereich, während Rausatz ein raues Ende der Zeilen vorsieht. Genau genommen sind Flattersatz und Rausatz nicht das Gleiche. Flattersatz beinhaltet einen schönen, ausladenden Flatterbereich, während Rausatz ein raues Ende der Zeilen vorsieht. Genau genommen sind Flattersatz und Rausatz nicht das Gleiche.

Genau genommen sind Flattersatz und Rausatz nicht das Gleiche. Flattersatz beinhaltet einen schönen, ausladenden Flatterbereich, während Rausatz ein raues Ende der Zeilen vorsieht. Genau genommen sind Flattersatz und Rausatz nicht das Gleiche. Flattersatz beinhaltet einen schönen, ausladenden Flatterbereich, während Rausatz ein raues Ende der Zeilen vorsieht. Genau genommen sind Flattersatz und Rausatz nicht das Gleiche. Flattersatz beinhaltet einen schönen, ausladenden Flatterbereich, während Rausatz ein raues Ende der Zeilen vorsieht. Genau genommen sind Flattersatz und Rausatz nicht das Gleiche. Flattersatz beinhaltet einen schönen, ausladenden Flatterbereich, während Rausatz ein raues Ende der Zeilen vorsieht.

3 Wort und Zeile

Links- und rechtsbündig

Der linksbundige Satz ist neben dem Blocksatz eine der häufigsten Ausrichtungsarten. Er wirkt grundsätzlich ein wenig unruhiger als der Blocksatz, kann somit aber auch eher Dynamik vermitteln. Ansonsten sind sich diese beiden Satzarten ähnlich, auch was das Graubild anbelangt. So findet man linksbündigen Satz auch in Magazinen oder Büchern. Ein Grund, linksbündigen Satz dem Blocksatz vorzuziehen, ist eine sehr schmale Satzbreite. Falls weniger als etwa 35 Zeichen in eine Zeile passen, greift man eher zum linksbündigen Satz, da beim Blocksatz häufig hässliche Löcher entstehen können.

Der rechtsbündige Satz kommt nur selten zum Einsatz, und das aus einem ganz einfachen Grund: Wir lesen die Zeilen von links nach rechts. Unser Auge sucht also am linken Rand einen Startpunkt, einen Bund, an dem es loslegen kann. Ist kein Bund zu finden, da jede Zeile links an einer anderen Stelle startet, ist kein flüssiges Lesen möglich, und wir sind es schnell leid, weiterzulesen. Deswegen: Verwenden Sie rechtsbündigen Satz nur sehr sparsam, beispielsweise in Auszeichnungstexten wie Zitaten oder Ähnlichem, die aus nur wenigen Zeilen bestehen.

Bei besonders schmalen Spalten hat der linksbündige Satz große Vorteile gegenüber dem Blocksatz, da die Zeile nicht gefüllt werden muss und so auch keine optischen Löcher entstehen. Bei besonders schmalen Spalten hat

Bei besonders schmalen Spalten hat der linksbündige Satz große Vorteile gegenüber dem Blocksatz, da die Zeile nicht gefüllt werden muss und so auch keine optischen Löcher entstehen.

◀ **Abbildung 3.2**
Der linksbündige Satz und der Blocksatz bei extrem schmalen Spalten im Vergleich

▼ **Abbildung 3.3**
Rechtsbündiger und linksbündiger Satz. Der rechtsbündige Satz ist aufgrund der fehlenden linken Satzkante schwer zu lesen.

Der rechtsbündige Satz sollte nur sparsam verwendet werden. Durch das Fehlen der linken Kante ist das Lesen besonders bei längeren Texten für die Augen ermüdend.

Der linksbündige Satz ist neben dem Blocksatz die am meisten verwendete Ausrichtungsart. Durch die linke Kante findet das Auge – im Gegensatz zum rechtsbündigen Satz – schnell zum Zeilenanfang.

Die Ausrichtung 3.1

Mittelachsensatz

Ähnliches wie für den rechtsbündigen Satz gilt für den Mittelachsensatz. Auch hier muss unser Auge bei jeder Zeile aufs Neue den Start suchen. Mittelachsensatz wird gerne für Gedichtbände verwendet, für Hochzeits- und Gratulationskarten – also für wenige Zeilen Text. Auch wenn nicht sehr einfallsreich, kann man dabei mit dem zentrierten Satz nur wenig falsch machen.

Silbentrennzone in XPress und InDesign

Beide Programme verfügen über die Möglichkeit, eine Silbentrennzone einzutragen, die den Flatterbereich definiert. In XPress finden Sie die Silbentrennzone im Menü BEARBEITEN · S&B, in InDesign im Bedienfeld ABSATZ im Bedienfeldmenü unter dem Befehl SILBENTRENNUNG bei TRENNBEREICH. Allerdings zeigt dieser nur Wirkung, wenn der ADOBE EIN-ZEILEN-SETZER aktiv ist.

Die Zone rechnet sich bei linksbündigem Text vom rechten Rand nach links. Gerät – unter Berücksichtigung der Silbentrennungseinstellungen – ein trennbares Wort in die Trennzone, wird es getrennt. Je größer die Trennzone, desto mehr flattert der Text. Allerdings bedeutet das nicht zwangsläufig, dass ein schöner Flatterrand entsteht! Übrigens sorgt auch der Befehl FLATTERSATZAUSGLEICH von InDesign nicht zwingend für einen schönen Flatterbereich, sondern sorgt bei mehrzeiligen Überschriften für etwa gleich lange Zeilen.

> Auch der Mittelachsensatz eignet sich nur für wenig Text. Bei Einladungen, Gedichten oder Ähnlichem kann er aber problemlos verwendet werden. In jedem Fall sollte es aber kein Rausatz werden!
>
> Auch der Mittelachsensatz eignet sich nur für wenig Text. Bei Einladungen, Gedichten oder Ähnlichem kann er aber problemlos verwendet werden. Man sollte aber auf einen ausgewogenen Zeilenfall achten!

▼ **Abbildung 3.4**
Beide Programme erlauben die Eingabe des Flatterbereichs, links der Trennbereich in InDesign, rechts die Silbentrennzone in QuarkXPress.

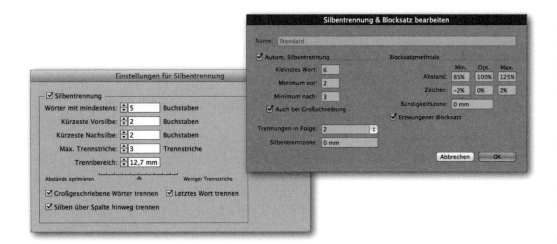

139

In der deutschen und in vielen anderen Sprachen, deren Schriften auf dem lateinischen Alphabet beruhen, bezeichnet es das Ende eines Fragesatzes. Im Spanischen wird ein Fragesatz zusätzlich durch ein auf dem Kopf stehendes Fragezeichen ¿ eingeleitet. Die arabische Schrift kennt das Fragezeichen ebenfalls. Es ist jedoch an die Schreibrichtung angepasst. Auch andere Schriftsysteme, wie das Chinesische, haben es übernommen. Im Griechischen wird der Strichpunkt (;) als Fragezeichen benutzt. Das Fragezeichen taucht erstmals in den Schriftreformen Karls des Großen auf. Allerdings werden seine Funktion und Gestalt erst später auf die heutigen gebracht. Im deutschen Fragesatz kennzeichnet es meist eine Anhebung der Stimme am Ende des Fragesatzes. Durch ein Fragezeichen kann neben der Frage auch eine

Aufforderung dargestellt werden: „Gehst du mal in den Keller das Bier holen?", das ist keine Frage, sondern eine Aufforderung. Hier handelt es sich um einen Spezialfall einer rhetorischen Frage. Im Mittelalter gab es

Abbildung 3.5 ▲
Beim Formsatz definiert der Text eine bestimmte Form wie im Beispiel ein Fragezeichen. Somit gibt es keine feste Achse, sondern die linken und rechten Kanten des Textes bilden die Form.

Abbildung 3.6 ▶
Beim freien Satz gibt es keine Achsen. Diese Satzart eignet sich für wenige Zeilen Text und bedarf der Handarbeit, damit keine unschönen Treppen oder ungewollte Achsen entstehen.

Freier Satz und Formsatz

Häufig viel schöner, aber auch fehleranfälliger als zentrierter Satz ist der freie Satz mit freiem Zeilenfall. Bei dieser Satzart gibt es keine Achse – jede Zeile wird optisch platziert, und das kann schon mal dauern. So sollten wir in jedem Fall Treppen vermeiden, die Zeilen sollten weit flattern und einen gewissen Rhythmus aufweisen.

Beim Formsatz gibt es ebenfalls keine Achsen – es sei denn, die Form weist eine Achse auf. Die Zeilenkanten links und rechts formen also eine beliebige Figur, die sinnvollerweise zum Text passen sollte. So kann beispielsweise der Info-Text ein Ausrufezeichen formen, ein Rätsel formt ein Fragezeichen. Der Formsatz ist eine unübliche Ausrichtung, die nur in speziellen Fällen zum Einsatz kommt – das Lesen solcher Texte ist selbstverständlich mühsam.

Blocksatz

Der Blocksatz ist eine der meistverwendeten Ausrichtungsformen. Wir finden ihn in Tageszeitungen, Magazinen, Büchern oder Nachschlagewerken. Ein schöner Blocksatz wirkt ruhig, neutral, statisch und lässt sich gut lesen, eignet sich in erster Linie aber nur für längere Texte: Ein Dreizeiler im Blocksatz würde seltsam wirken.

Die Ameisen

In Hamburg lebten zwei Ameisen,
Die wollten nach Australien reisen.
Bei Altona auf der Chaussee
Da taten ihnen die Beine weh.

Joachim Ringelnatz

Im Blocksatz sind alle Zeilen gleich lang. Da aber nicht automatisch jede Zeile gleich gefüllt sein kann, muss nachgeholfen werden. Was früher die Bleisetzer mit kleinen Scheiben beziehungsweise Papierstücken viele Nerven gekostet hat, passiert heute auf Knopfdruck. Doch was geschieht genau, wenn wir in XPress oder InDesign den Blocksatz wählen?

Die Variablen

Zwei bzw. drei Variablen stehen uns in der Layout-Software zur Verfügung, um eine Zeile auf eine fest vorgegebene Länge zu bringen:

❶ die Wortabstände
❷ die Zeichenabstände
❸ die Zeichenbreite

Wir können also theoretisch die Abstände zwischen den Wörtern sowie zwischen den einzelnen Zeichen verändern, in der Regel erhöhen, um auf die gewünschte Zeilenlänge zu kommen. Zudem könnten wir – automatisch aber nur in InDesign – auch noch die Breite der Zeichen variieren, den Buchstaben selbst also quetschen oder auseinanderziehen. Nun haben wir aber bereits eine Menge über diese Größen erfahren und über die damit verbundenen Grauwerte und die Lesbarkeit. Wir wissen, dass eine optimale Lesbarkeit nur bei optimalen Wort- und Zeichenabständen gewährleistet ist, und dass man auf elektronische Verzerrung am besten ganz verzichten sollte, und nun sollen wir das alles über Bord werfen?

Nun, sagen wir – ein bisschen. Beim Blocksatz muss nun einmal ein wenig an den Räumen gearbeitet werden, und da wir die Arbeit der Programme beeinflussen können, haben wir die Möglichkeit, den Schaden sehr gering zu halten.

Verändern der Zeichenbreite

Zunächst sollten Sie die dritte Variante, die in InDesign angeboten wird, gleich wieder vergessen. Die Breite eines Buchstabens ❸ sollte grundsätzlich unangetastet bleiben – Ausnahmen bestätigen die Regel. Bleiben also Variante ❶ und ❷, die Änderung der Wort- und der Zeichenabstände.

Verändern der Zeichen- und Wortabstände

Das Verändern der Zeichenabstände ❷, also das Unterschneiden oder Sperren, greift nachhaltig in den Grauwert und somit in die Lesbarkeit des Textes ein. Hier sollten wir also sehr vorsichtig sein. Würden wir aber lediglich den Wortzwischenraum ❶ als Variable verwenden, was übrigens so mancher empfiehlt, wären wir schnell

Abbildung 3.7 ▼
Die Glyphe-Skalierung führt zur Verformung der einzelnen Buchstaben. Im Beispiel unten ist zur Verdeutlichung mit hohen Werten und einer sehr schmalen Spalte gearbeitet worden. Man sieht deutlich, wie die einzelnen Zeichen in ihrer Breite verzerrt werden.

Verwenden Sie Blocksatz nur für längere Texte und nur dann, wenn die Spaltenbreite groß genug ist. Gut ausgeglichener Blocksatz lässt sich angenehm lesen, wirkt ruhig und entspannend. Aufgrund der geringen Anzahl der Wortzwischenräume im Vergleich zu der Buchstabenanzahl

Abbildung 3.8 ▼
Hier ist lediglich das Variieren in den Wortzwischenräumen erlaubt. Aufgrund ihrer begrenzten Anzahl entstehen so leichter sehr große Wortzwischenräume, was den Lesefluss stört.

Abbildung 3.9 ▼
Etwa 35 – 40 Zeichen auf fünf Wortzwischenräume: Durch die große Zeichenanzahl im Vergleich zur Anzahl der Wortzwischenräume sollte man den Ausgleich auf beide Variablen verteilen, was hier geschehen ist.

Verwenden Sie Blocksatz nur für längere Texte und nur dann, wenn die Spaltenbreite groß genug ist. Gut ausgeglichener Blocksatz lässt sich angenehm lesen, wirkt ruhig und entspannend. Aufgrund der geringen Anzahl der Wortzwischenräume im Vergleich zu der Buchstabenanzahl empfiehlt es sich, den Ausgleich nicht nur in den Wortzwischenräumen, sondern auch zwischen den Zeichen vorzunehmen. Verwenden Sie Blocksatz nur für länge

Verwenden Sie Blocksatz nur für längere Texte und nur dann, wenn die Spaltenbreite groß genug ist. Gut ausgeglichener Blocksatz lässt sich angenehm lesen, wirkt ruhig und entspannend. Aufgrund der geringen Anzahl der Wortzwischenräume im Vergleich zu der Buchstabenanzahl empfiehlt es sich, den Ausgleich nicht nur in den Wortzwischenräumen, sondern auch zwischen den Zeichen vorzunehmen. Verwenden Sie Blocksatz nur für längere Texte und nur dann, mit sehr großen Wortzwischenräumen konfrontiert, da wir in der Regel nur eine Handvoll davon finden. In einer Zeile, wie im Beispiel links unten zu sehen, befinden sich ca. 35 Buchstaben, aber nur vier bis sechs Wortzwischenräume. Durch die begrenzte Anzahl entstehen so schnell die »Flughäfen«, die Löcher in das Satzbild reißen. Ich empfehle daher grundsätzlich, auch den Zeichenabstand ein wenig variieren zu lassen. Durch die Menge der Zeichen, im Beispiel sind es immerhin 35, addieren sich die kleinsten Veränderungen auf, und so kann durch minimale Veränderung der eine oder andere riesige Wortzwischenraum verhindert und der Grauwert optimiert werden. Dabei sollten wir natürlich beachten, dass wir die Variationen bei den Zeichenabständen auf einen kleinen Wert beschränken.

Grenzwerte
In den Publishing-Applikationen gibt es normalerweise drei Werte, und zwar jeweils für den Zeichenabstand sowie für den Wortabstand. Bei den drei Werten handelt es sich um Minimum-, Optimum- und Maximumwerte. Die Minimum- und Maximumwerte sind Unter- und Obergrenzen für den Blocksatz, der Optimumwert kommt beim Flattersatz (linksbündig, rechtsbündig oder zentriert) zum Tragen. Da sich Schriftdesigner üblicherweise Gedanken darüber gemacht haben, wie groß die Abstände zwischen Buchstaben und Wörtern sein dürfen, sollte man die Optimalwerte nur in speziellen Fällen ändern. Eine Ausnahme gilt für QuarkXPress 6: Hier beträgt der Standardwert für den optimalen Wortzwischenraum 110 %. Tragen Sie hier besser 100 % ein.

◄ **Abbildung 3.10**
Bis XPress 6 stand der Optimumwert für den Wortabstand nicht auf 100 %. Sie sollten dieses Manko in jedem Fall beheben. Seit QuarkXPress 7 sind die Standardeinstellungen korrigiert.

Blocksatz in QuarkXPress

In QuarkXPress finden Sie die Einstellungen im Menü BEARBEITEN unter S&B, was für Silbentrennung und Blocksatz steht. Hier lassen sich bestehende Regeln ändern sowie eigene definieren und absatzweise zuweisen. Außerdem können Sie die Standardeinstellungen korrigieren, indem Sie den Dialog aufrufen, während kein Dokument geöffnet ist. Auf die Einstellungen namens Standard wird immer dann zugegriffen, wenn man dem Absatz keine andere Einstellung zugewiesen hat.

Um einem Textabsatz eine neue, bereits angelegte und benannte S&B zuzuweisen, wählen Sie bei aktivem Text aus der Palette MASSE den Reiter ABSATZ und suchen bei S&B die gewünschte Einstellung aus. Als Standardeinstellung empfiehlt es sich, bei ABSTAND die Werte 75 %, 100 %, 130 % für den Wortabstand einzutragen, bei ZEICHEN in XPress etwa –3 %, 0 % und 3 %.

Blocksatz in InDesign

In InDesign finden Sie die Einstellungen unter anderem im Menü des Bedienfelds ABSATZ unter dem Befehl ABSTÄNDE. Hier taucht unter WORTABSTAND und ZEICHENABSTAND die bereits erwähnte GLYPHENSKALIERUNG auf. Die eingetragenen Werte beziehen sich auf den aktiven Text, die Einstellungen lassen sich aber auch innerhalb der Absatzformate sichern.

Als Standardeinstellung empfiehlt es sich, bei WORTABSTAND genau wie in XPress die Werte 75 %, 100 %, 130 % einzutragen, aufgrund anderer Berechnungen kann man bei ZEICHENABSTAND in InDesign getrost –10 %, 0 % und 10 % eintragen. So beschränkt man die Veränderung der Zeichenabstände auf minimale Räume, die sozusagen nicht sichtbar sind, verhindert aber durch ihre Summe allzu große Wortzwischenräume.

Abbildung 3.11 ▼
Links die Einstellungen in QuarkXPress, rechts die von InDesign. Beide Einstellungen sind Richtwerte, die von Fall zu Fall angepasst werden müssen.

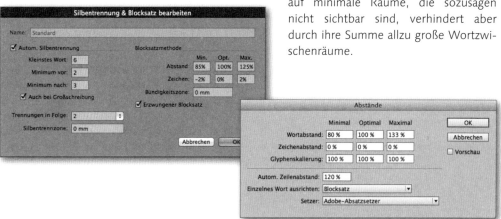

Die Ausrichtung 3.1

Grenzen überschreiten

Es gibt Fälle, in denen der Text ungünstig läuft, eventuell noch die Silbentrennung ausgeschaltet und die Zeilenbreite sehr kurz ist. Der Maximumwert für Wort- und Zeichenabstände ist ausgeschöpft, und trotzdem ist die Zeile noch nicht gefüllt. In diesen Fällen muss das Programm bestimmte Vorgaben ignorieren, um trotzdem auf den gewünschten Blocksatz zu kommen. In XPress wird dann grundsätzlich nur noch mit dem Wortabstand gearbeitet, die Vorgaben zum maximalen Zeichenabstand werden unverändert eingehalten. InDesign arbeitet mit einer Kombination und verändert beide Werte.

Trennung oder optimaler Abstand?

InDesign bietet noch eine weitere Option an, mit der man Einfluss auf die Trennungen nehmen kann: den Schieberegler, den man in der Dialogbox zur Silbentrennung findet. Damit steuern Sie das Gleichgewicht zwischen den von uns vorgegebenen Abständen und der Anzahl der Trennungen. Je weiter man den Regler nach links schiebt, desto strenger hält sich InDesign an die vorgegebenen Abstandswerte, aber desto mehr Trennungen können entstehen. Wer weniger Trennungen bevorzugt und dafür lieber stärker variierende Abstände in Kauf nimmt, schiebt den Regler weiter nach rechts.

▼ **Abbildung 3.12**
Im linken unteren Bild steht der Schieberegler ganz links. Dadurch optimiert InDesign die Abstände, und es können mehr Trennungen entstehen. Im Bild rechts liegt die Priorität bei möglichst wenig Trennstrichen, was auf Kosten der Abstände geht.

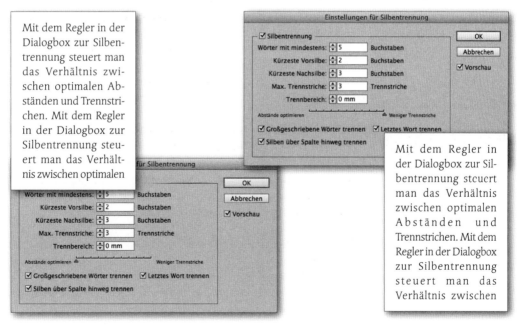

145

Adobe-Absatzsetzer in InDesign

InDesign bietet für den Blocksatz noch eine Besonderheit: Den ADOBE ABSATZSETZER. Schaltet man ihn entweder im Dialog ABSTÄNDE oder direkt im Ausklappmenü des Bedienfelds ABSATZ ein, analysiert InDesign den gesamten Absatz hinsichtlich ungünstiger Trennungen. Stellt er also fest, dass die Vorgaben zu Zeichen- und Wortabständen in der vierten Zeile kaum eingehalten werden können, da die Zeile sehr ungünstig läuft, kontrolliert das Programm in den Zeilen eins, zwei und drei die Trennungen und überprüft, ob eine Änderung der Trennungen in den ersten Zeilen die hässlichen Flughäfen in der Zeile vier verhindern könnte. Wenn das der Fall ist, ändert das Programm entsprechend den Textumbruch – in den meisten Fällen eine empfehlenswerte Einstellung.

Der Randausgleich: hängende Interpunktion

Sie kennen das sicherlich auch: Viele Trennungen im Blocksatz hintereinander verursachen ein unschönes Bild; der Text wirkt an dieser Stelle ausgedünnt, ein Loch hat sich in die rechte Textkante gefräst. Nun gibt es Möglichkeiten, die maximale Anzahl der Trennungen auf drei oder vier zu beschränken. Trotzdem kann es zu den optischen Löchern kommen, vielleicht weil die Zeilen ober- und unterhalb noch mit einem Interpunktionszeichen wie einem Satzpunkt oder einem Komma abschließen. In diesen und anderen Fällen freut man sich über die Möglichkeit, die Interpunktionszeichen über die Satzkante hinaus zu verschieben, sie also außerhalb des Textblocks hängen zu lassen – die sogenannte hängende Interpunktion.

Was zu Luthers Zeiten eine Selbstverständlichkeit war, ist in InDesign bereits länger, in QuarkXPress seit der Version 8 umgesetzt worden. Im Adobe-Programm gleicht der Befehl OPTISCHER RANDAUSGLEICH, den Sie im Menü SCHRIFT · TEXTABSCHNITT finden, auch den linken Rand des Textes aus. Hier finden sich zwar keine Trennstriche, aber Gedankenstriche oder Anführungszeichen werden nach außen versetzt. Für die XPress-Anwender hat Quark die Funktion HÄNGENDE ZEICHEN im Menü BEARBEITEN bereitgestellt; umfangreiche Einstellungsmöglichkeiten und das Sichern als Set ermöglichen den schnellen Einsatz des typografischen Leckerbissens.

Entscheiden Sie sich!

Bei der Betrachtung aller Ausrichtungsarten ergibt sich in jedem Fall eine wichtige Regel, die Sie beachten sollten: Kombinieren Sie nicht mehr als zwei Ausrichtungen, in Ausnahmefällen wie auf Visitenkarten oder Ähnlichem können es auch drei sein.

Die Ausrichtung 3.1

„Der optische Randausgleich wirkt am linken sowie am rechten Rand und kommt deswegen nicht nur beim Blocksatz zum Tragen. Der optische Randausgleich wirkt am linken sowie am rechten Rand und kommt deswegen nicht nur beim Blocksatz zum Tragen. Der optische

„Der optische Randausgleich wirkt am linken sowie am rechten Rand und kommt deswegen nicht nur beim Blocksatz zum Tragen. Der optische Randausgleich wirkt am linken sowie am rechten Rand und kommt deswegen nicht nur beim Blocksatz zum Tragen. Der optische Randausgleich wirkt am linken sowie am rechten Rand und

▲ **Abbildung 3.13**
Im Beispiel oben ist der optische Randausgleich nicht verwendet, im Text darunter ist er aktiviert.

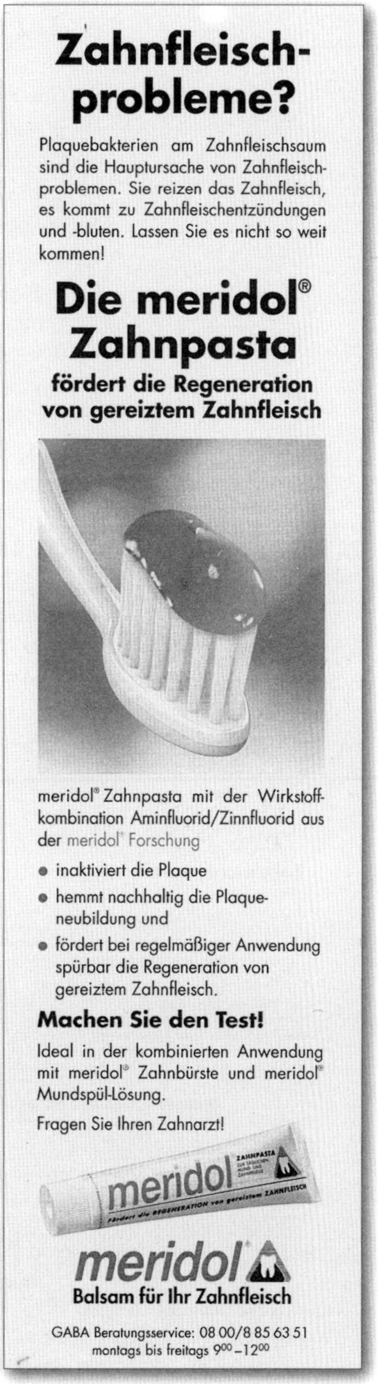

Abbildung 3.14 ▶
Unschön: In dieser Anzeige finden wir zentrierten und linksbündigen Satz sowie Blocksatz.

3.2 Die Zeilenlänge

Die Zeilenbreite ist die Distanz in horizontaler Richtung mit linker und rechter Begrenzung. Sie wird auch als Zeilenlänge bezeichnet. Die Breite trägt einen wesentlichen Teil zur Lesbarkeit bei. Natürlich ist sie abhängig von der Schrift, von der Schriftgröße und steht auch im Zusammenhang mit dem Zeilenabstand.

In einer Zeile sollen nicht mehr als 40 bis 60 Zeichen untergebracht sein, wobei als Zeichen auch die Wortzwischenräume mitgezählt werden. Als Untergrenze gelten 35 Zeichen pro Zeile. Kritiker lehnen solche Schulweisheiten mit der Begründung ab, dass wir in Sakkaden lesen und Wortbilder erfassen. Das ist in jedem Fall richtig, führt uns aber lediglich dazu, dass wir die optimale Breite einer Zeile in Wörtern angeben können. Sieben bis zwölf Wörter pro Zeile gelten dabei als Anhaltswert.

Zu lange Zeilen werfen aus der Reihe
Die Angaben zu minimaler und maximaler Zeichenanzahl in einer Zeile sind nicht aus der Laune eines Typografen heraus entstanden, sondern finden ihre Berechtigung unter anderem in der Größe unseres Blickfeldes. Sicher haben Sie auch schon einmal einen Text gelesen, bei dem Sie sich immer wieder in der Zeile vertan haben. Häufig trägt daran nicht mangelnde Konzentration, sondern einfach die Zeilenlänge die Schuld: Bei zu langen Zeilen misslingt schnell das Einfädeln in die Folgezeile: Man landet also beim Zeilenwechsel leicht in der gleichen Zeile oder überspringt eine Zeile.

Abbildung 3.15 ▲
Hier ist der Grundtext mit circa 75 Zeichen zu lang, das Auge findet nur schwer die Folgezeile. Ganz abgesehen davon wirken diese »Bleiwüsten« nicht interessant.

Zu kurze Zeilen strengen Auge und Verstand an
Für die Mindestlänge einer Zeile gibt es gleich zwei Gründe; der eine gilt der Lesefreundlichkeit, der zweite der Optik. Bei sehr kurzen Zeilen muss der Leser sehr oft die Zeile wechseln, was jedes Mal einen Sprung mit den Augen erfordert und den Lesefluss unterbricht. Der zweite Grund liegt im optischen Anspruch, den nicht nur vergeistigte Typografen haben: Sie ärgern sich sicher auch schon mal über die hässlichen Lücken, die durch sehr schmale Spalten entstehen. So manche Tageszeitungen und Boulevard-Blätter spendieren ihren Spalten gerade einmal ungefähr 20 Zeichen pro Zeile, und das im Blocksatz. Je weniger Zeichen in

3 Wort und Zeile

Links- und rechtsbündig

Der linksbündige Satz ist neben dem Blocksatz eine der häufigsten Ausrichtungsarten. Er wirkt grundsätzlich ein wenig unruhiger als der Blocksatz, kann somit aber auch eher Dynamik vermitteln. Ansonsten sind sich diese beiden Satzarten ähnlich, auch was das Graubild anbelangt. So findet man linksbündigen Satz auch in Magazinen oder Büchern. Ein Grund, linksbündigen Satz dem Blocksatz vorzuziehen, ist eine sehr schmale Satzbreite. Falls weniger als etwa 35 Zeichen in eine Zeile passen, greift man eher zum linksbündigen Satz, da beim Blocksatz häufig hässliche Löcher entstehen können.

Der rechtsbündige Satz kommt nur selten zum Einsatz, und das aus einem ganz einfachen Grund: Wir lesen die Zeilen von links nach rechts. Unser Auge sucht also am linken Rand einen Startpunkt, einen Bund, an dem es loslegen kann. Ist kein Bund zu finden, da jede Zeile links an einer anderen Stelle startet, ist kein flüssiges Lesen möglich, und wir sind es schnell leid, weiterzulesen. Deswegen: Verwenden Sie rechtsbündigen Satz nur sehr sparsam, beispielsweise in Auszeichnungstexten wie Zitaten oder Ähnlichem, die aus nur wenigen Zeilen bestehen.

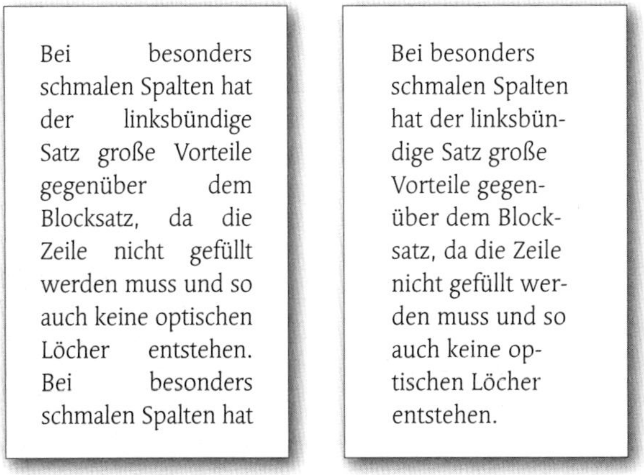

Bei   besonders schmalen Spalten hat der   linksbündige Satz große Vorteile gegenüber   dem Blocksatz, da die Zeile nicht gefüllt werden muss und so auch keine optischen Löcher   entstehen. Bei   besonders schmalen Spalten hat

Bei besonders schmalen Spalten hat der linksbündige Satz große Vorteile gegenüber dem Blocksatz, da die Zeile nicht gefüllt werden muss und so auch keine optischen Löcher entstehen.

◄ **Abbildung 3.2**
Der linksbündige Satz und der Blocksatz bei extrem schmalen Spalten im Vergleich

▼ **Abbildung 3.3**
Rechtsbündiger und linksbündiger Satz. Der rechtsbündige Satz ist aufgrund der fehlenden linken Satzkante schwer zu lesen.

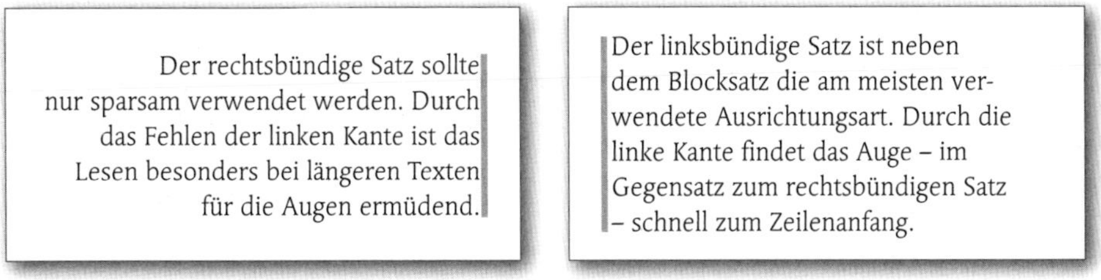

Der rechtsbündige Satz sollte nur sparsam verwendet werden. Durch das Fehlen der linken Kante ist das Lesen besonders bei längeren Texten für die Augen ermüdend.

Der linksbündige Satz ist neben dem Blocksatz die am meisten verwendete Ausrichtungsart. Durch die linke Kante findet das Auge – im Gegensatz zum rechtsbündigen Satz – schnell zum Zeilenanfang.

Flattersatz und Rausatz

Apropos flattern: Genau genommen unterscheidet man zwischen Flattersatz und Rausatz. Wer von sich behauptet, er erstelle Text im Flattersatz, aber in XPress oder InDesign lediglich auf das Symbol für linksbündig klickt, schwindelt ein wenig. Flattersatz beinhaltet nämlich eigentlich einen schönen Zeilenfall mit einem relativ großen Flatterbereich. Abhängig von den Einstellungen in den Programmen entsteht aber nicht unbedingt automatisch ein schöner Rand – so fallen die Zeilen manchmal treppenförmig, oder mehrere Zeilen enden blockweise auf einer Länge. Diese zum Teil unschöne Form mit kurzem Flatterbereich wird als Rausatz bezeichnet. Das »raue« Ende der Zeilen ist also das Ergebnis der Standardeinstellungen der Layoutprogramme.

Wer den althergebrachten Anspruch an echten Flattersatz befriedigen möchte, sollte zum einen den Flatterbereich vergrößern, zum anderen müsste er eigentlich jeden Zeilenfall kontrollieren und manuell nachbearbeiten – eine Arbeit, die beim heutigen Zeitdruck lediglich bei einem kleinen Textblock und bei wenigen Zeilen möglich ist.

Flatterbereich
Der Flatterbereich ist der Bereich zwischen dem Ende der kürzesten und dem Ende der längsten Zeile im Textblock.

▼ **Abbildung 3.1**
Der grau hinterlegte Bereich ist der Flatterbereich. Beim Rausatz im linken Beispiel fällt er sehr viel schmaler aus als beim echten Flattersatz wie im rechten Beispiel.

Genau genommen sind Flattersatz und Rausatz nicht das Gleiche. Flattersatz beinhaltet einen schönen, ausladenden Flatterbereich, während Rausatz ein raues Ende der Zeilen vorsieht. Genau genommen sind Flattersatz und Rausatz nicht das Gleiche. Flattersatz beinhaltet einen schönen, ausladenden Flatterbereich, während Rausatz ein raues Ende der Zeilen vorsieht. Genau genommen sind Flattersatz und Rausatz nicht das Gleiche. Flattersatz beinhaltet einen schönen, ausladenden Flatterbereich, während Rausatz ein raues Ende der Zeilen vorsieht. Genau genommen sind Flattersatz und Rausatz nicht das Gleiche. Flattersatz beinhaltet einen schönen, ausladenden Flatterbereich, während Rausatz ein raues Ende der Zeilen vorsieht. Genau genommen sind Flattersatz und Rausatz nicht das Gleiche.

Genau genommen sind Flattersatz und Rausatz nicht das Gleiche. Flattersatz beinhaltet einen schönen, ausladenden Flatterbereich, während Rausatz ein raues Ende der Zeilen vorsieht. Genau genommen sind Flattersatz und Rausatz nicht das Gleiche. Flattersatz beinhaltet einen schönen, ausladenden Flatterbereich, während Rausatz ein raues Ende der Zeilen vorsieht. Genau genommen sind Flattersatz und Rausatz nicht das Gleiche. Flattersatz beinhaltet einen schönen, ausladenden Flatterbereich, während Rausatz ein raues Ende der Zeilen vorsieht. Genau genommen sind Flattersatz und Rausatz nicht das Gleiche. Flattersatz beinhaltet einen schönen, ausladenden Flatterbereich, während Rausatz ein raues Ende der Zeilen vorsieht.

der Zeile, desto weniger Buchstaben- und Wortabstände stehen zur Verfügung, um die Abstände auszugleichen und den Blocksatz herzustellen. Im Extremfall passt nur ein Wort in die Zeile, was bedeutet, dass zwischen den Buchstaben nicht nur große Zwischenräume, sondern ganze Flughäfen entstehen.

Auch wenn sich hin und wieder der Flattersatz statt des Blocksatzes besser eignet, sollte die Schlussfolgerung daraus jedoch nicht sein, 20 Buchstaben pro Zeile im Flattersatz zu setzen, denn dadurch verlagert sich nur die Problematik. Die richtige Quintessenz daraus sollte sein, Zeilen aus so wenigen Zeichen grundsätzlich zu vermeiden.

Vermeiden Sie zu enge Spalten. Die Wort- und Zeichenabstände können nicht mehr ausgeglichen werden. Auch bei linksbündigem Satz ergibt sich ein hässlicher Zeilenfall.

Vermeiden Sie zu enge Spalten. Die Wort- und Zeichenabstände können nicht mehr ausgeglichen werden. Auch bei linksbündigem Satz ergibt sich ein hässlicher Zeilenfall.

◄ ▼ **Abbildung 3.17**
Zu kurze Zeilen sind nicht lesefreundlich und unschön. Zu lange Zeilen werden unübersichtlich.

NEU IM KIN
ab Donnerstag 29. 9. 200

HORRORFILM

Wächter der Nacht
R: Timur Bekmambetow, Russland, 2004
Die ewige Auseinandersetzung zwischen Gut und Böse findet hier nicht in einem imaginären Märchenland, sondern auf den Straßen Moskaus statt. Dieser russische Fantasyfilm, Auftakt einer Trilogie, gefällt durch die Verbindung von Apokalypse und Alltag, von Fantastik und Menschen mit vollkommen durchschnittlichem Äußeren, von Computern und russischen Nationalgerichten.

■ **KURZ & KNAPP**

Von Alpha bis Omega

Prenzlauer Berg. Für alle, die ihre Kenntnisse über den christlichen Glauben auffrischen wollen oder sich unverbindlich über diese Religion informieren möchten, bietet die Evangelisch-Freikirchliche Gemeinde „Zoar" in der Cantianstraße 9 wieder so genannte Alpha-Kurse an. Die acht Abende beginnweils mit einem dessen, gefolgt von ei-Vortrag zu einem grundden Thema des Chrisms, zum Beispiel „Wersus?" oder „Beten – räch mit Gott". Danach en die Teilnehmer in n Gruppen diskutieren igene Erfahrungen aushen. Los geht's am Mitt-, dem 19. Oktober, um Uhr. Anmelden kann ich für den kostenlosen

◄ ▲ **Abbildung 3.16**
Die typischen Tageszeitungsspalten. Eine linksbündige Ausrichtung macht es aber nicht unbedingt besser.

Vermeiden Sie zu lange Zeilen. Dies wirkt unübersichtlich, und das Auge springt aus Versehen schnell in die falsche Zeile. Vermeiden Sie zu lange Zeilen. Dies wirkt unübersichtlich, und das Auge springt aus Versehen schnell in die falsche Zeile. Vermeiden Sie zu lange Zeilen. Dies wirkt unübersichtlich, und das Auge springt aus Versehen schnell in die falsche Zeile.

3 Wort und Zeile

Faustregel
Die untere Grenze für die Anzahl der Zeichen pro Zeile im Blocksatz liegt bei etwa 35, die obere bei 60. Bei Zeileninhalten unter 35 Zeichen sollte linksbündiger Satz verwendet werden.

Satzbreite und Satzspiegel

Der Begriff Satzbreite bezeichnet ebenfalls die Breite einer Zeile. Andere Begriffe sind Zeilenbreite, Zeilenlänge oder die Länge einer Textzeile beziehungsweise die Breite einer Satzspalte.

Die Satzbreite sollte nicht mit dem Satzspiegel verwechselt werden. Als Satzspiegel bezeichnet man den gesamten zu bedruckenden Bereich einer Seite. Dazu können mehrere Textspalten, aber auch Bilder und Flächen zählen.

Zeilenbreite und Zeilenabstand

Wie bereits kurz erwähnt, steht die Zeilenbreite auch im Zusammenhang mit dem Zeilenabstand. Je höher die Zeilenbreite ist, desto größer sollte man den Zeilenabstand halten. Breite Zeilen verdunkeln den Grauwert, ein vergrößerter Zeilenabstand gleicht dies wieder aus. Wir reden hier allerdings von minimalen Veränderungen: Arbeiten Sie beispielsweise mit einem Grundtext in einer 12-Punkt-Antiqua, kann der Zeilenabstand aufgrund der Zeilenbreite um einen halben Punkt vergrößert oder verkleinert werden.

Zeilen- bzw. Satzbreite   Zeilen- bzw. Satzbreite   Zeilen- bzw. Satzbreite

Satzspiegel

Weit hinten, hinter den Wortbergen, fern der Länder Vokalien und Konsonantien, leben die Blindtexte. Abgeschieden wohnen sie in Buchstabhausen an der Küste des Semantik, eines großen Sprachozeans. Ein kleines Bächlein namens Duden fließt durch ihren Ort und versorgt sie mit den nötigen Regelialien. Es ist ein paradiesma-	tisches Land, in dem einem gebratene Satzteile in den Mund fliegen. Nicht einmal von der allmächtigen Interpunktion werden die Blindtexte beherrscht – ein geradezu unorthographisches Leben. Eines Tages aber beschloss eine kleine Zeile Blindtext, ihr Name war Lorem Ipsum, hinauszugehen in die weite Grammatik.	Der große Oxmox riet ihr davon ab, da es dort wimmele von bösen Kommata, wilden Fragezeichen und hinterhältigen Semikola, doch das Blindtextchen ließ sich nicht beirren. Es packte seine sieben Versalien, schob sich sein Initial in den Gürtel und machte sich auf den Weg. Als es die ersten Hügel des Kursivgebirges erklom-

3.3 Der Zeilenabstand

Der Abstand zweier Zeilen zueinander wird von Schriftlinie zu Schriftlinie gemessen. Auch hier haben wir es mit einem für die Lesbarkeit wichtigen Parameter zu tun: Der Zeilenabstand steht in enger Verbindung mit dem Grauwert. Hat man den Zeilenabstand zu gering gewählt, wird das Schriftbild des Textes zu dunkel; der Text wirkt gedrängt und eingeengt. Ist der Zeilenabstand zu groß, haben wir im Ergebnis ein zu helles Schriftbild und erhalten den Eindruck, dass der Text zerfällt.

Durchschuss
Der Durchschuss wird fälschlicherweise gerne mit dem Zeilenabstand verwechselt. Der Begriff stammt aus dem Bleisatz und bezeichnete das Blindmaterial, also das nicht druckende Material, das zwischen die Zeilen geschoben wurde und mit dem Zeilen durchschossen wurden. Ergo handelt es sich hierbei um den zusätzlichen Raum, der zur Schriftgröße hinzugerechnet wird.

Ein Beispiel: Eine 10-Punkt-Schrift wird mit einem Zeilenabstand von 12 Punkt gesetzt. Der Durchschuss beträgt in diesem Fall 2 Punkt.

Von Grundlinie
zu Grundlinie

Zeilenabstand

Von Unterlänge
zu Oberlänge

Durchschuss

3 Wort und Zeile

Unterlängen
Oberlängen

Unterlängen
Oberlängen

Abbildung 3.18 ▲
Warum berühren sich die
Buchstaben bei kompressem
Satz nicht automatisch? Je
nach Kegelausnutzung der
jeweiligen Schrift bleibt
zwischen den Zeilen ein
geringer Zwischenraum frei.
Oben die Meta, unten die
Linotype Syntax Serif.

Kompress und splendid

Wird ohne Durchschuss gearbeitet, bezeichnet
man den Satz als kompress. Bei einer Schriftgröße von 10 Punkt würde der Zeilenabstand
ebenfalls 10 Punkt betragen, der Durchschuss
ergo 0 Punkt. Die ursprüngliche Bedeutung von
splendid ist, dass die Zeilen einen Durchschuss
aufweisen – unabhängig von seiner Größe.
Mittlerweile hat es sich durchgesetzt, den Begriff splendid im Sinne eines relativ großen Zeilenabstandes zu verwenden.

Schreib- und Sprechweise

Zeit ist Geld, auch in der Typografie. Um möglichst kurze Angaben
für die Schriftgröße und den Zeilenabstand zu machen, verwendet
man folgende Schreib- und Ausdrucksweisen: Eine 10-Punkt-Schrift
mit 12 Punkt Zeilenabstand wird mit »10/12« angegeben, gesprochen wird das Ganze »zehn auf zwölf«. Zum Zeilenabstand sagt man
auch ZAB.

Der optimale Zeilenabstand

Aber wie groß ist nun der optimale Zeilenabstand? Leider gibt es
auch hier wieder nur Anhaltswerte, da der optimale Wert wieder in
Abhängigkeit zur Zeichenart, Schrift, Schriftgröße, Zeilenbreite und
Textart steht. Für Grundtext zwischen 9 und 12 Punkt gilt ein Anhaltswert von 120 % der Schriftgröße. Eine einfache Rechnung: Ein

*Die Party
in 18 Punkt
kompress gesetzt.*

▲ **Abbildung 3.19** ▶
Oben die Party in 18/18 Punkt;
im linken Text der kompresse
Satz in 8/8 Punkt Linotype
Syntax Serif Light, rechts
daneben die gleiche Schrift in
8/12,5 Punkt.

Kompresser Satz bedeutet ein Satz
ohne zusätzlichen Raum zwischen
den Zeilen. Dies ist zwar eine platz-
sparende Variante, aber bei den
meisten Schriftarten erschwert
kompresser Satz die Lesbarkeit.
Gebrochene Schriften oder
Schreibschriften hingegen können
häufig ohne Durchschuss verwendet werden, da diese Schriften
meist eine geringe Kegelausnutzung haben. Letztendlich spielt die
Schriftgröße auch eine wesentliche
Rolle.
Kompresser Satz bedeutet ein Satz
ohne zusätzlichen Raum zwischen
den Zeilen. Dies ist zwar eine platz-
sparende Variante, aber bei den
meisten Schriftarten erschwert
kompresser Satz die Lesbarkeit.

Kompresser Satz bedeutet ein Satz
ohne zusätzlichen Raum zwischen
den Zeilen. Dies ist zwar eine platz-
sparende Variante, aber bei den
meisten Schriftarten erschwert
kompresser Satz die Lesbarkeit. Gebrochene Schriften oder Schreibschriften hingegen können häufig
ohne Durchschuss verwendet werden, da diese Schriften meist eine
geringe Kegelausnutzung haben.
Letztendlich spielt die Schriftgröße
auch eine wesentliche Rolle.

Der Zeilenabstand **3.3**

Grundtext von 50 Zeichen pro Zeile in 10 Punkt Schriftgröße kann einen Zeilenabstand von 12 Punkt vertragen. Wer es altmodischer mag: Als Basis für die Festlegung des Zeilenabstandes der Grundschrift kann auch die Höhe der Mittellänge der ausgewählten Grundschrift dienen.

Wieder anders sieht das bei großen Schriften und Headlines aus: Eine zweizeilige Überschrift in 48 Punkt kann je nach Schrift entweder kompress, also ohne Durchschuss, oder sogar mit einem negativen Durchschuss, also mit einem Zeilenabstand von beispielsweise 44 Punkt gesetzt werden.

Höhe der Mittellänge
Ein Beispiel zur Verwendung der Mittellängenhöhe finden Sie auf Seite 156.

120%
In QuarkXPress sowie in InDesign steht der automatische Zeilenabstand auf 120%. Diese Einstellung wird also automatisch verwendet, sofern sie vom Anwender nicht geändert wird.

Je größer die Schrift,
umso geringer der Zeilenabstand.

Je größer die Schrift,
umso geringer der Zeilenabstand.

◀ ▼ **Abbildung 3.20**
Die Rotis Sans Serif;
von oben nach unten:
8/11 Punkt
14/16 Punkt
36/36 Punkt
66/58 Punkt

Je größer die Schrift,
umso geringer der

Je größer
umso geringer

> VERSALTEXT HAT KEINE UNTER-
> LÄNGEN. DESWEGEN KANN DER
> ZEILENABSTAND IN DER REGEL
> LEICHT REDUZIERT WERDEN.
>
> VERSALTEXT HAT KEINE UNTER-
> LÄNGEN. DESWEGEN KANN DER
> ZEILENABSTAND IN DER REGEL
> LEICHT REDUZIERT WERDEN.

Abbildung 3.21 ▼
Im unteren Beispiel beträgt die Schriftgröße 40 Punkt, der Zeilenabstand 46 Punkt. Im Beispiel auf der rechten Seite variieren die Zeilenabstände.

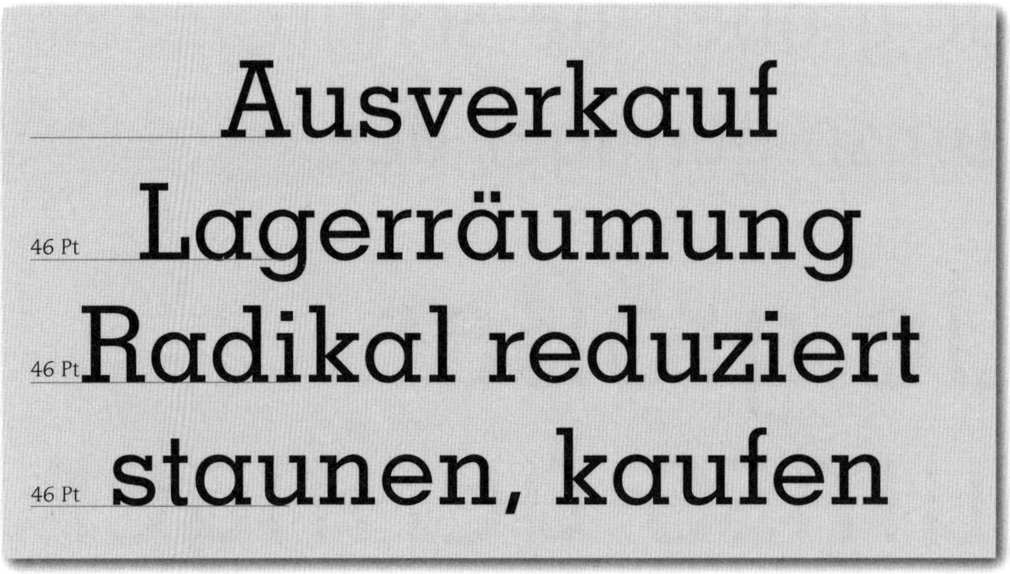

Sonderregelungen

▸ Hat man es beim Grundtext mit einer besonders großen Zeilenbreite zu tun, sollte man den Zeilenabstand leicht erhöhen. Das verbessert den Grauwert und erleichtert das Lesen.

▸ Versalien sind Großbuchstaben ohne Unterlänge. Sie liegen auf der Grundlinie auf und ragen nicht in den Bereich der Unterlängen hinein. Somit entsteht auch bei kompress erstelltem Versalsatz automatisch eine Art Durchschussbereich, und der Zeilenabstand sollte in jedem Fall geringer gehalten werden als bei Text mit Unterlängen.

▸ Eben wurde sie schon erwähnt, jetzt greifen wir sie noch einmal auf: die Headline-Problematik. Je größer die Schriftgröße, desto geringer im Verhältnis der Zeilenabstand, der sogar kleiner als die Schriftgröße sein kann. Besonders bei Unterlängenmangel wird dies deutlich. Bei einer dreizeiligen Headline, bei der die erste Zeile Unterlängen aufweist, die zweite jedoch nicht, sollte man sich die Arbeit machen und zwei verschiedene Zeilenabstände wählen. Durch große Schriftgrößen wachsen auch die freien Räume, und diese wirken im Verhältnis noch größer.

Ausverkauf
46 Pt — Lagerräumung
46 Pt — Radikal reduziert
46 Pt — staunen, kaufen

Schrift und Zeilenabstand

In Kapitel 2 haben Sie bereits erfahren, wo die Gründe für die Diskrepanz zwischen der gewählten Schriftgröße und der messbaren Größe im Ausdruck liegen. Auch für die Größenunterschiede, die bei verschiedenen Schriftarten messbar sind, obwohl sie mit der gleichen Schriftgröße ausgezeichnet wurden, haben wir eine logische Erklärung – zur Erinnerung: die Kegelausnutzung. Auch diese Tatsache müssen wir im Hinterkopf behalten, wenn wir über »übliche« Zeilenabstände reden. Besonders deutlich wird dies im kompressen Satz: Bei einer Schrift mit einer hohen Kegelausnutzung würden sich die Buchstaben leicht berühren. Im Gegensatz dazu wirkt eine Schrift, die eine geringe Kegelausnutzung hat (wie eine Schreibschrift oder eine Fraktur), mit kompressem Satz häufig noch zu splendid. Somit bezieht sich der Richtwert von 120 % Zeilenabstand respektive 20 % Durchschuss bei Grundtext nicht unbedingt auf die eingegebene, sondern die tatsächliche Schriftgröße.

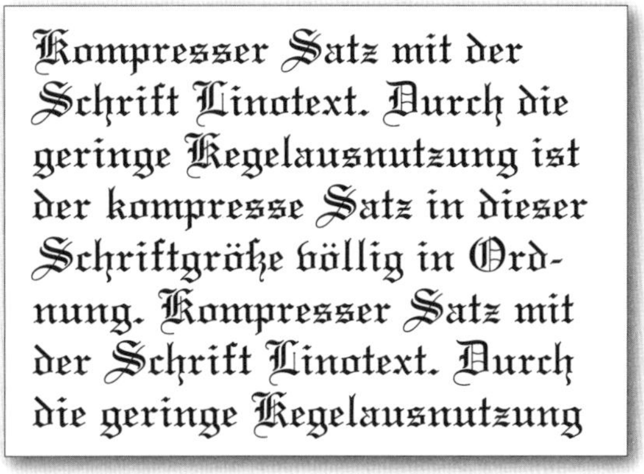

Kompresser Satz mit der Schrift Linotext. Durch die geringe Kegelausnutzung ist der kompresse Satz in dieser Schriftgröße völlig in Ordnung. Kompresser Satz mit der Schrift Linotext. Durch die geringe Kegelausnutzung

▲ **Abbildung 3.22**
Die Linotext mit einer Schriftgröße von 16 Punkt, der Zeilenabstand beträgt ebenfalls 16 Punkt.

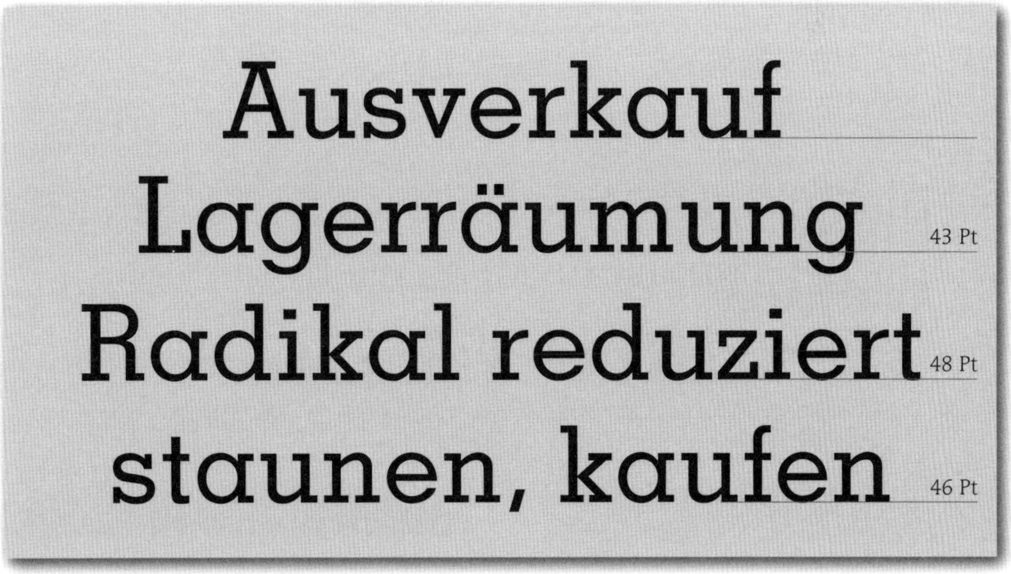

Ausverkauf
Lagerräumung 43 Pt
Radikal reduziert 48 Pt
staunen, kaufen 46 Pt

Mittellängen und Zeilenabstand

Wie eben schon kurz erwähnt, kann die Mittellänge einer Schrift ebenfalls als Basis für die Größe des Zeilenabstandes verwendet werden, was uns dazu bringt, einen Blick auf die Mittellängen verschiedener Schriften zu werfen. Genau wie unterschiedliche Schriften in der gleichen Schriftgröße unterschiedliche Größen aufweisen, sind auch die Mittellängen unterschiedlich groß. Die Schlussfolgerung »je höher die Kegelausnutzung, desto größer die Mittellängen« wäre allerdings genauso falsch wie die umgekehrte Variante.

Die Helvetica ist ein schönes Beispiel für eine Schrift, die eine große Kegelausnutzung sowie große Mittellängen aufweist. Im Vergleich dazu sehen Sie eine Adobe Jenson Pro, die deutlich kleinere Mittellängen hat. Diese unterschiedlichen Größen spielen bei der Suche nach dem optimalen Zeilenabstand auch eine Rolle – es ist naheliegend, dass die Helvetica einen größeren Zeilenabstand benötigt als die Jenson Pro.

Faustregeln zum Zeilenabstand

1. Je größer die Zeilenbreite, desto größer der Zeilenabstand. Basis für die Festlegung des Zeilenabstandes der Grundschrift ist die Höhe der Mittellänge der ausgewählten Grundschrift.
2. Falls nur Versalien verwendet werden, sollte der Zeilenabstand geringer sein.
3. Überschriften müssen unter Umständen enger als kompress gesetzt werden. Eventuell sollte man die Zeilenabstände für jede Zeile individuell ändern.

Die Höhe der Mittellänge kann zur Berechnung für den Zeilenabstand verwendet werden.

3.4 Die Spalte

Die Einteilung der Satzbreite in mehrere Spalten geschieht in erster Linie zur besseren Lesbarkeit. Bei der Festlegung der Spaltenanzahl und somit auch der Spaltenbreite sollten wir die Tipps zur optimalen Zeilenbreite bedenken.

Der Raum zwischen den Textspalten nennt sich Spaltenabstand, Spaltenzwischenraum oder auch Zwischenschlag. Zwar spielt die Größe des Spaltenabstandes für die Lesbarkeit nicht die Hauptrolle, sie trägt aber wie alle anderen Größen und Räume zum typografischen Erscheinungsbild bei. Hier haben wir wieder nach oben und unten Grenzen: Bei zu kleinen Abständen wird der Spaltenabstand mit einem Wortzwischenraum verwechselt. Der Leser läuft Gefahr, horizontal statt in der Zeile darunter weiterzulesen. Zu große Spaltenabstände lassen die Textspalten nicht als ein gesamtes Werk, sondern als voneinander unabhängige Texte erscheinen.

Eine wunderbare Heiterkeit hat meine ganze Seele eingenommen, gleich den süßen Frühlingsmorgen, die ich mit ganzem Herzen genieße. Ich bin allein und freue mich meines Lebens in dieser Gegend, die für solche Seelen geschaffen ist wie die meine.

Ich bin so glücklich, mein Bester, so ganz in dem Gefühle von ruhigem Dasein versunken, daß meine Kunst darunter leidet. Ich könnte jetzt nicht zeichnen, nicht einen Strich, und bin nie ein größerer Maler gewesen als in diesen Augenblicken. Wenn das

Eine wunderbare Heiterkeit hat meine ganze Seele eingenommen, gleich den süßen Frühlingsmorgen, die ich mit ganzem Herzen genieße. Ich bin allein und freue mich meines Lebens in dieser Gegend, die für solche Seelen geschaffen ist wie die meine. Ich bin so glücklich, mein Bester, so ganz in dem Gefühle von ruhigem Dasein versunken, daß meine Kunst darunter leidet. Ich könnte jetzt nicht zeichnen, nicht einen Strich, und bin nie ein größerer Maler gewesen als in diesen Augenblicken. Wenn das liebe Tal um mich dampft, und die hohe Sonne an

◄▲ **Abbildung 3.23**
Oben ist der Spaltenabstand zu weit gewählt, links ist er zu eng.

Optimaler Spaltenabstand: die Leerzeile

Nun wissen Sie, welche Gefahren lauern – und wie lautet die Empfehlung? Als Anhaltswert für die optimale Größe gilt der Zeilenabstand. Bei einem Zeilenabstand von 12 Punkt sollte die Spaltenbreite ebenfalls 12 Punkt betragen. Dies ist eine gute Methode, sich an den optimalen Spaltenabstand heranzutasten, da der Zeilenabstand Einfluss auf den Spaltenabstand hat. Eine Faustregel besagt: Ist der Zeilenabstand ungewöhnlich groß, sollte auch der Spaltenabstand größer gehalten werden. Somit haben wir mit dem Tipp »Zeilenabstand = Spaltenabstand« diese Ausnahmefälle schon bedacht.

Spaltenabstand mit »mii«

Einen weiteren Anhaltspunkt für die Größe des Abstandes bildet die einfache Breite des Buchstabens »m« und die doppelte des »i« der Grundschrift. Benötigen Sie also Hilfe bei der Wahl des Spaltenabstands, tippen Sie einfach die Buchstaben »m« und danach zweimal

Abbildung 3.24 ▼
Im oberen Beispiel orientiert sich der Zwischenraum am Zeilenabstand. Im unteren Beispiel entspricht der Zwischenraum der Buchstabenkombination »mii«.

Der optimale Spaltenzwischenraum entspricht in etwa dem Zeilenabstand. Im Beispiel haben wir einen Zeilenabstand von 10 Punkt gewählt und den Zwischenschlag ebenfalls auf 10 Punkt gesetzt. Der optimale Spaltenzwischenraum entspricht in etwa dem Zeilenabstand. Im Beispiel haben wir einen Zeilenabstand von 10 Punkt gewählt und den Zwischen-

schlag ebenfalls auf 10 Punkt gesetzt. Der optimale Spaltenzwischenraum entspricht in etwa dem Zeilenabstand. Im Beispiel haben wir einen Zeilenabstand von 10 Punkt gewählt und den Zwischenschlag ebenfalls auf 10 Punkt gesetzt. Der optimale Spaltenzwischenraum entspricht in etwa dem Zeilenabstand. Im Beispiel haben wir einen Zeilenabstand von 10

Punkt gewählt und den Zwischenschlag ebenfalls auf 10 Punkt gesetzt. Der optimale Spaltenzwischenraum entspricht in etwa dem Zeilenabstand. Im Beispiel haben wir einen Zeilenabstand von 10 Punkt gewählt und den Zwischenschlag ebenfalls auf 10 Punkt gesetzt. Der optimale Spaltenzwischenraum entspricht in etwa dem Zeilenabstand.

Eine andere Faustregel besagt, dass der optimale Spaltenzwischenraum der Breite der Buchstaben »mii« entspricht. Im Beispiel sind das 9,6 Punkt. Eine andere Faustregel besagt, dass der optimale Spaltenzwischenraum der Breite der Buchstaben »mii« entspricht. Im Beispiel sind das 9,6 Punkt. Eine andere Faustregel besagt, dass der optimale Spaltenzwischen-

raum der Breite der Buchstaben »mii« entspricht. Im Beispiel sind das 9,6 Punkt. Eine andere Faustregel besagt, dass der optimale Spaltenzwischenraum der Breite der Buchstaben »mii« entspricht. Im Beispiel sind das 9,6 Punkt. Eine andere Faustregel besagt, dass der optimale Spaltenzwischenraum der Breite der Buchstaben »mii« entspricht. Im Beispiel sind das 9,6

Punkt. Eine andere Faustregel besagt, dass der optimale Spaltenzwischenraum der Breite der Buchstaben »mii« entspricht. Im Beispiel sind das 9,6 Punkt. Eine andere Faustregel besagt, dass der optimale Spaltenzwischenraum der Breite der Buchstaben »mii« entspricht. Im Beispiel sind das 9,6 Punkt. Eine andere Faustregel besagt, dass der optimale ein »i« und messen die gemeinsame Breite aus. Falls Sie zwischen zwei Werten schwanken, wählen Sie lieber den größeren, denn ein zu großer Spaltenabstand ist weniger problematisch als ein zu klein gewählter.

Beide Größentipps gelten für Blocksatz. Beim Flattersatz kann die Spaltenbreite etwas kleiner gehalten werden, da nicht alle Zeilen die gesamte Zeilenbreite füllen und somit automatisch mehr Raum zwischen den Spalten entsteht.

Ausnahmen bestätigen die Regel

Eine Abweichung vom Normalfall ist dann gegeben, wenn – aus welchen Gründen auch immer – der Zeilenabstand ungewöhnlich groß ist. In diesem Fall muss auch der Spaltenzwischenraum vergrößert werden.

Spaltenlinien

Ein Gestaltungselement bei mehreren Spalten ist die Spaltenlinie. Dabei wird in der Mitte des Leerraums zwischen den Spalten eine Linie platziert. Beim Einsatz einer Spaltenlinie sollte der Spaltenzwischenraum größer gehalten werden.

Doch nicht jede Linie passt zu jeder Schrift in jeder Größe. Soll die Linie als dezentes Gestaltungselement dienen, orientiert man sich am einfachsten an der Strichstärke der Schrift. Durch das Anpassen an die Strichstärke der Grundschrift ist man immer auf der sicheren Seite.

Beim Einsatz einer Spaltenlinie wird der Spaltenzwischenraum erhöht. Die Linie sollte optisch zur Schrift passen. Beim Einsatz einer Spaltenlinie wird der Spaltenzwischenraum erhöht. Die Linie sollte optisch zur Schrift passen. Beim Einsatz einer Spaltenlinie wird der Spaltenzwischenraum erhöht. Die Linie sollte optisch zur Schrift passen. Beim Einsatz einer Spaltenlinie

wird der Spaltenzwischenraum erhöht. Die Linie sollte optisch zur Schrift passen. Beim Einsatz einer Spaltenlinie wird der Spaltenzwischenraum erhöht. Die Linie sollte optisch zur Schrift passen. Beim Einsatz einer Spaltenlinie wird der Spaltenzwischenraum erhöht. Die Linie sollte optisch zur Schrift passen.

◀ **Abbildung 3.25**
Die Spaltenlinie sollte von ihrem Typ und von ihrer Stärke an das Schriftbild der Grundschrift angepasst werden.

3.5 Umbruchfehler

Die beiden herben Bezeichnungen Hurenkind und Schusterjunge stammen aus dem Bleisatz, sind aber auch heute noch gültig, um Fehler im Layout zu benennen. Auch emanzipierte und fortschrittliche Layouter verwenden sie, da sich damit Fehler beschreiben lassen, die sonst längerer Umschreibung bedürfen – und Ersatzbegriffe sind noch nicht gefunden.

Das Hurenkind
Ein Hurenkind liegt dann vor, wenn die letzte Zeile eines Absatzes am Anfang einer neuen Seite oder bei mehrspaltigem Satz am Anfang einer neuen Spalte platziert wird. Besonders vor einer Zwischenüberschrift, aber auch innerhalb eines Fließtextes ist dies ausgesprochen unschön.

Der Schusterjunge
Ähnliches gilt für den Schusterjungen: Dieser Begriff bezeichnet die Situation, dass die erste Zeile eines Absatzes am Ende einer Seite oder bei mehrspaltigem Satz am Ende einer Spalte platziert ist.

Abbildung 3.26 ▼
Das Hurenkind ist eine Ausgangszeile am Anfang einer neuen Spalte oder Seite. Noch unschöner wird das Ganze, wenn dann eine Zwischenüberschrift folgt, wie ganz rechts zu sehen.

Weit hinten, hinter den Wortbergen, fern der Länder Vokalien und Konsonantien leben die Blindtexte. Abgeschieden wohnen sie in Buchstabhausen an der Küste des Semantik, eines großen Sprachozeans. Ein kleines Bächlein namens Duden fließt durch ihren Ort und versorgt sie mit den nötigen Regelialien. Es ist ein paradiesmatisches Land, in dem einem gebratene Satzteile in den Mund fliegen. Nicht einmal von der allmächtigen Interpunktion werden die Blindtexte beherrscht – ein geradezu unorthographisches Leben. Eines Tages aber beschloß eine kleine Zeile Blindtext, hinaus zu gehen in die weite Grammatik. Der große Oxmox riet ihr davon ab, da es dort wimmele von bösen Kommata, wilden Fragezeichen und hinterhältigen Semikoli, doch das Blindtextchen ließ sich nicht beirren. Es packte seine sieben Versalien und schob sich sein

Initial in den Gürtel.
Dann machte er sich auf den Weg. Als es die ersten Hügel des Kursivgebirges erklommen hatte, warf es einen letzten Blick zurück auf die Skyline seiner Heimatstadt Buchstabhausen, die Headline von Alphabetdorf und die Subline seiner eigenen Straße, der Zeilengasse. Wehmütig lief ihm eine rethorische Frage über die Wange, dann setzte es seinen Weg fort. Unterwegs traf es eine Copy. Die Copy warnte das Blindtextchen, da, wo sie herkäme wäre sie zigmal umgeschrieben worden und alles, was von ihrem Ursprung noch übrig wäre, sei das Wort »und« und das Blindtextchen solle umkehren und wieder in sein eigenes, sicheres Land zurückkehren. Doch alles Gutzureden konnte es nicht überzeugen und so dauerte es nicht lange, bis ihm ein paar Werbetexter auflauerten und es mit Longe und Parole betrunken

machten.

Hinter den Wortbergen
Weit hinten, hinter den Wortbergen, fern der Länder Vokalien und Konsonantien leben die Blindtexte. Abgeschieden wohnen Sie in Buchstabhausen an der Küste des Semantik, eines großen Sprachozeans. Ein kleines Bächlein namens Duden fließt durch ihren Ort und versorgt sie mit den nötigen Regelialien. Es ist ein paradiesmatisches Land, in dem einem gebratene Satzteile in den Mund fliegen. Nicht einmal von der allmächtigen Interpunktion werden die Blindtexte beherrscht – ein geradezu unorthographisches Leben. Eines Tages aber beschloß eine kleine Zeile Blindtext, ihr Name war Lorem Ipsum, hinaus zu gehen in die weite Grammatik. Der große Oxmox riet ihr davon ab, da es dort wimmele von bösen Kommata, wil-

Beides gilt es zu vermeiden, zum Beispiel indem man mindestens zwei Zeilen am Ende und am Anfang eines Absatzes zusammenhält, wobei zwei Zeilen noch grenzwertig und erst mindestens drei zusammengehaltene Zeilen wirklich optimal sind.

Geisteshaltung und Merkhilfen

Laut diverser Quellen ist die Herkunft der Bezeichnung Hurenkind klar: Ein uneheliches Kind wurde als Hurenkind bezeichnet, war alles andere als willkommen und hatte daher wohl keine besonders schöne Kindheit. Ähnliches galt für die Schusterjungen, die bereits in jungen Jahren arbeiten mussten. In der Bleisetzersprache stehen beide für einen Fehler, den es unbedingt zu vermeiden gilt.

An dieser Stelle möchte ich noch weitere im Umlauf befindliche Erklärungen für die Begriffe liefern, die bei der Unterscheidung der beiden Vorfälle gleichzeitig als Eselsbrücke helfen: Ein Hurenkind steht oben in einer neuen Spalte so wie das Hurenkind oben auf der Straße steht. Ein Schusterjunge steht unten am Ende der Spalte so wie der Schusterjunge, der unten im Keller die Schuhe repariert. Übrigens wird ein schlechter Setzer auch als Schuster bezeichnet.

▼ **Abbildung 3.27**
Der Schusterjunge ist eine Anfangszeile am Ende einer Spalte oder Seite. Beginnt der neue Absatz mit einer Zwischenüberschrift, wird das Ganze noch auffälliger.

Weit hinten, hinter den Wortbergen, fern der Länder Vokalien und Konsonantien leben die Blindtexte. Abgeschieden wohnen sie in Buchstabhausen an der Küste des Semantik, eines großen Sprachozeans. Ein kleines Bächlein namens Duden fließt durch ihren Ort und versorgt sie mit den nötigen Regelialien. Es ist ein paradiesmatisches Land, in dem einem gebratene Satzteile in den Mund fliegen. Nicht einmal von der allmächtigen Interpunktion werden die Blindtexte beherrscht – ein geradezu unorthographisches Leben. Eines Tages aber beschloß eine kleine Zeile Blindtext, ihr Name war Lorem Ipsum, hinauszugehen in die weite Grammatik. Der große Oxmox riet ihr davon ab, da es dort wimmele von bösen Kommata, wilden Fragezeichen und ganz hinterhältigen Semikola.

Doch es packte seine sieben Versalien, schob sich sein Initial in den Gürtel und machte sich auf den Weg. Als es die ersten Hügel des Kursivgebirges erklommen hatte, warf es einen letzten Blick zurück auf die Skyline seiner Heimatstadt Buchstabhausen, die Headline von Alphabetdorf und die Subline seiner eigenen Straße, der Zeilengasse. Wehmütig lief ihm eine rethorische Frage über die Wange, dann setzte es seinen Weg fort. Unterwegs traf es eine Copy. Die Copy warnte das Blindtextchen, da, wo sie herkäme wäre sie zigmal umgeschrieben worden und alles, was von ihrem Ursprung noch übrig wäre, sei das Wort »und« und das Blindtextchen solle umkehren und wieder in sein eigenes, sicheres Land zurückkehren. Doch alles Gutzureden konnte es nicht überzeugen und so dauerte es nicht lange, bis ihm ein paar heimtückische Werbetexter auflauerten, es mit Longe und Parole

betrunken machten und es dann in ihre Agentur schleppten, wo sie es für ihre Projekte wieder und wieder mißbrauchten. Und wenn es nicht umgeschrieben wurde, dann benutzen Sie es immernoch.

Weit hinten, hinter den Wortbergen, fern der Länder Vokalien und Konsonantien leben die Blindtexte. Abgeschieden wohnen Sie in Buchstabhausen an der Küste des Semantik, eines großen Sprachozeans. Ein kleines Bächlein namens Duden fließt durch ihren Ort und versorgt sie mit den nötigen Regelialien. Es ist ein paradiesmatisches Land, in dem einem gebratene Satzteile in den Mund fliegen. Nicht einmal von der allmächtigen Interpunktion werden die Blindtexte beherrscht – ein geradezu unorthographisches Leben.

Hinter den Wortbergen
Eines Tages aber beschloß eine kleine Zeile

Abhilfe schaffen

Natürlich ist das – typografische – Problem der Hurenkinder und Schusterjungen nicht immer einfach zu beheben. Layouter sind häufig nicht befugt, in den Text einzugreifen und ihn dahingehend zu verändern, dass eine weitere Zeile entsteht beziehungsweise der Text eine Zeile kürzer läuft.

Falls der Layouter im Notfall – und Hurenkinder und Schusterjungen sind meiner Meinung nach Notfälle – unwesentliche Textänderungen vornehmen darf, sollte er zuerst kontrollieren, ob er irgendwo im betreffenden Textabschnitt eine besonders kurze oder lange Ausgangszeile findet. Hat er eine besonders kurze Ausgangszeile ausfindig gemacht, genügt es nämlich häufig, nur ein Wort zu löschen oder zu ändern, um den Text um eine gesamte Zeile zu kürzen. Bei einer besonders langen Ausgangszeile genügt es wiederum, ein paar wenige Buchstaben hinzuzufügen, um eine neue Zeile entstehen zu lassen – in beiden Fällen ändert sich die Zeilenanzahl, und die Problemstelle ist beseitigt.

Die zu suchende kurze oder lange Ausgangszeile muss sich nicht zwingend direkt vor dem Hurenkind oder Schusterjungen befinden. Sie kann genauso mehrere Absätze weiter vorne sein. Falls sie sich weiter weg oder sogar auf einer vorherigen Seite befindet, sollten Sie allerdings darauf achten, dass durch die Änderung nicht an einer anderen Stelle einer der beiden ungeliebten Layoutfehler neu entsteht.

Schummeln erlaubt

Welche Möglichkeiten hat man jedoch, wenn man keine Textänderung vornehmen darf? Wenn man den Autor nicht erreicht oder dieser aufgrund künstlerischer Eitelkeiten nicht gewillt ist, den Text zu ändern? Hier hilft nur unauffälliges Schummeln.

Sie erinnern sich an die Laufweitenthematik? Laufweiten ändert man nur in bestimmten Ausnahmefällen wie bei Versal- oder Negativsatz ... oder wenn man unbedingt eine Zeile weniger oder mehr benötigt. Dies kann auch der Fall sein, wenn man das Layout beziehungsweise die Spalten füllen will – es muss sich nicht unbedingt um die Beseitigung eines Hurenkindes oder Schusterjungen handeln.

Warum auch immer Sie die Zeilenanzahl verändern wollen, gehen Sie genauso vor wie beim Ändern von Text: Suchen Sie zunächst nach einer besonders kurzen oder langen Ausgangszeile. Aktivieren Sie dann diesen gesamten Absatz, und verringern Sie die Laufweite bei einer kurzen Ausgangszeile, um den Absatz eine Zeile zu kürzen.

Bei einer langen Ausgangszeile markieren Sie ebenfalls den gesamten Absatz und erhöhen die Laufweite. In beiden Fällen sollte die Laufweite nicht um mehr als 2 % eines Gevierts verändert werden. Diese Veränderungen sind so minimal, dass man zwar die Zeilenanzahl verändern kann, allerdings optisch keine Änderungen wahrnimmt. Mit höheren Werten läuft man allerdings Gefahr, dass der Grauwert zu stark leidet und der Text zusammengeschoben oder gesperrt erscheint.

Gesamten Absatz verändern

In jedem Fall sollten Sie nicht nur ein paar Zeilen, sondern den gesamten Absatz mit der Laufweitenänderung versehen. Auf den ersten Blick erscheint das unlogisch, erhöht sich doch so die Menge des manipulierten Textes. Auf den zweiten Blick ist diese Vorgehensweise jedoch sinnvoll: Erstens ist es weniger auffällig, wenn der komplette Absatz eine leicht veränderte Laufweite aufweist als wenn innerhalb eines Absatzes verschiedene Laufweiten verwendet werden. Zweitens steigen durch die Veränderung eines gesamten Absatzes ganz einfach die Chancen, die Zeilenanzahl zu verändern.

▼ **Abbildung 3.28**
Hätten Sie es gesehen? Im oberen Text ist die Laufweite unverändert, im unteren Text wurde der erste Absatz (der hier der ersten Spalte entspricht) um 2/1000 Einheiten reduziert – eine Änderung, die typografisch völlig unbedenklich und auch nur im direkten Vergleich zu sehen ist. Somit haben wir das Hurenkind aus dem oberen Beispiel beseitigt.

Wer sagt denn, dass Schummeln verboten ist? Kleinste Änderungen an der Laufweite können bewirken, dass sich der Zeilenlauf ändert. So kann man überflüssige Zeilen loswerden oder fehlende Zeilen hinzufügen. Wichtig ist, dass man die Laufweite des gesamten Absatzes bearbeitet.

Hier im Beispiel haben wir ein Hurenkind, das aus wenigen Zeichen besteht. In diesem Fall sollten wir die Laufweite des ersten Absatzes leicht reduzieren, damit die letzten Zeichen des Absatzes in die erste Spalte herumlaufen und das Huren-

Wer sagt denn, dass Schummeln verboten ist? Kleinste Änderungen an der Laufweite können bewirken, dass sich der Zeilenlauf ändert. So kann man überflüssige Zeilen loswerden oder fehlende Zeilen hinzufügen. Wichtig ist, dass man die Laufweite des gesamten Absatzes bearbeitet.

Hier im Beispiel haben wir ein Hurenkind, das aus wenigen Zeichen besteht. In diesem Fall sollten wir die Laufweite des ersten Absatzes leicht reduzieren, damit die letzten Zeichen des Absatzes in die erste Spalte herumlaufen und das Hurenkind aufgelöst wird.

3 Wort und Zeile

Software schafft Abhilfe?
Laut vieler Stimmen, besonders der von Softwareherstellern, muss sich der Digitalsetzer um Hurenkinder und Schusterjungen keine Sorgen mehr machen. Viele Programme wie QuarkXPress und InDesign verfügen über Funktionen, die automatisch die unbeliebten Einzelzeilen verhindern, und auf den ersten Blick ist diese Aussage auch richtig.

QuarkXPress und Adobe InDesign
So bietet QuarkXPress im Menü STIL im Register FORMATE die Einstellung ZEILEN ZUSAMMENHALTEN an. Hier bestimmt man, wie viele Zeilen am Beginn einer Spalte (zur Vermeidung des Hurenkindes) sowie am Ende der Spalte (zur Vermeidung des Schusterjungen) zusammengehalten werden sollen, ergo mindestens zwei oder besser noch drei Zeilen.

Adobes InDesign kann mithalten: Hier findet man in den Absatzoptionen in der Kategorie UMBRUCHOPTIONEN die Einstellung ZEILEN NICHT TRENNEN · AM ANFANG/ENDE DES ABSATZES. Auch hier trägt man die Anzahl der Zeilen ein, die das Programm innerhalb eines Absatzes zusammenhalten muss. NICHT VON VORHERIGEN TRENNEN hält die erste Zeile des aktiven Absatzes mit der letzten Zeile des vorhergehenden Absatzes zusammen. Der Befehl NICHT TRENNEN VON NÄCHSTEN XXX ZEILEN ist im Zusammenhang mit Überschriften sinnvoll einsetzbar: Mit der Angabe der Zeilenanzahl legt man fest, wie viele Zeilen Grundtext nach einer Überschrift folgen sollen.

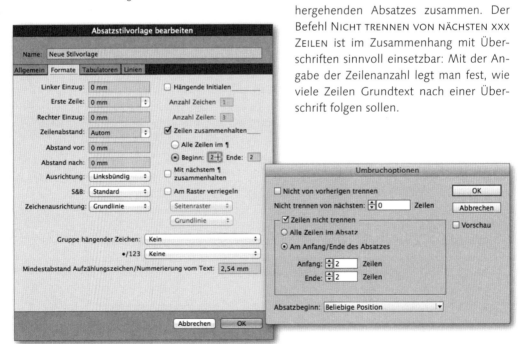

Abbildung 3.29 ▼
Das linke Bild zeigt die Einstellungen von QuarkXPress, das rechte Bild die Einstellungen von Adobe InDesign.

Falscher Ansatz

Doch wie kann die Software die beiden Layoutfehler vermeiden? Hat sie mehr Tricks auf Lager als wir Layouter? Definitiv nicht. Wie bereits besprochen, haben wir zwei Möglichkeiten: das Längen oder Kürzen des Textes und die Veränderung der Laufweite. Die Software verändert aber weder den Text (das wäre ja auch noch schöner) noch die Laufweite (das wäre ein cleverer Ansatz), sondern sie macht Folgendes: Sie hält die angegebenen zwei beziehungsweise drei Zeilen zusammen. Würde ein Hurenkind entstehen, schiebt die Software einfach bereits die vorletzte Zeile in die neue Spalte, und somit wird aus dem einzeiligen Hurenkind ein Zweizeiler. Entsprechend platziert die Software bei drohender Gefahr durch einen Schusterjungen diese erste Zeile des neuen Absatzes, die am Ende der Spalte stehen würde, in die nächste Spalte. In beiden Fällen wird aber nur verschoben. Wir haben in jedem Fall ein Loch am Ende der Spalte, das durch die eine oder auch die zwei fehlenden Zeilen verursacht wird und ausgeglichen werden muss.

Nur in den seltenen Fällen, in denen die Spaltenhöhe frei ist und flattern darf, lässt sich diese Lösung sinnvoll nutzen – in allen anderen Fällen ist wieder die Intelligenz des Layouters gefragt.

Die Lösung der Programme ist unbefriedigend und kann meist nicht verwendet werden, da die Höhe der Spalten dann nicht mehr stimmt. Letztendlich ist also doch wieder das Können der Layouter gefragt, die manuell eingreifen müssen.
Die Lösung der Programme ist unbefriedigend und kann meist nicht verwendet werden, da die Höhe der Spalten dann nicht mehr stimmt. Letztendlich ist also doch wieder das Können der Lay-

◄ **Abbildung 3.30**
Oben das Original, unten das Ergebnis. Diesmal haben wir den Programmen die Arbeit überlassen – das Ergebnis ist eine fehlende Zeile am Ende der ersten Spalte.

Die Lösung der Programme ist unbefriedigend und kann meist nicht verwendet werden, da die Höhe der Spalten dann nicht mehr stimmt. Letztendlich ist also doch wieder das Können der Layouter gefragt, die manuell eingreifen müssen.
Die Lösung der Programme ist unbefriedigend und kann meist nicht verwendet werden, da die Höhe der Spalten dann nicht mehr stimmt. Letztendlich ist also

3 Wort und Zeile

3.6 Der Einzug

Typo-Tipp Einzug
Ein Einzug zählt zu den Auszeichnungen, die auf den Beginn eines Absatzes hinweisen. Als Anhaltswert für die optimale Größe gilt ein Geviert.

Hat man im Bereich von Zeitschriften und Zeitungen mit großen Mengen von Fließtext zu tun, sollte man diesen nicht einfach Zeile an Zeile aneinanderreihen. Der Autor sollte, wenn ein neuer Gedanke beginnt, auch einen neuen Absatz beginnen, und der Text sollte durch Zwischenüberschriften gegliedert werden. Dies hat zwei Gründe. Zum einen sieht es wenig einladend aus, wenn der Leser auf eine Bleiwüste stößt, also eine Seite, die ausschließlich aus Grundtext besteht. Der zweite Grund ist ein inhaltlicher: Durch eine Gliederung in Absätze und mit Zwischenüberschriften kann sich der Leser gerade bei längeren Texten einen Überblick verschaffen und leicht von Gedanke zu Gedanke springen, hier und da reinlesen und leicht querlesen.

Kein Einzug
Zu Beginn des Textes, nach einer Zwischenüberschrift oder am Anfang einer Seite oder Spalte sollte kein Einzug stattfinden.

Befinden sich unterhalb einer Zwischenüberschrift mehrere Absätze, ist der linke Einzug ein optischer Hinweis auf den Beginn eines neuen Absatzes. Beim Einzug wird die erste Zeile des Absatzes von der vertikalen Textkante links oder rechts eingerückt. Somit wird diese Art von Einzug Einzug erste Zeile genannt. Im vorliegenden Buch ist mit einem Einzug erste Zeile gearbeitet worden.

Natürlich kann sich ein Einzug auch über einen oder mehrere Absätze erstrecken, wird dann linker oder rechter Einzug genannt und erfüllt andere Zwecke.

Die optimale Größe des Einzugs erste Zeile

Größerer Einzug
Unter bestimmten Umständen und in Abhängigkeit von der Schriftgröße und -wirkung kann der Einzug erste Zeile auch größer sein. In diesem Buch beträgt die Schriftgröße der Grundschrift 9 Punkt, der Zeilenabstand beträgt 12,2 Punkt. Die Größe des Einzugs erste Zeile ist mit 14 Punkt angegeben.

Möchte man im Grundtext dezent auf den Beginn eines neuen Absatzes hinweisen, verwendet man in der Regel die Einzugsgröße eines Gevierts. Zur Erinnerung: Bei einer 9-Punkt-Schrift beträgt die Breite eines Gevierts 9 Punkt. Beim Einsatz einer Schrift mit einer sehr großen Kegelausnutzung kann die Geviertgröße allerdings zu klein wirken. In diesem Fall erhöht man die Größe des Einzugs bis auf den Zeilenabstand. Bei einer Auszeichnung von 9/12 bewegt sich die Größe des Einzugs also zwischen 9 und 12 Punkt.

Software-Tipp

QuarkXPress und InDesign vertragen beide die Eingabe von Punkt. Für die Größeneingabe des Einzugs müssen Sie also nicht manuell umrechnen – tippen Sie einfach die Punktangabe mit der dazugehörigen Maßabkürzung »pt« respektive »p« in das Eingabefeld – die Software rechnet anschließend automatisch in die Dokumentmaßeinheit Millimeter um.

Hängender Einzug

Eine andere Variante neben dem Einzug und dem Einzug erste Zeile ist der HÄNGENDE EINZUG. Hierbei wird die erste Zeile gefüllt, während alle Folgezeilen des Absatzes kürzer, also mit einem Einzug versehen sind. Man bezeichnet ein solches auf den ersten Blick vielleicht merkwürdig aussehendes Konstrukt auch als negativen Einzug; ich persönlich plädiere für den Begriff Auszug. Als Anhaltspunkt für die Größe dient wieder das Geviert beziehungsweise der Zeilenabstand, allerdings kann die Größe noch leicht erhöht werden.

Beim Einzug der ersten Zeile wird die erste Zeile eines jeden Absatzes eingezogen, um die Absätze zu gliedern. Als Standardgröße dient ein Geviert, es kann aber auch die Größe des Zeilenabstandes verwendet werden.
Beim Einzug der ersten Zeile wird die erste Zeile eines jeden Absatzes eingezogen, um die Absätze zu gliedern. Als Standardgröße dient ein Geviert, es kann aber auch die Größe des Zeilenabstandes verwendet werden.

Der normale Einzug findet an der linken oder rechten Satzkante statt. Diese Art von Einzug wird eher selten verwendet. Der normale Einzug findet an der linken oder rechten Satzkante statt. Diese Art von Einzug wird eher selten verwendet.
Der normale Einzug findet an der linken oder rechten Satzkante statt. Diese Art von Einzug wird eher selten verwendet.
Der normale Einzug findet an der linken oder rechten Satzkante statt. Diese Art von Einzug wird eher selten verwendet. Der normale Einzug findet an der linken oder rechten Satzkante statt. Diese Art von Einzug wird eher selten verwendet.
Der normale Einzug findet an der linken oder rechten Satzkante statt. Diese Art von Einzug wird eher selten verwendet.

Beim hängenden Einzug wird die erste Zeile gefüllt, der Rest des Absatzes wird an der linken Kante eingezogen. Beim hängenden Einzug wird die erste Zeile gefüllt, der Rest des Absatzes wird an der linken Kante eingezogen.
Beim hängenden Einzug wird die erste Zeile gefüllt, der Rest des Absatzes wird an der linken Kante eingezogen. Beim hängenden Einzug wird die erste Zeile gefüllt, der Rest des Absatzes wird an der linken Kante eingezogen.

3.7 Das Initial

Auch die Initiale sind ein Auszeichnungsmittel innerhalb eines Layouts. Dabei handelt es sich um Buchstaben, die größer als die Grundschrift sind und über mehrere Zeilen ragen. Sie markieren in der Regel den Beginn eines neuen Absatzes und nehmen meist die Größe von zwei, drei oder vier Grundschriftzeilen ein. Üblicherweise verwendet man nur einen Buchstaben als Initial.

Hängendes Initial
Analog zum hängenden Einzug gibt es auch das hängende Initial. Dabei wird das Initial nicht innerhalb der Zeilenbreite platziert, sondern links vor der Zeile, erweitert also deren Breite entsprechend.

Das hängende Initial muss übrigens nicht mit seiner gesamten Breite vor der Textspalte hängen – eine seltene, aber durchaus interessante Variante ist, das Initial nur etwa zur Hälfte herauszuhängen.

Der Einsatz
Grundsätzlich sollte man Initiale sparsam verwenden – bei einem Grundtext, der in viele Absätze unterteilt ist, sollte man eher zum Einzug erste Zeile denn zum Initial greifen.

as Initial ist ein schmückender Anfangsbuchstabe, der meistens die Höhe von zwei oder drei Zeilen einnimmt. In alten Drucksachen ist das Initial häufig ein kleines Kunstwerk und ragt über mehr als drei Zeilen, während es heute in der Regel einfach ein vergrößerter Buchstabe der Grundschrift oder einer anderen, dazu passenden Schrift ist.

Das Initial ist ein schmückender Anfangsbuchstabe, der meistens die Höhe von zwei oder drei Zeilen einnimmt. In alten Drucksachen ist das Initial häufig ein kleines Kunstwerk und ragt über mehr als drei Zeilen, während es heute in der Regel einfach ein vergrößerter Buchstabe der Grundschrift oder einer anderen, dazu passenden Schrift ist.

Nun unterscheidet man zwischen dem BESCHEIDENEN INITIAL, das üblicherweise auf zwei oder drei Zeilen läuft und nicht hängt, sondern innerhalb der Spaltenbreite platziert wird, und dem SCHMÜCKENDEN INITIAL, das eher hängend platziert wird, auch größer als drei Zeilen sein kann und eventuell noch mit Ornamenten oder Bildmotiven verziert ist.

Diese hängenden Initiale hat übrigens Gutenberg in seiner 42-zeiligen Bibel verwendet, bei der jedes Initial ein kleines Kunstwerk ist. Dabei liegen den beiden Varianten gänzlich verschiedene Ziele zugrunde.

Welches Initial für welchen Zweck?
Die Entscheidung für ein Initial und dessen Sorte trifft man nach der Fragestellung, was man damit bewirken möchte. Soll das Initial als schmückendes Element wirken, entscheidet man sich für eine relativ große Schriftgröße, eine besondere Schrift wie eine Schreibschrift oder eine Initialschrift und verwendet das Initial sehr sparsam.

Möchte man hingegen ganz unspektakulär Absätze gliedern, sollte man eine unauffällige Schrift, eventuell sogar die gleiche Schrift wie im Grundtext, verwenden. Die Größe des Initials sollte dabei zwei Zeilen betragen.

*D*as Initial ist ein schmückender Anfangsbuchstabe, der meistens die Höhe von zwei oder drei Zeilen einnimmt. In alten Drucksachen ist das Initial häufig ein kleines Kunstwerk, während es heute in der Regel einfach ein vergrößerter Buchstabe der Grundschrift oder einer anderen, dazu passenden Schrift ist.

Das hängende Initial steht außerhalb der Zeilenbreite. Eine andere Variante besteht darin, lediglich die Hälfte des Initials nach außen hängen zu lassen, die andere Hälfte ragt in den Text hinein.

Das hängende Initial steht außerhalb der Zeilenbreite. Eine andere Variante besteht darin, lediglich die Hälfte des Initials nach außen hängen zu lassen, die andere Hälfte ragt in den Text hinein. Das hängende Initial steht außerhalb der Zeilenbreite. Eine andere Variante besteht darin, lediglich die Hälfte des Initials nach außen

Kapitel 4
Anforderung und Wirkung
Schriftwirkung und Schriftmischung

Sie werden lernen:

▶ Welche Leseformen gibt es?
▶ Hat Schrift eine Wirkung?
▶ Was beachtet man bei der Schriftwahl?
▶ Welche Schriften lassen sich miteinander mischen?

4 Anforderung und Wirkung

Dieses Kapitel handelt von den Lesearten und den daraus resultierenden Anforderungen an den Text. Weiter betrachten wir die Schriftwirkung und die korrekte Schriftwahl sowie Schriftmischungen.

4.1 Leseart

Dass jedes typografische Erzeugnis bestimmten Anforderungen gerecht werden soll, haben wir bereits einige Male gehört. Und jedem Typografen, aber auch jedem Typo-Laien wird klar sein, dass ein Gedichtband von Goethe anders gestaltet werden sollte als ein Plakat zur Love-Parade. Die Unterschiede und Ansprüche, die ein Werk entstehen und typografisch wachsen lassen, kann man grob unterteilen in

1. den Inhalt, den es zu transportieren gilt, und
2. die Leseart, mit der das Werk vom Leser erfasst wird.

Die Information, die Art des Werkes, bedingt gleichzeitig eine Lesesituation, deren Unterteilung wir nun genauer betrachten.

Verschiedene Formen des Lesens

Literaturhinweis
»Lesetypografie« von Hans Peter Willberg und Friedrich Forssman; Verlag Hermann Schmidt, Mainz 2005

Hans Peter Willberg und Friedrich Forssman haben die verschiedenen Formen der Typografie und Gestaltung in Gruppen unterteilt. So gibt es die Typografie für informierendes Lesen wie bei Sachbüchern und Zeitungen, die Typografie für differenzierendes Lesen für wissenschaftliche Bücher, konsultierendes Lesen für Nachschlagewerke, selektierendes Lesen in didaktischen Büchern, die Typografie nach Sinnschritten für Leseanfänger, die aktivierende Typografie wie in Geschenkbüchern und die inszenierende Typografie, bei der die Gestaltung des Textes den Inhalt unterstützt.

Der Einfachheit halber bevorzuge ich eine Einteilung in fünf Kategorien. Die fünf Kategorien lauten:

1. Typografie für lineares Lesen
2. Typografie für informierendes Lesen
3. Typografie für konsultierendes Lesen
4. Typografie für differenzierendes Lesen
5. Typografie für inszenierendes Lesen

Mit diesen Kategorien lassen sich auch mögliche Auszeichnungen des Textes festlegen. Versuchen Sie also, vor der Festlegung der

Satzbreiten, der typografischen Attribute und der Auszeichnungen das Werk in einer der Kategorien unterzubringen.

1. Typografie für lineares Lesen
Beim linearen Lesen erschließt sich der Text satzweise. Diese Leseform kommt in der Regel bei Prosa zum Einsatz. Eine ganz wichtige Rolle bei der Gestaltung solcher Druckwerke spielt der Grauwert. Der Leser soll den Eindruck eines ruhigen, gleichmäßigen und harmonischen Textes erhalten. Für Hervorhebungen im Text sollte man sich an die typografischen Auszeichnungen wie eine kursive Variante oder Kapitälchen halten. Die Zeilen können
60 bis 70 Zeichen aufweisen.

2. Typografie für informierendes Lesen
Das informierende Lesen wird auch als antizipierendes Lesen bezeichnet und kommt vor allem bei Sachbüchern oder Zeitungen zum Einsatz. In diese Kategorie fällt auch das Querlesen. Somit sind besonders eine gute Gliederung in Einzelteile, kurze Abschnitte sowie kurze Zeilen geeignet; ein besonderes Augenmerk liegt hier auf den Auszeichnungen, mithilfe derer der Leser springen kann. Für diese Art von Druckerzeugnissen können auch optische Auszeichnungen wie eine fette Schrift verwendet werden, der Grauwert spielt eine untergeordnete Rolle.

3. Typografie für konsultierendes Lesen
Das konsultierende Lesen findet bei der Lektüre von Nachschlagewerken oder Lexika statt; der Leser geht dabei gezielt auf Informationssuche. Die Seiten sind meist mit einem kleinen Schriftgrad und einem engen Zeilenabstand gut gefüllt. Der Text ist in der Regel in mehrere Spalten unterteilt, und die Stichwörter sind deutlich, beispielsweise fett, hervorgehoben.

173

4. Typografie für differenzierendes Lesen

Das differenzierende Lesen kommt bei Lehrbüchern und wissenschaftlichen Büchern zum Einsatz. Hier werden Texte nicht hierarchisch, sondern gleichberechtigt und trotzdem strukturiert dargestellt, zum Beispiel durch sachlich gegliederte Überschriften und kursive Auszeichnungen. Hier sind auch längere Zeilen mit vielen verschiedenen Auszeichnungen erlaubt. Längere Zeilen und vollere Seiten sind hier üblich, eine klare Struktur ist deswegen unumgänglich.

5. Typografie für inszenierendes Lesen

Bei der inszenierenden Typografie interpretiert der Typograf den Text und steigert die Wirkung durch die Gestaltung. Bei dieser Art wird die Schrift gleichzeitig zu einem Bild gemacht. Hier gilt: Erlaubt ist, was gelingt.

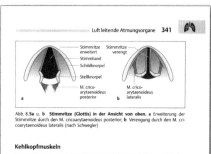

Abbildung 4.1 ▲
Die Typografie für differenzierendes Lesen wird bei wissenschaftlichen Büchern verwendet.

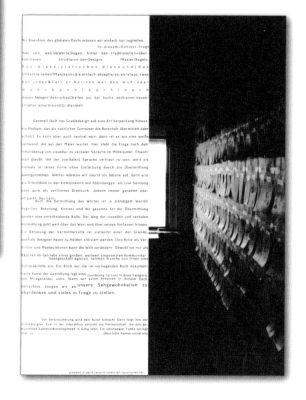

Abbildung 4.2 ▶
Die inszenierende Typografie interpretiert den Inhalt.

4.2 Schriftwahl und Schriftwirkung

Welche Schrift ist die richtige? Die Schriftwahl ist ein heikles Thema, über das schon ganze Wälzer geschrieben wurden. Das Interessante an diesem Thema ist in meinen Augen aber nicht die Antwort, denn auf die Frage, welche Schrift die richtige ist, wird es nie nur eine Antwort geben. Interessant ist allein die Tatsache, dass diese Frage so wichtig ist.

Schrift transportiert eine Meinung

Schriften haben eine unglaubliche Wirkung, genauso wie Farben. Bei Letzteren wird mir jeder zustimmen – Rot hat eine Signalwirkung, Grün beruhigt, und Weiß wirkt unschuldig. Aber Schriften?

Auch Schriften können Eigenschaften aufweisen und rufen beim Leser – häufig unbewusst – eine Wirkung hervor. Eine Schrift kann elegant oder plump sein, aufdringlich und laut, bescheiden und leise, dezent, nüchtern, verspielt, dynamisch oder träge. Schrift stellt eine Möglichkeit dar, Emotionen auszudrücken oder diese beim Leser hervorzurufen.

Wirkung auf den zweiten Blick

Und ähnlich wie bei der Einstufung von Farben wird es immer wieder Leser geben, die weder Grün beruhigend finden noch die englische Schreibschrift verspielt. Zugegeben, wenn ich die Farbe Grün sehe, werde ich auch nicht automatisch ruhig und entspannt. Zumindest nicht bewusst. Aber zum einen sollten wir bedenken, dass jeder von uns nur ein kleiner Teil der Allgemeinheit ist, und wenn eine Schrift bei uns ihre Wirkung verfehlt, kann sie doch bei den nächsten 100 Lesern voll einschlagen. Zum anderen wirkt viel auf unser Unterbewusstsein, ohne dass wir die dadurch hervorgerufenen Gefühle unmittelbar wahrnehmen und mit dem Betrachteten in Verbindung bringen.

◀ **Abbildung 4.3**
Ein einfaches Beispiel dafür, welche Wirkung Schrift ausübt.

Romantik

Romantik

Romantik

ROMANTIK

4 Anforderung und Wirkung

Die Faustregeln

Auch wenn sich die Schriftarten innerhalb einer Klasse teilweise deutlich voneinander unterscheiden, kann man doch einige allgemeingültige Regeln zur Wirkung von Schriftarten beziehungsweise Schriftklassen aufstellen. Ausnahmen bestätigen die Regeln.

- ▶ Die Renaissance-Antiqua wirkt würdig und in sich ruhend.
- ▶ Schriften aus der Gruppe der Barock-Antiqua sind spannungsreich, aufbauend und variabel.
- ▶ Die klassizistische Antiqua wirkt klar, edel und gediegen.
- ▶ Schriften aus der Gruppe der serifenbetonten Antiqua sagt man nach, kraftvoll, konstruktiv und linienbetont zu sein.
- ▶ Die serifenlose Antiqua vermittelt einen sachlichen, ruhigen und konstruktiven Eindruck.
- ▶ Schreibschriften wirken verspielt und dynamisch.
- ▶ Variationen in den Strichstärken wirken elegant.
- ▶ Gebrochene Schriften wirken alt.
- ▶ Fette Schriften oder Schnitte wirken dominant und laut, schwer und träge.
- ▶ Leichte Schriften oder Schnitte wirken dezent und zurückhaltend.
- ▶ Kursive Schriften wirken dynamisch.

Verwendete Schriften
Von oben nach unten und von links nach rechts.
Seite 174: Bembo, Concorde, Didot, Meta Normal LF.
Seite 175: Memphis, Avant Garde, Zapfino Extra L, Garamond, Fette Fraktur, LinotypeSyntax black, bold und regular.

Würde

Spannung

Dynamik

Klarheit

Schriftwahl und Schriftwirkung **4.2**

Kraft

Sachlichkeit

Verspieltheit

Eleganz durch
Strichstärkenunterschiede

Eine deutsche Schrift

Laut und träge
gegen
schlank und dezent

4 Anforderung und Wirkung

Die Faustregeln widerlegen

Haben Sie über die Assoziationen der vorherigen Seiten voller Unverständnis den Kopf geschüttelt? Für jede dieser Aussagen gibt es mit Sicherheit einige Widerlegungen.

Mit den Holzhammer-Thesen und ihrer Widerlegung möchte ich darauf aufmerksam machen, dass alle Schriften eine Wirkung haben, ob uns das genehm ist oder nicht. Jede Schrift, die wir einsetzen, interpretiert gleichzeitig den Text. Ein Großteil der Wirkung hängt von persönlichen Vorlieben ab, von Erfahrungen oder Erinnerungen. Einiges ist aber auch durchaus zu verallgemeinern, und da wir in der Regel unsere Leser nicht alle persönlich kennen, müssen wir uns den allgemeingültigen Aussagen und der Wirkung bewusst sein, wenn wir mit Schrift arbeiten.

Ein bisschen Serifen

In diesem Zusammenhang möchte ich auf die ewige Streitfrage »Serifenschriften oder serifenlose Schriften?« hinweisen. Während leidenschaftliche Befürworter serifenloser Schriften die Serifen für hoffnungslos veraltet halten, verteidigt sich die Gegenseite mit der Aussage, serifenlose Schriften wirkten gefühllos und kalt.

Wer auch immer Freude hat an dieser Diskussion und sich streng auf die eine oder die andere Seite stellen mag, soll das tun. Gleichzeitig sollte man aber bedenken, dass jede Schrift, ob mit oder ohne

Ein bisschen Serifen
Mehr zum Thema »Ein bisschen Serifen« finden Sie in Abschnitt 2.2, »Serifen«.

Abbildung 4.4 ▼
Bei der Wahl der richtigen Schrift sind nicht nur Geschmack und Wirkung, Gefühle und Assoziationen zu bedenken, sondern auch ganz profane Dinge wie die Schriftgröße im Zusammenhang mit der gewählten Schrift. Nicht alle Schriften eignen sich für alle Größen wie im Beispiel rechts gut zu sehen.

Dünne Schriften lassen sich in kleinen Schriftgraden besser lesen als dicke Schriften. Große x-Höhen der Schrift verbessern ebenfalls die Lesbarkeit.

Dünne Schriften lassen sich in kleinen Schriftgraden besser lesen als dicke Schriften. Große x-Höhen der Schrift verbessern ebenfalls die Lesbarkeit.

Äußere Umstände, an denen man sich in der Regel nicht vorbeischummeln kann. Hat irgendjemand Interesse, diesen Absatz zu lesen? Wohl kaum – die gewählte Schrift, die OpenType-Variante der Zapfino, ist eine wunderbare Schrift, in dieser Größe und für diese Textmenge aber einfach unbrauchbar. Äußere Umstände, an denen man sich in der Regel nicht vorbeischummeln kann. Hat irgendjemand Interesse, diesen Absatz zu lesen? Wohl kaum – die gewählte Schrift, die OpenType-Variante der Zapfino, ist eine wunderbare Schrift, in dieser Größe und für diese Textmenge aber einfach unbrauchbar. Äußere Umstände, an denen man sich in der Regel nicht vorbeischummeln kann. Hat irgendjemand Interesse, diesen Absatz zu lesen? Wohl kaum – die gewählte Schrift, die OpenType-Variante der Zapfino, ist eine

Serifen, ihren eigenen Charakter hat, und dass sich seit einigen Jahren Schriften mit leichten Serifenansätzen entwickeln. Für viele nicht Fisch und nicht Fleisch, empfinde ich einige dieser Schriften als extrem elegant und gut zu lesen.

Größenabhängige Wahl

Auch die Schriftgröße übt einen gewissen Zwang bei der Wahl der Schrift aus. Bestimmte Schriften lassen sich beispielsweise in kleinen Schriftgraden viel schlechter lesen als andere, in großen Schriftgraden wirken manche Schnitte sehr verloren, andere fühlen sich dort erst richtig wohl. Auch wenn hier wieder jede Schrift einzeln beurteilt werden sollte, lässt sich doch generell Folgendes festhalten:

► Dünne Schriften sind in kleinen Größen besser zu lesen als dicke Schriften, da die Punzen weniger ausgefüllt und das Satzbild besser erkennbar ist.

► Auch Schriften mit großen x-Höhen lassen sich in kleinen Größen leichter lesen.

► Starke und fette Schriften eignen sich in sehr großen Schriftgraden, beispielsweise als Headline einer Zeitung oder eines Magazins, grundsätzlich besser als feine und dünne Schnitte. Natürlich bestätigen auch hier Ausnahmen die Regel, aber meistens wirken dünne und filigrane Schriften in großen Größen verloren.

Headline

Headline

4 Anforderung und Wirkung

Zwingende Umstände bei der Schriftwahl
Bei aller Begeisterung über die Wirkung und Aussage einer Schrift sollte man eines nicht vergessen: Die Lesbarkeit sollte jederzeit gewährleistet bleiben. Eine Einladungskarte mit wenigen Zeilen Text mag in einer verschlungenen Schreibschrift in Ordnung sein, einen ganzen Absatz davon möchte hingegen keiner lesen. Letztendlich ist die Schriftwahl also auch immer von äußeren Umständen abhängig wie von der Textmenge, aber auch von der Größe der Familie – wer Auszeichnungen wie eine Kursive oder Kapitälchen benötigt, muss seine Wahl auf die Schriften beschränken, die über entsprechende Schnitte verfügen. Abschließend bleibt noch das finanzielle Korsett: Wer kein Budget für den Kauf neuer Schriften hat, muss sowieso aus seinem Fundus schöpfen.

Ein einfacher Trick – die Gegenüberstellung
Wer sich bei der Wahl einer Schrift nicht entscheiden kann, sollte einen einfachen Trick anwenden: Profitieren Sie vom Zeitalter des DTPs, und setzen Sie die Texte in den beiden Schriften nebeneinander. Es ist keine Schande, nicht theoretisch zu entscheiden, sondern bei der Gegenüberstellung – so kann schneller und leichter die Entscheidung für eine Schrift fallen.

Abbildung 4.5 ▶
Hier sehen Sie klassische Zuweisungen. Das Restaurant »Der Phönizier« schmückt seinen Eingang mit einer Schrift, die stark an die phönizischen Schriftzeichen erinnert. Das Wollgeschäft »Fadeninsel« hat eine Schrift gefunden, deren Schwung an einen Wollfaden erinnert.

Ist das Unerwartete schon Kunst?

Eine der Künste in der Typografie ist es, die Regeln zu durchbrechen. Genau wie die Regeln zur Schriftgröße, zum Zeilenabstand und zum Spaltenzwischenraum können die Regeln zur Schriftwahl absichtlich ignoriert und gegensätzlich angewendet werden. Wer jetzt aber einfach die englische Schreibschrift für den Flyer vom Metzger verwendet, wird schnell merken, dass es für einen gelungenen Regelbruch nicht reicht, eine ungewöhnliche Wahl zu treffen. Erst wer ein Gefühl für Schrift und ihre Aussagen entwickelt hat, sollte sich daran wagen, gegen die Regeln zu arbeiten. Dann kann allerdings wunderbare Typografie entstehen.

▼ **Abbildung 4.6**
Der Frisör greift gern zu einer Schreibschrift, und die typisch deutsche Hausmannskost verspricht man in einer gebrochenen Schrift.

4.3 Schriftkombination

Schriftmischungen sind eine heikle Angelegenheit. Was in sich abgeschlossen noch klar und gelungen erscheint, kann durch die Kombination mit anderen Elementen völlig aus der Bahn geraten. Wie so häufig gibt es auch für die Kombinationen von Schriften ein paar einfache und geradlinige Faustregeln, die, sind sie erst einmal in Fleisch und Blut übergegangen, durchbrochen werden können.

1. **Faustregel: Mischung innerhalb einer Familie**
   Der sicherste Weg ist die Schriftmischung innerhalb einer Schriftfamilie, denn alle Schnitte einer Familie können fast uneingeschränkt gemischt werden. Ausnahme: Schnitte, die sich sehr ähnlich sind – wie ein normaler und ein Medium-Schnitt –, sollte man nicht mischen.

Schriften aus einer Familie können bis auf Ausnahmen untereinander gemischt werden.	Die Linotype Syntax Serif Light kann gut mit der *Light Italic*, **der Medium** und DEM KAPITÄLCHENSCHNITT gemischt werden.

2. **Faustregel: Unterschiedliche Schriften mischen**
   Schriften sind mischbar, wenn sie deutliche Unterschiede aufweisen. Schriftschnitte aus Schriftfamilien der gleichen Stilrichtung, wie zum Beispiel Schriften der Stilrichtung Renaissance-Antiqua, sollten man nicht untereinander mischen. Ausnahme: Der Schriftgrößenunterschied ist sehr groß.

Schnitte mit sehr ähnlicher Strichstärke sollten nicht miteinander gemischt werden.	Die Linotype Syntax Serif Light, gemischt mit der Linotype Syntax Serif Regular ist nicht vorteilhaft.

3. Faustregel: Schriften mit ähnlichen Strukturen mischen

Schriften sind mischbar, wenn sie eine gleiche oder ähnliche Struktur aufweisen. Das bedeutet, dass eine anmutig und edel wirkende Schreibschrift, die über unterschiedliche Strichstärken verfügt, mit einer eleganten Serifenschrift oder einer serifenlosen Schrift kombiniert werden kann, die ebenfalls über unterschiedliche Strichstärken verfügt.

Renaissance und Serifenlos

Die Bembo aus der Gruppe der Renaissance-Antiqua lässt sich gut mit der Rotis mischen, da sich die Schriften deutlich unterscheiden.

Schriften können gemischt werden, wenn sie sich deutlich unterscheiden.

Zwei Renaissance-Antiqua

Die Garamond sollte man nicht mit der Palatino mischen, da beide aus der Gruppe der Renaissance-Antiqua stammen.

Schriften, die aus der gleichen Schriftklasse stammen, sollte man nicht mischen, da sie sich zu ähnlich sind.

Die Zapfino und die Didot lassen sich aufgrund ihrer Strukturen gut miteinander mischen.

Schriften sind mischbar, wenn sie eine gleiche oder ähnliche Struktur aufweisen.

Die Zapfino und die Univers sollten nicht unbedingt gemischt werden.

Schriften mit unterschiedlichen Strukturen in ihrer Strichstärke sollte man nicht mischen.

4. Faustregel: Die x-Höhen beachten

Auch die Mittellängen spielen eine Rolle für die Struktur der Schrift. Achten Sie darauf, dass die zu mischenden Schriften ähnlich geringe oder ähnlich große x-Höhen aufweisen.

Schriften mit großen Unterschieden in den Mittellängen sollte man nicht miteinander mischen.

Die Bembo mit kleiner x-Höhe sollte man nicht mit der Avant Garde mit einer großen x-Höhe mischen.

Schriften mit ähnlichen Mittellängen lassen sich gut kombinieren.

Die Minion Pro mit mittlerer x-Höhe lässt sich mit der Linotype Syntax gut mischen, da diese ebenfalls eine mittlere x-Höhe aufweist.

Auf den ersten Blick widersprechen sich Faustregel 2 und 3, deswegen noch ein paar erläuternde Sätze dazu. Grundsätzlich sollte zwischen den gewählten Schriften ein klarer Gegensatz beziehungsweise Kontrast entstehen oder aber völlige Übereinstimmung hergestellt werden. Zu geringe Unterschiede erzeugen nämlich bei dem Betrachter eine störende Unausgeglichenheit.

Und was ist völlige Übereinstimmung? Dabei muss es sich selbstverständlich nicht um die gleiche Schrift handeln. Völlige Übereinstimmung kann zwischen zwei gänzlich unterschiedlichen Schriften bestehen, wenn diese gleiche Strukturen aufweisen und wir sie mit gleichen Adjektiven beschreiben würden.

Ein gelungenes Beispiel für eine Übereinstimmung: Die Linotype Syntax, die in diesem Buch verwendet wird, liegt in zwei Varianten vor, einer serifenlosen für den Grundtext und einer Variante mit Serifen, die häufig in den Beispieltexten im unteren Drittel der Seiten verwendet wird. Trotz der offensichtlichen, deutlichen Unterschiede lassen sich beide Varianten optimal mischen und ergänzen sich gegenseitig.

Semantische Typografie
Bei den Themen Schriftwahl und -kombination stößt man früher oder später auf die semantische Typografie. Die Semantik ist die Bedeutungslehre und ein Teilgebiet der Semiotik, der Lehre von den Zeichen. Bei der semantischen Typografie setzt man sich mit der Bedeutung des Textes auseinander und unterstreicht diese mit typografischen Mitteln. Otl Aicher unterschied zwischen der syntaktischen und der semantischen Dimension: Die syntaktische Dimension ist das Regelwerk für die räumliche Struktur; die semantische Dimension ist das, was die Sprache vermittelt.

So weit die Theorie. Aber was fällt nun unter den Begriff semantische Typografie? Zur Verdeutlichung sehen Sie hier einige Beispiele.

◀ ▼ **Abbildung 4.7**
Beispiele für die semantische Typografie

Kapitel 5
Die Seite
Raumaufteilung, Papierformat und Satzspiegel

Sie werden lernen:

▶ In welcher Beziehung stehen Raumaufteilung und Papierformat?

▶ Wie wird der Satzspiegel berechnet?

▶ Wie verwendet man ein Gestaltungsraster?

▶ Was ist Registerhaltigkeit?

▶ Was sind Kolumnentitel und Marginalien?

Die Aufteilung zwischen bedrucktem und unbedrucktem Raum sowie zwischen Raum und Papier spielt eine wichtige Rolle bei der Gestaltung eines Druckerzeugnisses. In diesem Kapitel betrachten wir das Zusammenspiel und die Bedeutung der verschiedenen Faktoren und Größen, berechnen Satzspiegel und verwenden Gestaltungsraster.

5.1 Raumaufteilung

Was haben Wohnungen mit typografischen Erzeugnissen gemeinsam? Wer seine Wohnung mit seltenen Einzelstücken ausstattet, kann eine herbe Enttäuschung erleben: Die Stücke müssen miteinander harmonieren und auch die Aufteilung und Platzierung innerhalb der Wohnung spielen eine wichtige Rolle. Ein Zuviel schadet genauso wie ein Zuwenig, und wirkt das Sofa in einem Zimmer unpassend, kann es in einem anderen Zimmer oder auch nur an einer anderen Wand, vielleicht aber auch nur im Sofaladen, harmonisch und einladend aussehen.

Abbildung 5.1 ▼
Mit groben Handskizzen auf Papier wird die Raumaufteilung bereits zu Beginn ausprobiert, im Beispiel mehrere Anzeigen.

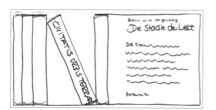

Das Vor-Layouten

Speziell große oder hervorstechende Möbelstücke schieben wir gerne vor dem Einzug auf einer selbst gebastelten Papierwohnung von Wand zu Wand, und wer dieser Versuchung widersteht, richtet doch zumindest im Kopf sein zukünftiges Domizil schon ein und überlegt, wo sich das Klavier oder der Eckschrank am besten machen. Dabei wägen wir zwischen einem praktischen und einem optischen Anspruch ab. Eine optimale Lösung wird beiden Ansprüchen gerecht; so bestimmt das Sofa auf harmonische Art und Weise die Sitzecke im Wohnzimmer, steht gleichzeitig nicht im Weg und erlaubt den Blick auf den Fernseher.

Eine grobe Skizze erstellen

Ähnlich wie beim Einrichten einer Wohnung sollten wir beim Erstellen eines typografischen Erzeugnisses einen optimalen Mittelweg zwischen dem praktischen und dem visuellen Anspruch finden. Leider fällt diese Vorbereitungsphase vor der Gestaltung eines Druckerzeugnisses viel zu häufig unter den Tisch, da man sich entweder der Notwendigkeit nicht bewusst ist oder da ja dank

Raumaufteilung 5.1

der Software das Ändern eines Layouts im Gegensatz zum Möbelrücken keinen großen Aufwand erfordert. Die Erfahrung zeigt aber, dass es sich häufig lohnt, einen groben Entwurf zu machen, bevor man an den Start geht. Auch wenn man in XPress und Co. Texte, Bilder und Satzspiegel spielerisch über die Seite verschiebt, spart eine zuvor vorgenommene Seiteneinteilung Zeit, Nerven und Geld und verhindert – besonders bei wenigen Gestaltungsvorgaben von Kundenseite – grobe Schnitzer und langwierige Korrekturen.

◄ **Abbildung 5.2**
Früher – aufgrund der technischen Vorgehensweise wie dem Satz am Diatype – ein Muss, heute nur noch selten zu sehen: die Feinskizze. Nach den groben Handskizzen, bei denen hauptsächlich die Raumverteilung geklärt wird, nimmt man ebenfalls mit der Hand die Feinskizze vor. Dabei werden bereits die korrekten Schriften, Textlängen, Zeilenabstände, Linien oder Bildmotive berücksichtigt und eingebaut.

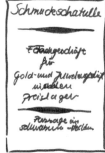

▼ **Abbildung 5.3**
Eine grobe Handskizze für die Anzeige der Schmuckschatulle.

189

Grenzen durch Gestaltungsvorgaben

Die Gestaltungsvorgaben, die ein Layouter erhält, reichen von »mach mal« bis hin zu peniblen Angaben zu Schriftgröße, Zeilenabstand und Größe der Einzüge. So kann es auch sein, dass sämtliche Parameter frei wählbar sind, angefangen beim Papierformat über die Seitenanzahl des Projekts bis hin zu Farben und Schriften, lediglich das Material in Form der Texte und Bilder liegt vor – ein Eldorado für den einen, der blanke Horror für den anderen. In jedem Fall empfiehlt es sich für beide Gemüter, vor dem Start ein paar grundlegende Eckdaten festzulegen.

Optimal verpackte Information

Die Aufteilung zwischen weißem Raum und Schrift beziehungsweise Bildern und anderen Gestaltungselementen ist enorm wichtig. Genauso wie Schrift wirkt, also die bedruckte Fläche, hat der weiße Raum eine Wirkung. Stellen Sie sich vor, Sie kommen in ein Zimmer,

Abbildung 5.4 ▼
Hier ist die optimale Aufteilung zwischen bedruckter und unbedruckter Fläche der Informationsfülle zum Opfer gefallen.

das mit Möbeln und anderen Dingen so zugestellt ist, dass Sie sich kaum bewegen können. An der Wand hängen Bilder, eventuell ist sogar noch der Deckenraum genutzt. Ich bin sicher, dass Sie wenig Interesse haben, sämtliche Gegenstände und Möbelstücke in Ruhe zu betrachten. Vielleicht fühlen Sie sich sogar ganz unwohl und eingeengt und wollen das Zimmer schnell wieder verlassen.

Und nun das gleiche Zimmer, völlig leer. Ausschließlich weiße Wände. Nur ein Bild an der Wand. Die Wirkung des Zimmers und des Bildes ist enorm.

Genauso verhält es sich mit weißer und bedruckter Fläche. Das Beispiel des leeren Zimmers verdeutlicht, welch wichtige Rolle die unbedruckten Bereiche des Papiers spielen. Informationen lassen sich am besten vermitteln und werden am besten aufgenommen, wenn sie in eine leicht verständliche, visuell optimale Form verpackt sind. Kein langes Suchen, keine Verwirrung, sondern eine klare Richtung und Aussage – das ist das Ziel von optimal verpackter Information.

Weißraum
Als Weißraum bezeichnet man die nicht bedruckten Bereiche einer Seite.

Von groß nach klein gestalten
Bei der Aufteilung beginnt man beim Großen und arbeitet sich herunter zum Kleinen. Das heißt, dass wir mit der Wahl des Papierformats anfangen, dann den Satzspiegel festlegen, anschließend folgt die Erstellung des Gestaltungsrasters, die Spaltenaufteilung usw. Typografische Attribute werden ganz zuletzt definiert.

Viele der Parameter müssen jeweils vom Projekt abhängig gemacht werden. So liegen der Gestaltung eines Magazins völlig andere Regeln zugrunde als der eines Flyers – ein Briefbogen muss anderen Ansprüchen genügen als ein Plakat. Im Beispiel der Raumaufteilung starten wir mit möglichst allgemeingültigen Regeln, die wir dann für bestimmte Projekte verifizieren.

Tipp
Verlieren Sie sich nicht in der Auswahl der Schriftgröße oder Schriftart, solange Papierformat und Satzspiegel noch nicht festgelegt sind – das wäre nur schade um Ihre Zeit. Die Schriftgröße steht immer im Verhältnis zur Spaltenbreite, die wiederum von der Satzbreite und somit vom Satzspiegel abhängig ist. Und schon sind wir wieder beim Papierformat angelangt.

Checkliste von groß nach klein
1. Papierformat
2. Satzspiegel
3. Raumaufteilung/Gestaltungsraster
4. Platzierung der Bilder
5. Platzierung der Texte
6. Registerhaltigkeit
7. Platzierung der schmückenden Elemente
8. Typografische Details wie Schriftgröße, Schriftart, Zeilenabstand, Blocksatzeinstellungen etc.

5.2 Papierformat

Die erste Frage bei der Wahl des Papierformats ist natürlich die nach dem Einsatzbereich. Handelt es sich um eine Broschüre oder ein Magazin, um ein Buch oder um einen Flyer? Soll das Format leicht in die Tasche gesteckt werden können, weil das fertige Heft auf der Straße verteilt wird? Oder hat man bei der Lektüre viel Platz zur Verfügung?

Nach Beantwortung dieser Fragen wird sich die Auswahl schnell auf ein paar wenige Formate begrenzen, und auch eventuell vorhandene Angaben zum Umfang lassen dem Papierformat meist wenig Spielraum.

Hoch- oder Querformat?
Hochformate gelten grundsätzlich als dynamische Formate. Je schlanker das Format, desto eleganter wirkt es. Querformate hingegen sind ruhig und gelassen und können auch bequem wirken. Durch die Breite laden sie zum Betrachten ein.
Spannung lässt sich aber auch erzeugen, indem man diese Wirkung ganz bewusst für das Gegenteil einsetzt, also beispielsweise ein schlankes Hochformat nutzt, um für Autogenes Training zu werben.

DIN-Format

Das DIN-Format basiert auf einem harmonischen Seitenverhältnis und dient bereits seit Jahrzehnten als Norm für Papierformate. Papierformate im DIN-Format sind zudem in der Regel billiger zu bedrucken als andere, weil die Druckmaschinen auf die Seitenverhältnisse ausgerichtet sind. Bei nicht genormten Formaten hingegen kann schnell eine Menge Papierabfall entstehen.

DIN-Reihen

Die DIN-Norm 476 enthält die Norm für Papierformate, die das Deutsche Institut für Normung e. V. 1922 festgelegt hat. Die DIN-A-Reihe wird in erster Linie für die Bogen- und Blattformate verwendet und ist für viele Drucker und Druckmaschinen die maßgebliche Norm. Bei der B-Reihe handelt es sich um eine unbeschnittene Reihe, die aus etwas größeren Formaten besteht. Das B5-Format ist beispielsweise ein beliebtes Format für Bücher. Die C-Reihe enthält wiederum etwas größere Formate. In dieser Reihe sind Hüllen, Briefumschläge und Mappen enthalten, die zur A-Reihe passen.

Grundfläche

Basis für die DIN-A-Formate ist DIN A0. Die Fläche beträgt 1 qm, und dieser Quadratmeter ist im Seitenverhältnis $\sqrt{2}{:}1$ aufgeteilt. Die Verhältniszahl lautet somit 1,414. Bei einer Fläche von 1 qm ergibt sich daraus das Seitenformat 841 mm x 1189 mm. Teilt man nun die lange Seite durch zwei, erhält man die kürzere Seite des nächstkleineren Formats, das als DIN A 1 bezeichnet wird und dessen Abmessungen 594 mm x 841 mm betragen. Eine erneute Teilung der langen Seite ergibt DIN A2 usw.

Papierformat 5.2

Überblick DIN-A-Formate
DIN A0 841 × 1189 mm
DIN A1 594 × 841 mm
DIN A2 420 × 594 mm
DIN A3 297 × 420 mm
DIN A4 210 × 297 mm
DIN A5 148 × 210 mm
DIN A6 105 × 148 mm
DIN A7 74 × 105 mm
DIN A8 52 × 74 mm
DIN A9 37 × 52 mm
DIN A10 26 × 37 mm

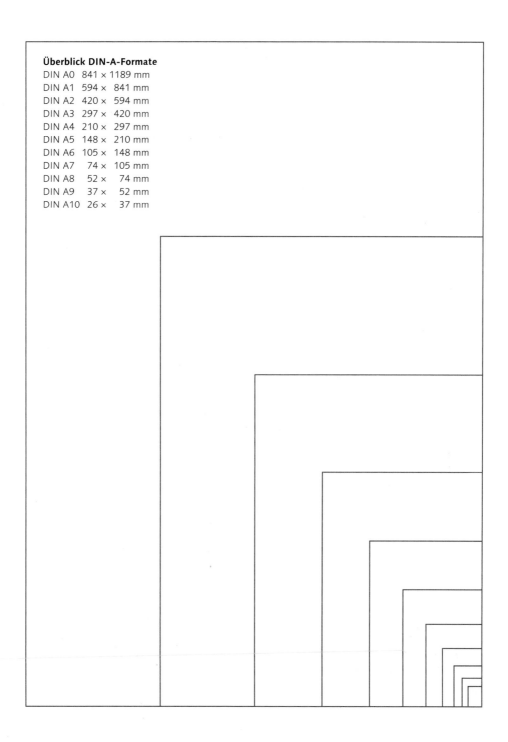

Der goldene Schnitt
Die kleinere Strecke verhält sich zur größeren wie die größere Strecke zum Ganzen. Hier ist die längere Strecke mit a gekennzeichnet, die kürzere mit b.

Phi
Phi ergibt sich aus:

$$\Phi = \frac{a}{b} = \frac{a+b}{a}$$

$$\Phi = \frac{1+\sqrt{5}}{2} \approx 1{,}618033$$

Der goldene Schnitt

DIN-Formate sind nicht die alleinigen Herrscher unter den Papierformaten. Eine andere Möglichkeit, Seitenverhältnisse oder auch Satzspiegel und Gestaltungsraster zu berechnen, ist der Goldene Schnitt. Dieses Proportionsgesetz ist sehr häufig in der Pflanzen- und Tierwelt und somit auch in der Architektur oder in der Malerei zu finden.

Dabei verhält sich der kleinere Teil zum größeren wie der größere zur Gesamtstrecke. Daraus ergibt sich eine Verhältniszahl von 1,61803, die auch mit dem griechischen Buchstaben Phi bezeichnet wird.

Fibonacci

Der Mathematiker Leonardo von Pisa, besser bekannt unter dem Namen Leonardo Fibonacci, entwickelte Anfang des 13. Jahrhunderts anhand von – harmlosen – Tierversuchen zum Wachstum einer Kaninchenpopulation eine Folge von positiven Zahlen; diese Zahlenreihe, die heute noch in der Mathematik verwendet wird, nennt man die Fibonacci-Folge oder die Fibonacci-Zahlen. Der Mathematiker Johannes Kepler entdeckte einen engen Zusammenhang zwischen der Fibonacci-Zahlenreihe und dem goldenen Schnitt.

Die Fibonacci-Reihe lautet 1, 1, 2, 3, 5, 8, 13, 21, 34, 55, 89, 144, 233 usw. Die Zahlenreihe wird speziell bei der Satzspiegelfindung, aber auch bei vielen anderen Gelegenheiten, bei denen es Räume zu unterteilen gilt, eingesetzt.

Unbewusste harmonische Aufteilung

Der goldene Schnitt und Kaninchen, interessiert uns das heute? Ja, das tut es. Die harmonischen Aufteilungen werden von vielen Menschen zum Teil unbewusst vorgenommen. Der Urlauber knipst gerne

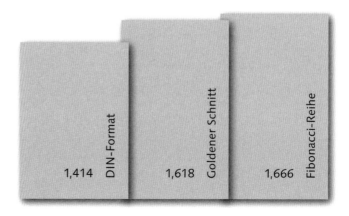

Abbildung 5.5 ▶
Drei Streckenverhältnisse im Vergleich: Das Rechteck ganz links entspricht dem DIN-Format, das mittlere Rechteck dem goldenen Schnitt und die rechte Fläche basiert auf der Fibonacci-Zahlenreihe.

seinen Sonnenuntergang aufgeteilt nach den harmonischen Proportionen, und der Koch eines Feinschmeckerrestaurants garniert seine Speisen auf dem Teller danach.

Immer wieder spannend ist es, auf der Suche nach dem goldenen Schnitt durch die Natur zu wandern. Mit einem offenen Blick werden plötzlich Form und Unterteilung von Blättern, Zeichnungen von Schmetterlingsflügeln und Farbverteilungen auf Blüten zum Lehrmeister der harmonischen Raumaufteilung. Übrigens entsprechen die Proportionen des menschlichen Körpers ebenfalls dem goldenen Schnitt.

Unübliche Formate
Aber auch Papierformate außerhalb des DIN-Formats und des goldenen Schnittes können eine willkommene Abwechslung darstellen, und abhängig vom Inhalt lässt sich eventuell ein ungewöhnlicher Inhalt mit einem ungewöhnlichen Papierformat besser transportieren und umsetzen. So kann für ein bestimmtes Projekt das quadratische Format spannend wirken, während ein DIN-Format unangebracht erscheint. Abhängig vom Auftrag, vom Einsatzgebiet, vom Papier, vom Inhalt und natürlich vom Gebrauchszweck sollte man also Kosten und Nutzen abwägen und sich erst dann für ein Format entscheiden.

Erst Breite, dann Höhe
Bei den Größenangaben für das Papierformat wird immer die Breite zuerst genannt, anschließend die Höhe.

◄ **Abbildung 5.6**
Auch bei der gotischen Notre-Dame in Paris findet man den goldenen Schnitt beziehungsweise die Fibonacci-Unterteilung.

▼ **Abbildung 5.7**
Ein typisches Urlaubsfoto. Wer genau hinsieht, kann die harmonische Streckenteilung erkennen: Der Himmel (drei Teile) verhält sich zum Wasser (fünf Teile) wie das Wasser (fünf Teile) zur Gesamtstrecke (acht Teile).

5.3 Satzspiegel

Der Satzspiegel definiert die Elemente auf der Seite und entspricht – eigentlich – dem Bereich der bedruckten Fläche. Neben Texten zählen somit bis auf Ausnahmen auch Bilder zum Satzspiegel dazu. Der Satzspiegel ist häufig etwas kleiner als das Papierformat. Somit fungiert das Papier als eine Art Bildrahmen, während der Satzspiegel das Bild und der unbedruckte Rand das Passepartout darstellt.

Die Größe des Satzspiegels ist natürlich abhängig vom Papierformat – und wie immer vom Einsatzbereich und vom Zweck des Druckerzeugnisses. Nicht zuletzt unterliegt sie dem Zwang, das vorhandene Material auf der Seite unterzubringen.

Das Wort »eigentlich« ist deswegen eingefügt, weil die Aussage »der Satzspiegel entspricht dem bedruckten Bereich« nicht ganz korrekt ist. Innerhalb des Satzspiegels müssen zwar die Grundtexte, die Bilder und die lebenden Kolumnentitel Platz finden – genau genommen zählen aber die toten Kolumnentitel und Marginalien nicht zum Satzspiegel und werden außerhalb platziert. Streitpunkt ist die Seitenzahl, die abhängig vom Typograf oder Autor manchmal innerhalb, manchmal außerhalb definiert wird.

Stegbreiten

In der Regel weisen Bund-, Kopf-, Außen- und Fußsteg unterschiedliche Größen auf, vom Bund aufsteigend bis hin zum Fußsteg. Bei

Abbildung 5.8 ▶
Die Stegbreiten Kopf, Bund, Fuß und Außen weisen unterschiedliche Breiten auf.

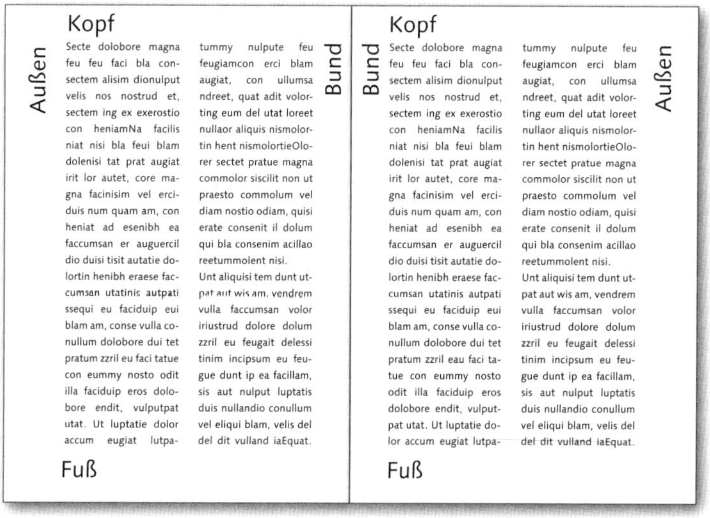

einem doppelseitigen Werk sollte die Breite beider Innenstege gemeinsam etwas geringer als ein Außensteg sein. Liegt das Werk nämlich aufgeschlagen vor dem Leser auf dem Tisch oder hält er es in den Händen, addieren sich optisch die Breiten der Innenstege der linken und rechten Seite. Allerdings funktioniert die Regel »2 × Innensteg = Außensteg« nur dann, wenn es Bindung und Umfang des Werkes zulassen. Denken Sie an einen dicken Wälzer, der kaum richtig aufgeschlagen werden kann. Abhängig von den beiden Faktoren Umfang und Bindung kann es also sein, dass der Bundsteg vergrößert werden muss.

Der Kopfsteg sollte etwas größer sein als der Innensteg und der Fußsteg auf alle Fälle am größten, damit der Satzspiegel optisch nicht zu schwer wird und nach unten rutscht. Eine einfache Zahlenreihe, ganz ohne Konstruktion, überliefertes Wissen oder jahrhundertelange Berechnungen lautet 2 : 3 : 4 : 5; statt der fünf Einheiten im Fuß können sich auch sechs Einheiten gut eignen.

Berechnung des Satzspiegels
Für die Berechnung des Satzspiegels stehen erneut einige mathematische Hilfen zur Verfügung, und auch wer schon zu Schulzeiten mit der Mathematik auf Kriegsfuß stand, sollte sich von ein paar verständlichen Regeln helfen lassen. Wir sehen uns die Konstruktionen im Einzelnen an.

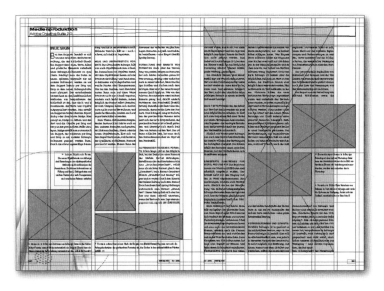

◄ **Abbildung 5.9**
Zur Verdeutlichung ist der rechte Satzspiegel dieses Magazins mit einer grauen Fläche hinterlegt.

5 Die Seite

Doppelseitiger Satzspiegel mit Linienkonstruktion
Durch eine einfache Linienkonstruktion lässt sich leicht ein Satzspiegel aufbauen, und mit XPress oder InDesign können Sie dies auch direkt am Rechner ausprobieren.

1. Zunächst zieht man zwei diagonale Linien über beide Seiten, von links oben nach rechts unten ❶ und von rechts oben nach links unten ❷.
2. Nun zieht man eine Diagonale pro Seite von außen unten nach innen oben, jeweils auf der linken ❸ und auf der rechten ❹ Seite. Damit ist die Grundkonstruktion fertig.
3. Im nächsten Schritt wird ein Rahmen als Platzhalter für den Satzspiegel aufgezogen. Im Beispiel starten wir mit dem Satzspiegel auf der rechten Seite.

Abhängig von der Menge des Materials beginnt man mit dem Startpunkt des Rahmens irgendwo auf der Diagonalen, die sich

Abbildung 5.10 ▼
Auf den ersten drei Bildern sieht man, wie die Linienkonstruktion entsteht. Bild vier zeigt den übertragenen Satzspiegel für die linke Seite.

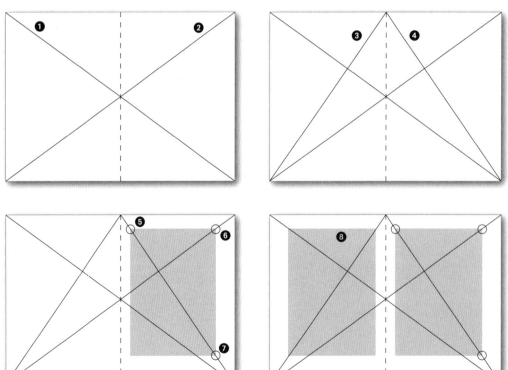

auf der rechten Seite befindet ❺. Liegt viel Material vor, sollte der Satzspiegel größer sein, und der Startpunkt des Rahmens liegt weiter in Richtung Papierrand als bei wenig Material und einem kleinen Satzspiegel.

Dann wird – bei einer rechten Seite – der Rahmen so weit aufgezogen, bis er mit seiner rechten oberen Ecke ❻ die Diagonale der Doppelseite berührt. Die Höhe des Rahmens wird wieder durch die Diagonale der rechten Seite begrenzt ❼. Rechnet man die dabei entstehenden Randverhältnisse in Einheiten um, entspricht dies einer Zahlenreihe von 2:3:4:6.

4. Für den Satzspiegel auf der linken Seite werden die Angaben entsprechend gespiegelt ❽.
5. Abhängig davon, wo auf der Diagonalen man den Startpunkt setzt, wird der Satzspiegel größer oder kleiner ❾ ❿ ⓫.

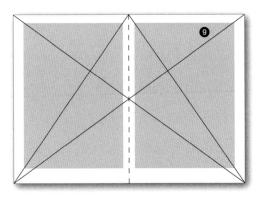

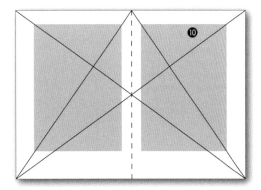

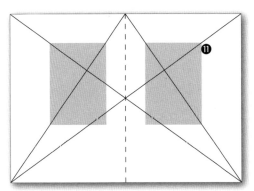

◀ ▼ **Abbildung 5.11**
Die drei Abbildungen zeigen drei unterschiedliche Satzspiegelgrößen, die alle auf der gleichen Linienkonstruktion basieren.

Wer ängstlich oder unschlüssig ist ...

Bei der eben vorgestellten Methode kann der Layouter die Größe des Satzspiegels selbst bestimmen, indem er den Startpunkt des Rahmens und somit des Satzspiegels auf der Diagonalen verschiebt. Wer sich dabei unwohl fühlt und unsicher ist, ob die Größe des Satzspiegels akzeptabel ist, und sich lieber auf ein Standardmaß verlassen möchte, ergänzt die Zeichnung um zwei weitere Linien:

Die erste neue Linie ist eine Senkrechte auf der rechten Seite, die durch den Kreuzungspunkt der beiden Diagonalen verläuft ❶. Der Startpunkt der zweiten neuen Linie ist das obere Ende der ersten neuen Linie. Von dort aus durchläuft sie den Kreuzungspunkt der beiden Diagonalen auf der linken Seite ❷. An der Stelle, an der die zweite neue Linie die Diagonale der rechten Seite trifft ❸, befindet sich der Startpunkt des Satzspiegels. Breite und Höhe ergeben sich, wie oben beschrieben. Im Bild unten sind die beiden neuen Linien fett hervorgehoben.

Doppelseitiger Satzspiegel nach dem goldenen Schnitt

Wenn wir zur Bestimmung des Satzspiegels den goldenen Schnitt verwenden, berechnen wir zunächst die Ränder. Hier dient uns die Zahlenreihe 2:3:5:8 nach Fibonacci, die die Proportionen von Bund, Kopf, Außen und Fuß zueinander vorgibt. Beachten Sie, dass die

Abbildung 5.12 ▶
Durch zwei weitere Linien, im Bild fett gezeichnet, entsteht das Gerüst für einen Satzspiegel mit fixer Größe.

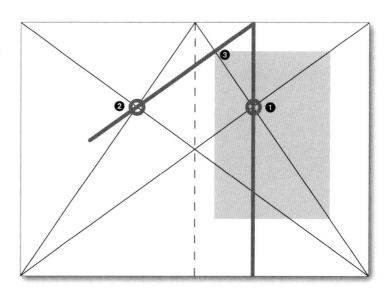

Zahlenreihe für Einheiten und Verhältnisse, nicht aber für feste Größen steht. Bei einem DIN-A4-Magazin hieße das beispielsweise, dass bei einem Bund von 15 Millimetern der Kopf 22 Millimeter, der Außensteg 37 Millimeter und der Fuß 59 Millimeter betragen würde. Der Satzspiegel beträgt in diesem Fall 158 (210 – 15 – 37) × 216 (297 – 22 – 59) Millimeter.

Liegt nur wenig Material für die Seite vor, kann der Satzspiegel entsprechend verkleinert werden. Beispielsweise beträgt dann der Bund 20 Millimeter, der Kopf 30 Millimeter, der Außensteg 50 Millimeter und der Fuß 80 Millimeter, der Satzspiegel hätte eine Größe von 140 × 187 Millimetern.

◄ **Abbildung 5.13**
Der Satzspiegel nach dem goldenen Schnitt beziehungsweise den Fibonacci-Zahlen berechnet, im Verhältnis 2 : 3 : 5 : 8. Der Satzspiegel ist relativ groß gewählt.

◄ **Abbildung 5.14**
Bei diesem Beispiel basiert der Satzspiegel ebenfalls auf der Zahlenreihe 2 : 3 : 5 : 8; die Einheiten sind allerdings größer gewählt, wodurch der Satzspiegel kleiner wird.

Doppelseitiger Satzspiegel nach Neunerteilung

Bei diesem Verfahren wird die Seite waagerecht und senkrecht in neun Teile untergliedert. Im Bund und oben wird jeweils ein Teil als Rand freigehalten, außen und unten jeweils zwei Teile (siehe Abbildung 5.16). Bei dieser Konstruktion ergibt sich eine Zahlenreihe von 2 : 2,8 : 4 : 5,6.

Verschiedene Konstruktionen, ähnliche Ergebnisse

Ob Sie jetzt den goldenen Schnitt, die Neunerteilung oder die Diagonalen zurate ziehen oder einfach auf die bewährte Zahlenreihe 2 : 3 : 4 : 6 vertrauen – alle Zahlenreihen ähneln sich weitestgehend, und häufig verwendet man Erfahrungswerte. Trotzdem gibt es immer wieder Situationen, in denen sich auch erfahrene Typo-Hasen von einer der Konstruktionsmethoden weiterhelfen lassen.

Einseitiger Satzspiegel

Erarbeitet man einen Satzspiegel für eine Einzelseite, weisen normalerweise der linke und der rechte Rand die gleiche Breite auf. Die Breite kann wiederum identisch mit dem oberen Rand sein, eventuell aber auch größer. Wichtig ist in diesem Fall, dass der untere Rand am größten ist. Angelehnt an die bisher erwähnten Zahlenreihen können Sie beispielsweise mit dem Verhältnis 3 : 3 : 3 : 5 arbeiten.

XPress und InDesign

InDesign und XPress sind bei den Angaben zum Satzspiegel eher ungeduldige Partner. Bereits beim Erstellen einer neuen Datei fragt die Software nach den Randhilfslinien beziehungsweise nach den Rän-

Abbildung 5.15 ▼
Bei einem einseitigen Satzspiegel weisen der linke und rechte Rand die gleiche Größe auf.

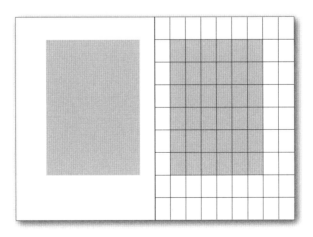

Abbildung 5.16 ▶
Auch die Neunerteilung ist eine schnelle Variante, den Satzspiegel sowie die Stegbreiten zu bestimmen. Hier wird die Seite horizontal sowie vertikal in neun Kästen unterteilt. Für den Satzspiegel werden oben und innen jeweils ein Kasten, außen und unten jeweils zwei Kästen freigehalten.

dern, und wer den Satzspiegel noch nicht berechnet hat, ist zunächst überfragt. Im Zweifelsfall sollten Sie die Werte auf null setzen, den Satzspiegel mit einer der beschriebenen Verfahren berechnen und anschließend die Werte anpassen. Um die Werte nachträglich für alle Seiten zu ändern, springt man in InDesign per Doppelklick auf eine Musterseite, aktiviert beide Musterseiten und wählt im Menü LAYOUT den Befehl RÄNDER UND SPALTEN.

In XPress aktiviert man für eine nachträgliche Änderung ebenfalls die Musterseite, wählt im Menü SEITE den Befehl MASTER-HILFSLINIEN UND RASTER und ändert die Werte der RANDHILFSLINIEN.

▼ **Abbildung 5.17**
Beim Erstellen eines neuen Dokuments fragt InDesign sofort nach den Rändern. Nachträgliches Ändern ist bei RÄNDER UND SPALTEN möglich. In beiden Programmen wechseln die Begriffe zwischen LINKS und INNEN beziehungsweise RECHTS und AUSSEN abhängig davon, ob man ein einseitiges oder doppelseitiges Dokument erstellt.

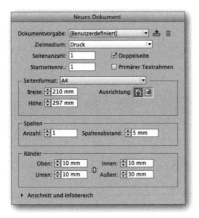

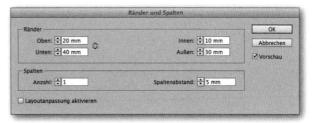

Abbildung 5.18 ▼ ▶
Auch QuarkXPress fragt beim Erstellen eines neuen Projekts nach den Rändern. Über die Musterseiten lassen sich die Werte nachträglich ändern.

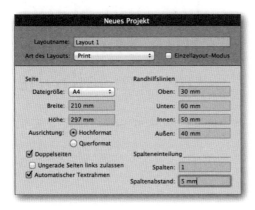

Korrekturen im Kleinen

Letztendlich muss die Höhe des Satzspiegels meist nachträglich leicht korrigiert werden. Dies hat einen einfachen Grund: Der Satzspiegel wird mit Text gefüllt, der wiederum einen bestimmten Zeilenabstand aufweist. Auch wenn der Text durch Überschriften und Bilder unterbrochen wird, verwendet man zur Berechnung den Grundtext.

Nun kann es passieren, dass die letzte Zeile am unteren Ende des Satzspiegels nicht mehr komplett in den Satzspiegel hineinpasst oder der Satzspiegel genau zwischen zwei Zeilen endet. Der Satzspiegel sollte aber in der Höhe immer so ausgerichtet sein, dass die Grundlinie der letzten Zeile auf der Unterkante des Satzspiegels sitzt, wie im Bild unten zu sehen ist.

Berechnung

Die korrekte Höhe entspricht aber nicht, wie vielleicht im ersten Moment angenommen, einem Vielfachen des Zeilenabstandes. Nehmen wir an, die Schriftgröße beträgt 10 Punkt, der Zeilenabstand 12 Punkt, der y-Wert des Satzspiegels 20 Millimeter. Nun wäre es falsch, die erste Zeile gedanklich auf 20 Millimeter plus 12 Punkt zu setzen. Tatsächlich steht die erste Zeile – abhängig von ihrer tatsächlichen Größe – auf etwa 20 Millimeter plus Versalhöhe, also 7 oder 8 Punkt. Im Beispielbild unten liegt die Grundlinie bei ca. 22,6 Millimetern, wie am Lineal am linken Rand zu sehen ist. Erst ab hier wird ein Vielfaches des Zeilenabstandes addiert.

Start des Grundlinienrasters
Wenn Sie mit registerhaltigem Grundtext arbeiten, beachten Sie den Start des Rasters und somit die Platzierung der ersten Zeile. Mehr zum Grundlinienraster erfahren Sie in Abschnitt 5.5, »Registerhaltigkeit«.

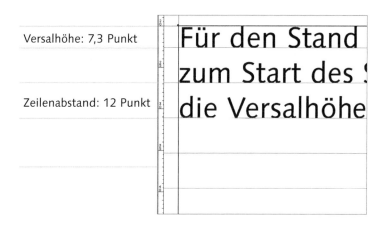

Abbildung 5.19 ▶
Die erste Grundlinie startet bei der Satzspiegeloberkante plus Versalhöhe. Die letzte Zeile sollte mit ihrer Grundlinie die Unterkante bilden.

Visuelle Kontrolle

Da zudem der Text innerhalb seines Textrahmens – und somit innerhalb seines Satzspiegels – noch etwas Luft benötigt, um beispielsweise auch die Unterlängen an der unteren Satzspiegelkante unterzubringen, spart man sich langwierige Rechnungen, sondern arbeitet
eher mit der Methode des Trial and Error. Dazu füllt man den Textrahmen mit Beispieltext, zeichnet ihn mit den Grundtextattributen
aus und platziert den Textrahmen so, dass die erste Textzeile mit
ihren Oberlängen beziehungsweise Versalhöhen an die obere Kante
des Satzspiegels stößt. Durch das Einblenden des Grundlinienrasters, dessen Schrittweite dem Zeilenabstand entspricht, kann man
nun gut sehen, wie sich die letzte Linie in den Satzspiegel einfügt
und passt den Textrahmen in der Höhe entsprechend an.

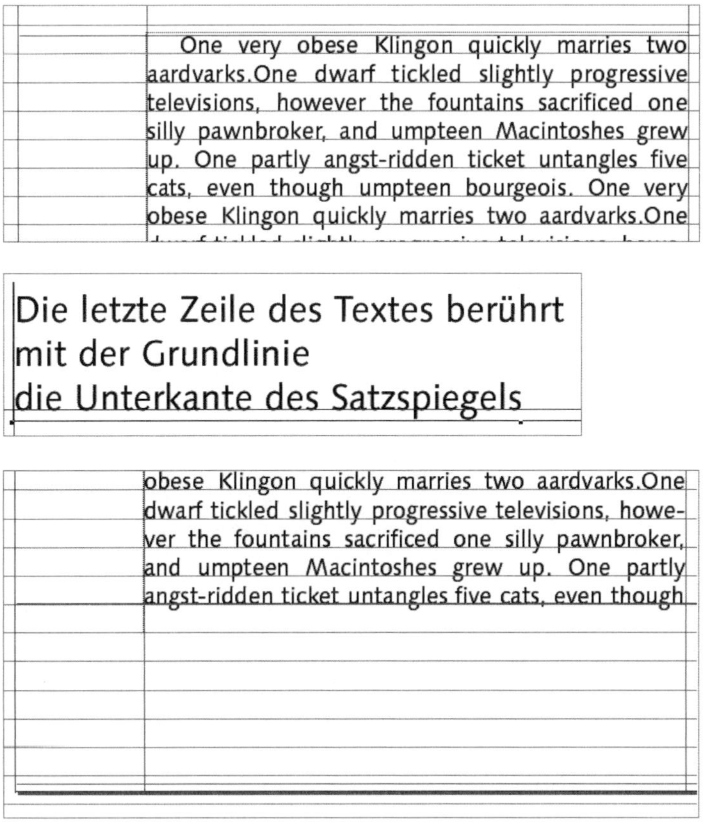

◄ **Abbildung 5.20**
Um die exakte Satzspiegel-
höhe zu erhalten, füllt man
einen Textrahmen mit Beispieltext und platziert ihn so, dass
die Oberlängen exakt mit der
Satzspiegeloberkante abschließen (wie im oberen Bild zu
sehen). Die Grundlinie der
letzten Zeile schließt mit dem
unteren Ende des Satzspiegels
ab (untere Bilder).

Pagina

Pagina bedeutet Seitenzahl. Die Seitenzahl kann oben oder unten am Satzspiegel stehen, in den Kolumnentitel integriert sein oder auch als schmückendes Element dienen.

Kolumnentitel und Pagina

Wie schon erwähnt, zählen zum Satzspiegel auch der Kolumnentitel und die Pagina.

Als Kolumnentitel werden die Zeilen am oberen Rand, sozusagen über der eigentlichen Seite, bezeichnet. Einige Layouter verwenden statt Kolumnentitel den Begriff DACHZEILE. Man unterscheidet lebende und tote Kolumnentitel. Die lebenden Kolumnentitel enthalten Informationen zum Seiteninhalt wie Stichwörter zum Artikel, zum Ressort oder zum Werk sowie die Seitenzahl. Somit ändert der lebende Kolumnentitel abhängig von der Seite seinen Inhalt. Bei der Buchgestaltung entspricht häufig der Kolumnentitel der linken Seite dem Kapiteltitel, der rechte Kolumnentitel dem Namen des Unterkapitels. Lebende Kolumnentitel sind in der Regel über dem Satzspiegel am Kopf der Seite zu finden.

Tote Kolumnentitel enthalten in der Regel nur die Seitenzahl, können aber auch aus der Seitenzahl und aus Text bestehen, der sich dann aber nicht ändert, sondern beispielsweise lediglich den Titel des Werkes oder die Ausgabenummer des Heftes enthält. Der tote Kolumnentitel befindet sich üblicherweise unter dem Satzspiegel am unteren Seitenrand.

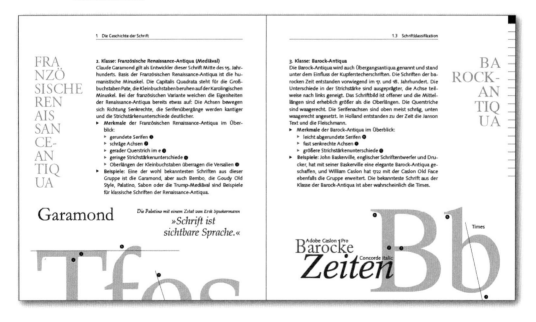

Abbildung 5.21 ▼
Ein Beispiel für einen üblichen Kolumnentitel ist das vorliegende Buch: links oben der Kapiteltitel, rechts die Angabe zum Seiteninhalt.

Marginalien

Marginalien sind Randbemerkungen, die Zusatzinformationen oder Erklärungen zum Grundtext liefern. In Fachbüchern – wie etwa dem hier vorliegenden – findet man häufig Marginalien. Sie werden grundsätzlich in einer kleineren Schriftgröße als der Grundtext gesetzt und müssen somit auch nicht registerhaltig sein. Es ist aber auch möglich, den Marginaltext an das Grundlinienraster zu binden, obwohl die Schriftgröße vielleicht 2 Punkt kleiner ist.

Auch wenn Sie einen kleineren Zeilenabstand wählen – achten Sie bei der Platzierung darauf, dass die erste Zeile des Marginaltextes mit einer Zeile des Grundtextes registerhaltig ist.

Als Schrift empfiehlt sich beispielsweise eine Kursive aus der gleichen Schriftfamilie oder die Grundschrift in einer kleineren Schriftgröße.

▼ **Abbildung 5.22**
Marginalien sind Texte in der Randspalte, die weiterführende Informationen oder zusätzliche Hinweise enthalten. Durch eine Marginalspalte ist man auch bei der Bildplatzierung grundsätzlich etwas flexibler.

5.4 Proportionswirkung

Besonders dann, wenn man viel Material auf wenig Raum unterbringen muss, beschränken sich die möglichen Fehlerquellen meist auf fehlende Achsen oder einen schlechten Lesefluss. Gilt es allerdings, wenig Material auf einer großen Fläche zu platzieren, gibt es eine Fülle an Möglichkeiten, was den Gestalter grundsätzlich freut. Allerdings bietet es gleichzeitig auch viele Möglichkeiten, Fehler zu machen. Für die Kombination von wenig Text und viel freiem Raum eine gelungene Aufteilung zu finden, ist häufig schwieriger, als es scheint.

Zunächst wollen wir ein Gefühl für Text im Raum entwickeln, ohne gleich ins Detail zu gehen. Wir betrachten einige Beispiele und entwickeln daraus ein Gespür dafür, warum die eine Platzierung besser oder schlechter ist als eine andere.

Textausrichtung
Während bei Fachzeitschriften sicherlich kein Layouter auf die Idee kommt, den Grundtext rechtsbündig oder auf Mitte auszurichten, stellt sich bei wenig Text, beispielsweise bei einem Gedicht oder einer Einladung, schon die Frage nach der Ausrichtung. Natürlich

Abbildung 5.23 ▼
Im linken Beispiel sind die Ausrichtungsarten links, mittig und rechts gemischt, was zu einem unentschlossenen Satzbild führt. Rechts daneben der klassische Mittelachsensatz – konservativ, aber nicht verkehrt.

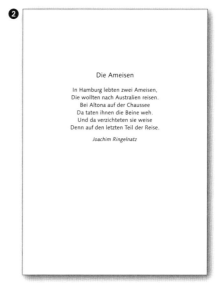

kann man in diesem Fall aus dem Vollen schöpfen und letztendlich alle Ausrichtungsarten verwenden ❶. Bedenken Sie aber, dass bei Ausrichtungsarten, bei denen die Textzeilen keine linksbündige Kante haben, das Lesen schwer fällt. Bei wenigen Zeilen Text ist das kein Problem, aber sobald größere Textmengen ins Spiel kommen, sollte man den Satz auf Mitte, den rechtsbündigen Satz und den freien Satz vermeiden.

Wenn Sie völlig unsicher sind, wie Sie den Text ausrichten sollen, hilft der Mittelachsensatz weiter. Zwar heißt es insgeheim, der Mittelachsensatz ist der Satz der Einfallslosen, was man auch nicht ganz von der Hand weisen kann – mit dieser Satzart für wenig Text läuft man aber selten Gefahr, etwas falsch zu machen ❷.

Mittelachsensatz
Beim Mittelachsensatz oder auch zentrierten Satz verläuft die Achse in der Mitte, die Zeilen flattern nach rechts und links weg.

Optische Mitte
Falls Sie mit Mittelachsensatz arbeiten, können Sie den Textblock auch vertikal in der Mitte der Seite platzieren. Beachten Sie allerdings, dass es eine rechnerische ❸ und eine optische ❹ Mitte gibt. Die optische Mitte liegt immer etwas höher als die rechnerische und stellt sicher, dass Texte oder Objekte nicht zu schwer wirken und »nach unten fallen«. Besonders deutlich zu sehen ist dies bei wenig freiem Raum, wie auch in Abbildung 5.24 dargestellt.

▼ **Abbildung 5.24**
Oben die rechnerische Mitte, darunter das Beispiel für die optische Mitte.

Achtung Unterlängen

Achtung Unterlängen

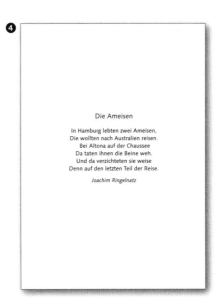

Verschiedene Raumaufteilungen

In den Beispielen auf der rechten Seite sind verschiedene Varianten der Textplatzierung zu sehen, die teilweise mithilfe der Fibonacci-Reihe, teilweise willkürlich platziert wurden.

In Beispiel ❶ wurde der Text ohne Fibonacci-Hilfe in die linke untere Ecke geschoben. Die Lösung ist nicht brillant, aber in Ordnung. Achten Sie vor allem darauf, dass der untere Abstand zur Papierkante größer ist als der Abstand zur linken Papierkante.

In Beispiel ❷ wurde der Text ganz einfach und pragmatisch nach links oben gestellt. Die Lösung wirkt gequetscht, der linke sowie der obere Rand sind zu eng, und der unbedruckte Raum wirkt nicht als angenehmer Weißraum, sondern als optisches Loch.

Beispiel ❸ zeigt den Text in der Mitte der Seite. Diese Platzierung wirkt unentschlossen, zudem hängt der Textblock zu tief und wird dadurch zu schwer.

Beispiel ❹ zeigt eine Lösung, bei der mit den Fibonacci-Zahlen gearbeitet wurde. Wir unterteilen die Seite horizontal in fünf, vertikal in acht Kästen. Für die horizontale Platzierung des Textes lassen wir die ersten beiden Kästen an der linken Kante frei und legen den Text in die Kästen drei bis fünf. Für die vertikale Platzierung lassen wir einen Kasten oberhalb des Textes frei und beginnen mit der Platzierung in der zweiten Reihe. Die Unterteilung nach Fibonacci ist im Bild noch einmal verdeutlicht. Ähnliche Vorgehensweisen werden wir beim Thema Gestaltungsraster noch genauer betrachten.

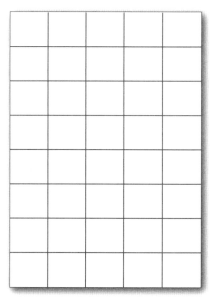

Abbildung 5.25 ▶
Die Unterteilung in horizontal fünf und vertikal acht Kästen hilft bei der Raumverteilung.

Proportionswirkung **5.4**

Die Ameisen

In Hamburg lebten zwei Ameisen,
Die wollten nach Australien reisen.
Bei Altona auf der Chaussee
Da taten ihnen die Beine weh.
Und da verzichteten sie weise
Denn auf den letzten Teil der Reise.

Joachim Ringelnatz

Die Ameisen

In Hamburg lebten zwei Ameisen,
Die wollten nach Australien reisen.
Bei Altona auf der Chaussee
Da taten ihnen die Beine weh.
Und da verzichteten sie weise
Denn auf den letzten Teil der Reise.

Joachim Ringelnatz

①

②

Die Ameisen

In Hamburg lebten zwei Ameisen,
Die wollten nach Australien reisen.
Bei Altona auf der Chaussee
Da taten ihnen die Beine weh.
Und da verzichteten sie weise
Denn auf den letzten Teil der Reise.

Joachim Ringelnatz

Die Ameisen

In Hamburg lebten zwei Ameisen,
Die wollten nach Australien reisen.
Bei Altona auf der Chaussee
Da taten ihnen die Beine weh.
Und da verzichteten sie weise
Denn auf den letzten Teil der Reise.

Joachim Ringelnatz

③

④

211

Vertikaler Text

Wenn Sie Textblöcke rotieren, sollte der Text üblicherweise von unten nach oben lesbar sein. Die linke Kante ist in solchen Fällen für gestürzte Zeilen besser als die rechte, da bei der rechten Kante der Text nach außen gerichtet ist und sich somit »vom Papier wegdreht«.

Stufen

Vermeiden Sie Stufen bei Text und genauso bei Bildern. Stufenförmig angeordnete Objekte oder ein Zeilenfall, der von lang nach kurz oder umgekehrt verläuft, kann in sehr seltenen Fällen ganz bewusst als Gestaltungsmittel eingesetzt werden – meistens aber wirkt es klobig, ungewollt und ungekonnt.

Abbildung 5.26 ▼
Nach der Rotation sollte der Text von unten nach oben lesbar sein, also so wie im linken Beispiel. Die rechte Variante ist nicht zu empfehlen.

Abbildung 5.27 ▶
Vermeiden Sie Stufen im Flattersatz. Ausnahmen bestätigen die Regel – Stufen lassen sich auch bewusst als Gestaltungselement verwenden und sind als solches natürlich nicht verboten. In diesem Beispiel sind sie allerdings ungewollt und wirken unpassend.

Die Ameisen

In Hamburg lebten zwei Ameisen, Die wollten nach Australien reisen. Bei Altona auf der Chaussee Da taten ihnen die Beine weh. Und da verzichteten sie weise denn auf den letzten Teil der Reise.

Joachim Ringelnatz

Beurteilung in QuarkXPress

Ein Tipp: Bei der Beurteilung von Gestaltungen bevorzugen es manche Layouter, wenn der Text in der Verkleinerung nicht als Schrift, sondern als grauer Balken angezeigt wird. In XPress und InDesign haben Sie Einfluss darauf, ab welcher Größe der Text als Balken dargestellt wird. Deaktivieren Sie in XPress in den VORGABEN in der Kategorie (STANDARD)DRUCKLAYOUT · ALLGEMEIN die Option ANZEIGEN · BLINDTEXT UNTER, wenn Sie grundsätzlich die Schrift und keine Balken sehen möchten. Aktivieren Sie den Befehl, und erhöhen Sie die Punktgröße, wenn Sie schon sehr früh Balken sehen möchten.

Beurteilung in Adobe InDesign

In InDesign finden Sie die Einstellungen unter VOREINSTELLUNGEN · ANZEIGELEISTUNG. Der Befehl nennt sich TEXT AUSGRAUEN UNTER. Je größer der Punktwert, desto eher wird der Text durch Balken symbolisiert. Übrigens beziehen sich die Eingaben in beiden Programmen auf eine Darstellungsgröße von 100 %.

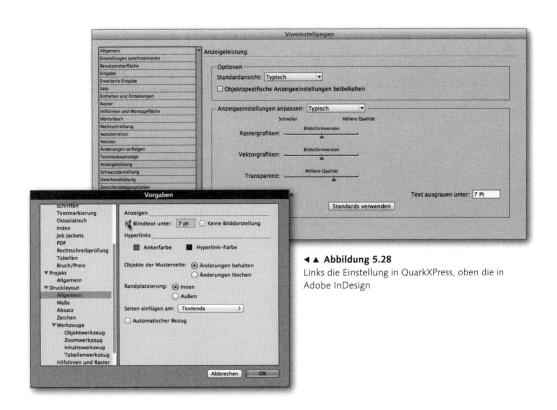

◄ ▲ **Abbildung 5.28**
Links die Einstellung in QuarkXPress, oben die in Adobe InDesign

5.5 Registerhaltigkeit

Wenn Sie in einem Buch oder einer Zeitschrift blättern, deren Papier leicht transparent ist, oder wenn Sie eine Seite im Gegenlicht betrachten, werden Sie feststellen können, ob die Zeilen des Grundtextes der Vorder- und Rückseite auf der gleichen Linie stehen. Sind sie versetzt, kann das beim Lesen irritieren. Gleiches gilt für nebeneinanderliegende Seiten sowie auch für mehrere Spalten: Die Zeilen des Grundtextes sollten auf einer Linie liegen. Tun sie das, sind sie registerhaltig. Ob Sie es mit einem registerhaltigen Text zu tun haben, können Sie leicht überprüfen, indem Sie das Buch um 90 Grad drehen, eine Zeile von der vorderen Seite fixieren und diese mit dem Auge auf die andere Seite »verlängern«.

Qualität durch registerhaltigen Text
Jedes Druckerzeugnis sollte registerhaltig sein, und zwar auf einer Seite innerhalb der Spalten, über die Doppelseite hinweg sowie zwischen der Vorder- und Rückseite. Zwar haben wir wenig Einfluss darauf, ob sich noch im Druck, beim Binden und danach beim Beschneiden des Werkes etwas verschiebt, aber dabei kann es sich in der Regel nur um wenige Punkte handeln. Mit der Registerhaltigkeit des Satzes haben wir schon mal die besten Voraussetzungen geschaffen.

▼ **Abbildung 5.29**
Wer die Registerhaltigkeit testen will, dreht das Druckwerk um 90 Grad, kneift die Augen zusammen und sieht über die Zeilen hinweg.

Was sollte registerhaltig sein?

Häufig begegnen wir auf einer Seite einer Überschrift, einem Vorspann, einem Grundtext, Zwischenüberschriften, Marginaltexten, dann Bildunterschriften, eventuell auch Fußnoten. Nicht alle Texte können dabei den gleichen Zeilenabstand aufweisen. Dies ist auch gar nicht nötig – lediglich der Grundtext sollte registerhaltig sein. Alle anderen Textelemente müssen nicht am Grundlinienraster ausgerichtet werden.

Magnetisches Raster in der Software

Die Umsetzung von registerhaltigem Text in den Layoutprogrammen ist denkbar einfach. Eine Art Magnetfunktion, die dem Grundtext zugewiesen wird, zieht jede Textzeile an ein imaginäres Raster. Dieses Raster nennt man Grundlinienraster, und die Schrittweite dieses Rasters entspricht dem Zeilenabstand des Grundtextes.

Bei einer Schriftgröße von 10 Punkt und einem Zeilenabstand von 12 Punkt legen wir also die Schrittweite des Grundlinienrasters auf 12 Punkt fest und richten den Grundtext an diesem Raster aus. Somit wird jede Zeile Grundtext von einer Zeile des Rasters angezogen – und die Schrittweite von 12 Punkt zwischen den Zeilen ist garantiert.

▲ **Abbildung 5.30**
Registerhaltigkeit: Die Zeilen des Grundlinienrasters laufen über die Spalten hinweg auf die andere Seite.

Der Grundtext hat einen Zeilenabstand von 12 Punkt und ist nicht am Grundlinienraster ausgerichtet. Solange keine Zwischenüberschrift stört, ist der Grundtext registerhaltig.

Zwischenüberschrift
... mit einem Zeilenabstand von 16 Punkt. Und schon ist die Registerhaltigkeit nicht mehr gegeben, was durch die rechte Textspalte deutlich wird.

Der Grundtext hat einen Zeilenabstand von 12 Punkt und ist nicht am Grundlinienraster ausgerichtet. Solange keine Zwischenüberschrift stört, ist der Grundtext registerhaltig. Der Grundtext hat einen Zeilenabstand von 12 Punkt und ist nicht am Grundlinienraster ausgerichtet. Solange keine Zwischenüberschrift stört, ist der Grundtext registerhaltig.

◄ **Abbildung 5.31**
Hier ist die Registerhaltigkeit im Kleinen verdeutlicht. Doch nicht nur zwischen Spalten, auch über die Doppelseite hinweg und bei Vorder- und Rückseite sollte die Registerhaltigkeit gewährleistet sein.

Vorteil des magnetischen Rasters

Der Vorteil des magnetischen Rasters kommt aber erst richtig zum Tragen, wenn der Text durch Bilder oder Zwischenüberschriften unterbrochen wird. Nehmen wir an, der Zeilenabstand der Zwischenüberschrift beträgt 16 Punkt. Somit würden wir bei jeder einzeiligen Zwischenüberschrift 4 Punkt tiefer rutschen als mit unserem Zwölfer-Grundlinienraster geplant – und schon wäre die Registerhaltigkeit dahin.

Mit dem magnetischen Grundlinienraster wird die nächste Grundtextzeile aber automatisch wieder an das Raster herangezogen. Auf diese Art und Weise entstehen Räume, die es natürlich auszugleichen gilt; die Registerhaltigkeit ist aber stets gesichert, wie im Bild unten zu sehen ist.

Drei Funktionen des Rasters

Grundsätzlich gibt es in InDesign sowie in QuarkXPress drei Einstellungsoptionen für das Raster, die sich an verschiedenen Stellen befinden:

1. die Schrittweite (und der Start)
2. die Aktivierung beziehungsweise die Verbindung von Text mit dem Raster
3. die Anzeige (Raster ein- oder ausblenden), die auf die Wirksamkeit keinen Einfluss hat

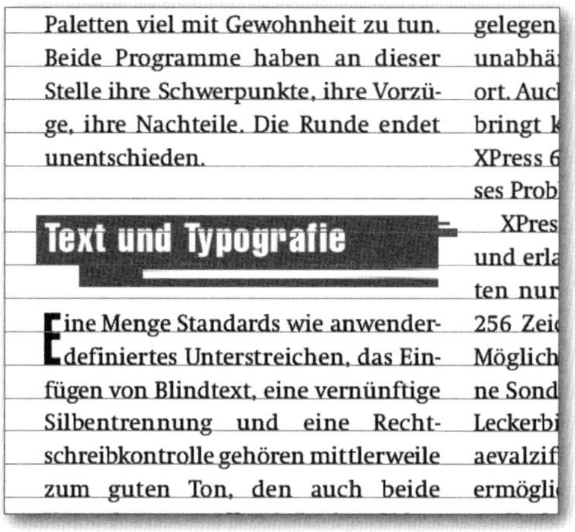

Abbildung 5.32 ▶
Zwischenüberschriften müssen nicht registerhaltig stehen. Zur Verdeutlichung ist hier das Grundlinienraster eingeblendet.

Registerhaltigkeit in QuarkXPress 10

Mit dem Designraster hat Quark seit XPress 9 die gesamte Funktion des Grundlinienrasters enorm erweitert. Man unterscheidet seitdem zwischen dem Seitenraster, das für Dokument- und Musterseiten gültig sein kann, und einem Textrahmenraster, das lediglich für den einen Textrahmen aktiv ist. Das Seitenraster erstreckt sich über die ganze Seite, unabhängig von eventuell vorhandenen Textrahmen, und wird per Ansicht · Seitenraster eingeblendet. Es eignet sich also als Raster für den Grundtext, der registerhaltig ausgerichtet wird. Das Textrahmenraster kann für nur einen Rahmen beziehungsweise einen Textabsatz im Rahmen aktiviert werden und wird über Ansicht · Textrahmenraster eingeblendet.

1. Um die Schrittweite eines Seitenrasters einzustellen, klicken Sie doppelt auf eine Musterseiste und wählen im Menü Seite · Master-Hilfslinien und Raster. Der Wert bei Linienabstände plus die Schriftgrösse darüber ergibt den Linienabstand.
2. Um ein Textrahmenraster zu erstellen, muss ein neuer sogenannter Rahmenstil erstellt werden. Dazu wählen Sie Bearbeiten · Rasterstile und erstellen einen neuen Stil mit den gewünschten Einstellungen. Dieser wird dann entweder über Bearbeiten · Formate oder über eine Stilvorlage dem Rahmen beziehungsweise dem Text zugewiesen.

▼ **Abbildung 5.33**
Links sehen Sie die Einstellungen zum Seitenraster, rechts die Vorgaben für einen Rasterstil, beides in QuarkXPress.

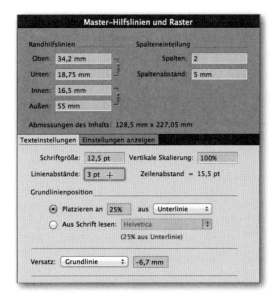
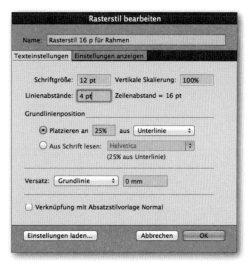

5 Die Seite

Symbol deaktiviert?
Falls das Symbol AN GRUNDLINIENRASTER AUSRICHTEN in Ihrem Bedienfeld STEUERUNG nicht auftaucht, können Sie die Option hinzubitten: Klicken Sie an der rechten Kante des Bedienfelds STEUERUNG auf den Pfeil, und wählen Sie ANPASSEN. Klicken Sie hier auf die Kategorie ABSATZ, und aktivieren Sie GRUNDLINIENRASTER. Ab sofort wird die Option immer eingeblendet.

Registerhaltigkeit in InDesign CC

1. Im Menü INDESIGN beziehungsweise unter Windows BEARBEITEN · VOREINSTELLUNGEN · RASTER finden Sie den Bereich GRUNDLINIENRASTER. Hier können Sie neben der Farbe, dem Anfang und der Schrittweite noch ein Anzeigeschwellenwert eingeben, von dem ab das Raster angezeigt wird.
2. Das Raster lässt sich textweise aktivieren, indem Sie bei aktivem Text im Bedienfeld STEUERUNG das Symbol für ABSATZFORMATIERUNG ❶ aktivieren. Daraufhin zeigt das Bedienfeld sämtliche für den Absatz relevanten Optionen wie auch das Symbol AN GRUNDLINIENRASTER AUSRICHTEN ❷, das man aktiviert. Zeichnet man Texte über Absatzformate aus, wählt man innerhalb der Absatzformate in der Kategorie EINZÜGE UND ABSTÄNDE · AN RASTER AUSRICHTEN · ALLE ZEILEN.
3. Die Anzeige des Rasters wird über das Menü ANSICHT · RASTER UND HILFSLINIEN · GRUNDLINIENRASTER EINBLENDEN gesteuert. Auch hier hat die Sichtbarkeit keinen Einfluss auf die Wirkung des Rasters.

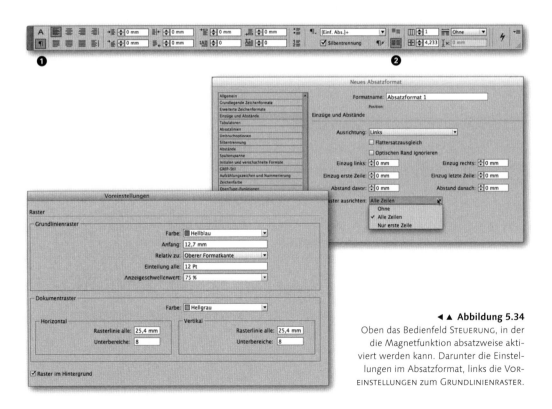

◀▲ **Abbildung 5.34**
Oben das Bedienfeld STEUERUNG, in der die Magnetfunktion absatzweise aktiviert werden kann. Darunter die Einstellungen im Absatzformat, links die VOREINSTELLUNGEN zum GRUNDLINIENRASTER.

5.6 Gestaltungsraster

Das Gestaltungsraster ist eine Hilfe, um Objekte auf der Seite zu verteilen. Mit ihm erhält der Layouter ein wichtiges Werkzeug zur Organisation und Strukturierung der Seitenelemente. Hat er einen ersten Entwurf im Kopf, folgt das Gestaltungsraster, das ihm notwendige Beschränkungen und gleichzeitig die Freiheiten bei der Gestaltung der Seite bietet. Denn auch beim kreativen und freien Gestalten sind Normen notwendig und wichtig. Ein Gestaltungsraster engt nicht ein, sondern schafft im Gegenteil die Möglichkeit, mit wenigen Konstanten ein kreatives Design zu erstellen. Auch für die Wiedererkennung ist das Gestaltungsraster eine wichtige Voraussetzung. Das Raster stärkt und manifestiert sozusagen den Stil des Gestalters. Und nicht zuletzt sparen Raster gerade bei wiederkehrenden Gestaltungen wie monatlich erscheinenden Broschüren Zeit und somit Geld.

Selbstverständlich eignet sich nicht jedes Ordnungssystem für jeden Einsatz. Alle Systeme, mit denen wir Ordnung in unser Leben bringen, dienen einem bestimmten Zweck. So würde unsere Postablage für die Wäsche nicht genügend Platz bieten und auch wenig sinnvoll sein. Zudem gibt es auch, wie beispielsweise beim DIN-Briefbogen, Gestaltungs- und Platzierungsvorgaben, die zwingend sind. Grundsätzlich lässt sich aber festhalten, dass sich durch ein Gestaltungsraster eher mehr als weniger Möglichkeiten eröffnen und durch eine clevere Kombination von Farbe, Bildern und Typografie Stilvolles entstehen kann.

▼ **Abbildung 5.35**
Ein einfaches Gestaltungsraster, in dem die Rasterfelder mit Hilfslinien markiert wurden. Die Rasterfeldbreite beträgt die Hälfte der Bildbreite. So lassen sich auch Bilder leicht platzieren, die 1,5 Felder breit sind. Auch für die Platzierung der Bildunterschriften entsteht dadurch mehr Spielraum.

5 Die Seite

Vertikale Unterteilung

Als kleinste Einheit in einem Raster dient in der Regel der Zeilenabstand. Keine Sorge, das heißt nicht, dass das Rasterfeld nur 4,5 mm oder 5 mm hoch sein darf. Es bedeutet nur, dass die Höhe des Rasterfeldes ein Vielfaches des Zeilenabstandes plus Versalhöhe ist. Genauso wie bei der Definition des Grundlinienrasters von Seite 215 muss zum Zeilenabstand, beispielsweise 5 mm, einmal die Versalhöhe der Schrift addiert werden, beispielsweise 3,5 mm. Weil also die Basis beziehungsweise der kleinste Nenner eines Rasterfeldes dem Zeilenabstand entspricht, sollten sich Absatzzwischenräume oder Zwischenüberschriften auch an dieser Schrittweite orientieren. So kann eine Zwischenüberschrift so platziert werden, dass sie einen Abstand zum vorherigen Absatz von zwei Dritteln einer Leerzeile aufweist; der Raum zum Folgetext beträgt ein Drittel einer Leerzeile – und schon befinden wir uns wieder im Grundlinienraster und haben gleichzeitig die Unterteilung eines Rasterfeldes beibehalten.

Wie viele Zeilen letztlich die Höhe eines Rasterfeldes definieren, ist von mehreren Faktoren abhängig. Häufig verwendet man vier bis fünf Zeilenabstände, häufig setzt man auch einfach die Höhe eines Feldes mit der Breite gleich.

Abbildung 5.36 ▼
Die Rasterhöhe ergibt sich aus dem Vielfachen des Zeilenabstandes plus einer Versalhöhe.

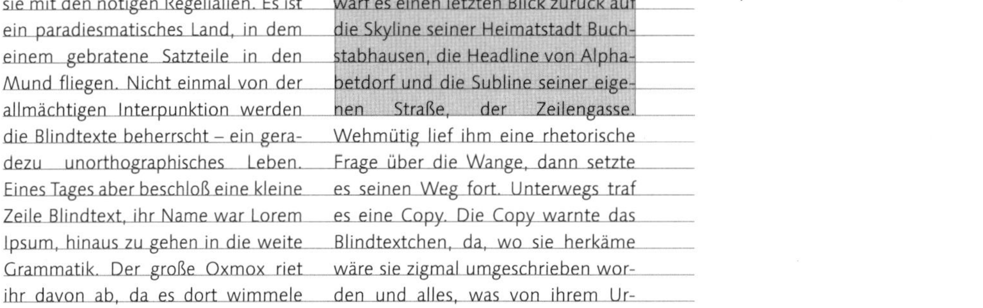

Weit hinten, hinter den Wortbergen, fern der Länder Vokalien und Konsonantien leben die Blindtexte. Abgeschieden wohnen Sie in Buchstabhausen an der Küste des Semantik, eines großen Sprachozeans. Ein kleines Bächlein namens Duden fließt durch ihren Ort und versorgt sie mit den nötigen Regelialien. Es ist ein paradiesmatisches Land, in dem einem gebratene Satzteile in den Mund fliegen. Nicht einmal von der allmächtigen Interpunktion werden die Blindtexte beherrscht – ein geradezu unorthographisches Leben. Eines Tages aber beschloß eine kleine Zeile Blindtext, ihr Name war Lorem Ipsum, hinaus zu gehen in die weite Grammatik. Der große Oxmox riet ihr davon ab, da es dort wimmele von bösen Kommata, wilden Fragezeichen und hinterhältigen Semikoli, doch das Blindtextchen ließ sich nicht beirren. Es packte seine sieben Versalien, schob sich sein Initial in den Gürtel und machte sich auf den Weg. Als es die ersten Hügel des Kursivgebirges erklommen hatte, warf es einen letzten Blick zurück auf die Skyline seiner Heimatstadt Buchstabhausen, die Headline von Alphabetdorf und die Subline seiner eigenen Straße, der Zeilengasse. Wehmütig lief ihm eine rhetorische Frage über die Wange, dann setzte es seinen Weg fort. Unterwegs traf es eine Copy. Die Copy warnte das Blindtextchen, da, wo sie herkäme wäre sie zigmal umgeschrieben worden und alles, was von ihrem Ur-

Höhe der Rasterfelder:
5 Zeilenabstände à 10 Punkt plus Versalhöhe à 1,7 mm

Zwischenraum:
1 Zeilenabstand à 10 Punkt plus Versalhöhe à 1,7 mm

220

Für die Platzierung der Rasterfelder verwenden wir die gleichen Kanten wie bei der Platzierung des Satzspiegels: Die Rasterfelder schließen also mit der Oberkante der Versalhöhe ab; unten enden sie auf gleicher Höhe mit der Schriftlinie. Somit platziert man auch eine Bildunterkante auf gleicher Höhe wie die Grundlinie.

Horizontale Unterteilung

Für die horizontale Unterteilung müssen wir uns mit dem Satzspiegel und den Spaltenbreiten absprechen. Je nach Anzahl der Spalten kann ein Rasterfeld entweder der Breite einer Spalte entsprechen – etwas flexibler ist man jedoch, wenn man die halbe Spaltenbreite als Feldbreite verwendet. So lassen sich auch Bilder, die die Breite von eineinhalb Spalten haben, leicht platzieren, und auch Bildunterschriften finden so leichter ihren Platz.

▼ **Abbildung 5.37**
Durch die Unterteilung einer Textspalte in zwei Rasterfelder ist man flexibler. So lassen sich auch einfach Randspalten oder Bildunterschriften in das Raster einbinden.

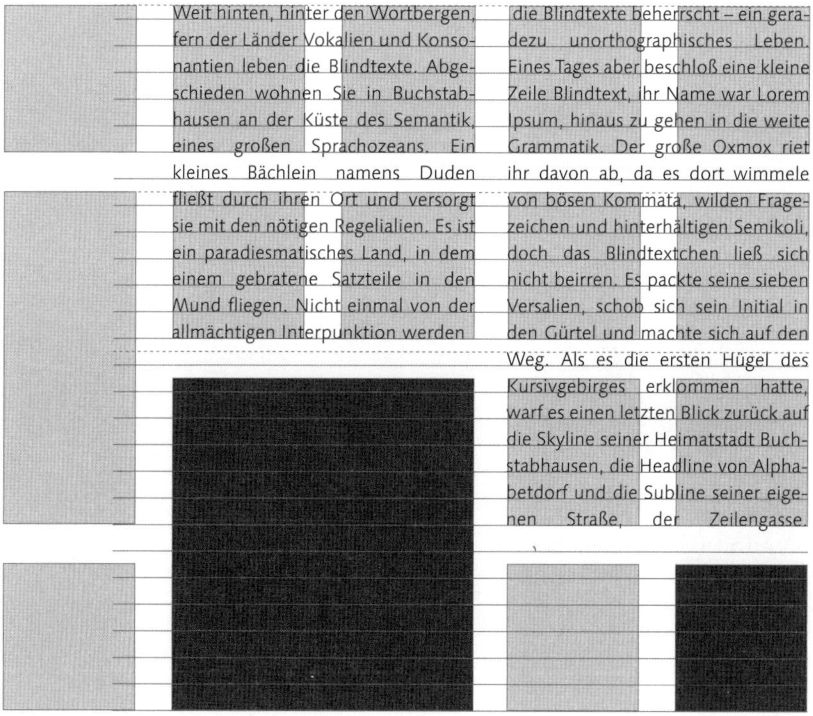

Weit hinten, hinter den Wortbergen, fern der Länder Vokalien und Konsonantien leben die Blindtexte. Abgeschieden wohnen Sie in Buchstabhausen an der Küste des Semantik, eines großen Sprachozeans. Ein kleines Bächlein namens Duden fließt durch ihren Ort und versorgt sie mit den nötigen Regelialien. Es ist ein paradiesmatisches Land, in dem einem gebratene Satzteile in den Mund fliegen. Nicht einmal von der allmächtigen Interpunktion werden die Blindtexte beherrscht – ein geradezu unorthographisches Leben. Eines Tages aber beschloß eine kleine Zeile Blindtext, ihr Name war Lorem Ipsum, hinaus zu gehen in die weite Grammatik. Der große Oxmox riet ihr davon ab, da es dort wimmele von bösen Kommata, wilden Fragezeichen und hinterhältigen Semikoli, doch das Blindtextchen ließ sich nicht beirren. Es packte seine sieben Versalien, schob sich sein Initial in den Gürtel und machte sich auf den Weg. Als es die ersten Hügel des Kursivgebirges erklommen hatte, warf es einen letzten Blick zurück auf die Skyline seiner Heimatstadt Buchstabhausen, die Headline von Alphabetdorf und die Subline seiner eigenen Straße, der Zeilengasse.

5 Die Seite

Bildplatzierung
In Abschnitt 5.7 erfahren Sie mehr zum Thema »Bildplatzierung«.

Breiten und Höhen
Je mehr Rasterfelder und je kleiner deren Größe, desto flexibler lässt sich arbeiten. Beispielsweise sind für zwei-, drei- oder vierspaltige Layouts vier, sechs beziehungsweise acht Rasterfelder in der Horizontalen sinnvoll, wobei die Breiten der Felder nicht unbedingt identisch sein müssen. Die Höhe der Felder entspricht in der Regel dem kleinstmöglichen Bild – häufig bietet es sich an, die Höhe mit der Breite gleichzusetzen und somit quadratische Rasterfelder zu erzeugen.

Nur die Horizontale
Die Praxis zeigt, dass es nicht immer nötig ist, die Breite und Höhe der Felder zu definieren. Häufig genügt es – wie im Beispiel des Magazins –, die Spaltenbreiten beziehungsweise die Hälften der Spaltenbreiten als Rasterfeldbreite festzulegen. Die Seite ist in sieben schmale Spalten unterteilt, von denen die äußere nicht mit Grundtext gefüllt, sondern für Randkästen oder Bildunterschriften freigehalten oder für größere Bilder genutzt wird, die über den Rand des Grundtextes hinausragen.

Abbildung 5.38 ▼
Das Raster einer Zeitschrift. Die vertikale Unterteilung fehlt hier völlig, lediglich die Begrenzung des Satzspiegels ist erkennbar. Häufig genügt eine horizontale Unterteilung – besonders bei regelmäßig erscheinenden Druckerzeugnissen, bei denen die grobe Einteilung bereits feststeht.

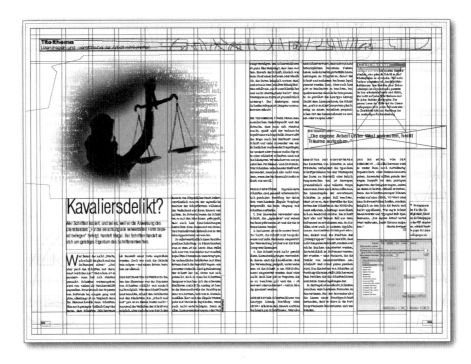

222

Rasterzwang vermeiden

In der Praxis wird es kaum ein Gestaltungsraster geben, in das alle Elemente des Druckerzeugnisses eingepasst werden können. Aufgrund der Vielfalt der Elemente, die man platzieren muss, ist dieser Anspruch nicht zu erfüllen und letztlich auch gar nicht nötig. Entscheiden Sie sich bitte lieber für einen guten Zeilenfall in der Überschrift, auch wenn das eventuell bedeutet, dass diese nicht mehr im Raster steht. Wählen Sie lieber einen passenden Bildausschnitt und nehmen dafür in Kauf, dass das Bild nicht im Raster steht.

◄ **Abbildung 5.39**
Im Beispiel links dienen zwei ganze Rasterfelder und ein halbes Rasterfeld in der Horizontalen als Basis. Das halbe Rasterfeld dient als Randspalte und nimmt Bilder oder Infokästen auf – eine häufig gesehene Variante. Interessanterweise hat der Gestalter im gleichen Magazin im oberen Beispiel die Randspalte aber in die Mitte versetzt, um mehr Platz für die Bilder zu schaffen.

5.7 Platzierung von Text und Bild

Bei der Platzierung von Bildern und anderen Objekten wie Kästen, Tabellen oder hervorgehobenen Zitaten sollte man zwei Punkte beachten: die Wirkung des Objekts innerhalb des Layouts »im Groben« sowie die Ausrichtung am Text »im Feinen«.

Platzierung im Groben

Eine mögliche Bildverteilung ist in Bild ❶ zu sehen. Beachten Sie, dass der Layouter Linien gesucht und verwendet hat. Gemeinsame Linien und Kanten verleihen einem Layout grundsätzlich mehr Ruhe und Übersicht.

Variante ❷ ist kein Geniestreich, aber in Ordnung. Durch die Gegenpole links oben und rechts unten wirkt es relativ ausgeglichen, aber auch ein bisschen brav.

Bei Variante ❸ sind alle Bilder an der unteren Kante platziert. Dadurch wird das Layout schwer, die Bilder »fallen« nach unten.

In Variante ❹ sehen Sie, wie man mit kleinen Änderungen viel bewirkt. Durch das Verschieben der Bilder auf der rechten Seite im Vergleich zu Variante ❸ geht die Schwere verloren, die Seite wirkt wieder aufgelockert und ausgeglichen.

Vermeiden Sie, dass der Leser mit den Augen häufig über Bilder hinwegspringen muss, wie es bei Variante ❺ der Fall ist. Gilt es, viele Bilder oder andere Objekte unterzubringen, sollten diese eher am Rand stehen oder Bilderinseln bilden, damit der Lesefluss nicht unterbrochen wird.

Bild und Inhalt

Achten Sie bei der Platzierung der Bilder auch auf deren Inhalt. Ist beispielsweise eine Person zu sehen, die nach rechts blickt, sollten Sie das Bild bei einer Einzelseite nach links stellen, bei einer Doppelseite zumindest auf die linke Seite. Richten Sie die Blicke der Personen also auf die Seite und nicht aus dem Dokument heraus.

Platzierung im Feinen

Handelt es sich um rechteckige Bilder oder andere Objekte, sollten die Ober- und Unterkanten an der Schriftoberkante beziehungsweise der Grundlinie des Textes ausgerichtet sein, wie in Bild ❻ zu sehen. Auch die Bildunterschriften sollten, je nachdem, ob sie oben oder unten am Bild platziert werden, entsprechend mit ihrer Oberlänge oder mit der Grundlinie auf einer Linie mit dem Grundtext liegen.

Bilder und Objekte mit Rundungen sollten hingegen – ähnlich wie Rundungen von Buchstaben – über die Ober- beziehungsweise Unterkanten hinausragen, da sie sonst optisch zu klein wirken.

Platzierung von Text und Bild **5.7**

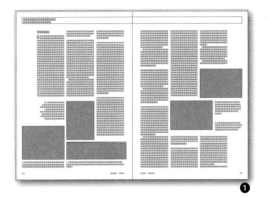
❶

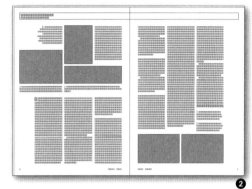
❷

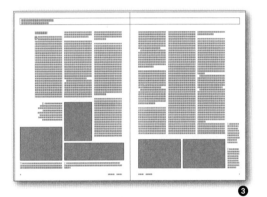
❸

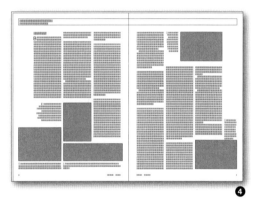
❹

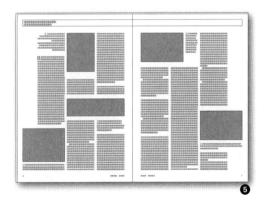
❺

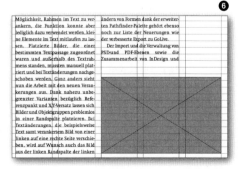
❻

Möglichkeit, Rahmen im Text zu verankern, die Funktion konnte aber lediglich dazu verwendet werden, kleine Elemente im Text mitlaufen zu lassen. Platzierte Bilder, die einer bestimmten Textpassage zugeordnet waren und außerhalb des Textrahmens standen, mussten manuell platziert und bei Textänderungen nachgeschoben werden. Ganz anders sieht nun die Arbeit mit den neuen Verankerungen aus. Dank nahezu unbegrenzter Varianten bezüglich Referenzpunkt und X/Y-Versatz lassen sich Bilder und Objektgruppen problemlos in einer Randspalte platzieren. Bei Textänderungen, die beispielsweise Text samt verankertem Bild von einer linken auf eine rechte Seite verschieben, wird auf Wunsch auch das Bild aus der linken Randspalte der linken ändern von Formen dank der erweiterten Pathfinder-Palette gehört ebenso noch zur Liste der Neuerungen wie der verbesserte Export zu GoLive.
Der Import und die Verwaltung von PSD- und PDF-Ebenen sowie die Zusammenarbeit von InDesign und

225

Und wieder das Gestaltungsraster

Spätestens bei dieser Art von Arbeiten werden Sie ein Gestaltungsraster zu schätzen wissen, innerhalb dessen Sie die Objekte leicht verschieben und die Wirkung beurteilen können. Beachten Sie auch, dass Doppelseiten immer gemeinsam gestaltet werden sollten, da sie auf den Leser beim Aufschlagen auch immer gemeinsam wirken.

Abstand zwischen Bild und Bildunterschrift

Legen Sie Regeln für den Abstand zwischen Bild und Bildunterschrift fest. Auch wenn die Abstände nur unwesentlich schwanken, fällt dies unangenehm auf. Da Bildunterschriften üblicherweise nicht registerhaltig sind und somit nicht am Grundlinienraster ausgerichtet werden, ist es am einfachsten, in den Programmen über den Bildabstand zu arbeiten. Legen Sie beispielsweise in XPress oder InDesign fest, dass das Bild an der unteren Kante 20 Punkt Abstand zum Text benötigt. Wenn Sie nun die Bildunterschrift von unten an das Bild heranschieben, wird der Text verdrängt, sobald der Abstand weniger als 20 Punkt beträgt.

Abstand zwischen Bild und Fließtext

Auch dieser Abstand sollte in jedem Fall einheitlich sein. Als Anhaltspunkt für die Größe dient eine Leerzeile oder auch der Spaltenzwischenraum.

Abbildung 5.40 ▼
Die Abstände zwischen Bild und Bildunterschrift sowie zwischen Bild und Fließtext sollten in etwa eine Leerzeile betragen.

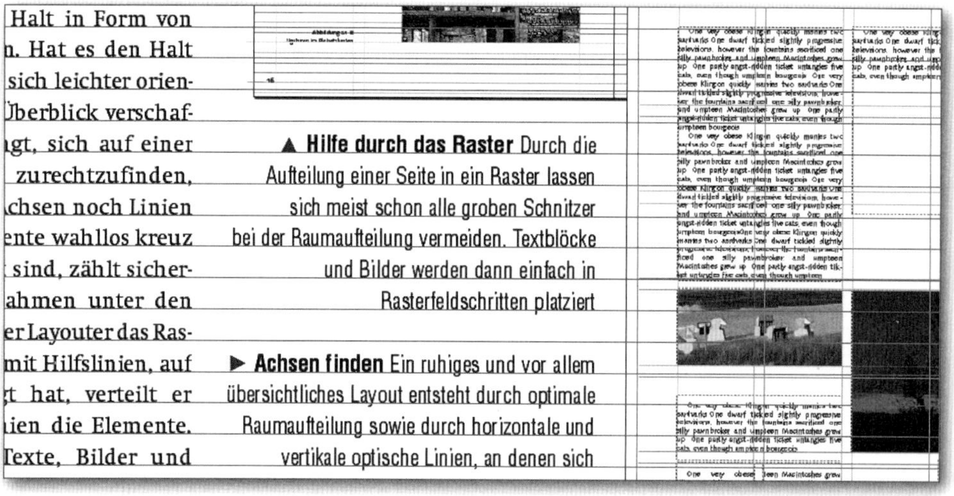

Über die optimale Größe des Spaltenzwischenraums haben wir uns bereits in Abschnitt 3.4, »Die Spalte«, Gedanken gemacht. Zur Erinnerung: Als optimale Größe gilt eine Leerzeile beziehungsweise die Breite der Buchstaben »mii«.

Randabfallende Elemente

Als randabfallende Elemente bezeichnet man Objekte, die über den Satzspiegel und genau genommen auch über die Papierkante hinausragen. Wenn wir Objekte aus dem Satzspiegel herausbewegen, dann deutlich gewollt – eine Platzierung bis kurz vor die Papierkante würde unschön aussehen und fehlerhaft wirken. Randabfallende Elemente können ein sonst strenges Layout auflockern und Abwechslung bringen. Beachten Sie jedoch wie immer, dass weniger mehr ist.

Im Anschnitt
Randabfallende Elemente werden auch als »im Anschnitt liegende« Elemente bezeichnet.

▼ **Abbildung 5.41**
Randabfallende Objekte ragen in der Regel 3 Millimeter über den Papierrand hinaus.

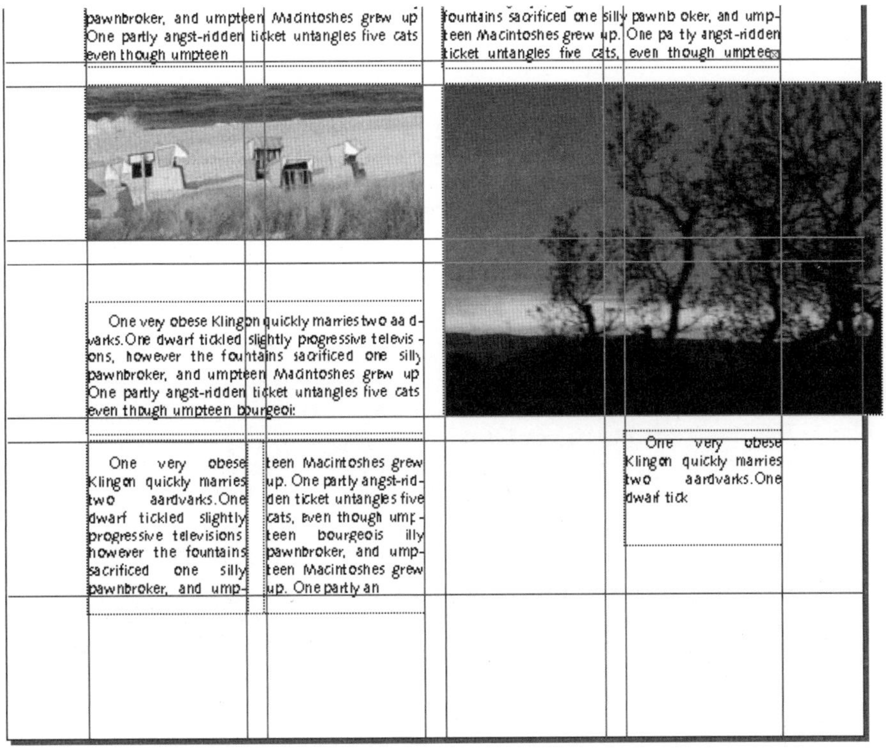

Absprache mit der Druckerei
Je nach Druckmaschine, Druckverfahren, Papierformat und Nutzen kann nicht immer randabfallend gedruckt werden. Sprechen Sie deswegen vorher mit der Druckerei.

Anschnitt erstellen

Technisch gesehen, müssen randabfallende Elemente, sei es eine farbige Fläche oder ein Bild, nicht nur bis an den Papierrand, sondern darüber hinaus platziert werden. Üblich sind drei Millimeter, die das Objekt über den Papierrand reichen sollte. Für die Notwendigkeit dieses sogenannten Anschnittes gibt es einen einfachen Grund: Durch verschiedene Faktoren, wie zum Beispiel den hohen Druck auf das Papier in der Druckmaschine kann sich das Papier während des Druckvorgangs leicht bewegen. Ergeben sich pro Farbe unterschiedlich große Verschiebungen, liegen die Farben nicht mehr korrekt aufeinander und es entstehen Passerungenauigkeiten. Dadurch kann in Randbereichen das Papierweiß durchblitzen – eine unschöne Erscheinung, die als Blitzer bezeichnet wird. Das Gleiche kann passieren, wenn randabfallende Bilder lediglich bis zum Papierrand reichen. Durch Verschiebungen im Druck, aber auch durch Verschiebungen, die beim Beschneiden des Papiers entstehen, blitzt dann zwischen Papier- und Bildkante ein weißer Streifen auf.

Abbildung 5.42 ▼
Elemente müssen im Anschnitt liegen, wenn sie im Druck bis an den Seitenrand laufen sollen. Auch wenn ganze Seiten mit Flächen hinterlegt sind, müssen diese randabfallend erstellt werden.

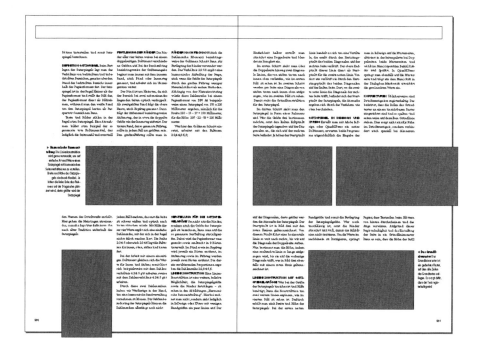

Anschnitt in QuarkXPress

Um in QuarkXPress Objekte als randabfallend zu definieren, ist zunächst nichts weiter nötig, als die Objekte entsprechend zu platzieren. Wer es genau mag, lässt die Objekte auf einem x-Wert von −3 Millimeter oder auf einem y-Wert von −3 Millimeter starten beziehungsweise lässt die Objekte um 3 Millimeter nach außen herauswachsen.

Geht es an die Ausgabe, muss man im Druckmenü die entsprechenden Einstellungen beachten. In der Registerkarte ANSCHNITT finden Sie die Möglichkeit, den ANSCHNITTTYP zu wählen. Üblicherweise wählt man die Einstellung UNGLEICHMÄSSIG oder SYMMETRISCH; je nach gewählter Einstellung ist die Eingabe von einem oder vier verschiedenen Anschnittwerten möglich. Bei der Einstellung SEITENOBJEKTE werden überlappende Objekte an der Seitenkante abgeschnitten. Elemente, die auf der Montagefläche liegen und in den Anschnitt hineinragen, werden nicht mitgedruckt.

Aktiviert man den separaten Befehl AN DER ANSCHNITTKANTE BESCHNEIDEN, hält sich XPress an die eingetragenen Werte. Bei deaktiviertem Befehl werden die Objekte komplett gedruckt.

Anschnitt oder Beschnitt?
Die Begriffe Anschnitt und Beschnitt bezeichnen das Gleiche. Während XPress schon lange mit dem Begriff Anschnitt arbeitet, hat InDesign bis zur Version 4 beide Begriffe vermischt – seit der Version 5 verwendet das Programm aber ebenfalls konsequent den Begriff Anschnitt.

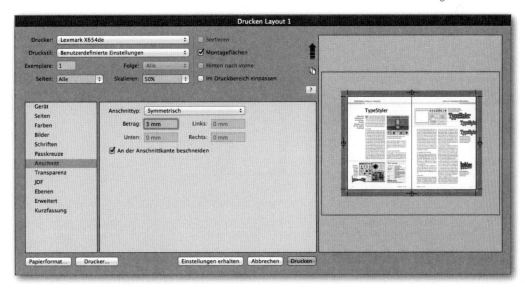

▼ **Abbildung 5.43**
In den Druckeinstellungen von QuarkXPress nimmt man in der Registerkarte ANSCHNITT die Einstellungen vor.

5 Die Seite

Anschnitt in InDesign

Im Gegensatz zu QuarkXPress muss der Anschnitt in InDesign bereits im Dokument festgelegt sein. Dies erreichen Sie, indem Sie bereits beim Erstellen des neuen Dokuments die Anschnittzugabe eintragen. Auch hier ist der Eintrag von vier verschiedenen Werten möglich. Wer den unteren Teil der Dialogbox bei sich nicht wiederfindet, klappt mit dem kleinen Dreieck unten vor ANSCHNITT UND INFOBEREICH den Rest der Dialogbox nach unten auf.

Hat man zu Anfang vergessen, den Anschnitt einzutragen, oder möchte ihn nachträglich ändern, wählt man aus dem Menü DATEI den Befehl DOKUMENT EINRICHTEN. Der Anschnittbereich wird übrigens mit einem roten Hilfslinienrahmen im Dokument gekennzeichnet.

Im Druckmenü wählen Sie die Kategorie MARKEN UND ANSCHNITT. Hier taucht der Befehl ANSCHNITTSEINSTELLUNGEN DES DOKUMENTS VERWENDEN auf. Möchten Sie also die zuvor getroffenen Einstellungen verwenden, aktivieren Sie diesen Befehl. Um andere Werte zu verwenden, deaktivieren Sie den Befehl und können nun die vier Einträge vornehmen.

Abbildung 5.44 ▼ ▶
Links die Einstellung zum Anschnitt, während ein neues Dokument erstellt wird. Rechts sind die Optionen zum Anschnitt im Druckmenü zu sehen.

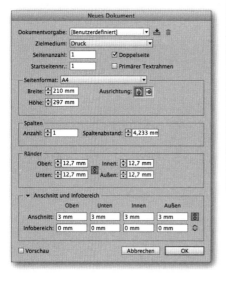

5.8 Schmückende Elemente

Damit aus viel Text nicht eine Bleiwüste wird, können schmückende Elemente eingesetzt werden. Wie der Name schon sagt, sollen sie die Seite schmücken und müssen keine Funktion haben. Zu den schmückenden Elementen zählen Linien, Rahmen und Zitate.

Linien

Linien können die Seite nicht nur verzieren, sie können auch unterteilen. Wenn Sie Spaltenlinien einsetzen, sollten Sie den Zwischenraum zwischen den Spalten grundsätzlich ein wenig größer halten als ohne Linie. Da die Linie in diesen Fällen nicht übermäßig auffallen, sondern lediglich als Orientierungshilfe dienen soll, wählt man eine Stärke, die in etwa der Strichstärke der Grundschrift entspricht. Je feiner und filigraner also die Schrift und die Strichstärke, desto dünner sollten Sie die Linie wählen.

▼ **Abbildung 5.45**
Wählen Sie bei Spaltenlinien oder Trennlinien zwischen Absätzen eine Linienstärke, die zur Schrift passt.

Verwenden Sie bei einer Schrift mit einer dünnen Strichstärke auch passend dünne Spaltenlinien.

Schriften mit dicker Strichstärke können dickere Spaltenlinien vertragen. Ähnliches gilt für Trennlinien im Absatz oder andere Linien, die sich harmonisch in das Satzbild einfügen sollen. Verwenden Sie bei einer Schrift mit einer dünnen Strichstärke auch

passend dünne Spaltenlinien. Schriften mit dicker Strichstärke können dickere Spaltenlinien vertragen. Ähnliches gilt für Trennlinien im Absatz

oder andere Linien, die sich harmonisch in das Satzbild einfügen sollen. Verwenden Sie bei einer Schrift mit einer dünnen Strichstärke auch passend dünne Spaltenlinien. Schriften mit dicker Strichstärke

Verwenden Sie bei einer Schrift mit einer dünnen Strichstärke auch entsprechend dünne Spaltenlinien. Schriften mit einer dickeren Strichstärke können dickere Spaltenlinien vertragen.

Ähnliches gilt für Trennlinien im Absatz oder andere Linien, die sich harmonisch in das Satzbild einfügen sollen. Verwenden Sie bei einer Schrift mit einer dünnen Strichstärke auch passend dünne

Spaltenlinien. Schriften mit einer dicken Strichstärke können dickere Spaltenlinien vertragen.

Ähnliches gilt für Trennlinien im Absatz oder andere Linien, die sich harmonisch in das Satzbild einfügen sollen. Verwenden Sie bei einer Schrift mit einer dünnen Strichstärke auch passend dünne Spaltenlinien. Schriften mit einer dicken Strichstärke können dickere Spaltenli-

Linie und Strich

Bei der Linienstärke gibt die verwendete Schrift den Ton an. Verwenden Sie eine Schrift mit unterschiedlichen Strichstärken, wie beispielsweise die Garamond, passt eine Linie mit wechselnder Stärke dazu. Zu einer Schrift mit sehr gleichmäßigen Strichstärken passt eher eine gleichmäßige Linie.

Zitate

Andere schmückende Elemente können einzelne kurze Sätze sein, die als Zitat aus dem Fließtext herausgenommen und wie eine Art Bild auf der Seite vom Text umflossen werden.

Abbildung 5.46 ▶
Auch schmückende Linien sollten von ihrer Struktur her zur verwendeten Schrift passen.

Schmückende Linien mit unterschiedlicher Stärke passen besser zu einer Schrift, deren Strichstärke ebenfalls wechselt.

Schmückende Linien mit unterschiedlicher Stärke passen besser zu einer Schrift, deren Strichstärke ebenfalls wechselt.

Abbildung 5.47 ▶
Linien dienen nicht nur als schmückendes Element. Anzeigen mit viel Text und Bildmaterial lassen sich durch den Einsatz von Linien strukturieren, aufteilen und somit übersichtlicher machen.

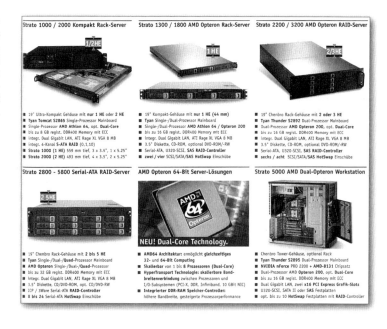

Rahmen

Wenn der Text Informationen enthält, die nicht zwingend im Fließtext mitlaufen, sondern herausgenommen werden können, kann man mit Rahmen arbeiten. Zusatzinformationen wie Öffnungszeiten, Preise oder Bezugsquellen können separat platziert und mit Rahmen hinterlegt werden. Die Rahmen selbst können gerastert sein, man kann aber auch lediglich den Rand sichtbar machen.

Beachten Sie, dass die Randstärke zur Schriftstärke passt. Wenn Sie die gesamte Fläche des Rahmens mit einer Farbe füllen, achten Sie auf genug Kontrast zwischen Text und Fläche, damit die Lesbarkeit erhalten bleibt.

Ornamente

Ein Ornament ist ein – sich häufig wiederholendes – Muster. Ornamente können eine sehr starke schmückende Wirkung haben und sollten entsprechend viel Raum bekommen. Somit eignen sie sich weniger zum Auflockern von Fließtext als vielmehr als Untermalung weniger Textzeilen.

▼ **Abbildung 5.48**
Florale Ornamente sind beliebt, wirken aber auch schnell kitschig.

◄ **Abbildung 5.49**
Hier sind mehrere schmückende Elemente verwendet worden. Zum einen wurde ein Zitat auf eine Fläche in den Fließtext gestellt, zum anderen wurden Zusatzinformationen in einem Kasten untergebracht. Auch der Balken hinter der Überschrift lockert die Seite auf.

5.9 Regeln und Beispiele

Im Folgenden erhalten Sie einige Tipps, die beim Aufbau der Seite helfen sollen. Anschließend verdeutlichen Beispiele den Einsatz.

Tipps für den Seitenaufbau
Oft können Sie folgenden Regeln folgen:

- **Achsen finden**
  Unser Auge sucht automatisch nach Linien und Strukturen. Wir erhalten leichter einen Überblick und empfinden Drucksachen als harmonisch, wenn sich unser Auge an einer Kante entlanghangeln kann. Platzieren Sie deswegen Texte, Bilder und Elemente immer entlang gedachter Linien. Durch den Einsatz eines Gestaltungsrasters sind bereits vertikale Achsen vorgegeben. Achten Sie aber auch auf horizontale Achsen. Ein Beispiel: Bei Doppelseiten sollten Bilder, liegen sie auf ähnlichen y-Werten, eine gemeinsame Ober- oder Unterkante haben.

- **Wenig Winkel**
  Natürlich muss nicht immer mit horizontalen und vertikalen Achsen gearbeitet werden. Auch schräge Achsen lassen sich als Gestaltungselement einsetzen. Aber auch hier gilt wieder »Weniger ist mehr«: Beschränken Sie die Anzahl der Achsen auf maximal zwei.

- **Keine Treppen**
  So wie bei der Platzierung von Text sollten Sie auch bei Text-Bild-Kombinationen Treppenbildungen vermeiden – es sei denn, Sie verwenden die Treppe bewusst als Gestaltungselement.

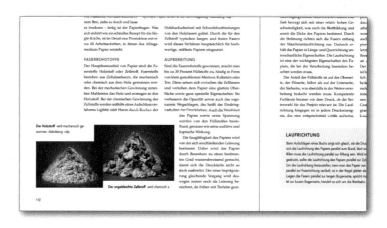

Abbildung 5.50 ▶
Achten Sie auf optische Linien. Hier sind die Oberkanten des Bildes und die des Textkastens auf der gleichen Linie platziert.

▶ **Raster bei Zeitschriften**
Verwenden Sie ein Gestaltungsraster. Der Aufbau von Zeitschriften ist ein Paradebeispiel dafür, dass ein sinnvoller Einsatz eines Rasters die Arbeit erleichtert.

Das Raster kann und muss hier verschiedene Zwecke erfüllen. So soll erstens der Leser die Informationen leicht aufnehmen können. Dazu muss das Layout eine gewisse Ordnung aufweisen, einen logischen Grundaufbau. Zweitens soll die Zeitschrift beim Leser den berühmten Wiedererkennungseffekt haben – das Layout soll typisch für die Zeitschrift sein, und der Leser soll das Produkt mit der Gestaltung verbinden. Drittens sollen aber auch genügend Möglichkeiten für Variationen offenstehen, falls sich ein Artikel abheben, aber nicht gänzlich »aus dem Rahmen« fallen soll. Häufig ist ein Magazin in Rubriken aufgeteilt, die sich wie Geschwister voneinander unterscheiden, aber auf den gleichen übergeordneten Gestaltungseltern basieren. Beim Entwurf für ein Magazin oder eine regelmäßig erscheinende Zeitschrift ist es also dringend notwendig, ein Gestaltungsraster zu entwerfen und damit zu experimentieren. Handelt es sich um ein DIN-A4-Format oder eine ähnliche Größe, bietet sich die Aufteilung in zwei, drei oder vier Spalten an, abhängig von der Rubrik und dem Inhalt. Mit einem entsprechenden Raster kann dann abhängig von Rubrik und Inhalt gewechselt werden. Die Angaben und Beispiele können aber wieder nur Ideen und Anhaltspunkte sein – Magazin ist nicht gleich Magazin, und wissenschaftliche Magazine haben zum Beispiel einen völlig anderen, nämlich in erster Linie informierenden Anspruch als Zeitschriften aus dem Design- und Lifestyle-Bereich, die auch das Auge unterhalten wollen.

▶ **Kosten und Nutzen**
Grundsätzlich wirkt eine Seite mit viel freiem Raum edler und aufgeräumter als eine volle. Denken Sie an Bildmagazine oder Zeitschriften auf Hochglanzpapier, deren elegante Wirkung durch viel freien Raum entsteht. Letztendlich spielen auch ökonomische Gründe bei der Verteilung der Materialmengen und somit bei der Raumaufteilung eine Rolle.

▼ **Abbildung 5.51**
Vermeiden Sie die Treppenbildung bei der Platzierung von Bildern.

Erinnern Sie sich an die Anzeige von Mercedes in großen Tageszeitungen, die – abgesehen vom Herstellernamen – aus nur einer Zeile Text bestand? Eine solche Aufteilung beinhaltet wenig Information, erzielt aber eine große Wirkung. Und dies ist ein Luxus, den sich nicht viele Firmen leisten. Zudem ist es natürlich auch eine Frage des Images – eine solche Kampagne von Aldi würde sicherlich irritieren. Die Frage nach bedrucktem und unbedrucktem Raum ist also immer auch eine ökonomische und eine Frage der gewünschten Wirkung.

▶ **Raster bei Broschüren, Flyern und Ähnlichem**
Einmalig oder zumindest nicht regelmäßig erscheinende Broschüren unterliegen anderen Gesetzen. Hier zählen weniger die Kosten-Nutzen-Berechnung oder die praktischen Argumente, Daten jede Woche oder jeden Monat zu veröffentlichen, wie bei einem Magazin – hier geht es in erster Linie darum, die Aufmerksamkeit des Lesers zu gewinnen. Erst danach folgt die Aufgabe, die Informationen unterzubringen. Trotz oder gerade wegen des Mehr an Möglichkeiten hilft hier ein Gestaltungsraster, der Kreativität freien Lauf zu lassen.

Etwas anders verhält es sich, wenn das Produkt innerhalb einer ganzen Produktlinie erscheint. Möchte der Auftraggeber beispielsweise Visitenkarten, Briefbögen und Broschüren entwickeln lassen, muss der rote Faden, der durch alle Drucksachen verläuft, auch für alle Formate und Zwecke geeignet sein. Dies betrifft Schrift und Farben genauso wie Raumaufteilung und Lesbarkeit.

▶ **Aufteilung einmal anders**
Wer die Regeln des klassischen Layouts verinnerlicht hat, kann sie auch stilvoll durchbrechen. Ein schönes Beispiel für Chaos ist im Magazin Typomag zu sehen. Alle Ermahnungen und Tipps der vorangegangenen Seiten sind gekonnt ignoriert – was herauskommt, ist eine typografische Augenweide. Das Durchbrechen der Regeln ist eine hohe Kunst – und setzt voraus, dass man die Regeln, die man durchbricht, kennt und mit ihnen vertraut ist.

Beispiele
Im Folgenden sehen Sie verschiedene Layouts einiger Fachmagazine: vom typischen Dreispalter im DIN-A4-Format bei der Zeitschrift »Macwelt« über die »Heidelberger Nachrichten« und der »Succeed« bis hin zum eher untypischen, aber typografisch sehr spannenden Aufbau der Zeitschrift »Typo«.

◀ **Abbildung 5.52**
Eine spannende Aufteilung zeigt die »Succeed«, auch wenn die Seiten zu voll sind: Die Horizontale ist in vier Felder unterteilt. Der deutsche Text läuft einspaltig über zwei Felder; der englische Text ist zweispaltig gesetzt, pro Rasterfeldbreite eine Textspalte.

▼ **Abbildung 5.53**
Die Zeitschrift »Macwelt« hat drei- und vierspaltig aufgebaute Seiten. Durch die Marginalspalte lassen sich Bildunterschriften problemlos außerhalb des Satzspiegels platzieren. Bei den Bildgrößen kann auch variiert werden.

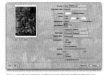

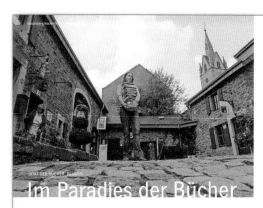

Abbildung 5.54 ▲ ▶
Die Zeitschrift »Heidelberger Nachrichten« wechselt zwischen einem zwei- und einem dreispaltigen Layout. Beide Varianten sind gut gelöst und wirken übersichtlich und klar.

Regeln und Beispiele **5.9**

◀▼ Abbildung 5.55
Das Layout der Zeitschrift »Typo« (*www.magtypo.cz*) ist weniger klassisch und sehr gelungen. Ein Raster hilft bei der Aufteilung.

239

Kapitel 6
Die Gesamtkomposition
Die Gestaltungselemente bilden das Gesamtwerk

Sie werden lernen:

▶ Mit welchen Werten beginnt der Aufbau eines Druckwerkes?
▶ Was ist bei der Bildplatzierung zu beachten?
▶ Wie werden die Textelemente dazu kombiniert?
▶ Wie fördert man Variation und Wiedererkennung?
▶ Wie lassen sich schmückende Elemente kombinieren?
▶ Wie können Anzeigen durch wenige Änderungen verbessert werden?

6　Die Gesamtkomposition

So wie sich die optische Erscheinung eines Wortes aus allen beteiligten Buchstaben zusammensetzt, entsteht ein Druckwerk aus allen beteiligten Gestaltungselementen. Wir kombinieren Textbausteine wie die Überschrift oder den Grundtext mit Bildern, mit Formen und Flächen, eventuell mit Linien und Farben. Durch das Zusammenspiel finden sich Formen und Kanten, leere und bedruckte Flächen, und dadurch entstehen Kontrast und Rhythmus.

6.1 Vorbereitung

Einstellungen von InDesign
In den folgenden Beispielen sind Bilder und Einstellungen von Adobe InDesign CC zu sehen.

Anhand eines Magazins wollen wir beispielhaft die einzelnen Gestaltungselemente zusammensetzen. Dabei geht es nicht darum, die einzelnen Schriften oder Auszeichnungen zu betrachten, sondern ich möchte auf bereits bekannte, aber auch neue Regeln und Tipps verweisen, den Blick für wichtige Kleinigkeiten schärfen und aufzeigen, wie man sich an eine Gesamtkomposition herantastet.

Dokument anlegen
Die Papiergröße des Magazins ist DIN A4, der Satzspiegel beträgt 170 × 255 Millimeter. Der Grundtext läuft in drei Spalten. Legen Sie das Dokument nach den Vorgaben in Abbildung 6.1 an. Wir gestal-

Abbildung 6.1 ▼
Das Anlegen des neuen Dokuments mit der Dialogbox von Adobe InDesign CC

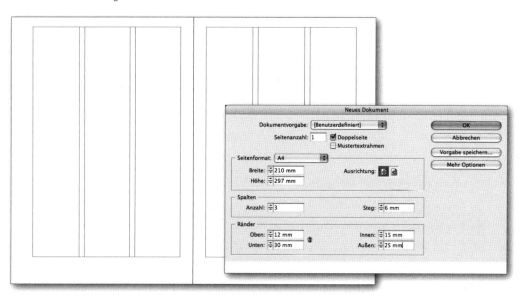

242

ten einen zweiseitigen Artikel, der über eine Doppelseite läuft. Wir haben eine vorgegebene Anzahl von Bildern. Deswegen, und weil es sich um zwei nebeneinanderliegende Seiten handelt, empfiehlt es sich, zuerst die Bilder und dann den Text zu platzieren.

Gestaltungsraster
Als Layouthilfe sollten wir uns ein Gestaltungsraster erstellen. Dazu unterteilen Sie die vertikalen Textspalten, die bereits durch das Einblenden unserer Hilfslinien sichtbar sind, in zwei Hälften, getrennt durch einen Zwischenraum. Der Zwischenraum weist die gleiche Größe auf wie der Spaltenzwischenraum, im Beispiel 6 Millimeter. Eine horizontale Unterteilung ist ebenfalls möglich, muss aber in diesem Fall nicht sein. Entscheiden Sie selbst, ob Sie noch horizontale Hilfslinien platzieren.

6.2 Bildplatzierung

Für unser Layout erhalten wir relativ viel Bild- und eher wenig Textmaterial – ein Grund mehr, zuerst die Bilder zu platzieren. Hier gibt es, wie in Abschnitt 5.6, »Gestaltungsraster«, aufgezeigt, diverse Möglichkeiten. Achten Sie darauf, dem Auge Linien und Achsen zu

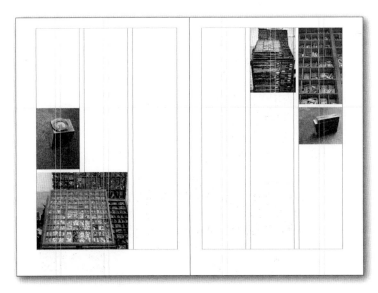

◀ **Abbildung 6.2**
Das Gestaltungsraster hilft uns bei der Platzierung der Objekte.

6 Die Gesamtkomposition

bieten, indem Sie die Bilder nicht völlig verstreut platzieren. Zudem würde dies den Lesefluss stören. Alle Bilder in einer Ecke zu sammeln ist auch nicht schön, da dies zu schwer wirkt. Achten Sie auch darauf, dass nicht alle Bilder unten liegen, da die Seite dann ebenfalls zu schwer wird.

Der Abstand zwischen den Bildern muss nicht unbedingt dem Spaltenabstand gleichen. In unserem Fall ist der Spaltenabstand mit 6 Millimetern relativ groß gewählt; den Abstand zwischen den Bildern können Sie getrost auf 3 oder 5 Millimeter setzen. Wichtig ist dabei, dass der Abstand überall identisch ist.

Bildunterschriften

Im nächsten Schritt platzieren wir die Bildunterschriften. Achten Sie auch hier darauf, dass die Abstände, die Sie verwenden, bei allen Bildern und dazugehörigen Unterschriften identisch sind; verwenden Sie beispielsweise eine Leerzeile.

Als Schrift kann ein kursiver Schnitt verwendet werden, die Schriftgröße ist in der Regel etwas kleiner als die des Grundtextes. In unserem Fall verwenden wir eine Schriftgröße von 7 Punkt mit einem Zeilenabstand von 9,5 Punkt.

Bild und Grundtext
Wenn der Grundtext platziert ist, sollte man auf den korrekten Abschluss bei Bild und Schrift achten. Die Bildunterkante schließt in der Regel mit der Schriftlinie ab, die Bildoberkante mit der Oberlänge der Schrift.

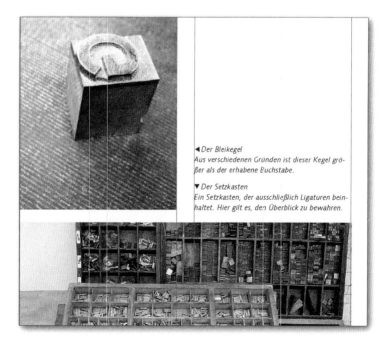

Abbildung 6.3 ▶
Platzieren Sie die Bildunterschrift so, dass sie mit der oberen oder unteren Bildkante bündig abschließt.

244

6.3 Text

Wir arbeiten mit einer Überschrift, mit einem Vorspann, dem Grundtext und den Zwischenüberschriften. Damit das Auszeichnen leichter fällt, sollten Sie in jedem Fall mit Stilvorlagen in QuarkXPress beziehungsweise mit Formaten in InDesign arbeiten. Dabei handelt es sich um Sammlungen von Textattributen, die zusammengefasst unter einem Namen gespeichert werden können und die Sie dann nur noch per Mausklick oder per Tastaturkürzel zuweisen müssen. Auch Änderungen gehen somit sehr viel schneller von der Hand.

Achten Sie darauf, dass Sie den Grundtext am Grundlinienraster ausgerichtet haben und das Raster entsprechend dem Zeilenabstand des Grundlinienrasters eingestellt ist.

Registerhaltiger Text
Mehr zum Grundlinienraster erfahren Sie in Abschnitt 5.5, »Registerhaltigkeit«.

Headline

Die Headline kann über den gesamten Artikel oder auch nur über zwei Spalten laufen. Wir wählen eine Schrift, die der Grundschrift ähnelt, eventuell sogar die gleiche Schrift, die sich nur aufgrund des Schriftgrößenunterschieds vom Grundtext abhebt. Ich habe im Beispiel die Linotype Syntax verwendet. Achten Sie bei der Platzierung der Headline darauf, dass der erste Buchstabe mit der linken Kante des Satzspiegels bündig ist. Dies ist nicht automatisch so, da große Schriftzeichen auch eine verhältnismäßig große Vor- und Nachbreite mitbringen. Platziert man also den Textrahmen für die Überschrift bündig mit dem Satzspiegel und dem Textrahmen für den Grundtext, kann es passieren, dass die Überschrift durch die Vorbreite leicht nach rechts verrückt steht. In diesem Fall verschieben Sie den Textrahmen einfach um den entsprechenden Wert nach links.

▼ **Abbildung 6.4**
Achten Sie bei der Platzierung von großen Schriftgrößen auf die linke Kante. Schieben Sie eventuell den Textrahmen weiter nach links, damit der erste Buchstabe bündig ist.

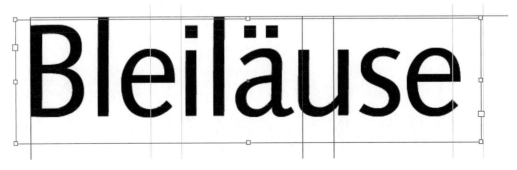

6 Die Gesamtkomposition

Vorspann

Der Vorspann läuft ebenfalls über drei Spalten. Achten Sie darauf, dass der Raum zwischen Überschrift und Vorspann etwas größer ist als der Raum zwischen dem Vorspann und dem Grundtext. Als Anhaltspunkt können Sie eine halbe Leerzeile des Vorspanns unter und eine ganze Leerzeile über dem Vorspann verwenden.

Die Zeilen des Vorspanns sollten sich durch ihre Größe deutlich vom Grundtext abheben. Beträgt beispielsweise die Schriftgröße des Grundtextes 9 Punkt, wählt man häufig eine Vorspanngröße von 14 Punkt oder größer. Oft wirkt ein relativ großer Zeilenabstand eleganter – in unserem Fall wählen wir 14 Punkt Schriftgröße und 24 Punkt Zeilenabstand.

Abbildung 6.5 ▼
Der Vorspann sollte in der Regel optisch näher am Grundtext stehen als an der Überschrift. Der Grundtext ist noch nicht bearbeitet, Zwischenüberschriften sind noch nicht ausgezeichnet.

Bleiläuse

Wir fangen mit dem kleinsten gemeinsamen Nenner in der Typografie an: Dem Zeichen. In diesem Artikel dreht sich alles um den Buchstaben und die verschiedenen Bezeichnungen, um seine Merkmale und um seine Form.

Als Kegel wird im Bleisatz der Metallkörper bezeichnet, der das Zeichen trägt. Die Kegelgröße wird im DTP-Satz als Schriftgrad, Schriftgröße oder Buchstabengröße bezeichnet. Dabei misst man die Versalhöhe plus Unterlänge plus einem Zuschlag.

Doch warum ist meine Schrift, wenn ich sie auf dem Ausdruck messe, in der Regel kleiner als die Schriftgröße, die ich im Programm eingebe? Und warum sind Schriften – bereits am Bildschirm – unterschiedlich groß, auch wenn sie mit der gleichen Schriftgröße ausgezeichnet werden? Um hinter diese Logik zu kommen versetzen wir uns für einen kurzen Moment in die Zeit des Bleisatzes. Bleisatz in wenigen Worten
Der Bleibuchstabe, die Letter, besteht aus einer Metalllegierung aus Blei. Die Lettern weisen alle die gleiche »Schrifthöhe« auf. Der Fuß ist rechteckig oder quadratisch, auf der anderen Seite ist das erhabene spiegelver-

◄ *Der Bleikegel*
Aus verschiedenen Gründen ist dieser Kegel größer als der erhabene Buchstabe.

▼ *Der Setzkasten*

kehrte Bild des Buchstabens. Die Lettern werden nebeneinander aufgereiht, in eine Druckform gebracht, mit Farbe bestrichen und auf das Papier gepresst.

Aus verschiedenen Gründen ist dieser Kegel größer als der erhabene Buchstabe, das heißt der Buchstabe reicht nicht bis an den Rand des Kegels, sondern ist etwas kleiner. Der Raum um den Buchstaben herum wird als Fleisch bezeichnet. Nun wirken im Druck besondere Kräfte auf den Kegel und auf den erhabenen Buchstaben. Ein Buchstabe auf einem 12-Punkt-Kegel wurde im Bleisatz nicht bis ganz an den Rand gegossen, sondern musste rund herum noch Raum aufweisen, um dem Bleikegel Festigkeit zu verleihen. Besonders bei Schriften mit feinen, geschwungenen Linien wie der englischen Schreibschrift würde ein Linienschwung,

Üblicherweise ist der Vorspann linksbündig oder rechtsbündig ausgerichtet, so auch in unserem Beispiel. Spätestens dann, wenn es sich um ein paar wenige Zeilen Text handelt, sollten wir auf einen schönen Zeilenfall achten. Solange man mit Flattersatz arbeitet, sollte man Trennungen sowie unschöne Zeilenenden wie einen stufenförmigen Zeilenfall verhindern. In der Praxis erzwingt man den Zeilenfall einfach manuell mit einer Zeilenschaltung.

Grundtext

Der Grundtext läuft in die drei Spalten, um die Bilder herum, und wird nach korrekten Einstellungen im jeweiligen Programm am Grundlinienraster ausgerichtet.

Achten Sie zunächst auf den Abstand zwischen Vorspann und Grundtext. Wählen Sie ihn nicht zu groß, damit das Layout nicht auseinanderfällt – wählen Sie ihn aber auch nicht zu klein, damit der Vorspann nicht eingeklemmt wirkt.

Wir lassen den Grundtext zunächst in die Spalten einlaufen und zeichnen ihn aus. So machen wir uns ein Bild davon, wie wir mit der Textmenge hinkommen. Variieren Sie eventuell die Schriftgröße oder den Zeilenabstand, um Untersatz zu füllen beziehungsweise Übersatz zu beseitigen. Natürlich kann letztendlich auch an der Bildgröße beziehungsweise -platzierung nachgearbeitet werden, wenn die Textmenge nicht unterzubringen ist.

Das Feintuning des Grundtextes sollte erst gegen Ende vorgenommen werden. Begegnen Ihnen beim Feintuning des Grundtextes Hurenkinder und Schusterjungen, versuchen Sie, über die Schummeln-Variante Zeilen zu gewinnen beziehungsweise loszuwerden. Vielleicht kann auch der zuständige Redakteur in den Text eingreifen und ihn längen oder kürzen.

Größe der Zwischenüberschrift

Die Schriftgröße der Zwischenüberschriften beträgt 2 Punkt mehr als die des Grundtextes. Somit ist auch der Zeilenabstand entsprechend größer, und die Zwischenüberschrift kann nicht mehr am Grundlinienraster ausgerichtet werden.

Dieser Schriftgrößenunterschied ist kein Muss: Grundsätzlich kann die Größe der Zwischenüberschrift auch mit der Größe des Grundtextes identisch sein, was die Ausrichtung und Platzierung erleichtert – wir wollen uns allerdings die etwas schwierigere Variante vornehmen.

Ausrichtung der Zwischenüberschrift

Grundsätzlich gilt, dass der Abstand zwischen Grundtext und folgender Zwischenüberschrift größer sein soll als der Abstand zwischen Zwischenüberschrift und dem anschließenden Grundtext. Dies hat einen einfachen und logischen Grund: Die Zwischenüberschrift kündigt den folgenden Text an und sollte somit auch optisch zu ihm gehören.

Häufig sieht man in Zeitschriften, dass der Abstand vor und nach der Zwischenüberschrift identisch ist, beispielsweise eine Leerzeile beträgt – eine reine Bequemlichkeit, die nicht unbedingt optimal ist. Mit entsprechend ausgeknobelten Stilvorlagen beziehungsweise Formaten in den Layoutprogrammen sollte es auch kein Problem sein, die Räume unterschiedlich groß zu halten, und im Optimalfall ist man auch auf ein-, zwei- und dreizeilige Zwischenüberschriften vorbereitet.

Die Platzfrage

Zunächst müssen wir die Frage klären, wie viel Platz zur Verfügung steht. Haben Sie relativ viel Spielraum, könnte man eine Variante von 1,5 Leerzeilen über und einer halben Leerzeile unter der Zwischenüberschrift verwenden. Auch zwei Leerzeilen davor und eine Leerzeile danach sind möglich, größere Räume sollten aber vermieden werden, da sonst optische Löcher entstehen und das Layout auseinanderfällt.

Abbildung 6.6 ▶
Eine Variante der Zwischenüberschrift: Der Raum darüber beträgt eine Leerzeile, ein freier Raum darunter fällt ganz weg. Diese Variante ist absolut in Ordnung und vereinfacht die Arbeit bei der Registerhaltigkeit.

Berechnung der Abstände bei der Zwischenüberschrift

Da wir nun aber in der Zwischenüberschrift eine andere Zeilenschaltung haben als beim Grundtext, müssen wir ein bisschen rechnen, schieben und gegebenenfalls auch schummeln. Der Grundtext beträgt 9/12, die Zwischenüberschrift beträgt 11/14 Punkt. Somit entspricht die Schrittweite des Rasters, an dem wir zwar die Zwischenüberschrift nicht ausrichten, in dem wir uns aber nach der Zwischenüberschrift wieder einfinden müssen, 12 Punkt.

Bei der ersten Variante von 1,5 und 0,5 Leerzeilen ergibt das folgende Möglichkeit: Wir haben insgesamt zwei Leerzeilen, also 24 Punkt Luft zur Verfügung. Bei einer einzeiligen Zwischenüberschrift mit einem Zeilenabstand von 14 Punkt macht das insgesamt 38 Punkt – theoretisch. Da wir uns aber in einem Zwölfer-Raster bewegen und der Grundtext vor und nach der Zwischenüberschrift auch an diesem ausgerichtet ist, haben wir nicht 38 Punkt, sondern das nächstgrößere Vielfache der Zahl 12, nämlich 48 Punkt zur Verfügung. Innerhalb dieser 48 Punkt soll also eine Zeile platziert werden, und zwar so, dass sie nach unten weniger Raum hat als nach oben. Wenn wir jetzt noch bedenken, dass die Platzierung über die Grundlinie der Schrift vorgenommen wird und sich die Zeichen nach oben aufbauen, kommt ein Zeilenabstand von etwa 30 Punkt nach dem Grundtext in Frage – der folgende Abstand zwischen Zwischenüberschrift und Grundtext beträgt dann 18 Punkt, also sechs Punkt (und somit eine halbe Leerzeile) mehr als der »normale« Zeilenabstand.

9/12 – zur Erinnerung
Die Schreibweise 9/12 bedeutet, dass die Schriftgröße 9 Punkt, der Zeilenabstand 12 Punkt beträgt.

◄ **Abbildung 6.7**
Bei einer einzeiligen Zwischenüberschrift beträgt bei dieser Aufteilung der zu vergebende Raum 48 Punkt. Achtung, die Zeichnung ist nicht maßstabsgerecht.

6 Die Gesamtkomposition

Zweizeilige Zwischenüberschrift

Bei einer zweizeiligen Zwischenüberschrift sehen die Räume etwas anders aus, da wir uns mit dem Zeilenabstand der Zwischenüberschrift (14 Punkt) nicht im Raster bewegen. Die Räume über und unter der Zwischenüberschrift lassen sich logischerweise nicht exakt identisch aufteilen wie bei einer einzeiligen Überschrift. Warum nicht? Wir rechnen kurz zusammen: Wir haben wieder unsere 24 Punkt Luft und diesmal zusätzlich zweimal 14 Punkt Zeilenabstand, das ergibt 52 Punkt. Das nächstgrößere Vielfache von 12 ist 60, ergo haben wir 60 Punkt Raum. 28 Punkt werden schon von den beiden Zeilen der Zwischenüberschrift eingenommen, es bleiben 32 Punkt. Wenn wir uns an der Raumverteilung des Einzeilers orientieren, ziehen wir noch einmal 6 Punkt für den Raum nach der Zwischenüberschrift ab, dann bleiben 26 Punkt für den Raum vor der Zwischenüberschrift. Das sind 4 Punkt weniger als bei der einzeiligen Zwischenüberschrift – ein Rechenbeispiel, das aufzeigen soll, wie Räume wechseln können, wenn wir es mit ein- und mehrzeiligen Zwischenüberschriften zu tun haben, die nicht im Raster laufen.

Je größer ein Abstand ist, desto weniger fällt es auf, wenn die Größe sich leicht ändert. Es ist also besser, die 4 Punkt mehr oder weniger in dem großen Raum über der Zwischenüberschrift als in dem kleinen Raum unter der Zwischenüberschrift zu variieren.

Tipp: Falls der Grundtext mit einem Einzug erste Zeile versehen ist, wird dieser Einzug direkt nach der Zwischenüberschrift grundsätzlich ignoriert.

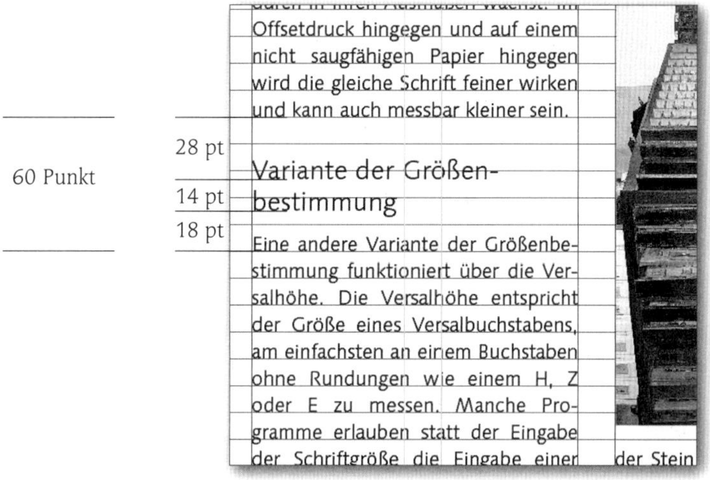

Abbildung 6.8 ▶
Bei einer zweizeiligen Zwischenüberschrift haben wir insgesamt 60 Punkt Freiraum, den wir aufteilen müssen. Achtung, die Zeichnung ist nicht maßstabsgerecht.

60 Punkt

28 pt

14 pt

18 pt

Offsetdruck hingegen und auf einem nicht saugfähigen Papier hingegen wird die gleiche Schrift feiner wirken und kann auch messbar kleiner sein.

Variante der Größenbestimmung

Eine andere Variante der Größenbestimmung funktioniert über die Versalhöhe. Die Versalhöhe entspricht der Größe eines Versalbuchstabens, am einfachsten an einem Buchstaben ohne Rundungen wie einem H, Z oder E zu messen. Manche Programme erlauben statt der Eingabe der Schriftgröße die Eingabe einer

Stolperfallen

Am fertigen Layout wollen wir noch einmal die beliebtesten Stolperfallen aufzeigen:

1. Abstände zwischen Headline, Vorspann und Grundtext: Halten Sie die Abstände entweder gleich groß, oder lassen Sie zwischen Headline und Vorspann mehr Freiraum.
2. Abstände zwischen den Bildern sowie zwischen einem Bild und der Bildunterschrift: Hier sollte man auf gleichmäßige Freiräume achten.
3. Abstände über und unter der Zwischenüberschrift: Der Abstand über der Zwischenüberschrift sollte in jedem Fall größer sein als der Abstand danach, da die Zwischenüberschrift inhaltlich zum folgenden Grundtext gehört.
4. Achsen finden: Immer wieder gilt es, Achsen und Linien zu finden. Hier schließen die beiden Oberkanten der Bilder auf einer Linie ab.

▼ **Abbildung 6.9**
Das fertige Layout. Im Bild sind noch einmal die klassischen Stolperfallen markiert.

6.4 Variationen und Wiedererkennung

Variationen

Das eben erstellte Layout ist gut, aber gleichzeitig auch klassisch, vielleicht ein bisschen brav. Wir haben uns an alle Layoutregeln gehalten und die Stolperfallen gemieden. Wie könnte jetzt aber eine Alternative aussehen, die ein bisschen ungewöhnlicher layoutet werden soll? Betrachten Sie das unten stehende Beispiel.

Einige unserer Layoutregeln sind hier bewusst ignoriert worden, und trotzdem sehen wir ein schlüssiges, freundliches Layout. Speziell bei der Bildplatzierung haben wir die Regeln nicht beachtet. Wir finden keine Linie oder Achse bei den Bildern untereinander, und zwischen den Bildern und den Textspalten sind ebenfalls keine Achsen zu entdecken. Trotzdem wirkt das Layout weder chaotisch noch zufällig, sondern durchaus aufgeräumt.

Abbildung 6.10 ▼
Eine Variante des eben erstellten Layouts. Speziell bei der Bildanordnung ist gegen die üblichen Regeln verstoßen worden – das Ergebnis wirkt trotzdem übersichtlich und aufgeräumt.

Ergo: Solange wir uns über das Ignorieren der Regeln im Klaren sind und ganz bewusst ohne Achsen arbeiten, können wir ebenfalls gute Layouts produzieren.

Wiedererkennung

Der Wiedererkennungswert spielt eine wichtige Rolle in der Welt der Marken und der Werbung. Während die Wiedererkennung beispielsweise bei der Fernsehwerbung auch über das Ohr stattfindet, funktioniert die Erkennung von Marken bei Printprodukten rein visuell, spielt aber trotzdem eine ähnlich wichtige Rolle.

Doch nicht nur in der Produktwerbung, sondern auch im wissenschaftlichen Bereich, wie beispielsweise bei einer Fachzeitschrift, sollte man die Wirkung und die Vorteile der Wiedererkennung nicht unterschätzen. Leser, die »ihr« monatlich erscheinendes Magazin lesen, möchten mit dem Layout und mit dem gesamten Erscheinungsbild vertraut sein. Nur dann können sie sich einen Überblick verschaffen und schnell die für sie interessanten Artikel finden. So prägen sich beispielsweise farbige Kästen mit Zusatz-Infos schnell beim Leser ein, und schon nach kürzester Zeit springt das Auge des Lesers automatisch an die richtige Stelle.

Die Bedeutung der Wiedererkennung sollte also bei sämtlichen Druckerzeugnissen, die mehr als einmal erscheinen, nicht unterschätzt werden. Bei den Elementen, die bei der Wiedererkennung unterstützen, kann es sich um Logos, Linien, bestimmte Farben und Formen, aber auch um die typografische Aufbereitung wie die Verwendung derselben Schriften und Schriftgrößen oder den Satzspiegel handeln, wodurch die Bedeutung des Gestaltungsrasters noch zunimmt.

▼ **Abbildung 6.11**
Stiftung Warentest verwendet in seinem Finanzheft für Ratschläge immer die gleiche Typo und den gleichen Hintergrund. Somit erkennt der Leser auf einen Blick die hinterlegten Texte als Quelle für Tipps zum Artikel.

6.5 Schmückende Elemente

Wir kommen nun zu weiteren Gestaltungselementen und verlassen dabei unser strenges Magazinlayout. Anhand einiger typischer Elemente möchte ich Möglichkeiten aufzeigen, wie die Gestaltung von Drucksachen verbessert, ausgeweitet und ergänzt werden kann und worauf man bei den Gestaltungselementen achten sollte.

Zitate

Einen Satz oder einen Teil eines Satzes als Zitat optisch hervorzuheben ist ein beliebtes Gestaltungsmittel und verhindert Bleiwüsten. Die Zitate können mit einem Rand versehen, auf eine Fläche positioniert oder auch ganz ohne Rand und Fläche gesetzt werden. Häufig empfiehlt es sich, zwei oder mehr Zeilen zu verwenden – eine einzelne Zeile wirkt sonst leicht verloren.

Achten Sie bei der Platzierung wieder auf eventuell bereits vorhandene Linien und Kanten, die zum Beispiel durch Bilder oder andere Gestaltungselemente entstanden sind. Haben Sie solche Linien gefunden, sollten Sie das Zitat in die Linienstruktur mit aufnehmen. Die An- und Abführungszeichen können dann auch eine größere Schriftgröße erhalten als der Text oder eine andere Farbe aufweisen und somit als schmückendes Element verwendet werden.

Abbildung 6.12 ▼
Zitate können nicht nur informativ sein, sondern auch als Gestaltungselement dienen und die Seite auflockern.

Kontrast und Farben

Kontraste sind zunächst einmal Grundvoraussetzung dafür, überhaupt Text lesen zu können. Kontrast entsteht durch bedruckte und unbedruckte Bereiche auf der Seite. Der Text ist natürlich nur sichtbar, wenn zwischen der Zeichen- und der Hintergrundfarbe genügend Kontrast vorhanden ist. Je stärker der Kontrast, desto weniger Mühe hat das Auge, den Text zu erfassen. Deswegen ist schwarzer Text auf weißem oder hellem Papier immer noch die beste Wahl, wenn das Auge nicht ermüden soll. Je geringer der Kontrast, desto schwieriger ist es für das Auge, den Buchstaben und dessen Form ausfindig zu machen. Dunkelgrauer Text auf hellgrauem Papier ist somit eine für das Auge schwierige Kombination. Aber auch Farben, die einen ähnlichen Helligkeitswert aufweisen wie Hellgrün und Hellblau, sollte man nicht als Hintergrund- und Zeichenfarbe kombinieren.

Das Thema Farben spielt besonders im Webdesign eine wichtige Rolle. Während im Druckbereich eine zweite, dritte oder vierte Farbe jedes Mal erneut Kosten verursacht und gut überlegt sein muss, greift man beim Webdesign schnell in den kostenlosen Malkasten. Ob das mehr Vorteile oder mehr Nachteile mit sich bringt, sei dahingestellt. Jedenfalls sollte man sich der Wirkung von Farben und Kontrast in jedem Fall bewusst sein und sie auch bewusst einsetzen.

▼ **Abbildung 6.13**
Der Kontrast ist nicht nur Voraussetzung, um Text zu erkennen, sondern kann – je nach Einsatz und Aussehen – die Aufmerksamkeit erhöhen oder Aussagen unterstreichen.

6 Die Gesamtkomposition

Jede Farbe und jeder Farbton hat eine eigene Wirkung. Entsprechend können Farben ganz bewusst als Gestaltungsmittel eingesetzt werden und die Wirkung unterstreichen beziehungsweise erhöhen. Doch auch mit dem Element Kontrast kann man eine Menge erreichen und Effekte erzielen. Der Kontrast kann gezielt als Gestaltungsmittel eingesetzt werden, und zwar innerhalb von Zeichen, von Zeilen, von Absätzen oder der gesamten Seite.

So wirkt eine leere Fläche als Kontrast zu einer gefüllten Fläche auf der Seite. Groß wirkt gegen klein, hell gegen dunkel. Horizontal gegen vertikal, eng gegen breit, schief gegen gerade. Wenn Sie dies bei der Gestaltung von Text, Flächen, Linien oder Formen berücksichtigen, bringen Sie Spannung in das Werk.

Sieben Prinzipien des typografischen Kontrasts
Carl Dair, ein kanadischer Typograf, der in den 1950ern und 60ern aktiv war, hat sich ausgiebig mit dem Thema »Kontrast und seine Wirkung« auseinandergesetzt. Er hat sieben Arten des Kontrasts definiert.

Kontrast durch Größe

Kontrast durch **Schriftschnitte**

Kontrast DURCH FORM

 durch Struktur

256

Schmückende Elemente **6.5**

1. die Schriftgröße als eine einfache, aber dramatische Kontrast-möglichkeit
2. der Schriftschnitt; fett und leicht
3. die Buchstabenform; Groß- und Kleinbuchstaben; normal und kursiv; schmal und breit
4. die Struktur; verschiedene Buchstabenformen wie kursiv und black
5. die Beschaffenheit; eine Kombination aus den oben genannten Eigenschaften ergibt das Gesamtbild
6. die Schriftfarbe
7. die Textausrichtung; Zeilen können horizontal, vertikal oder schräg verlaufen

Zudem führt Dair noch weitere Formen des Kontrasts auf. So kann beispielsweise Kontrast durch Isolation entstehen, indem eine Zeile isoliert vom gesamten Text an anderer Stelle steht. Das Papier sowie das Druckverfahren, wie zum Beispiel eine Prägung, beeinflussen ebenfalls den Kontrast. Auch die verwendeten Druckfarben, die ein Spektrum von glänzend bis matt abdecken können, nehmen Einfluss, und schlussendlich verursachen auch Abbildungen Kontraste.

Kontrast
durch die
Beschaffenheit

Kontrast **durch Farbe**

Kontrast durch Ausrichtung

257

6 Die Gesamtkomposition

Ich sehe diese hilfreiche Liste nicht unbedingt unter dem Motto »Kontrast«, sondern eher unter dem Motto »Alle Dinge, die man bei der Gestaltung eines Druckerzeugnisses bedenken muss, da sie auf den Leser wirken und Gefühle hervorrufen« und versuche, sie bei jeder Gestaltung stets vor Augen zu haben.

Abbildung 6.14 ▲
Eine Anzeige des Magazins »brand eins«. Hier wird mit wenig Text, mit viel Fläche und in erster Linie mit dem Kontrast gearbeitet – und es wirkt.

Abbildung 6.15 ▶
Auch Linien und Flächen zählen zu den schmückenden Elementen. Hier im Beispiel ein Flyer, in dem Text und Flächen gelungen kombiniert wurden.

6.6 Kleine Änderung, große Wirkung

Anhand einiger realer Anzeigen möchte ich aufzeigen, wie sich Fehler ausbügeln lassen.

Die Anzeige, erster Teil
Betrachten wir zunächst die Originalanzeige eines Teppichgeschäfts. Eines ist auf den ersten Blick klar: Hier wurde jeder Millimeter genutzt, denn Platz kostet Geld. Den daraus entstehenden Umstand, dass wir in jedem Fall sehr gedrängt arbeiten müssen, können wir also leider nicht umgehen.

Trotzdem ist nicht die Enge das Hauptproblem. Welche Fehler sind also besonders auffällig? Das Problem liegt bei den Schriften:
1. Der Layouter hat allein vier verschiedene Schrifttypen verwendet, von denen einige auch noch gezogen und gequetscht wurden.
2. Auch an Schriftgrößen hat er nicht gespart. Durch diese beiden Faktoren wirkt die Anzeige unruhig und vor allem sehr unübersichtlich.

▼ **Abbildung 6.16**
Links das Original, rechts die Korrektur. Schriftgrößen und Schriftarten wurden in ihrer Anzahl beschränkt, Textverzerrungen völlig vermieden.

In der verbesserten Variante rechts wurde weder am Stand noch am Raster oder an den Flächen etwas verändert, lediglich die verschiedenen Schriftarten und -größen wurden verändert beziehungsweise reduziert. Als einzige Schrift wird nun die Univers verwendet, und von ihr kommen lediglich die Condensed und die Bold Condensed zum Einsatz. Die Zahl der Schriftgrößen wurde auf zwei beschränkt.

Auch wenn das Ergebnis durch die vorgegebenen Eckdaten, wie zum Beispiel die Textmenge, nicht als typografisches Vorzeigewerk bezeichnet werden kann, wirkt die Anzeige nun doch übersichtlicher und professioneller.

6 Die Gesamtkomposition

Die Anzeige, zweiter Teil

Als zweites Beispiel nehmen wir eine Anzeige eines Bücher- und CD-Ladens. Hier ist so ziemlich alles schief gegangen, was schiefgehen konnte. Zwar wurden weder Schriften modifiziert noch zu viele verschiedene verwendet, aber das ist auch das Einzige, was positiv auffällt. Insgesamt ist diese Anzeige völlig untauglich:

1. Auf den ersten Blick ist kaum zu sehen, um welches Produkt es geht und um welche Firma es sich handelt beziehungsweise was die Firma eigentlich verkaufen will.
2. Die Sperrungen sind völlig überflüssig.
3. Die treppenartige Textaufteilung ist ungeeignet; abgesehen davon führt die Treppe hinab »in den Keller«.
4. Die Telefonnummern sind unübersichtlich gegliedert, die E-Mail-Adresse zeigt vor und nach dem @-Zeichen einen Leerraum.
5. Die ersten Worte der letzten Zeile laufen zu eng.

In der korrigierten Version sieht man auf den ersten Bick, um was es in der Anzeige geht. Unwichtiges ist kleiner gehalten, der Hauptdarsteller verdient eine große Schriftgröße. Es gibt zwei linke Satzkanten und keine unnützen Dingbats-Pfeile.

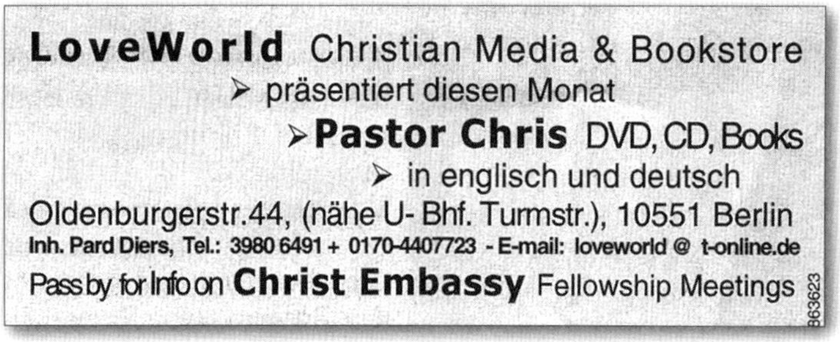

Abbildung 6.17 ▲ ▶
Oben das Original, rechts die verbesserte Version. Durch die Beschränkung auf zwei Achsen und deutlichere Betonungen wird die Anzeige übersichtlicher.

260

Die Anzeige, dritter Teil

In unserem dritten Fall ist ebenfalls eine Menge falsch gemacht worden. Sehr unangenehm fällt die Unübersichtlichkeit auf – man weiß nicht, was »Romiosini« ist. Aber abgesehen vom nicht sehr aufschlussreichen Text sind noch diverse andere Fehler gemacht worden:

1. Wie gerade gesagt, die Anzeige ist unübersichtlich, was am Text, aber auch an der mangelhaften Aufteilung liegt.
2. Die Schrift ist aufgrund des Platzmangels stark verzerrt. Besonders unangenehm ist dies bei den Filialen in Versalien. Die Schriftmischung in der ersten Zeile ist unschön.
3. Durch das Negativstellen der schmalen, verzerrten Schrift und durch die engen Zeilen wird der Text unleserlich.

In der veränderten Version sind Textmenge und Format gleich geblieben. Die Schriftgröße wurde aber leicht verkleinert und die Negativfläche entfernt. Sofort wirkt die Anzeige luftiger und nicht mehr so gedrungen, wodurch sie auch übersichtlicher wird.

▼ **Abbildung 6.18**
Oben das Original, unten die verbesserte Variante. Um eine gute Alternative zu erhalten, müsste in jedem Fall auch der Text korrigiert werden.

6 Die Gesamtkomposition

Die Anzeige, vierter Teil
Bei dieser Anzeige frage ich mich einmal wieder, warum die Schrift nicht einfach in Ruhe gelassen wird. Auseinandergezogen, zusammengedrückt, gesperrt, von allem ist etwas dabei. Die Anzeige wird dadurch unnötig unruhig und wirkt unprofessionell. Zudem wird eine Menge verschiedener Schriftgrößen eingesetzt, die ebenfalls Unruhe hineinbringen.

Die Anzeige, fünfter Teil
Hier ist verhältnismäßig vorsichtig mit den Schriften umgegangen worden. Dafür sorgen die vielen verschiedenen Auszeichnungen für Unübersichtlichkeit.

So haben wir es hier mit drei verschiedenen Schriftfarben zu tun, was an den verschiedenen Grauabstufungen zu sehen ist. Darüber hinaus sind als Mittel zur Hervorhebung Unterstreichungen sowie fette Schnitte kombiniert worden.

Die Laufweite des ersten Absatzes ist sehr viel höher als die des zweiten Absatzes, und im dritten Absatz in der linken Spalte unten wird es so richtig eng. Einziger Trost in dieser Anzeige: Der Layouter hat die korrekten An- und Abführungszeichen verwendet!

◀ Abbildung 6.19
Die Anzeige, vierter Teil. Besonders unangenehm fällt hier die gequetschte und gezogene Schrift auf.

Kleine Änderung, große Wirkung 6.6

Reisetipp für Leser der ADACmotorwelt

statt 299,- €*

8-tägige Flugreise mit „All-Inclusive"
ab **229,-** € p.P./DZ

Bis zu **80,- € Rabatt** bei Buchung bis 15.12.05*

5-Sterne-De-Luxe-Hotel Sillyum – Marek

Türkische Riviera/Belek
„All-Inclusive" im 5-Sterne-De-Luxe-Hotel

- Inkl. Wellnesspaket mit Massage • 20% Ermäßigung auf vor Ort gebuchte Wellnessleistungen
- Inkl. 3 Ausflüge • Bester-Service: Mediplus-Arzt und Gästebetreuer im Hotel

Die Leser der ADACmotorwelt sparen bis zu 80,- € in der ersten Woche – ein sensationeller Sonderpreis!

Ihr exklusives Mediplus 5-Sterne-De-Luxe Hotel Sillyum – Marek: Das Hotel Sillyum und sein luxuriöser Neubau Marek (eröffnet 2005) bilden eine der besten Hotelanlagen an der Türkischen Riviera/Belek direkt am schönen Sand-Strand mit Restaurants, Bars, Cafes, Nachtclub, Einkaufscenter, Frisör, großer Außenpoolanlage, beheiztem Hallenbad, Türk. Bad (Hamam), Jakuzzi, Sauna, Dampfbad, Fitnessraum, Massageabteilung, Quartz-Sand Tennisplätze u.v.m. **Ihre Zimmer** im 5-Sterne Hotel Sillyum – Marek haben Balkon, Dusche/ Bad, WC, Föhn, Klimaanlage/ Heizung, Telefon, Sat.-TV, Radio, Minibar und Safe.

All-Inclusive: Frühstück, Mittag- und Abendessen als Büfett, Snacks. Von morgens 8 Uhr bis 1 Uhr nachts alle lokalen alkohol. und nicht-alkohol. Getränke kostenlos (außer frisch gepresste Säfte). **Inklusive-Wellnesspaket:** 1x Massage (ca. 30 Min.), mehrfach wöchentlich Aquafitness und Stretching (i.d.Gruppe), Wellnessgeschenk pro DZ. **20% Ermäßigung auf alle Anwendungen für ADACmotorwelt Leser.**
Bester Service: Mediplus-Reisen Arzt u. Gästebetreuer aus Deutschland wohnen in Ihrem Hotel und stehen Ihnen täglich zur Seite.

*Bei Buchung ab dem 16.12.05 gilt der ursprüngliche Preis.

Wir bieten Qualität, faire Preise ohne versteckte Kosten!

Villa Sillyum – Marek

Inklusivleistungen pro Person/Woche:
- Charterflug nach Antalya inkl. Verpflegung • Alle Flughafensteuern und Sicherheitsgebühren • Alle Transfers • 6x Übernachtung im DZ des 5-Sterne Hotels Sillyum–Marek (Landeskategorie) mit 6x All-Inclusive (Bei Verl-Wo.: 7x All-Inclusive + 7x Übernachtung im 5-Sterne Hotel Sillyum - Marek) • 2-Tagesausflug (1x pro Aufenthalt) nach Pamukkale mit Halbpension und 1x Übernachtung im guten Thermalhotel (→ Wunschleistungen) • Ausflug Antalya • Halbtägige Orientierungsfahrt • Alle Ausflüge inkl. Eintrittsgelder • **Wellnesspaket** wie beschrieben (1x pro Aufenthalt) • **Eigener Mediplus-Reisen Arzt und Gästebetreuer aus Deutschland im Hotel** • Deutschspr. Reiseleitung auf allen Transfers u. Ausflügen • Willkommenscocktail • Reisepreis-Sicherungsschein

Wunschleistungen pro Person/Woche:
- Aufpreis für eine Übernachtung (EDV-Code: AYT43X) mit All-Inclusive im 5-Sterne Hotel Sillyum - Marek statt Übernachtung/HP beim 2- Tagesausflug in Pamukkale **direkt bei Buchung nur 50,- €/p.P.** (Vorortpreis 89,- €/Pers./DZ bzw. 99,- €/Pers./EZ
- EZ-Zuschlag: Saison A-E: **129,- €**, F-H: **149,- €**

Termine u. Preise p. P. im DZ in € · EDV-Code: AYT43W

	Zeiträume der Flugtage: Samstag, Sonntag, Dienstag	1ste Woche Bis zu 80,- € Rabatt bei Buchung bis 15.12.05		Verl.-Woche Bis zu 70,- € Rabatt bei Buchung bis 15.12.05	
A	10.12. - 13.12.05 21.01. - 24.01.05	~~285,-~~	229,-	~~249,-~~	179,-
B	03.12. - 06.12.05 14.01. - 17.01.06 28.01. - 31.01.06	~~345,-~~	279,-	~~259,-~~	189,-
C	01.01. - 10.01.06 04.02. - 07.02.06	~~375,-~~	299,-	~~269,-~~	199,-
D	19.11. - 29.11.05 17.12. - 20.12.05 11.02. - 28.02.06	~~395,-~~	339,-	~~285,-~~	209,-
E	04.03. - 28.03.06	~~435,-~~	379,-	~~295,-~~	219,-
F	24.12. - 31.12.05*	~~475,-~~	419,-	~~315,-~~	249,-
G	01.04. - 11.04.06 22.04. - 25.04.06*	~~495,-~~	449,-	~~315,-~~	249,-
H	15.04. - 18.04.06	~~525,-~~	479,-	~~315,-~~	259,-

Flugtage + Zuschlag p. P.: Samstag: Nürnberg + 0,- €; Berlin-SFX, Leipzig, Hannover, Düsseldorf, Köln, Frankfurt, München; +27,- €; **Sonntag:** Paderborn; + 0 €; Berlin-TXL, Hamburg, Bremen, Düsseldorf, Erfurt, Stuttgart, München; + 27,- € **Dienstag:** Bremen + 0,- €; Leipzig, Berlin-SFX, Hannover, Münster, Düsseldorf, Köln, Frankfurt, Stuttgart, München; + 17,- €; **Verlängerungswochen:** Der erste Tag der jeweiligen Verlängerungswoche entspricht einem neuen Anreisetag, der den Preis der Verlängerungswoche bestimmt. **Kinderermäßigung:** auf Anfrage. °Obligat. Silvesterzuschlag 68,- €/Pers./Wo. bei Aufenthalt über den 31.12.05 *nur für eine Woche buchbar

◀ **Abbildung 6.20**
Die Anzeige, fünfter Teil. Viele verschiedene Auszeichnungen und veränderte Laufweiten sind unschön.

6 Die Gesamtkomposition

Die Visitenkarte

Das nächste Beispiel zeigt eine typische Visitenkarte. Auch hier wollen wir zunächst die Fehler und dann eine verbesserte Version betrachten:

1. Das Erste, was ins Auge fällt, ist die schlechte Raumaufteilung. Die Räume links, oben und unten sind ungleichmäßig verteilt, und der Raum unten ist in jedem Fall zu klein. Dadurch hängt der Text nach unten und wirkt, als würde er abstürzen.
2. Das Logo wirkt deplatziert, da es weder einen räumlichen Bezug zum Schriftzug des Verlags noch zum restlichen Text hat.
3. Der Raum rechts vom Text wirkt nicht als freier Raum, sondern als Loch.
4. Der Layouter hat zu viele verschiedene Schriftgrößen verwendet. Auf einer Visitenkarte sollten zwei, maximal drei verschiedene Schriftgrößen zum Einsatz kommen. Abgesehen davon sollten der Text kleiner und die Telefonnummern unterteilt sein.
5. Die Schriftmischung lässt ebenfalls zu wünschen übrig. Die serifenlose Schrift des Verlagsnamens passt nicht besonders gut zu einer Barock-Antiqua mit solch ausgeprägten Unterschieden in den Strichstärken.
6. Im Schriftzug des Verlags ist die Unterzeile »Berlin/New York« gesperrt, damit sie die gleiche Breite wie der Verlagsname erreicht. Dies sieht man sehr häufig, und genauso häufig kann man darüber streiten, ob das eine typografisch schöne Spielart ist oder nicht. In jedem Fall ist aber ein grober Fehler unterlaufen:

Abbildung 6.21 ▼
Die Visitenkarte im Original. Schon auf den ersten Blick fallen viele Fehler und eine unschöne Schriftmischung auf.

Hunnenstein Verlag
B e r l i n / N e w   Y o r k

Heribert Hunnenstein
Geschäftsführer
Ludwig-Erhard-Allee 340
14563 Berlin
Telefon 030/598723
Fax 030/598724
E-Mail herhun@hunnenstein.com

264

Der Wortzwischenraum zwischen New und York ist größer als die Abstände vor und nach dem Schrägstrich zwischen den beiden Städten und reißt das »New York« unnötig auseinander.

In der korrigierten Version und im Alternativvorschlag wurden Texte und Räume völlig neu aufgeteilt. Die Abstände zur Papierkante wurden korrigiert und der Text in Name/Titel und Daten gegliedert. Durch die Umstellung des Logos wirkt der freie Raum, der nun auf der linken Seite entstanden ist, nicht mehr als Loch, sondern als angenehmer Weißraum. Die verwendeten Schriften passen besser zueinander, und der Schriftzug des Verlags wurde ebenfalls korrigiert.

◀ ▼ **Abbildung 6.22**
Die Visitenkarte, links die korrigierte Variante, unten ein alternativer Vorschlag

6.7 Die schwarze Liste

Diese schwarze Liste zeigt Ihnen auf einen Blick die gröbsten und gleichzeitig beliebtesten Fehler und hilft Ihnen dabei, sie zu vermeiden.

1. **Weiße Löcher**
   Weißraum an der falschen Stelle lockert nicht auf, sondern wirkt als optisches Loch.

2. **Zu viel Weite**
   Vermeiden Sie zu große Tabulatorsprünge, zu große Einzüge, zu große Spalten- oder Zeilenabstände. Texte fallen dadurch auseinander und verlieren ihren Zusammenhalt.

3. **Gedränge**
   Vermeiden Sie, die Seite komplett mit Elementen zu füllen. Geben Sie den Texten und Bildern Luft zum Atmen. Nur so kommen sie zur Wirkung.

4. **Ungeeigneter Spaltenabstand**
   Zu großer Spaltenabstand zerreißt den Text. Zu kleiner Spaltenabstand bewirkt, dass wir ihn übersehen und horizontal statt vertikal weiterlesen.

5. **Keine Gliederung**
   Vermeiden Sie den Einheitsbrei. Deutliche Abstände zwischen Texten gliedern das Druckerzeugnis und helfen beim Überblick.

6. **Schmückende Elemente**
   Ein Zuviel an Linien, Kästen und anderen Elementen wird unübersichtlich und lässt je nach Art des Elements die Seite steif oder überladen wirken. Auch das Rotieren von Textblöcken sollte nicht zu häufig stattfinden.

7. **Ungleichmäßige Abstände**
   Achten Sie bei wiederkehrenden Elementen auf gleichmäßige Abstände, zum Beispiel zwischen Bild und Bildunterschrift oder auch zwischen den Bildern oder den Textblöcken untereinander.

8. **Keine Linien und Achsen**

   Geben Sie dem Auge die Möglichkeit, Linien und Achsen zu finden. Ein Kreuz und Quer an Text- und anderen Elementen wird schnell unübersichtlich.

9. **Keine Treppe**

   Vermeiden Sie eine treppenförmige Aufteilung bei Objekten. Das Gleiche gilt für die Zeilen innerhalb eines Textrahmens.

10. **Verschiedene Schriftgrößen**

    Arbeiten Sie nicht mit zu vielen verschiedenen Schriftgrößen. Dies wirkt unruhig und unübersichtlich und ist zudem überflüssig. Zwei bis drei verschiedene Schriftgrößen sind völlig ausreichend.

11. **Verschiedene Schriftarten**

    Häufig reichen ein oder zwei verschiedene Schriftarten völlig aus. Verwenden Sie in einem Druckwerk maximal drei verschiedene Schriften.

12. **Falsche Schriftmischung**

    Achten Sie beim Mischen auf den Schriftcharakter. Die zu mischenden Schriften sollten sich nicht zu ähnlich sein, sollten aber einen ähnlichen Charakter aufweisen.

13. **Versalbuchstaben**

    Versaltext ist schwer lesbar und sollte nur in Ausnahmefällen verwendet werden. Für eine bessere Lesbarkeit sollte man ihn leicht sperren.

14. **Falsche Schrift bei Versalbuchstaben**

    Schreibschriften oder gebrochene Schriften sollten in keinem Fall in Versalbuchstaben gesetzt werden.

15. **Zu wenig Kontrast**

    Gliedern Sie das Druckerzeugnis, indem Sie Kontraste setzen, zum Beispiel durch verschiedene Schriftgrößen oder Zwischenüberschriften.

16. Optische Auszeichnungen
Vermeiden Sie optische Auszeichnungen wie das Unterstreichen oder Sperren.

17. Falsche Laufweiten
Durch zu wenig Raum zwischen den Buchstaben wird der Text unleserlich, das Gleiche gilt für zu große Abstände. Der Grauwert geht verloren.

18. Zu lange Zeilen
Bei zu langen Zeilen verliert sich das Auge beim Sprung in die nächste Zeile schnell und rutscht in die falsche Zeile.

19. Zu großer Zeilenabstand
Der Textblock fällt durch einen zu großen Zeilenabstand auseinander. In einer Grundschriftgröße gilt als optimaler Wert 120%.

20. Hurenkinder und Schusterjungen
Vermeiden Sie einzeln stehende Zeilen am Spaltenanfang oder -ende beziehungsweise am Seitenanfang oder -ende. Mindestens zwei, besser drei Zeilen sollten immer zusammengehalten werden.

21. Zu viele Trennungen
Achten Sie auf die Trennungen. Begrenzen Sie eventuell die Anzahl der hintereinanderliegenden Trennungen in den Programmen auf maximal drei oder vier.

22. Zu viele Ausrichtungen
Mischen Sie maximal zwei Ausrichtungsarten miteinander.

23. Mittelachse und rechtsbündig
Vorsicht bei diesen beiden Ausrichtungsarten, sie lassen sich aufgrund der fehlenden linken Achse nur schwer lesen.

24. Blocksatz bei kurzen Zeilen
Nicht jeder Text verlangt nach Blocksatz, und speziell bei schmalen Spalten kann ein Flattersatz sehr viel schöner wirken.

25. Verzerren
Schriften sollten nur in Ausnahmefällen und dann auch nur bis maximal 20 % verzerrt werden.

26. Zu dicke Linienstärken
Passen Sie die Linienstärke an die Schriftart und an die Schriftgröße an. Die Standardstärke von einem Punkt ist für die meisten Einsätze zu dick.

27. Spielereien
Auch wenn Corel und Co. eine Menge Effekte zu bieten haben, trägt doch das meiste davon nicht zur typografischen Aufwertung bei. Vermeiden Sie zu viele Effekte wie Schatten, Outline (konturierte Schriften), Transparenzen oder Farbverläufe. Dies gilt besonders für kleine Schriftgrade und Antiqua-Schriften.

◄ Abbildung 6.23
Ein schönes Beispiel dafür, wie viele Fehler man auf kleinstem Raum machen kann

Kapitel 7
Typografie im Web und mobil
Die Besonderheiten von Schrift online

Sie werden lernen:

- Wo liegen die Unterschiede zwischen Screen- und Printtypografie?
- Ist gute Typografie im Web möglich?
- Welche Schriften verwendet man beim Screendesign?
- Wie können Sie die Lesbarkeit optimieren?
- Welche Bedeutung haben Kontrast und Farbe im Web?
- Typografie auf Smartphones und auf Tablets

Webdesign und das Design für mobile Geräte sind eine eigene und in vielen Dingen wieder völlig andere Kunst des Layouts. Die Typografie spielt eine mindestens ebenso wichtige Rolle wie die Navigationsstruktur und das Screendesign. Ich möchte an dieser Stelle ein paar typografische Hinweise speziell zu den Unterschieden zwischen Print- und Screendesign geben, damit Ihre Typografie im Web und mobil gelingt.

7.1 Schrift im Internet

Langweilige Websites voller Arial, Helvetica und Comic Sans haben die letzten Jahre das Internet geprägt. Die stark begrenzte Schriftauswahl hatte technische Gründe, doch diese Beschränkungen sind glücklicherweise seit einiger Zeit vorbei. Dank neuer Technologien und Schriftformate kann der schriftaffine Designer nun seiner Website ein völlig neues Gesicht geben.

HTML
HTML steht für Hypertext Markup Language und ist eine Auszeichnungssprache, in der alle Dokumente für das Internet erstellt werden. Texte, Bilder, Farben, Hyperlinks und mehr lassen sich mit HTML strukturieren und mit einem Browser darstellen.

HTML und CSS
Es ist nie das Ziel von HTML gewesen, Informationen zu gestalten und ansprechend zu verpacken. Lediglich das Darstellen von strukturierten Textinformationen und Verknüpfungen soll mit HTML realisiert werden. Durch die Kombination mit Cascading Style Sheets erweitern sich die Möglichkeiten von HTML bezüglich der Gestaltung, auch in typografischer Hinsicht.

CSS ist eine flexible Formatierungssprache, die vom W3C (World Wide Web Consortium) zum Standard erklärt wurde und von den meisten Browsern unterstützt wird. Im weitesten Sinne ist CSS mit Stilvorlagen beziehungsweise Formaten von Layoutprogrammen zu vergleichen. Es enthält Regeln zur Formatierung, die den HTML-Elementen zugewiesen werden, während der Aufbau der HTML-Seite dabei unverändert bleibt. Mithilfe der CSS-Regeln kann der Designer auf Textattribute, Darstellungsoptionen für Tabellen oder Listen sowie auch auf die Platzierung von Objekten Einfluss nehmen und so sehr viel mehr gestalterisch tätig werden und mehr Vorgaben fixieren als bei reinen HTML-Seiten.

Übrigens erlauben immer mehr Webseiten, die Schriftgröße per Mausklick zu skalieren. Auch das ist durch CSS möglich.

Schriftwahl
Vergessen Sie nicht: Meist reichen zwei verschiedene Schriften aus; wer mehr als drei Schriften verwendet, riskiert ein unprofessionelles Erscheinungsbild.

@fontface für Schriftvielfalt
In den letzten Jahren gab es aus typografischer Sicht eine revolutionäre Entwicklung bei der Gestaltung von Websites. Mit der Einführung der Webfonts ist der Designer nicht mehr an eine Handvoll

Schriften gebunden, sondern kann nahezu beliebige Schriften in seiner Website verwenden und trotzdem sicher sein, dass die Seite genauso beim Benutzer angezeigt wird.

Webfonts

Webfonts basieren auf dem Standardformat OpenType. Die revolutionäre Eigenschaft der Webfonts ist, dass sie sich in die Website einbetten lassen. Somit wird sozusagen die Schrift beziehungsweise Teile davon frei Haus mit der Website mitgeliefert. Umgesetzt wird dies mit der CSS-Eigenschaft @fontface. Die Syntax bestimmt die Format- und Texteigenschaften wie den Schriftstil oder auch die Strichstärke. Das Attribut »src« definiert, ob eine in das Dokument eingebettete oder eine lokal vorhandene Schrift verwendet werden soll. Bettet man die Schrift in die Website ein, wird sie beim Besuch der Site temporär auf den Rechner des Benutzers geladen. Der Ladevorgang findet im Hintergrund statt, ohne dass der Benutzer ihn bemerkt oder eingreifen muss.

Allerdings bleibt ein Restrisiko: Der Browser, mit dem der Betrachter die Website öffnet, muss die Technologie @fontface unterstützen. Zwar werden nach und nach alle Browser aktualisiert und angepasst, allerdings findet man sicherlich noch genug Anwender, die mit alten Versionen arbeiten. Hersteller, wie zum Beispiel Schriftenhäuser, deren Geschäftsmodell darauf basiert, dass die Schriften korrekt zu sehen sind, werden deswegen weiterhin ihre Schriften als Bild präsentieren müssen.

Schrift in Webfont konvertieren

Um eine Schrift in das Webfont-Format zu konvertieren, können Sie den Webfont Generator von Font Squirrel verwenden *(www.fontsquirrel.com/fontface/generator)*. Achten Sie aber auf die Lizenzbedingungen.

▼ **Abbildung 7.1**
Je nachdem, ob der Browser die @fontface-Technologie unterstützt oder nicht, werden die Schriften durch einen Standard ersetzt (unten) oder im Original angezeigt (oben).

Embedded Open Type

Beim Format EOT handelt es sich um ein Schriftenformat, das für die Einbettung in Websites entwickelt wurde. Die starke Komprimierung des Formats basiert auf der MicroType-Express-Technologie von Monotype Imaging, die patentiert ist. Zudem sind EOT-Schriften an eine URL gebunden, was bedeutet, dass die Schrift nur zur Darstellung der verknüpften Website verwendet werden kann.

Aufgrund der Kritik am EOT-Format entwickelte das Schrifthaus Ascender das EOT Lite. Hier stören weder Verknüpfungen zu einer URL noch herstellerspezifische Kompressionsverfahren.

Web Open Font Format

Mit WOFF wurde ein zweites Format entwickelt, das weniger kommerziell verbreitet ist und gleichzeitig weniger Einschränkungen aufweist als das EOT-Format. WOFF ist eine Art Container, in den eine OpenType- oder TrueType-Schrift aufgenommen und mit einer XML-Datei ergänzt wird. Neben der Komprimierung können mit der XML-Datei weitere Informationen über die Schrift aufgenommen werden.

Abbildung 7.2 ▶ Fontshop bietet seine Webfonts im WOFF- sowie im EOT-Format an.

Schriften erwerben

Durch die Möglichkeit, andere Schriften als Arial und Times für das Webdesign zu verwenden, steigt die Nachfrage nach Schriften, die sich gut am Monitor lesen lassen, gleichzeitig aber auch höheren typografischen Ansprüchen gerecht werden. Technisch gesehen, sind die meisten Schriften aus dem Printbereich auch für den Einsatz als Webfont geeignet. Praktisch ist es aber so, dass sie eine Webfont-Lizenz benötigen, um sie wirklich einbetten zu dürfen. Da die meisten Printschriften das nicht haben, sollten Sie es auch erst gar nicht versuchen.

Verwenden Sie also Webfonts. Die meisten der bekannten Schriftenhäuser bieten mittlerweile Webfonts in den zwei Formaten an, dem Format WOFF und dem Format EOT Lite; viele Anbieter erweitern ihr Angebot monatlich. Genauso wie bei Schriften für den Druck kaufen Sie nicht die Schrift, sondern Sie erwerben die Erlaubnis, die Schrift zu verwenden – und zwar unabhängig davon, ob die Schrift bei Ihnen auf dem Rechner vorhanden ist oder nicht. Sie kaufen also eine Nutzungslizenz. Und hier wird es kompliziert. Nahezu jede Lizenz enthält unterschiedliche Bedingungen und Einschränkungen, es gibt Miet- und Kaufmodelle, Abos und Einmalgebühren.

▼ **Abbildung 7.3**
Bei *www.typotheque.com* wählt der Kunde, ob er die Schrift ausschließlich als Webfont oder für Web und Print erwerben möchte.

Zwar kauft man für den Druck auch nur die Lizenz einer Schrift, allerdings kann man dann diese Schrift nach dem Download beliebig oft und beliebig lange verwenden. Man zahlt also beispielsweise einmalig 100 Euro, erhält die Schriftdatei und verwendet sie anschließend entweder einmal für ein einziges Layout, oder man verwendet sie zehn Jahre lang in Hunderten von Layouts – die Kosten sind die gleichen. Im Unterschied dazu bevorzugen immer mehr Anbieter von Webfonts eine Kostenabrechnung, die auf der tatsächlichen Nutzungsmenge basiert. Dies ist letztlich aber auch nur dann gerechter, wenn die Nutzungshäufigkeit auch einsehbar ist. Schrifthäuser, die ihre Webfonts selbst hosten, können das problemlos. Andere Anbieter aber, bei denen Sie die Webfonts zum Selberhosten herunterladen, müssen auf die Ehrlichkeit des Webdesigners setzen.

Unterschiede bei den Anbietern

Die Unterschiede zwischen den Fontservices sind zum Teil erheblich, genauso wie die Qualität der Schriften. Einige Anbieter arbeiten mit einer Beschränkung der Bandbreite oder der Seitenaufrufe, an-

Abbildung 7.4 ▼
Einer der bekanntesten Webfont-Services ist *www.typekit.com*. Hier werden ausschließlich Webfonts angeboten.

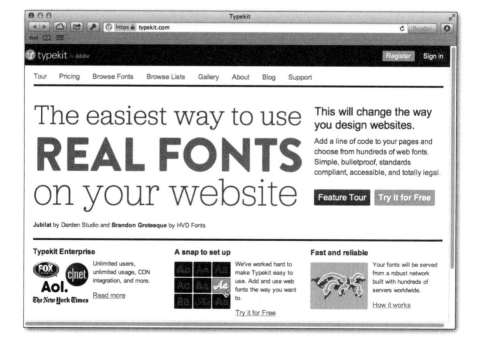

dere beschränken die Anzahl der Sites, in die die Schrift eingebunden werden darf. Manche rechnen nach Art oder Anzahl der verwendeten Schriften ab, andere bieten sogar die Möglichkeit, eigene Fonts zu hosten. Die Frage nach dem Gut und Schlecht kann man also nicht allgemein beantworten. Sie können die für Sie optimale Lösung heraussuchen. Fragen Sie sich zunächst: Wenn ich zahle, wie zahle ich? Einmalig? Monatlich? Für was zahle ich? Für eine Schrift, für eine ganze Familie? Wie wird abgerechnet? Pauschal oder nach Benutzung? Lade ich die Schriften herunter und hoste sie selbst oder bleiben sie auf dem Server des Anbieters?

Selbst hosten oder fremd hosten, kaufen oder mieten
Letztlich lassen sich die vielfältigen Möglichkeiten in zwei Fragen beziehungsweise zwei Antworten zusammenfassen, wobei viele Anbieter lediglich eine Kombination anbieten: Kaufen oder mieten, fremd oder selber hosten. Kauft man einen Webfont, hat man den Vorteil einmaliger Gebühren und somit die Sicherheit, dass keine unerwarteten Kosten auf einen zukommen. Das kennt man aus dem Printmarkt. Das einmalige Kaufen einer Lizenz ist meist an das Herunterladen der Schriftdatei und das Selbsthosten gekoppelt. Das wiederum hat den Vorteil, dass sich alle Daten auf dem eigenen Server befinden. Somit können Ihnen Abstürze oder andere Probleme des Anbieters egal sein.

Das Abo hingegen erlaubt dem Webdesigner, aus der Vielzahl der angebotenen Schriften zu wählen, also monatlich zu zahlen und aus dem Vollen zu schöpfen. Die Abrechnung erfolgt beispielsweise nach der Menge der Seitenaufrufe. Bei dieser Variante liegen die Schriften auf dem Server des Anbieters. Das Fremdhosten hat den Vorteil, sich um nichts kümmern zu müssen. Je nach Anbieter handelt es sich um schnelle Server, technische Neuerungen werden bei einem guten Anbieter automatisch übernommen, und bei neuen Browserversionen lassen die Anpassungen in der Regel nicht lange auf sich warten.

Schrifteignung
In jedem Fall sollten Sie darauf achten, Schriften zu wählen, die für den Bildschirm optimiert sind. Wer für Print und Web gestaltet, sollte darauf achten, dass beide Varianten angeboten werden. Denn häufig bieten die Webfont-Services für den Monitor optimierte Schriften an – eine Printvariante fehlt aber, und eine übergreifende Gestaltung für On- und Offline-Medien ist somit nicht möglich.

7 Typografie im Web und mobil

Große Anbieter

Mittlerweile gibt es einen relativ großen Markt von Schriftenhäusern beziehungsweise Webfont-Services, die Webfonts inklusive oder exklusive Hosting anbieten. Die großen Anbieter haben auch eine entsprechend große Auswahl an qualitativ hochwertigen Schriften, die Preismodelle sind in der Regel seriös, unterscheiden sich aber zum Teil stark. Hier lohnt es sich, vor der Entscheidung die eigenen Bedürfnisse zu definieren und das Kleingedruckte zu lesen.

Der Anbieter Myfonts *(www.myfonts.com)* bietet eine große Auswahl an Webfonts zum Download an. Hier bezahlt man eine einmalige Lizenzgebühr, die sich nach den zu erwartenden Seitenaufrufen richtet, und hostet die Schrift selbst. Auch der Anbieter Fonts *(https://fonts.com)* verfährt auf diese Art. Bei dem beliebten Berliner Unternehmen Fontshop *(www.fontshop.com)* werden die Schriftlizenzen erworben und abhängig von den Seitenaufrufen bezahlt. Das Hosting übernimmt man

Abbildung 7.5 ▼
Bei fonts.com und bei Myfonts muss man die Schriften selbst hosten.

selbst oder auf Wunsch der Partner Typekit *(https://typekit.com)*. Typekit bietet Schriften und Hosting an, bezahlt wird nach Seitenaufrufen. Ganz ähnlich sieht es bei WebInk *(http://webink.com)* aus: Auch hier wird eine Art Flatrate angeboten, die Schriften werden fremd gehostet. Sei noch der Anbieter Fontdeck *(http://fontdeck.com)* erwähnt, der Lizenzen für einzelne Schriften inklusive Hosting anbietet.

Webfonts von Google

Google bietet einen besonderen Service an. Bei Google Web Fonts *(www.google.com/fonts)* sind über 500 Schriften für das Internet kostenlos erhältlich, die heruntergeladen und genutzt werden dürfen. Wie so oft bei kostenlosen Angeboten ist auch hier alles zu finden – von wunderschön bis gruselig. Die Herausforderung liegt also darin, sich durch die Menge zu arbeiten, um eine gut lesbare und ästhetische Schrift zu finden, die optimal zu Ihrem Thema passt.

Performance
Zu viele Schriften in einer Gestaltung sind aus typografischen Gründen genauso wie aus Performance-Gründen zu vermeiden. Um die Ladezeiten einer Website vorab einschätzen zu können, kann man beispielsweise bei Google den online verfügbaren Tachometer befragen.

▼ **Abbildung 7.6**
Einige der Webfonts, die Google kostenlos anbietet, können sich auf jeden Fall sehen lassen.

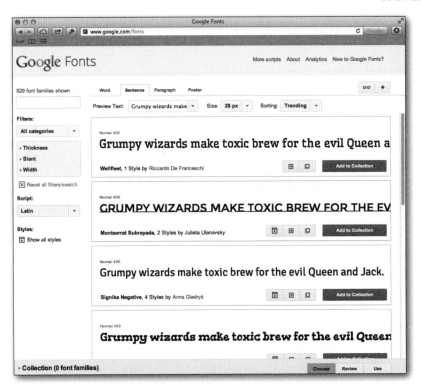

Webdesign früher

Und warum freuen wir Typografen uns denn jetzt so diebisch über die Entwicklung der letzten Jahre? Bis vor einiger Zeit sahen die Möglichkeiten der Schriftdarstellung nämlich noch ganz anders aus. Da die Webfonts und deren Einbettung so noch nicht funktionierte und HTML-Dokumente auf dem Rechner des Benutzers ausgeführt werden, musste auch dort die im HTML-Dokument verwendete Schrift zur Verfügung stehen. Tat sie das nicht, weil der Benutzer die Schrift nicht auf seinem Rechner installiert hatte, verwendete der Browser eine beliebige Ersatzschrift. Reines HTML ist also ein typografisches Roulette. Um wenigstens etwas Einfluss auf das Aussehen zu haben, definierte man mithilfe von CSS eine Ersatzschrift. War auch diese nicht vorhanden, wurde auf eine weitere, festgelegte Ersatzschrift beziehungsweise Schriftklasse zugegriffen. Doch letztlich konnte der Webdesigner nie wissen, wie die Seite beim Benutzer nun wirklich aussah.

Text als Bild

Wer sichergehen musste, dass ein 100%iges Abbild seiner Gestaltung die Webanwender erreichte, hat die Schrift als Bild platziert. Dieses Verfahren hat aber Nachteile: So kann dieser Text, der ja gar

Abbildung 7.7 ▶
Hier ist die Headline Haupterkennungsmerkmal der Seite und wurde als Bild platziert.

kein Text mehr ist, nicht von Suchmaschinen durchsucht und von Bildschirmlesegeräten erfasst werden. Auch verlängert sich durch die Verwendung von Schrift als Bild die Ladezeit der Seite, und der Leser kann den Text nicht kopieren. Wenn es aber gilt, das Firmenlogo oder eine Wortmarke einzubinden, ist diese Vorgehensweise nach wie vor eine gute Wahl und je nach Aufgabe eine Alternative zum Einsatz der Webfonts.

Das PDF – die Website als Bild
Wer nicht nur die Schrift, sondern seine gesamte Seite 1:1 im Internet darstellen möchte, sollte statt der HTML-Seite das PDF-Format in Betracht ziehen. Es ist ein plattformunabhängiges Dateiformat, das aus der Feder von Adobe stammt und zur systemübergreifenden Veröffentlichung definiert wurde. Bei diesem Format bleibt das Aussehen der Seite weder dem Browser beziehungsweise dem HTML plus CSS oder den Webfonts überlassen, sondern ist ähnlich wie in einem Bildformat fixiert. Wenn Sie den kompletten Text beziehungsweise mehrere Seiten als PDF verpackt anbieten, kann der Leser das PDF herunterladen und offline lesen oder per E-Mail versenden. Für die gängigen Browser stehen Plug-ins zur Verfügung, damit das PDF auch direkt im Browser angezeigt werden kann.

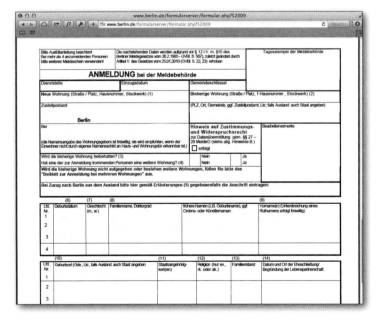

◄ **Abbildung 7.8**
Nicht nur Behörden bieten den Lesern Formulare im PDF-Format an. Je nach Browser-Einstellung kann das PDF dann auch direkt im Browser angezeigt werden. Die Navigationselemente zum Blättern und Skalieren erscheinen innerhalb des Browserfensters.

7.2 Schriftwahl und Schriftgröße

Röhrenmonitore flimmern permanent, und auch wenn wir das nicht bewusst »sehen«, wirkt es sich doch auf unsere Augen aus und lässt das längere Lesen am Monitor zu einer Anstrengung werden. Bei Flachbildschirmen kommt eine andere Technik zum Einsatz und die Augen werden weniger belastet. Aber auch hier ermüden die Augen schneller als bei gedruckten Medien. Auch wenn das Internet ursprünglich kein Lesemedium und langes Lesen am Monitor nach wie vor nicht die Regel ist, lesen doch viele aufgrund ihrer Arbeitssituation mehr am Monitor als auf dem Papier – ein Grund mehr, sich über die Lesbarkeit von Online-Schriften Gedanken zu machen.

Ohne Serifen oder mit Serifen?
Sicher wird Ihnen schon aufgefallen sein, dass im Internet mehr serifenlose als Schriften mit Serifen zum Einsatz kommen, und das hat auch eine Berechtigung. Während Serifen im Printdesign dazu dienen, das Auge zu führen und nicht so schnell ermüden zu lassen,

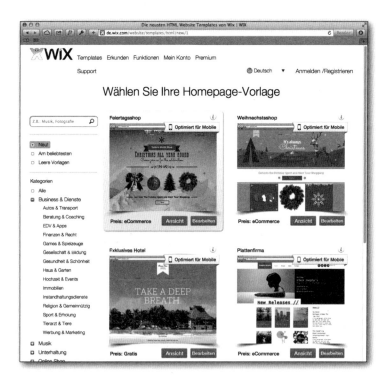

Abbildung 7.9 ▶
Unter *http://de.wix.com* finden sich zahlreiche Layout- und Schriftbeispiele.

stören sie im Web eher. Dies hat mehrere Gründe. Zum einen haben wir am Monitor eine geringere Auflösung als bei einem gedruckten Ergebnis. Durch diese geringere Auflösung lassen sich die feinen und manchmal sehr dünnen Serifen nicht sauber darstellen – als Folge davon wirkt die Schrift eher unscharf und unsauber. Zudem arbeiten wir am Monitor mit einem leuchtenden Hintergrund, wodurch dünne Linien überstrahlt und somit teilweise verloren gehen können, was wiederum unscharf wirkt.

Mit Serifen

Trotz allem soll dies kein grundsätzliches Verbot der Verwendung von Serifenschriften im Web sein. Genügend gelungene und lesbare Webseiten beweisen, dass auch mit Serifenschriften gearbeitet werden kann. Häufig ist auch wieder die Kombination von Hintergründen und Farben ausschlaggebend, und nicht zuletzt beinhaltet der Begriff »Serifenschrift« ein weites Feld von Varianten, von gut lesbar bis völlig unbrauchbar. Der wichtigste Faktor ist aber wahrscheinlich die Schriftgröße. Wer eine Times in 6 Punkt am Monitor entziffern

Welche Schrift ist das?
Möchten Sie gerne wissen, welche Schrift auf einer bestimmten Website verwendet wurde? Mit dem Werkzeug WhatFont lässt sich das ganz einfach herausfinden. Installieren Sie das Plug-in, klicken Sie auf das WhatFont-Symbol im Browser und bewegen Sie die Maus über die Schrift – die Software verrät Ihnen, um welche Schrift es sich handelt.

▼ **Abbildung 7.10**
Die »Frankfurter Allgemeine« arbeitet mit der Georgia in den Headlines und der Verdana in den Fließtexten.

7 Typografie im Web und mobil

soll, wird schnell merken, worin der Unterschied zwischen dem gedruckten Buchstaben und der Anzeige am Monitor liegt.

Grundsätzlich gilt: Je einfacher und klarer eine Schrift ist, also je weniger Feinheiten sie hat, desto besser ist sie im Web zu lesen. Schriften mit feinen Serifen, Schreibschriften sowie handschriftliche Schriften sind in kleinen Größen nicht geeignet. Offene Schriften mit relativ großen x-Höhen eignen sich eher als enge Schriften mit kleinen x-Höhen.

Kanten glätten

Die Kantenglättung, das sogenannte Anti-Aliasing von Schriften, trägt ebenfalls zur Lesbarkeit bei. Durch niedrige Auflösung am Monitor zeigt sich besonders bei Schrägen und Rundungen schnell ein Treppeneffekt. Um diese durch Aliasing entstandenen Treppen zu vermeiden, werden automatisch Mischpunkte hinzugefügt.

Durch die Kantenglättung werden die Schriften grundsätzlich etwas unschärfer. Was bei größeren Schriftgraden eher als weich und lesefreundlich empfunden wird, fällt bei kleinen Schriftgraden unan-

Abbildung 7.11 ▼
Unter www.4templates.com finden sich verschiedene Designs und Lösungen. Auch die Darstellung auf mobilen Geräten lässt sich – wie im rechten Bild – simulieren. Im Beispiel ist die horizontale Aufteilung des Textes in drei Spalten gut gelungen, und die Serifenlose Trebuchet MS lässt sich auch in den kleinen Graden gut lesen.

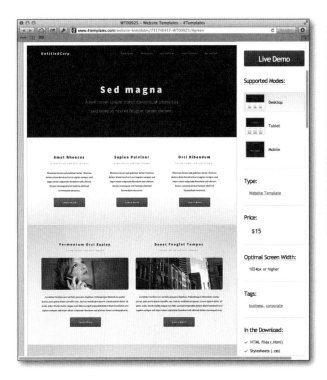

genehm auf. Somit ist es durchaus sinnvoll, die Kantenglättung von der Schriftgröße abhängig zu machen, wie es auch unter Macintosh und Windows üblich ist. Aber Vorsicht: Manche Schriften reagieren abhängig von ihren Schriftgrößen stärker auf die Kantenglättung als andere. Testen Sie also die von Ihnen verwendeten Schriften in den jeweiligen Größen mit und ohne Kantenglättung!

▼ **Abbildung 7.12**
Oben ohne aktives Anti-Aliasing, unten mit Anti-Aliasing.

Wann kommen die neuen Intel-Macs?
Apples Intel-Switch steht bevor. Hier wird noch noch ein Patent ... bevor. Hier ... ch ein wenig am Kopierschutz gefeilt. Alle fünf Mac-Produktlinien (iBook, PowerF... fünf Mac-Proc... er Mac) soll Apple inzwischen nur noch für die kommende Intel-Architektur weit ... Steve Jobs, der den Wechsel angeblich persönlich betreut, den Hebel wohl beim Po... die kommenc... eßlich ist der Rechner mit Dual-Core-Prozessor als letzter in neuer Ausgabe erschienen. D... areseite soll Apple bereits weit fortgeschritten sein: Mac OS X v10.4.3 für x86-Prozessoren ... ch betreu... aut den Entwicklern, die bereits einen Intel-Mac haben, nicht mehr von der PowerPC-Version ... r ...

21

Neue Folge des macnews.de-Podcast: Störfunk
"Störfunk" heißt die neue Folge des macnews.de-Podcasts, in der Doris sich die Update-Politik aus Cupertino anschaut - oder besser anhört. Denn da hatte sich in letzter Zeit etwas Rauschen in der Leitung verbreitet. Und mindestens ein Update ist uns Apple immer noch schuldig. Podcast-Abonennten brauchen in iTunes lediglich auf den "Aktualisieren"-Knopf drücken, falls sie nicht sowieso automatisch nach neuen Episoden suchen. Wer den macnews.de Podcast noch nicht abonniert hat, kann das hier nachholen. Viel Spaß beim Zuhören. (chr)

0

Wann kommen die neuen Intel-Macs?
Apples Intel-Switch steht bevor. Hier wird noch noch ein Paten... bevor. Hier ... ch ein wenig am Kopierschutz gefeilt. Alle fünf Mac-Produktlinien (iBook, PowerF... fünf Mac-Proc... Steve Jobs, der den inzwischen nur noch für die kommende Intel-Architektur weit ... Steve Jobs, der den Wechsel angeblich persönlich betreut, den Hebel wohl beim Po... die kommenc... eßlich ist der Rechner mit Dual-Core-Prozessor als letzter in neuer Ausgabe erschienen. D... areseite soll Apple bereits weit fortgeschritten sein: Mac OS X v10.4.3 für x86-Prozessoren ... ch betreu... aut den Entwicklern, die bereits einen Intel-Mac haben, nicht mehr von der PowerPC-Version. ... r ...

21

Neue Folge des macnews.de-Podcast: Störfunk
"Störfunk" heißt die neue Folge des macnews.de-Podcasts, in der Doris sich die Update-Politik aus Cupertino anschaut - oder besser anhört. Denn da hatte sich in letzter Zeit etwas Rauschen in der Leitung verbreitet. Und mindestens ein Update ist uns Apple immer noch schuldig. Podcast-Abonennten brauchen in iTunes lediglich auf den "Aktualisieren"-Knopf drücken, falls sie nicht sowieso automatisch nach neuen Episoden suchen. Wer den macnews.de Podcast noch nicht abonniert hat, kann das hier nachholen. Viel Spaß beim Zuhören. (chr)

0

Arial
Chicago
Comic Sans MS
Courier
Geneva
Georgia
Monaco
New York
Trebuchet MS
Vera Sans
Verdana

Websichere Schriften

Schriften, die auf nahezu allen Benutzerrechnern installiert sind, nennt man websichere Schriften. Beispiele sind die Arial, die Verdana und die Trebuchet MS, die Comic Sans MS, die Georgia, die Chicago, die Monaco, die Geneva, die New York, die Courier und die Vera Sans. Bevor die @fontface-Technologie Einzug hielt, musste man eine dieser Schriften verwenden, wenn man sicher gehen wollte, dass die Website beim Benutzer mit der gewünschten Schrift dargestellt wurde – deswegen die Bezeichnung »websicher«. Zwar gehört diese starke Beschränkung bei der Schriftwahl der Vergangenheit an, die websicheren Schriften verfügen aber in der Regel über Eigenschaften, die sie für das Lesen am Monitor optimieren: Die meisten haben keine Serifen, sind einfach und klar, haben gleichmäßige Strichstärken und teilweise schon eine leicht erhöhte Laufweite. Auch wenn sie abgenutzt und zum Teil auch nicht ästhetisch sind, erfüllen sie meist die Ansprüche an Bildschirmschriften.

Empfehlungen für websichere Schriften

Die Verdana als serifenlose Variante zeichnet sich besonders dadurch aus, dass sie in sehr kleinen Schriftgrößen gut lesbar ist. Auch wenn man sich nach all den Jahren der typografischen Einfaltigkeit langsam an ihr satt gesehen hat, ist sie immer noch eine der schönsten in der Riege der websicheren Schriften. Ihr Nachteil ist ihr Platzbedürfnis – wenn es viel Text unterzubringen gilt, eignet sie sich durch ihre breite Form weniger gut. Ab einer bestimmten Größe beginnt sie, etwas sperrig und ungelenk zu wirken. Deswegen meine Empfehlung: Wenn Sie genug Platz haben und eine gut lesbare, neutrale Schrift für Fließtext benötigen, greifen Sie zu. Für Überschriften und wenig Platz eignet sie sich nicht. Wer sie in Aktion sehen möchte, öffnet die Seiten von Ikea, Spiegel online oder o2.

◄ **Abbildung 7.13**
Die Arial auf der Seite der Bundeszentrale für politische Bildung ist online etwas angenehmer als in gedruckter Version.

Auch gut lesbar ist die Vera Sans, die unter Windows standardmäßig verfügbar ist. Sie ähnelt der Verdana, benötigt auch relativ viel Platz, wird aber nicht so häufig verwendet wie die Verdana. Durch leicht anders geformte Rundungen von p oder d wirkt sie auch in großen Größen etwas eleganter.

Die Arial hingegen ist alles andere als mein Favorit. Sie wirkt schnell grob und unbeholfen. Allerdings muss man ihr zugute halten, dass sie online weitaus besser aussieht als im Printprodukt. Während Sie also im Druck einen Bogen um die Arial machen sollten, können Sie sie für die Webseite verwenden – vorausgesetzt, die Schriftgröße ist nicht zu groß, so wie auf der Seite von Xing. Auch Amazon, Zalando, die Zeit und sogar Mercedes nutzen die Arial auf ihren Websites im Fließtext.

Die Trebuchet MS hat einen schönen Charakter, ist aber in kleinen Graden schwer zu lesen. Aufgrund fetter Umlautpunkte in den Zwischengrößen sollten Sie sie für große Schriftgrade einsetzen.

Proportionale und nicht proportionale Schriften
Bei einer Proportionalschrift weist jedes Zeichen eine individuelle Breite auf. Im Gegensatz dazu stehen die nicht proportionalen oder Schreibmaschinen-Schriften wie die Courier, bei der jedes Zeichen die gleiche Breite aufweist.

Die Georgia hingegen ist eine der wenigen Serifenschriften, die sich online gut lesen lassen. Zwar läuft man mit ihr Gefahr, beliebig zu werden, da man ihr überall und immer wieder online begegnet, aber das ist auch das einzige, was man bei ihr falsch machen kann. Unter anderem wird sie von der FAZ und – in Kombination mit der Arial – von der Zeit online verwendet.

Vorsicht mit der Courier – auch wenn sie als Screenfont gilt, ist sie doch ursprünglich für Schreibmaschinenschrift entworfen worden und hat auch einen entsprechenden Charakter. Wenn Sie in Ihrer Gestaltung den Effekt einer Schreibmaschinenschrift erzielen wollen, greifen Sie zu; wenn nicht, dann lassen Sie sie bitte liegen.

Genauso rate ich von der Comic Sans ab. Sie ist in jeder Hinsicht unästhetisch, hoffnungslos abgegriffen und weder für das Web noch für den Einsatz in Printmedien geeignet.

Abbildung 7.14 ▶
Die Stuttgarter Zeitung hat sich wie viele andere Seiten auch auf die Georgia festgelegt.

7 Typografie im Web und mobil

Empfehlungen für andere Schriften

Wenn Sie auf @fontface setzen und mit anderen, nicht websicheren Schriften arbeiten wollen, kann ich Ihnen ein paar Empfehlungen aus der Riege der Google Web-Fonts geben. Für längere Texte eignen sich die Source Sans Pro und die Open Sans, die in mehreren Schnitten vorliegen. Auch die Muli und die Raleway sind aufgrund ihres offenen Schriftbildes und ihrer großen x-Höhen angenehm zu lesen. Die Julius Sans One macht als Versalschrift eine gute Figur, und wer wenig Platz hat, greift zur schmalen und trotzdem gut lesbaren Dosis oder Yanone Kaffeesatz. Wer eine Serifenschrift bevorzugt, kann mit gutem Gefühl die Gentium Basic, die Droid oder die Lora verwenden.

Für Auszeichnungen und Überschriften kommen beispielsweise die Abril Fatface, die Coming Soon oder die Alex Brush infrage. Schreib- oder Handschriften verleihen der Gestaltung eine persönliche Note – achten Sie aber darauf, dass sie groß genug sind.

Abbildung 7.15 ▼
Eine Sammlung von brauchbaren Schriften für die Online-Gestaltung. Alle Schriften sind kostenlos bei Google erhältlich.

Weit hinten, hinter den Wortbergen, fern der Länder Vokalien und Konsonan
Weit hinten, hinter den Wortbergen, fern der Länder Vokalien und Konsonantien
Weit hinten, hinter den Wortbergen, fern der Länder Vokalien und Konso
Weit hinten, hinter den Wortbergen, fern der Länder Vokalien und Konsonan
Weit hinten, hinter den Wortbergen, fern der Länder Vokalien und Konso
Weit hinten, hinter den Wortbergen, fern der Länder Vokalien und Konsonan
Weit hinten, hinter den Wortbergen, fern der Länder Vokalien und

Open Sans

Weit hinten, hinter den Wortbergen, fern der Länder Vokalien und Konsonantien
Weit hinten, hinter den Wortbergen, fern der Länder Vokalien und Konsonantien
Weit hinten, hinter den Wortbergen, fern der Länder Vokalien und Konsonantien
Weit hinten, hinter den Wortbergen, fern der Länder Vokalien und Konsonantien
Weit hinten, hinter den Wortbergen, fern der Länder Vokalien und Konsonan
Weit hinten, hinter den Wortbergen, fern der Länder Vokalien und Konsonantien
Weit hinten, hinter den Wortbergen, fern der Länder Vokalien und Konsonan

Source Sans Pro

Weit hinten, hinter den Wortbergen, fern der Länder Vokalien und Konso
Muli

Weit hinten, hinter den Wortbergen, fern der Länder Vokalien und Konso
Railway

WEIT HINTEN, HINTER DEN WORTBERGEN, FERN DER LÄNDER VOKALIEN
Julius Sans One

Weit hinten, hinter den Wortbergen, fern der Länder Vokalien und Konsonantien leben die
Dosis

Weit hinten, hinter den Wortbergen, fern der Länder Vokalien und Konsonantien leben die Blindtexte. Abgeschie
Yanone Kaffeesatz

Weit hinten, hinter den Wortbergen, fern der Länder Vokalien und Konsonantien
Gentium Basis

Weit hinten, hinter den Wortbergen, fern der Länder Vokalien und Kosonan
Droid Sans

Weit hinten, hinter den Wortbergen, fern der Länder Vokalien und Konso
Lora

Weit hinten, hinter den Wortbergen, fern der Länder Vokalien und Konso
Abril Fatface

Weit hinten, hinter den Wortbergen, fern der Länder Vokalien und Konso
Coming Soon

*Weit hinten, hinter den Wortbergen, fern der
Länder Vokalien und Konsonantien*
Alex Brush

Special Handmade

Hinting

Speziell bei der Wiedergabe von kleinen Schriftgraden am Monitor sind nicht genügend Pixel verfügbar, um den Buchstaben mit all seinen Feinheiten anzuzeigen. Hier setzt das Hinting an, eine Technik, die den Buchstaben optimal in das Pixelraster einpasst.

Schriftgröße

Beim Webdesign werden Schriftgrößen nicht in Point oder Punkt, sondern in Pixel angegeben. Ernst gemeinte Empfehlungen für die Schriftgröße kann man eigentlich nicht geben und dies aus einfachem Grund: Während bei Printmedien eine 12-Punkt-Schrift 12 Punkt groß ist (beziehungsweise durch die Kegelausnutzung etwas kleiner), ist die Größe auf einem Monitor oder Display von dessen Auflösung abhängig. Eine Schrift in 12 px wird auf einem niedrig auflösenden Monitor größer angezeigt als auf einem Monitor mit hoher Auflösung. Eine Schrift kann somit auf einem 15-Zoll-Monitor mit 1024 × 768 Pixeln angenehm zu lesen sein, hingegen auf einem 21-Zoll-Monitor schon sehr klein und auf einem Powerbook mit 12-Zoll-Display viel zu groß wirken.

Abbildung 7.16 ▼
Die Seite *www.dp-dhl.com* bietet dem Benutzer oben eine Möglichkeit, die Schriftgröße zu skalieren.

Abbildung 7.17 ▶
Ein Vergleich macht deutlich, wie stark sich einige Schriften in ihrer Lesbarkeit unterscheiden, abhängig von der Schriftgröße.

Empfehlung

Zwar bieten die Browser in der Regel eine Möglichkeit, die Schriftgröße zu skalieren, aber die wenigsten Benutzer wissen oder nutzen dies. Deswegen sind – wie bereits erwähnt – Möglichkeiten auf den Websites zum Skalieren der Schrift umso praktischer.

Wenn denn überhaupt eine Empfehlung ausgesprochen werden darf, dann folgende: Eine meist gute Standardgröße für den Durchschnittsanwender liegt bei 14 px bis 16 px. Nur in Ausnahmefällen sollten sehr kleine Schriftgrade verwendet werden.

Auszeichnungen im Web

Für die Auszeichnung gelten andere Regeln als bei den Printmedien. Die dort empfohlene typografische Auszeichnung in einem kursiven Schnitt oder einer Kapitälchen-Variante eignet sich im Web nicht besonders gut, und speziell die kursiven Schnitte sehen schnell ausgefranst aus. Die Auszeichnung sollte also eher mit einer Farbe oder in einem halbfetten oder fetten Schnitt vorgenommen werden.

Abbildung 7.18 ▼ ▶
Im Internet sind farbige oder fette Schriften als Auszeichnung üblich; Unterstreichungen als Auszeichnungsform sollten Sie nicht verwenden, da man dahinter einen Hyperlink vermutet.

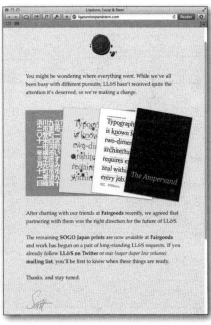

7.3 Zeilen

Bedenken Sie beim Weblayout, dass es sich bei Ihrem Monitor um ein Querformat handelt, wir sollten also in der Regel die Daten auch im Querformat aufbauen. Genauso wie im Printdesign stehen auch in der Webgestaltung die Zeilenlänge und der Abstand der Zeilen in Beziehung zueinander. Je länger die Zeile, desto größer sollte der Zeilenabstand gewählt werden. Auf keinen Fall sollte man aber den Fehler begehen und für das Querformat die Zeilenlänge grundsätzlich länger wählen.

Zeilenlänge
Zu lange Zeilen sind anstrengend zu verfolgen und lassen schnell einen Fehler beim Zeilenwechsel zu. Besser ist es, den Text in mehrere Spalten zu unterteilen. Die Zeilen dürfen aber auch nicht zu kurz sein, da durch den ständigen Zeilenwechsel die Informationen schlechter aufgenommen werden können. Grundsätzlich sollten die

Abbildung 7.19 ▲
Zu schmale Spalten sorgen auch online für Verwirrung.

Abbildung 7.20 ▶
Bei dem Querformat bietet sich eine Unterteilung in drei Spalten an. In diesem Beispiel ist die Zeilenlänge dadurch lesefreundlich, die Unterteilung übersichtlich.

Zeilen etwas kürzer gehalten werden als im Printbereich, und besonders dann, wenn mit mehreren Spalten gearbeitet wird, genügen etwa 40 Zeichen pro Zeile.

Zeilenabstand
Die Größe des Zeilenabstandes trägt erheblich zur Lesbarkeit bei und ist wie auch in der gedruckten Gestaltung von mehreren Faktoren abhängig: Von der Zeilen- beziehungsweise von der Spaltenbreite, von der Schrift und letztlich auch von der Textmenge: Eine Überschrift ist anders zu handhaben als ein langer Fließtext. Doch es gibt auch verallgemeinerbare Regeln: Grundsätzlich kann der Zeilenabstand größer sein als bei den Printmedien. Verwenden Sie als Faustregel die Höhe eines Versalbuchstabens als Durchschuss. Achten Sie aber auch auf die x-Höhen: Schriften mit großen x-Höhen sind sehr raumfüllend und benötigen einen größeren Zeilenabstand als Schriften mit kleinen x-Höhen, denn hier vergrößert sich rein optisch der Zeilenabstand schon durch den freien Raum über den

Abbildung 7.21 ▲ ▶
Warum nur, möchte man beide Webdesigner bei diesen Seiten fragen: lange Zeilen, zentriert ausgerichtet.

x-Höhen. Letztlich gilt aber auch hier genauso wie im Printbereich: Je kleiner die Schrift, desto größer im Verhältnis der Zeilenabstand. Große Überschriften können teilweise sogar einen negativen Zeilenabstand vertragen.

Apropos Räume und Abstände: Das leichte Sperren des Textes, das bei Printmedien so verpönt ist, erhöht im Web die Lesbarkeit. Deswegen bringen viele Webfonts bereits eine leicht erhöhte Laufweite mit. Ansonsten gilt auch hier wie in der gedruckten Gestaltung: Je kleiner der Schriftgrad, desto eher kann man die Laufweite erhöhen. Große Überschriften hingegen vertragen eher eine Verringerung der Laufweite. Als Gestaltungsmittel für wenige Worte ist das Sperren ebenfalls geeignet.

Abbildung 7.22 ▶
Lostworldfairs sperrt die Headline *(http://lostworldsfairs.com/moon)* und schafft so einen eleganten zweizeiligen Textblock.

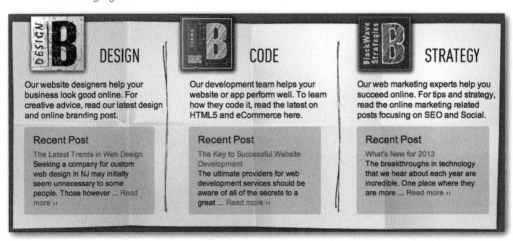

Abbildung 7.23 ▼
Die Spaltenbreite ist gut gewählt, der Text – trotz Arial – gut lesbar. Ein leicht vergrößerter Zeilenabstand hätte aber auch gut getan.

Ausrichtung

Von gedruckten Gestaltungen kennen wir die vier Ausrichtungsarten linksbündig, rechtsbündig, Blocksatz und zentrierter Satz; zudem gibt es noch den freien Satz, bei dem es keine Achse gibt und jede Zeile einen individuellen Startpunkt aufweist.

Der rechtsbündige und der zentrierte Satz eignen sich im Printbereich nur für wenige Textzeilen, da dem Auge die linke Satzkante und somit der Startpunkt fehlen. Gleiches gilt im Internet beziehungsweise beim Onlinelesen. Trotzdem findet man diese Ausrichtungsart immer wieder – und besonders auf auch in anderen Punkten unprofessionell gestalteten Seiten. Also nochmal meine Bitte: Zentrieren Sie nur sehr kurzen Text beziehungsweise wenige Worte

Abbildung 7.24 ▼ ▶
Wenn der Webdesigner eine flexible Satzbreite definiert, verändern sich die Zeilenlängen abhängig von der Breite des Browserfensters. Im Fenster links entstehen zu lange Zeilen; im schmalen Fenster rechts ist die Museo Slab eindeutig besser lesbar.

oder Zeilen. Bei der Gestaltung größerer Textblöcke ist diese Ausrichtung ausgesprochen unleserlich! An dieser Stelle möchte ich den Designer Gerrit van Aaken zitieren, der mir aus der Seele spricht und sagt, die Mittelachse »hätte die Kondolenzkarten und Grabsteine dieser Welt besser nie verlassen«.

Bei gedruckten Gestaltungen liefern sich der linksbündige Satz und der Blocksatz immer wieder Kopf-an-Kopf-Rennen. Ganz anders verhält sich dies bei der Gestaltung von Webseiten. Oder haben Sie schon einmal richtig guten Blocksatz im Internet gefunden? Dies hat einfache Gründe: Gut lesbarer Blocksatz ist deswegen gut lesbar, weil die Zeilen lang genug sind und weil der Gestalter optimale Voreinstellungen bezüglich der Laufweiten, der Wortabstände sowie der Silbentrennungen vorgenommen hat. All dies ist für den Webseitentext nicht so einfach möglich. Die Silbentrennung der Browser funktioniert mehr recht als schlecht, und eine vordefinierte Silbentrennung ist spätestens bei flexiblen Layouts ein böser Fallstrick. Richten Sie also den Text Ihrer Website lieber linksbündig aus.

Abbildung 7.25 ▼
Der Blocksatz ist komplett unleserlich; die Zeilen sind viel zu lang, es gibt keinen vernünftigen Ausgleich der Wortzwischenräume und keine Silbentrennung.

Online ausprobieren

Mit dem Typetester *(http://www.typetester.org)* können Sie online Textauszeichnungen ausprobieren. Dazu legen Sie die Schriftart, die Größe, Laufweiten, Zeilenabstände, die Ausrichtung, den Kontrast und viele andere Attribute fest und lassen das Ergebnis auf sich wirken. Bis zu drei Varianten lassen sich auf einen Blick miteinander vergleichen.

▼ **Abbildung 7.27**
Der Typetester ist ausgesprochen praktisch, um einen Eindruck von der gewählten Schrift zu erhalten.

▼ **Abbildung 7.26**
Besonders bei schmalen Spalten, wie man sie häufig auf Websites findet, ist der linksbündige Satz dankbarer. Aber auch für längere Texte ist die linksbündige Ausrichtung immer eine gute Wahl.

7.4 Kontrast und Farbe

Bedenken Sie, dass die Online-Leser nicht raschelnd Seiten umschlagen können. Längere Texte wollen also gut aufbereitet und vor allem gut aufgeteilt sein. Vermeiden Sie – ähnlich wie beim Printmedium – »digitale Bleiwüsten«. Unterteilen Sie lieber einen Artikel, und überlassen Sie dem Leser die Entscheidung, ob er den Artikel über einen Link weiterlesen will oder mit dem Anleser zufrieden ist.

Weißraum
Weniger ist mehr, überlasten Sie Ihre Leser nicht mit Text und Objekten, sondern lassen Sie freien Raum als kleine Entspannungsoase für die Augen übrig. Setzen Sie viele vertikale Räume ein, um Luft zu schaffen. Besonders das Gliedern von Texten und Abschnitten sollte man nicht mit zusätzlichen Elementen wie Linien vornehmen. Weiße beziehungsweise freie Bereiche und neue Seiten sind eine weitaus bessere Möglichkeit, Inhalte zu gliedern.

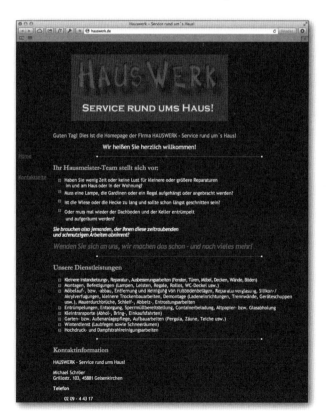

Farbe
»Weniger ist mehr« gilt übrigens auch für Farben. Sie sind ein beliebtes und auch geeignetes Gestaltungsmittel im Web, aber man sollte beachten, dass auch hier ein Zuviel für Verwirrung sorgt und die Übersicht leidet. So verlockend der Farbtopf auch sein mag, viel Buntes eignet sich nur für wenige, ausgewählte Themen. Aber auch da sollten Sie bunte und leuchtende Hintergründe und zu stark konkurrierende Farbkombinationen vermeiden.

◀ Abbildung 7.28
Es bedarf Fingerspitzengefühl, damit auf ein- und derselben Hintergrundfarbe Text negativ und positiv gut lesbar ist. Im Beispiel hat das nicht geklappt. Aus dem Schlamassel hilft auch die Trebuchet MS nicht mehr heraus.

Kontrast

Generell gilt: Je geringer der Kontrast zwischen Schrift und Fläche, desto schlechter die Lesbarkeit. Allerdings ermüden die Augen weniger schnell, wenn nicht Schwarz und Weiß, sondern Farben mit leicht abgeschwächtem Kontrast verwendet werden. So empfindet man schwarze Schrift auf einem leichten, hellen Hintergrundton als angenehm. Genauso wird auf einem weißen Hintergrund eine Schrift angenehm zu lesen, wenn sie nicht 100% Schwarz, sondern in einem dunklen Grau mit nur 80 oder 85% Schwarz eingefärbt wird.

Den Einsatz von weißer Schrift auf schwarzem oder farbigem Hintergrund ist im Web meines Erachtens noch schwerer zu lesen als im Druck. Deswegen gilt auch hier: Für wenige Worte oder Sätze darf der hellgraue Text auf schwarzem Hintergrund oder der weiße Text auf dunkelgrauem Hintergrund stehen – bei längeren Texten oder ganzen Websites rate ich der Lesbarkeit halber davon ab.

◄ **Abbildung 7.29**
Nicht nur im Printbereich, sondern auch beim Webdesign sollte man Kontrasten und Farbkombinationen genügend Aufmerksamkeit widmen. Je dunkler der Hintergrund, desto eher greift man zu einer weißen Schrift. Der Wechsel, in der rechten Reihe oben, findet meist bei einem 50%igen Raster statt, ist jedoch auch von Faktoren wie der Schriftgröße und -art abhängig.
Die Rasterfelder sind in 10%igen Abstufungen erstellt; die beiden oberen Felder haben eine Flächendeckung von 50% Schwarz.

7 Typografie im Web und mobil

Um Kontraste zwischen Text- und Hintergrundfarbe sowie die Wirkung von Farben vorab testen zu können, gibt es zahlreiche Online-Werkzeuge, wie zum Beispiel Color-Hex *(http://www.color-hex.com)* oder Colour Contrast Check *(http://snook.ca/technical/colour_contrast/colour.html)*. Mit dem Werkzeug Colorpick Eyedropper *(https://chrome.google.com/webstore/detail/colorpick-eyedropper)* können Chrome-Anwender Farbwerte aus Websites ablesen.

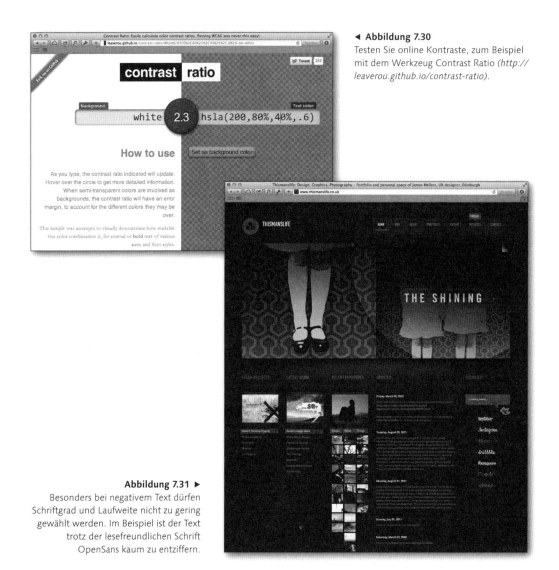

◄ **Abbildung 7.30**
Testen Sie online Kontraste, zum Beispiel mit dem Werkzeug Contrast Ratio *(http://leaverou.github.io/contrast-ratio)*.

Abbildung 7.31 ►
Besonders bei negativem Text dürfen Schriftgrad und Laufweite nicht zu gering gewählt werden. Im Beispiel ist der Text trotz der lesefreundlichen Schrift OpenSans kaum zu entziffern.

7.5 Typografie mobil

Heutzutage wird nicht mehr nur am Computer gesurft. Inzwischen werden Websites mindestens genauso oft mit Tablets und Smartphones betrachtet, was eine neue Herausforderung in der Gestaltung mit sich bringt, da sich somit die Endgeräte in der Größe sowie in der Auflösung unterscheiden. Bei der Gestaltung von Inhalten für Smartphones und Tablets unterscheidet man zwischen drei verschiedenen Methoden:

1. Beim Responsive Design wird der grafische Aufbau einer Website so angelegt, dass sie sich an das Endgerät anpasst. Darstellung und Navigationselemente werden automatisch optimiert.
2. Mobile Websites sind eigene, unabhängig programmierte Seiten, die für den Browser von mobilen Geräten optimiert sind. Hier unterscheiden sich nicht nur Darstellung und Navigation oder Bilder, sondern ganze Inhalte von den ursprünglichen Websites, da der Benutzer unterwegs häufig andere Inhalte benötigt als beim heimischen Surfen vor dem Rechner.
3. Apps müssen zunächst vom Benutzer auf das mobile Gerät geladen werden. Anschließend lassen sich die Inhalte, die wiederum für die mobilen Geräte optimiert sind, betrachten. Apps müssen für die verschiedenen Betriebssysteme entwickelt und regelmäßig aktualisiert werden.

▼ **Abbildung 7.32**
Dreimal Lufthansa auf dem Smartphone. Ganz links die App, in der Mitte die Startseite der mobilen Website und rechts die ursprüngliche Website, auf dem iPhone geöffnet.

Lesebedingungen

Wer mit dem Computer eine Website öffnet, sitzt in der Regel auf einem Stuhl, hat einigermaßen gute Lichtverhältnisse und konzentriert sich auf die Seite. Diese allgemeinen Regeln gelten für Benutzer von Tablets oder gar Smartphones nicht. Hier werden die Seiten abends auf dem Sofa, in der U-Bahn bei schlechtem Licht oder sogar

Abbildung 7.33 ▼ ▶
Das Responsive Webdesign: Rechts eine optimierte Webseite auf dem Smartphone, unten im Browser. Schriftgrößen, Bildbreiten und Spaltenanzahl verändert sich.

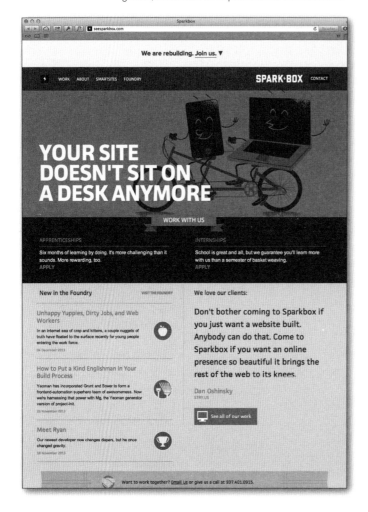

unterwegs beim Laufen oder im Auto aufgerufen. Zudem spiegelt häufig das Display, und die verschiedenen Größenmaße von Smartphone-Displays können unterschiedlich viel Inhalt darstellen. Somit gibt es denkbar schlechte Voraussetzungen, was Lichtverhältnisse, Konzentrationsfähigkeit des Benutzers und Layoutmaße angeht. Zwar lässt sich auf mobilen Geräten die Darstellung zoomen, aber jeder Benutzer weiß selbst am besten, wie lästig ein ständiger Wechsel der Darstellungsgröße ist. Der Anspruch sollte also der sein, dem Benutzer ohne Eingreifen optimal lesbare Seiten zu präsentieren.

Damit sich Text also mobil möglichst gut lesen lässt, sollte man besonders drei Aspekte im Auge behalten: die Schriftgröße und -art, die Laufweite und den Kontrast.

Abbildung 7.34 ▶ ▼
Auf dem iPhone 5 werden auch ungeeignete Schriften angeboten. Vermeiden Sie vor allem kursive Schnitte, weil die sich in der Regel sehr schlecht lesen lassen.

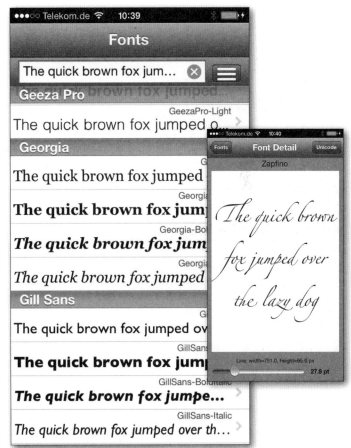

Schriften für mobile Geräte

Was häufig für Webseiten schon eine bedeutende Rolle spielt, wird beim Einsatz für Smartphones und Tablets zum absoluten K.-o.-Kriterium: die richtige Schrift. Inzwischen bieten immer mehr Schrifthäuser eigens bearbeitete Schriften für mobile Endgeräte an. Monotype hat beispielsweise seine neuen eText-Fonts mit stärkerem Kontrast, einer gleichmäßigen Farbgebung und leicht vergrößerten Kleinbuchstaben optimiert. Auch Fontshop bietet spezielle, sogenannte App-Schriften an.

Performance

Gestaltet man mobile Websites, sollte man nicht zu viel Wert auf die typografische Vielfalt mit Webfonts legen. Denken sie eher daran, dass der mobile Anwender nicht unbedingt Zugriff auf WLAN hat, und sorgen Sie durch die Verwendung von vorinstallierten mobil-

◀ ▼ Abbildung 7.35
Viele große Schriftenhäuser bieten bereits Schriften an, die speziell für die Darstellung auf kleinen Displays wie Smartphones optimiert sind. Links das Angebot von Fontshop, unten die etext-Fonts von Monotype.

sicheren Schriften dafür, dass die Seite schnellstmöglich geladen wird. Durch die Größe der mobilen Geräte sind die Schriftgrößen zwangsweise eher klein. Verwenden Sie deswegen eine Serifenlose, denn in kleinen Größen sind Serifenschriften nun mal kaum zu lesen.

Mobilsichere Schriften

Genauso wie es websichere Schriften gibt, gibt es mobilsichere Schriften. Diese Schriften sind mit hoher Wahrscheinlichkeit auf dem iPhone, dem Android oder dem Blackberry installiert. Es handelt sich um eine etwas kleinere Gruppe als bei den websicheren Schriften, nämlich die Arial beziehungsweise die Helvetica, die Courier, die New Georgia, die Times, die Trebuchet MS und die Verdana.

▲ ◀ **Abbildung 7.36**
Oben die ursprüngliche Website der FAZ, ganz links die Startseite der mobilen Website auf dem Smartphone, rechts daneben ein angeklickter Artikel. Während auf der Website die Georgia mit der Verdana kombiniert wird, verwendet die FAZ auf der mobilen Site ausschließlich die Serifenschrift. Klickt man einen Artikel an, erscheint das Symbol, um die Schriftgröße zu skalieren. Die Bilder sind für eine mobile Website recht groß und zwingen den Leser bereits nach wenigen Zeilen zum Scrollen.

7 Typografie im Web und mobil

Schriftgrößen

Aufgrund aller genannten Faktoren sollte man die Schriftgröße grundsätzlich etwas größer halten. Mobile Geräten weisen unterschiedliche Pixeldichten auf. So hat das iPad 132 ppi, das iPhone 326 ppi. Statt fester Pixeleinheiten verwendet man deswegen entweder eine prozentuale Angabe oder die Einheit »em«. Ein »em« entspricht der im CSS definierten Schriftgröße in Pixel. Bei 100% oder 1em wird so die Standard-Schriftgröße des jeweiligen Geräts verwendet. Wird die Schriftgröße beispielsweise mit 16 Pixel festgelegt, entspricht 1em 16 Pixeln, 2em entsprechen 32 Pixeln.

Mit dem Werkzeug PXtoEM *(http://pxtoem.com)* lassen sich online Pixel in em und umgekehrt umrechnen, ohne dass man sich dabei selbst den Kopf zerbrechen muss.

Weitere Räume

Eine größere Schriftgröße ist jedoch noch nicht alles. Andere Räume wie den Zeilenabstand, aber auch die Laufweite sowie die Wortabstände sollte man ebenfalls größer halten als bisher üblich. Grundsätzlich gelten hier die Regeln wie beim gedruckten Text: Kleine Schriften sowie Versalien vertragen eher eine etwas erhöhte Laufweite; sehr große Schriften sehen meist mit einer etwas verringerten Laufweite besser aus.

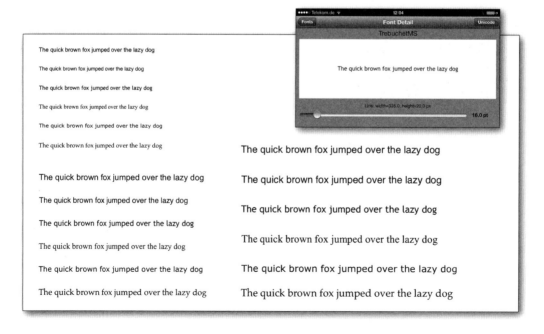

Abbildung 7.37 ▼
Die Schriftgröße trägt viel zur Lesbarkeit bei. Besondes bei den kleinen Displays der Smartphones werden viele Schriftarten unleserlich. Von oben nach unten: Arial, Helvetica, Trebuchet MS, Times New Roman, Verdana, Palatino. Der Textblock links oben ist in 12 px Größe, der Block darunter in 16 px und der rechte Block in 20 px gesetzt. Während die Verdana in kleinen Größen gut lesbar ist und in größeren Größen etwas plump wird, gewinnt beispielsweise die Trebuchet MS mit ansteigender Größe an Lesbarkeit.

Kontrast

Die Displays der mobilen Geräte sind in der Regel kontrastärmer als Bildschirme. Zudem nutzt man die mobilen Geräte oft im Freien, wo das Tageslicht den Kontrast abschwächt. Ein hoher Kontrast zwischen Hintergrund und Schriftfarbe ist somit sehr wichtig und Voraussetzung für gute Lesbarkeit. Hintergrundbilder haben auf mobilen Geräten nichts verloren, da sie die Lesbarkeit zu sehr einschränken. Eine übersichtliche Struktur erreicht man wie auch im Printbereich durch genug Leerräume, aber im Vergleich zur gedruckten Gestaltung sollten Sie noch großzügiger damit umgehen.

▼ ▶ **Abbildung 7.38**
Auf dieser Seite sind die kleinen Blöcke mit Fließtext in Arial 12 px gesetzt und relativ schwer zu lesen. Wenn die Schrift aber nicht vergrößert werden kann, lässt sich durch eine vergrößerte Laufweite die Lesbarkeit auch verbessern.

7 Typografie im Web und mobil

7.6 Sonderzeichen

Wer kennt sie nicht, die kryptischen Zeichen, die scheinbar Umlaute sein sollten, aber nicht korrekt angezeigt werden können. Aber auch die einfachen Regeln wie korrekt gesetzte An- und Abführungszeichen oder Gedankenstriche sind leider im Internet eher die Ausnahme denn die Regel. Dabei kann alles so einfach sein.

UTF-8
Das Format UTF-8 ist die am weitesten verbreitete Kodierung für Unicode-Zeichen, die 1 bis 4 Byte pro Symbol nutzt. Das erste Zeichen wird zur ASCII-Kodierung genutzt, wodurch eine volle Abwärtskompatibilität zu ASCII möglich ist.

Entities
Die HTML-Entities setzen sich aus englischen Begriffen zusammen. Hier wird das Anführungszeichen durch den Eintrag „ erreicht, das zugehörige Abführungszeichen ist “

Kodierung

Als Freund der Schriftkunst sollten wir uns nicht nur über die Möglichkeiten durch @fontface freuen, sondern wir sollten auch auf die Details achten. Und dazu zählen natürlich die korrekten Sonderzeichen wie ä, ü oder ß, aber auch € oder » «, die man mit ein wenig Wissen auch in HTML-Seiten verweden kann.

Grundsätzlich gibt es mehrere Möglichkeiten, um Sonderzeichen in HTML zu verwenden. Die beiden häufigsten sind sicherlich die Auszeichnung nach UTF-8 und die HTML-Entities. Bei beiden Varianten werden Abkürzungen in den Text eingetragen, um bestimmte Zeichen aufzurufen. Weiterhin ist es möglich, Trennempfehlungen auszusprechen oder geschützte Leerzeichen zu setzen.

Bezeichnung	Sonderzeichen	UTF-8 (dezimal)	Entities
geschütztes Leerzeichen			
Umlaut ä	ä	&#228;	&auml;
Umlaut ö	ö	&#246;	&ouml;
Umlaut ü	ü	&#525;	&uuml;
scharfes s	ß	&#223;	&szlig;
Paragrafenzeichen	§	&#167;	&sect;
Warenzeichen	®	&#174;	&reg;
Copyright-Zeichen	©	&#169;	&copy;
at-Zeichen	@	&#64;	
Eurozeichen	€	&#8364;	&euro;

Bezeichnung	Sonderzeichen	UTF-8 (dezimal)	Entities
Anführung deutsch	„	&#8222;	&bdquo;
Abführung deutsch	"	&#8220;	&ldquo;
Guillemet öffnend	»	&#187;	&raquo;
Guillemet schließend	«	&#171;	&laquo;
Prozentzeichen	%	&#37;	&percnt;
Promillezeichen	‰	&#8240;	&permil;
runde Klammer auf	(	&#40;	&lpar;
runde Klammer zu	)	&#41;	&rpar;
eckige Klammer auf	[	&#91;	&lsqb;
eckige Klammer zu	]	&#93;	&bsol;
Stern (Asterisk)	*	&#42;	&ast;
Pluszeichen	+	&#43;	&plus;
Trennstrich	-	&#45;	&hyphen;
Bindestrich	–	&#150;	&ndash;
Plusminus-Zeichen	±	&#177;	&plusmn;
Malzeichen	×	&#215;	&times;
Geviertstrich	—	&#8212;	&mdash;
Kleiner-als-Zeichen	<	&#60;	&lt;
Größer-als-Zeichen	>	&#62;	&gt;
Schrägstrich	/	&#8260;	&frasl;
Punkt auf Mitte	·	&#183;	&middot;
Listenpunkt	•	••	&bull;
Ellipse	…	&#8230;	&hellip;
Apostroph	'	&#8217;	&rsquo;

Kapitel 8
Schrifttechnologien
Entwicklungen im Überblick

Sie werden lernen:

- Was ist der Unterschied zwischen TrueType- und PostScript-Schriften?
- Was sind MultipleMaster-Schriften?
- Was bedeuten Unicode, ASCII und Hinting?
- Welche Rolle spielt zukünftig das Format OpenType?

8 Schrifttechnologien

In diesem Kapitel dreht sich alles um die Schriftformate. Was ist PostScript, gibt es Nachteile bei den TrueType-Schriften, und welche Rolle spielt das Hinting? Was ist das MultipleMaster-Format und was das Besondere an OpenType-Schriften? Kann ich in jedem Programm auf die zusätzlichen Zeichen einer OpenType-Schrift zugreifen?

8.1 PostScript und TrueType

PostScript

Abbildung 8.1 ▼
Oben das Symbol einer PostScript-Schrift unter Mac OS X, darunter das Symbol für eine TrueType-Schrift

RIP
Die Abkürzung RIP steht für Raster Image Processor. Hier werden die elektronischen Daten in Rasterpunkte und Linien umgesetzt, die dann gedruckt werden können.

Um die Entwicklung und die Hintergründe von Schriftformaten zu verstehen, machen wir einen kurzen Ausflug in die Welt von PostScript. PostScript ist eine Programmiersprache für die Seitenausgabe, die von Adobe entwickelt wurde und das Layout der Seiten beschreibt. Mit ihr sollte eine optimale Druckausgabe ermöglicht werden. Ähnlich wie andere Programmiersprachen schreibt PostScript Code, den der Interpreter des Druckers ausführt. Somit kann PostScript auf Papierformat oder Auflösung des Ausgabegeräts Einfluss nehmen. Als geräteunabhängiges Format ist PostScript auf unterschiedlichen Hardware-Plattformen einsetzbar.

In der Praxis dient PostScript häufig dazu, Daten weiterzugeben und auszugeben. So schreibt man aus den Applikationen heraus eine PostScript-Datei, die bereits sämtliche druckrelevanten Einstellungen enthält. Dazu ist jedes Programm in der Lage, sofern es auf einen PostScript-Druckertreiber zugreifen kann. Der Empfänger beziehungsweise Dienstleister schickt die PostScript-Datei dann zum RIP, ohne das Ursprungsprogramm oder die Schriften zu benötigen. Die Bearbeitung einer PostScript-Datei ist allerdings nur mit spezieller Software möglich.

Encapsulated PostScript (EPS)

Eine Untermenge von PostScript ist das Encapsulated PostScript. Das EPS hat sich als eines der Standardformate etabliert, um Daten zwischen Anwendungen und Plattformen auszutauschen. Die meisten Grafik- und Layoutprogramme unterstützen das EPS-Format, das Vektor- sowie Rasterelemente mit Halbtönen und Schriften enthalten kann. Im Gegensatz zu PostScript enthält das EPS keine hardwarespezifischen Befehle zu Auflösung, Papierfach oder Papierformat, die Auflösung richtet sich nach dem Ausgabegerät.

Die Entstehung von PostScript und TrueType

Mit PostScript entwickelte Adobe zwei Schrifttechnologien: die Type-1- sowie die Type-3-Schriften. Obwohl die Befehlsstruktur von PostScript öffentlich ist und es also jedem möglich war, einen Post-Script-Interpreter zu bauen und somit mit Adobes Rasterizer zu konkurrieren, ließen sich die Hints nicht interpretieren – Adobe hatte lediglich die Type-3-Spezifikation freigegeben. Diese hatte zwar einige Vorteile, aber den großen Nachteil, dass sie auf niedrig auflösenden Ausgabegeräten nicht gut dargestellt werden konnte.

Somit bestand Bedarf für eine skalierbare Schrifttechnologie, die vom Betriebssystem selbst unterstützt wurde. 1989 entwickelten Microsoft und Apple zunächst unter dem Codenamen Royal eine Alternative zu Adobes Type-1-Standard, das TrueType-Format. Dabei entwickelte Apple das Schriftsystem, Microsoft war für die Ausgabe zuständig. Die TrueType-Schriften enthielten strukturierte Tabellen, kein proprietäres Hinting, sondern sogenanntes Plug-in-Hinting sowie offene Strukturen und Möglichkeiten zur Expansion, wie beispielsweise Ligaturen.

TrueType-Schriften konnten zudem auflösungsunabhängig eingesetzt werden. 1991 kamen die ersten TrueType-Schriften wie Arial und Courier zum Einsatz.

Type-1- und Type-3-Schriften
Type-1 und Type-3 sind spezielle Formen von PostScript. Es handelt sich um Schriftenformate, die ihre Beschreibung in Form von PostScript-Befehlen speichern. Das Type-1-Format lässt sich auf allen Plattformen verwenden und nahezu auf allen Druckern ausgeben. Das Format Type-3 ist eine qualitativ schlechtere Variante, da dieses Format kein Hinting enthält.

Hints
Bei den Hints handelt es sich um mathematische Instruktionen, die die Qualität von Schriften auf niedrig auflösenden Geräten wie Monitoren verbessern.

Der Adobe Type Manager (ATM)

Adobe reagierte mit der Freigabe des PostScript Type-1-Codes im März 1990, und Mitte des Jahres folgte der Adobe Type Manager, der Type-1-, aber nicht Type-3-Fonts für den Monitor und auf Post-Script- und Nicht-PostScript-Druckern skalierte.

Der Adobe Type Manager beinhaltet den PostScript-Interpreter, der die Type-1-Schriften verarbeitet, und fungiert gleichzeitig als Vermittler zwischen Betriebssystem und Anwendung. Beim Einsatz einer PostScript-1-Schrift rastert der ATM also die Schrift zur Darstellung in jeder Größe, gibt sie an die Drucker weiter und erlaubt die Verwendung der Type-1-Schriften auch auf Druckern, die nicht Post-Script-fähig sind.

Probleme mit TrueType

In der Zwischenzeit hatten Apple und Microsoft mit Problemen zu kämpfen. Die TrueType-Technologie basierte auf 32 Bit. Zu dieser Zeit lief Windows 3.1 auf 16-Bit-Prozessoren. Somit mussten True-Type-Schriften für Windows auf 16 Bit neu implementiert und

Rasterizer
Ein Rasterizer wird auch als Schriftinterpreter bezeichnet. Da durch PostScript Linien mit Punkten beschrieben werden, müssen die Linien für die Darstellung der Umrisse am Bildschirm und für den Druck in Raster umgesetzt werden. Diese Aufgabe wird vom Rasterizer übernommen. Bei PostScript-Schriften übernimmt entweder der Post-Script-Interpreter eines Post-Script-Druckers oder der Adobe Type Manager die Rasterung, TrueType-Schriften werden vom System-Rasterizer gerastert.

8 Schrifttechnologien

Beschreibungen vereinfacht werden, was zu einem Qualitätsverlust der Schriften führte und daher nicht zur Verbreitung der TrueType-Schriften beitrug.

Speziell der Mac-Markt und dessen Absatz waren zu klein, so dass es sich für viele Schriftenhersteller nicht lohnte, hochwertige Schriften zu erstellen. Als Folge entwickelten sich qualitativ schlechte TrueType-Schriften. 1995 konnten unter Windows 95 die 32-Bit-TrueType-Schriften eingesetzt werden, und Microsoft versuchte, mit kostenlosen TrueType-Schriften die Verbreitung weiter zu erhöhen.

Die Basis

TrueType-Schriften basieren genauso wie PostScript-Schriften auf der Outline-Technologie. Bei PostScript dienen kubische Bézierkurven als Berechnungsgrundlage.

Die TrueType-Technologie hingegen beschreibt einen Umriss mit quadratischen Gleichungen, also etwas einfacheren Elementen, und basiert auf den quadratischen Kurven (den sogenannten B-Splines, wobei ein Punktezug durch Kurven verbunden wird), die wiederum eine Untergruppe der Bézierkurven von PostScript darstellen.

Outline-Font

Ein Outline-Font wie PostScript oder TrueType wird durch die Punkte des Ausgabegeräts, also entweder durch die Bildschirmpixel oder die Druckerpunkte, dargestellt. Der Prozess, die Outline-Information in ein Punktmuster des Ausgabegeräts zu konvertieren, wird als Rastern bezeichnet. Für die Qualität der PostScript-Type-1-Schriften ist der Rasterizer enorm wichtig, für die Qualität der TrueType-Schriften ist in erster Linie der Designer verantwortlich, der sich vom Betriebssystem unterstützen lässt.

So findet also auch das Hinting, also das optimale Anpassen des Buchstabens in das Pixelraster, im Rasterizer statt. Die Hints von PostScript-Schriften teilen dem Rasterizer mit, welche Funktionen kon-

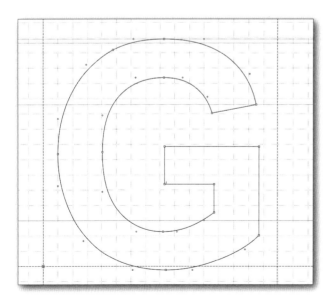

Abbildung 8.2 ▼
Die TrueType-Schrift Arial Bold, dargestellt mit Umrissen im Schrifterstellungs- und -bearbeitungsprogramm FontLab

trolliert werden sollen, und der Rasterizer erledigt seine Arbeit kraft seiner eigenen Intelligenz.

Bei der TrueType-Technologie kommen die Informationen in erster Linie aus den Schriften. Sie enthalten zum einen spezifische Instruktionen, mit denen kontrolliert wird, wie die Schrift erscheint, und zum anderen Anweisungen zur Umsetzung. Diese Tatsache erklärt übrigens auch die Dateigröße der TrueType-Schriften.

Schlechter Ruf
Doch warum haben die TrueType-Schriften einen schlechten Ruf? Ihre Struktur ist einfacher als die von PostScript-Schriften, und einige Formen weisen weniger Punkte auf. Dennoch ist es in der Praxis so, dass PostScript-Rasterizer schneller PostScript-Schriften verarbeiten können und viele TrueType-Schriften tatsächlich mehr Punkte als PostScript-Schriften aufweisen.

Vorteile von PostScript
Der schlechte Ruf der TrueType-Schriften geht aber vorrangig auf ihre Geschichte und aktuelle Handhabung zurück. Das Internet hat sich zu einem Massenlager an billigen oder kostenlosen TrueType-Schriften entwickelt. Ein ausgewogenes Kerning oder andere Qualitätsmerkmale lassen sich in diesen Fällen selbstverständlich nicht erwarten. Somit liegt das Kernproblem nicht in der Technologie, sondern eher darin, dass viel zu viele qualitativ schlechte TrueType-Schriften in Umlauf sind.

Weiter hat PostScript den Vorteil, dass es länger etabliert ist als TrueType. Das PostScript-Format ist im Publishing-Bereich der Standard, und gerade Sonderzeichen findet man eher in den PostScript-Schriften. Auch die Probleme, TrueType-Schriften auf PostScript-Geräten auszugeben, tragen zu ihrer Unbeliebtheit bei. Allerdings werden diese Probleme immer seltener, denn mittlerweile ist in allen PostScript-3-Belichtern ein TrueType-Rasterizer im ROM eingebaut.

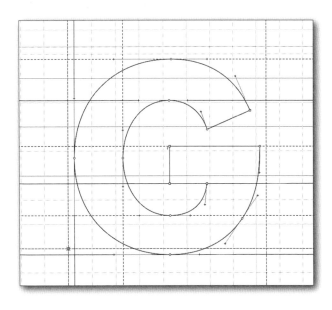

▼ **Abbildung 8.3**
Die PostScript-Schrift Futura Bold

Hinting

Gibt man Schriften auf niedrig auflösenden Geräten wie dem Bildschirm oder 300-dpi-Druckern wieder, stehen speziell bei kleinen Schriftgraden nicht genügend Pixel zur Verfügung, um die Buchstaben in ihren Feinheiten und Details exakt darzustellen. Abhilfe schafft die Hinting-Technik. Die Hints sind mathematische Instruktionen, die bei TrueType- und PostScript-Type-1-Schriften eingesetzt werden. Die Hint-Algorithmen ermöglichen es, den Buchstaben in das grobe Pixelraster einzupassen und so Asymmetrien zu vermeiden.

Das Vorhandensein oder das Fehlen der Hints kann die Breite eines Zeichens völlig verändern. Die Vergabe von Hints ist ein zeitaufwendiger und langwieriger Prozess – bei billigen Schriften fehlen sie häufig.

PostScript-Schriften lassen vertikale und horizontale Hints sowie Überschuss, Eckenausgleich und Kurvenabflachung zu. Einige dieser Einstellungen werden erst ab einer bestimmten Punktgröße aktiv. TrueType-Schriften können Hints in drei verschiedenen Richtungen (vertikal, horizontal und diagonal) aufweisen. TrueType-Hinting lässt sich in drei Ebenen vollziehen: der globalen Ebene für den gesamten Font in allen PPM-Größen; der Glyph-Ebene, also pro Buchstabe in allen PPM-Größen, und der Delta-Ebene, also für einen Glyph in einer PPM-Größe. Bei TrueType-Hints wird mit einzelnen Punkten gearbeitet, was das Hinting flexibler, aber auch schwieriger macht.

PPM
Die Maßeinheit Pixel per em definiert, wie viele Pixel in der Höhe in einen Buchstaben passen.

Abbildung 8.4 ▼
Das Hinting teilt dem Font Rasterizer mit, wie die Outlines in das Pixelraster einzupassen sind. Der Rasterizer aktiviert dann die Pixel, die sich innerhalb der Outline befinden, nachdem der Buchstabe heruntergeskaliert wurde. Links ohne, rechts mit Hinting.

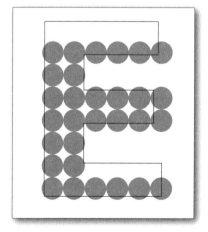 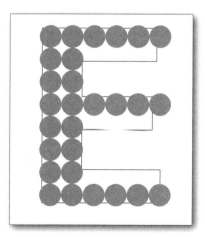

316

Durch die flexiblen Instruktionen lassen sich zum Beispiel die Diagonalen kontrollieren und bestimmte Punkte in bestimmten Größen am Zeichen bewegen, was wiederum die Lesbarkeit verbessert. Da TrueType eine echte Programmiersprache ist, sind dem Hinting theoretisch keine Grenzen gesetzt.

Schrifterstellungsprogramme bieten meistens Autohints für TrueType-Schriften an, allerdings führen diese Automatismen häufig nicht zu optimalen Ergebnissen, und der verwendete Algorithmus kann vom Designer nicht nachvollzogen werden.

Unabhängige Schriftgröße
Um Outline-Fonts auflösungsunabhängig zu messen, verwendet man die Maßeinheit PPM (Pixel per em). Diese gibt an, wie viele Pixel in der Höhe in eine Schrift passen, und entspricht in der Regel der Schriftgröße; »em« bedeutet traditionsgemäß ein Geviert in der Breite des großen M; heute ist damit die aktuelle Schriftgröße gemeint. Die Font-Höhe wiederum wird in UPM (Units per em) angegeben. TrueType-Fonts haben eine UPM von 2048, und Type-1-Schriften weisen eine UPM von 1000 auf.

Beispielrechnung
Die Rechnung zeigt, wie stark die Skalierung des Schriftgrads Größenunterschiede innerhalb der Schrift verursachen kann. Im Beispiel hat ein Type-1-H eine UPM von 680, ein O eine UPM von 720.
Bei 36 PPM heißt dies:
(36 : 1000) × 680 = 24,48. Das H weist eine Größe von 24 Pixeln auf. Beim O rechnet man (36 : 1000) × 720 = 25,92. Mit einer Pixelanzahl von 26 weist das O also zwei Pixel mehr auf als das H. Ausgehend von 100 % bei 36 PPM entsprechen 2 Pixel 5,554 %.
Im Vergleich dazu die Rechnung mit 8 PPM für das H:
(8 : 1000) × 680 = 5,44, entspricht 5 Pixel für das H. (8 : 1000) × 720 = 5,76 entspricht 6 Pixel für das O. Zwar ist der Unterschied bei 8 PPM nur noch ein Pixel, allerdings entspricht ein Pixel bei 8 PPM (= 100 %; 1 PPM = 12,5 %) ganzen 12,5 %.

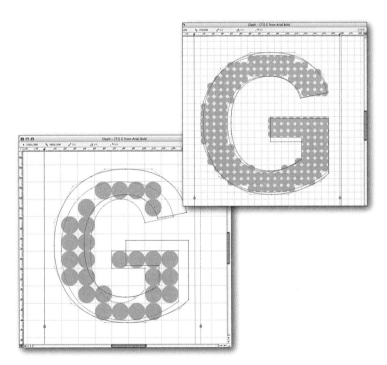

◀ **Abbildung 8.5**
Je gröber das Pixelraster (bei kleinem PPM), desto deutlicher werden die Unterschiede zwischen geraden und runden Buchstaben. Der Überschussbereich muss dann durch sogenannte Alignment Zones begrenzt werden. Im linken Bild ist eine PPM von 8, im rechten Bild eine PPM von 28 verwendet.

8.2 MultipleMaster

Die MultipleMaster-Schriften sind mehr als eine Weiterentwicklung des Type-1-Formats. Grundsätzlich beinhaltet die MultipleMaster-Technologie zwei oder mehr Outlines, die Master genannt werden und eine oder mehr Designachsen beschreiben. Auf der Designachse liegen dynamische Werte eines typografischen Parameters wie Stärke oder Breite. Solange die Bézierpunkte eine sinnvolle Interpolation zulassen, entstehen durch Interpolation der Masterdesigns die Schnitte.

Das Beispiel Myriad

Somit weist beispielsweise die erste von Adobe entwickelte MultipleMaster-Schrift Myriad zwei Achsen auf: eine Stärkeachse, auf der von light nach black gearbeitet wird, sowie eine Breitenachse, auf der von condensed bis expanded angeboten wird. Bei den vier Masterdesigns handelt es sich um light condensed, black condensed, light expanded und black expanded. Alle Stadien dazwischen kann der Benutzer festlegen, sofern die Anwendung dies unterstützt be-

Abbildung 8.6 ▶
Vier Masterdesigns übereinander; angezeigt im Schrifterstellungsprogramm FontLab

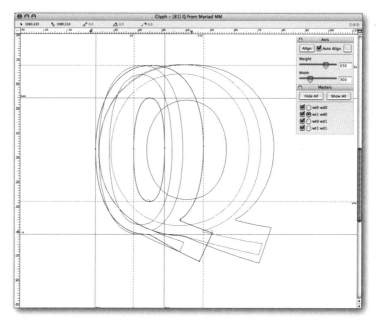

ziehungsweise auf vordefinierte Zwischenschritte zurückgreift. Auch multiple Achsen sind möglich, jedoch verdoppelt jede zusätzliche Achse die Anzahl der benötigten Masterschnitte. Bis zu maximal vier Designachsen sind möglich, wobei man dazu 16 Masterschriften benötigen würde.

Da auch die MultipleMaster-Schriften bestimmten Namenskonventionen folgen, lassen sich die zunächst verwirrenden Schriftennamen aufschlüsseln. So bedeutet beispielsweise der im Schriftmenü auftauchende Name MyriaMM_215 LT 300 CN, dass es sich um eine MultipleMaster-Schrift Myriad mit zwei Designachsen, nämlich Stärke und Breite, handelt. Diese Variante weist eine geringe Strichstärke (LT für Light) und eine schmale Breite (CN für Condensed) auf.

▼ **Abbildung 8.7**
Hier sind die einzelnen Designs der Myriad eingeblendet.

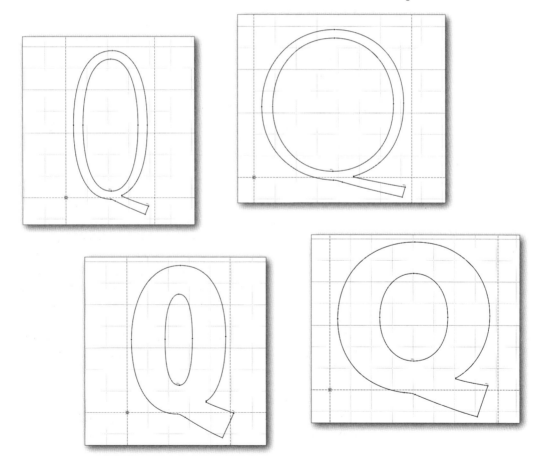

8.3 OpenType

Beim OpenType-Format handelt es sich um ein plattformübergreifendes Schriftformat, das übrigens in Zusammenarbeit von Adobe und Microsoft entstanden ist. Das Format ermöglicht aber nicht nur den problemlosen Plattformwechsel, sondern bietet auch ein Mehr an Zeichen. Immer mehr Schriften werden nach und nach im OpenType-Format angeboten, und das hat gute Gründe. Sehen wir uns die Vorteile und Eigenschaften dieser Schriften etwas genauer an.

Abbildung 8.8 ▲
Das Symbol für eine OpenType-Schrift unter Mac OS X

Weiterentwicklung des TrueType-Formats

Streng genommen ist OpenType eine Weiterentwicklung des TrueType-Formats von Microsoft. Die Schriften weisen entweder TrueType- oder PostScript-Outlines auf. Die verwendete Technologie lässt sich am Namen der Schrift erkennen: Die Endung ».ttf« steht für TrueType-Font, die Endung ».otf« weist auf PostScript-Outlines hin.

Da TrueType als Basis dient, bestehen die Schriften auch nur aus einer Schriftdatei und nicht wie bei PostScript aus zwei Teilen.

Vorteil: Problemloser Plattformwechsel

Das OpenType-Format ist plattformübergreifend, lässt sich also auf dem Mac sowie auch unter Windows verwenden. Rein technisch erübrigt es sich also, ein und dieselbe Schrift für beide Plattformen zu erwerben – letztendlich sollte man aber in jedem Fall die Lizenzbedingungen des Herstellers genau beachten und sich daran halten.

Der große Vorteil liegt aber darin, dass durch die Technologie auf beiden Plattformen exakt dieselbe Schrift verwendet wird. Bisher ist eine Times im Type-1-Format auf dem Mac nicht zwingend identisch mit der Times unter Windows. So können minimale Unterschiede in Buchstabenbreite oder in der Laufweite auftreten, und was das bedeutet, ist jedem klar, der schon einmal einen Text auf Zeile bringen musste. Nach dem Austausch des Layouts ist man plötzlich mit Unter- oder Übersatz konfrontiert. Mit den OpenType-Schriften gehören diese Probleme der Vergangenheit an, da es sich um eine einzige Schriftdatei handelt, die auf beiden Plattformen installiert wird.

Vorteil: Erweiterter Zeichensatz

Der zweite große Vorteil der OpenType-Technologie ist das Mehr an Glyphen, also an möglichen Zeichen, das angeboten wird. Dabei können OpenType-Schriften mehr Zeichen anbieten, müssen es aber nicht. Möglich wird das durch die Unterstützung des internationalen Standards Unicode. Bisherige Standards wie ASCII, ANSI und ISO Latin 1 sind auf 128 beziehungsweise 256 Zeichen beschränkt, wobei lange Zeit lediglich die ersten 128 Positionen fix definiert waren. Schriften, die auf Unicode basieren, können maximal 65 536, nämlich 2 hoch 16 Glyphen enthalten. Um verschiedene Belegungen und den daraus resultierenden Zeichensalat zu vermeiden, ist jeder Glyphe eine eigene Nummer zugewiesen. Die Nummern werden nach strengen Richtlinien vergeben und sind gänzlich programm-, system- und sprachunabhängig gültig. Durch diese Zuweisung lassen sich die ungewollten Sonderzeichen, die so mancher beim Textimport kennengelernt hat, vermeiden. Unicode ist somit Voraussetzung und Wegbereiter des One World Publishings, mit dem das Ziel verfolgt wird, Dokumente in allen Sprachen system- und plattformunabhängig zu publizieren.

Unicode
Unicode ist ein internationaler Standard, bei dem jedes Zeichen programm-, system- und sprachunabhängig eine eigene Nummer aufweist. Unicode-Schriften bestehen aus 2 hoch 16, also maximal 65 536 Zeichen.

◄ **Abbildung 8.9**
Mit dem Bedienfeld GLYPHEN lassen sich beispielsweise in InDesign sämtliche Zeichen in der OpenType-Schrift anzeigen.

8 Schrifttechnologien

Durch die Möglichkeit, über 65 000 Zeichen zu verwenden, lassen sich Glyphen von anderen Systemen wie den osteuropäischen Sprachen sowie ideografische Zeichen und Symbole unterbringen. Somit benötigt man auch für den Satz von fremdsprachigen Schriftsystemen keine zusätzliche Schrift mehr – vorausgesetzt, die fremdsprachigen Zeichen sind auch in der Schrift enthalten.

Vorteil: Erweiterte typografische Funktionalität
Ein zweiter Vorteil der erweiterten Zeichen liegt darin, dass man in ein und derselben Schrift auch Sonderzeichen und typografische Besonderheiten wie Kapitälchen, Ligaturen, Mediävalziffern, Währungssymbole oder Bruchziffern unterbringen kann. Auch verschiedene Varianten eines Buchstabens sind möglich, wie es häufig in ausladenden Schreibschriften üblich ist.

So bietet beispielsweise die Zapfino als OpenType-Schrift mehrere Varianten eines Buchstabens, der weit ausladende Unterlängen enthält, und je nach Buchstabe davor und danach wählt der Anwender die gewünschte Variante. Was früher also in Form des sogenannten Expertschnitts separat erstanden werden musste, ist jetzt in einer Schriftdatei enthalten. Aber bitte nicht zu früh freuen: All die erwähnten Sonderzeichen oder typografischen Leckerbissen sowie die Zeichen aus fremdsprachigen Schriften sind ein Kann, kein Muss. Welche Zeichen tatsächlich vorhanden sind, ist von Schrift zu Schrift und von Schnitt zu Schnitt unterschiedlich.

Abbildung 8.10 ▲ ▶
Verschiedene Varianten eines Wortes beziehungsweise eines Buchstabens in der OpenType-Schrift Zapfino

Abbildung 8.11 ▲
Ligaturen in der Zapfino Extra LT

Zapfino Extra LT One

Zapfino Extra LT Three

Zapfino Extra LT Two

Zapfino Extra LT Four

322

Bedingung 1: Die Zeichenbelegung

Um das Mehr an Zeichen nutzen zu können, müssen mehrere Voraussetzungen erfüllt werden. Zunächst ist da die eben erwähnte Grundvoraussetzung, dass diese Zeichen auch in der Schrift enthalten sind. Zwar werden bereits seit Längerem Schriften im OpenType-Format angeboten, das bedeutet aber nicht unbedingt, dass diese auch einen erweiterten Zeichensatz beinhalten – frei nach dem Motto: »65 536 Zeichen können, müssen aber nicht sein«. Eine OpenType-Schrift kann also exakt den gleichen Umfang und die gleiche Qualität wie eine herkömmliche PostScript-Schrift aufweisen. Bevor Sie sich darauf verlassen und eine OpenType-Schrift für bestimmte Zwecke erwerben, sollten Sie sich über die Zeichenbelegung der jeweiligen Schrift beim Hersteller informieren.

Einige Hersteller benennen ihre Schriften entsprechend ihrem Angebot. Bei Adobe, Linotype Library und FontShop hat sich eine Unterteilung nach Standard- und Professional-Fonts durchgesetzt. Die Standardfonts enthalten die lateinische Standardbelegung und das Euro-Zeichen, die Pro-Fonts sind um Sonderzeichen, fremdsprachige Zeichen und zusätzliche Funktionen erweitert.

▼ **Abbildung 8.12**
Die Schriftanbieter Linotype Library (ganz unten) und FontShop zeigen auf Wunsch die Zeichenbelegung der OpenType-Schrift; Linotype verdeutlicht die Belegung zusätzlich noch durch Symbole.

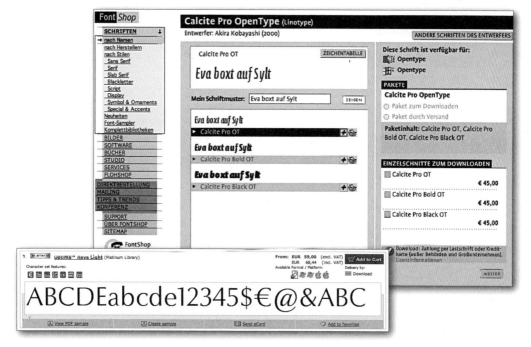

Bedingung 2: Betriebssystem und Applikation

Die zweite Voraussetzung, die geschaffen sein muss, um die Vorteile der OpenType-Schriften nutzen zu können, leisten das Betriebssystem und die verwendeten Applikationen. Die aktuellen Betriebssysteme von Macintosh und Windows unterstützen Unicode, und die Applikationen unterstützen OpenType. Das bedeutet gleichzeitig, dass es auch Publishing-Programme wie XPress 6 oder FreeHand MX gibt, die zwar OpenType-Schriften, aber keinen Unicode unterstützen. In diesem Fall wird die OpenType-Schrift wie eine herkömmliche PostScript- oder TrueType-Schrift gehandhabt – der Zugriff auf eventuell vorhandene weitere Zeichen ist schlicht nicht möglich. Nur wenn die Applikation OpenType und Unicode unterstützt, können Sie das zusätzliche Angebot an Zeichen nutzen.

Die Software

Adobe bietet bereits seit einiger Zeit in InDesign, Illustrator und Photoshop ein Bedienfeld GLYPHEN an. Hierüber ist zum einen die Belegung der Schrift ersichtlich, zum anderen lassen sich dort die benötigten Zeichen auswählen. Word 2003 bietet hingegen nur die »normale« Unicode-Unterstützung; mit Macromedia FreeHand MX und QuarkXPress 6.5 sowie früheren Versionen lässt sich kein Nutzen aus den OpenType-Schriften ziehen.

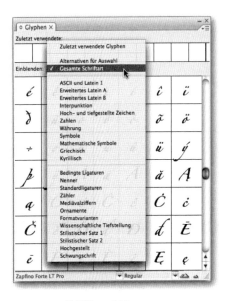

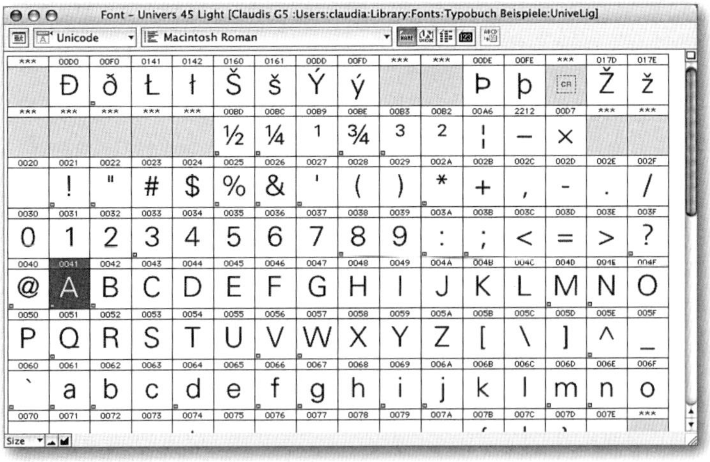

Abbildung 8.13 ▲
Mit dem Bedienfeld GLYPHEN bieten die Adobe-Produkte Zugriff auf sämtliche in der Schrift vorhandene Zeichen.

Abbildung 8.14 ▶
Die Unicode-Belegung der Univers 45, angezeigt im Schrifterstellungsprogramm FontLab

8.4 Dfonts

Ein weiteres, aber wenig bekanntes Schriftformat ist das Datafork-TrueType-Format. Bei diesen Schriften handelt es sich um ein spezielles TrueType-Format von Apple für das Betriebssystem Mac OS X. Die Datafork-TrueType-Schriften enthalten ihre Informationen im Daten- und nicht im Ressourcenzweig. Dies hat zur Folge, dass dieses Format ausschließlich auf Mac OS X läuft und nicht mit Windows kompatibel ist.

Das Besondere an diesem Format ist auch, dass die Dfonts, ähnlich wie OpenType-Schriften, einen erweiterten Zeichensatz enthalten können, was sich auch in vielen der von Apple mitgelieferten Schriften zeigt. Die Lucida Grande ist mit ihrer 2,1 MByte Dateigröße ein Beispiel dafür. Sie enthält unter anderem auch griechische und kyrillische Zeichen.

Datafork-TrueType-Schriften erkennt man an ihrer Endung ».dfont«.

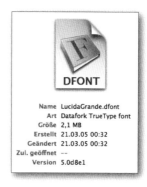

▼ **Abbildung 8.15**
Die Belegung der Dfont-Schrift Lucida Grande, angezeigt in FontLab

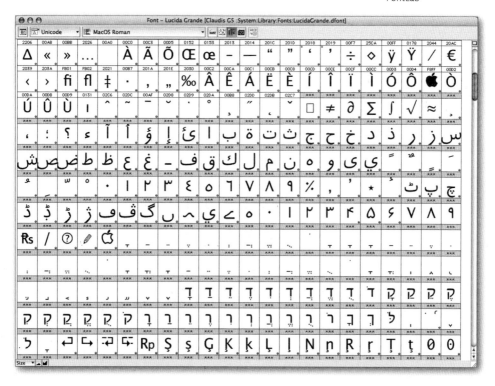

Glossar

Fachbegriffe im Überblick

Glossar

@fontface
CSS-Regel, die das Einbetten von Schriften in Websites ermöglicht

Akkoladen
Geschweifte Klammern

Akzidenz
Als Akzidenzen werden Gelegenheitsdrucksachen bezeichnet, z. B. Prospekte oder Visitenkarten. Das Gegenstück dazu nennt sich → Werksatz.

Akzidenzschriften
Handsatz- beziehungsweise Auszeichnungsschriften, die für den Akzidenzsatz verwendet werden

Anschnitt
→ Beschnitt

Anti-Aliasing
Ein Verfahren zum Glätten von Schrift: Kantenpixel werden halbtransparent gesetzt und erzeugen somit einen weichen Übergang zur Hintergrundfarbe. Die Kanten wirken optisch glatt und die Schrift ist auch noch in kleinen Schriftgraden gut lesbar. Nachteil ist jedoch, dass Schriften mit dünnen Linien und Serifen grau und unscharf wirken können.

Antiqua
Als Antiqua werden Serifenschriften bezeichnet, deren Form sich aus der Römischen Capitalis ableitet.

Antiqua-Varianten
Siebte Schriftklasse nach DIN 16518. Die häufig dekorativen Schriften lehnen sich zwar an die Antiqua-Schriften an, können aber nicht in die Klassen 1–6 einsortiert werden.

Apps
Genau genommen bezeichnet App eine Anwendungssoftware, aber durchgesetzt hat sich der Begriff, um Software für mobile Geräte wie Smartphones und Tablets zu benennen.

ASCII
Ein Standardcode für die Zeichenzuordnung mit 7 Bit, was einem Umfang von 128 Zeichen entspricht. ASCII enthält keine europäischen Sonderzeichen.

ATM
Adobe Type Manager; Software von Adobe, die den PostScript-Interpreter beinhaltet, der die Type-1-Schriften verarbeitet. Der Adobe Type Manager fungiert als Vermittler zwischen Betriebssystem und Anwendung.

Ausgangszeile
Die letzte Zeile eines Absatzes. Sie sollte aus optischen Gründen nicht zu kurz sein.

Ausgleichen
Unter bestimmten Umständen müssen die Buchstabenabstände erhöht oder verringert

werden. Das Ändern der Abstände nennt man Ausgleichen.

Ausrichtung
Die Ausrichtung bezeichnet die Satzart. Die üblichen Ausrichtungen sind linksbündig, rechtsbündig, zentriert oder Blocksatz.

Ausschießen
Als Ausschießen bezeichnet man die Anordnung mehrerer Seiten auf dem Druckbogen. Das Ausschießen ist nötig, damit nach dem Druck und dem Falzen die Seiten in der richtigen Reihenfolge vorliegen.

Außensteg
Der freie Raum zwischen der äußeren Kante des Satzspiegels und der Papierkante

Austreiben
Um eine Zeile auf eine bestimmte Länge zu bringen, erhöht man die Wort- und Zeichenabstände und treibt damit die Zeile auf volle Satzbreite aus.

Auszeichnung
Das Hervorheben einzelner Zeichen oder Textabschnitte. Man unterscheidet zwischen den optischen Auszeichnungen wie der Unterstreichung oder einem fetten Schnitt und den typografischen Auszeichnungen wie Kapitälchen oder dem kursiven Schnitt.

328

Glossar

Barock-Antiqua
Dritte Schriftklasse nach DIN 16518. Typisch für die Schriften dieser Klasse sind leicht abgerundete Serifen, fast senkrechte Achsen und Unterschiede in den Strichstärken.

Bastardschrift
Eine Schrift, die Merkmale aus verschiedenen Schriftklassen enthält

Beschnitt (Ausschnitt)
Der Bereich, der außerhalb des Seitenformats liegt und nach dem Beschneiden der Seite wegfällt. Der Beschnitt ist nötig, damit keine → Blitzer entstehen.

Bindestrich
Ein kurzer Strich, auch Divis oder Trennstrich genannt

Bindung
Das Zusammentragen mehrerer Seiten, die dann durch eine bestimmte Bindeart, wie zum Beispiel Klebebindung, zusammengefügt werden

Blitzer
Als Blitzer bezeichnet man das Papierweiß, das durchblitzt, wenn Farbflächen nicht ganz exakt aneinander stoßen. Durch Überfüllen beziehungsweise Überdrucken der Farben werden Blitzer vermieden. Auch bei Elementen mit fehlendem Beschnitt können Blitzer entstehen.

Blocksatz
Satzart, bei der alle Zeilen links und rechts bündig beginnen und enden, also die volle Zeilenbreite ausfüllen

Brotschrift
Auch Grundschrift genannt; der Begriff stammt aus dem Bleisatz und bezeichnet eine Schrift, die für den Mengensatz geschaffen wurde. Mit ihm mussten die Setzer im Akkord ihr Brot verdienen.

Buchstabenabstand
oder Buchstabenzwischenraum; die Buchstabenabstände ergeben die Laufweite einer Schrift und müssen unter bestimmten Umständen angepasst werden.

Buchstabenbreite
auch Dickte genannt. Die Breite des Buchstabens inklusive seiner Serifen, Punzen sowie der Vor- und Nachbreite

Bund
auch Bundsteg oder Innensteg genannt. Bei Doppelseiten der freie Bereich innen, also dort, wo das Druckwerk gebunden wird

Capitalis Romana
Die Urschrift der lateinischen Schriften; Großbuchstabenschrift mit Querstrichen

Charakterziffern
→ Mediävalziffern

Cicero
Der Begriff steht für eine typografische Maßeinheit. Ein Cicero entspricht zwölf Didot-Punkt und ist 4,5 Millimeter groß.

CSS
Cascading Style Sheets; Formatierungssprache, die HTML-Elemente enthält. Mithilfe von CSS hat der Webdesigner größeren Einfluss auf das Erscheinungsbild der Website.

Dickte
→ Buchstabenbreite

Didot-Punkt
Typografische Maßeinheit; basiert auf einem Inch und hat eine Größe von 0,375 Millimetern

DIN-Formate
Papierformate, die auf einem bestimmten Seitenverhältnis beruhen, nämlich $\sqrt{2}$:1

Divis
→ Bindestrich

DTP-Punkt
Typografische Maßeinheit; die Größe eines DTP-Punkts beträgt 0,353 Millimeter.

Duktus
Charakter und Ausdruck eines Strichs, der sich in Stärke, Kontrast und Strichführung bemerkbar macht

Glossar

Durchschuss

Der Begriff stammt aus dem Bleisatz und bezeichnete ursprünglich die nicht druckenden Metallstücke, die zwischen die Zeilen geschoben wurden, um den Abstand zu erhöhen. Heute definiert der Begriff den zusätzlichen Abstand, der sich durch Zeilenabstand minus Kegelgröße ergibt. Beträgt die Schriftgröße 12 Punkt und der Zeilenabstand 14 Punkt, ist die Größe des Durchschusses 2 Punkt.

Egyptienne

Die Schriftgruppe der serifenbetonten Antiqua wird auch als Egyptienne bezeichnet. Genau genommen ist die Egyptienne aber nur eine Untergruppe dieser Klasse.

Einzug

Der Einzug bezeichnet das Einrücken der linken oder rechten Textkante. Häufig wird für eine optische Unterteilung nur die erste Zeile eines Absatzes eingezogen. Als Anhaltspunkt für die Größe gilt ein Geviert.

Elementare Typografie

Eine Stilrichtung in der Typografie, vom Bauhaus beinflusst. Als Wegweiser der elementaren Typografie gilt Jan Tschichold.

EOT

Schriftformat von Microsoft, das speziell für das Web entwickelt wurde und eine starke Komprimierung ermöglicht. Im Gegensatz zum EOT Lite beinhaltet das Format EOT eine herstellerspezifische Komprimierung.

Expertensatz

Die Bezeichnung für eine Schriftfamilie, die aus den Schnitten normal, kursiv, halbfett und fett sowie dem Kapitälchenschnitt besteht

Falzbögen

Bedruckte Papierbögen, die nach festen Schemen auf verschiedene Weisen (Wickelfalz, Leporellofalz etc.) gefaltet werden. Durch das zuvor korrekte Ausschießen liegen nach dem Falzen die Seiten in der richtigen Reihenfolge vor.

Fixation

Ruhepause zwischen den Sakkaden beim Erfassen des Textes; Fixationen nehmen 90 Prozent der Lesezeit ein.

Flattersatz

Eine Satz- beziehungsweise Ausrichtungsart, bei der einer der beiden oder beide Ränder des Textes flattern, der Text also keine gleichmäßigen Achsen aufweist

Fleisch

Der leere, nicht druckende Raum um den Buchstaben herum. Je größer das Fleisch, desto geringer die Kegelausnutzung.

Fließtext

Bezeichnet den Grundtext, die Haupttextmenge in einer Drucksache

Font

auch Schrift oder Zeichensatz; bezeichnet manchmal auch eine ganze Schriftfamilie

Formsatz / Formensatz

Text, der durch seine Zeilenlängen und den Zeilenfall eine bestimmte Form darstellt. Auch als Konturensatz bezeichnet

Fraktur

Eine Schrift, deren Rundungen gebrochen sind. Fraktur ist gleichzeitig der Name einer Untergruppe der gebrochenen Schriften.

Französische Renaissance-Antiqua

Zweite Schriftklasse nach DIN 16518. Die Merkmale sind gerundete Serifen, schräge Achsen, gerade Querstriche im e, geringe Strichstärkenunterschie-de und die Oberlängen der Kleinbuchstaben überragen die Versalienhöhe. Ein Beispiel ist die Garamond.

Fußnoten

Zusätzliche, weiterführende Information am unteren Satzspiegelrand, beispielsweise für Literaturangaben. Im Text wird meist mit einer kleinen, hochgestellten Zahl auf die Fußnote verwiesen, die dann innerhalb der Fußnote wiederholt wird.

Fußsteg
Fuß oder Fußsteg bezeichnet den unteren, freien Rand unterhalb des Satzspiegels

Gedankenstrich
auch Halbgeviertstrich; Strich, dessen Größe auf einem Halbgeviert basiert. Der Gedankenstrich wird auch als Gegenstrich, Streckenstrich oder Währungsstrich verwendet.

Gemeine oder gemeiner Buchstabe
Bezeichnung für die Kleinbuchstaben

Gestaltungsraster
Das Gestaltungsraster ist ein nicht druckendes Raster, das bei der Verteilung der Text- und Bildelemente hilft.

Geviert
Leerraum, definiert durch ein Bleiquadrat, dessen Breite und Höhe der Kegelhöhe entsprechen; bei einer 12-Punkt-Schrift beträgt die Größe 12 Punkt. Viele Größen wie die von Strichen oder Einzügen basieren auf dem Geviert.

Glyphe
Ein Zeichen, das innerhalb eines Schriftschnitts in unterschiedlichen Varianten (normal, kursiv, fett etc.) vorliegt

Goldener Schnitt
Ein harmonisches Seitenverhältnis für die Berechnung von Papierformaten. Das Verhältnis beträgt 1 : 1,618.

Grad
auch Schriftgrad; → Schriftgröße

Grauwert
Das Verhältnis zwischen bedruckten und unbedruckten Bereichen sowie zwischen hellen und dunklen Bereichen ergibt einen bestimmten Grauwert. Der Grauwert wird durch sämtliche Textattribute sowie durch andere Elemente beeinflusst und spielt für die Lesbarkeit eine wichtige Rolle.

Grotesk
Bezeichnet eine serifenlose Antiqua; die erste eindeutige Grotesk taucht Anfang des 19. Jahrhunderts auf.

Grundlinie
Auch Schriftlinie genannt; die Linie, auf der die Mittellängen aufsitzen

Grundlinienraster
Imaginäres Raster, auf dem die Grundlinien des Grundtextes entlanglaufen. Seine Schrittweite entspricht in der Regel dem Zeilenabstand des Grundtextes. Spielt für die Registerhaltigkeit eine wichtige Rolle.

Grundschrift
Die Schrift, die für den Mengentext verwendet wird. Im Bleisatz wird die Grundschrift auch Brotschrift genannt.

Gutenberg
Johannes Gutenberg gilt als der Erfinder des mechanischen Buchdrucks, der in der Mitte des 15. Jahrhunderts entwickelt wurde.

Halbgeviert
Ein Leerraum, der die Hälfte eines Gevierts einnimmt. Bei einer 12-Punkt-Schrift ist das Halbgeviert 6 Punkt groß.

Halbgeviertstrich
→ Gedankenstrich

Handschriftliche Antiqua
Die neunte Klasse nach DIN 16518. Typisch für die Schriften aus dieser Klasse ist der unregelmäßige, handschriftliche Charakter.

Hängender Einzug
Eine spezielle Art von Einzug. Hierbei ist die erste Zeile des Absatzes gefüllt, die Folgezeilen sind um einen festen Wert links eingerückt. In der Regel beträgt die Einzugsgröße ein Geviert.

Hints
Mathematische Instruktionen von TrueType- und PostScript-Schriften, um diese optimal in ein grobes Pixelraster einzupassen. Hints sorgen speziell bei niedrig auflösenden Aus-

Glossar

gabegeräten und kleinen Schriftgrößen für eine bessere Qualität.

Hochformat
Ein Papierformat, bei dem die horizontale Seite kürzer ist als die vertikale

Hochzeit
Der Begriff stammt aus dem Bleisatz und bezeichnet doppelt gesetzte Wörter.

Hosten
Ein Internethoster stellt seinen Server zur Verfügung, um bestimmte Dienste wie das Speichern von Websites oder Schriften zu ermöglichen.

HTML
HTML bedeutet Hypertext Markup Language und ist eine Auszeichnungssprache, in der Websites erstellt werden.

Hurenkind
Ein Umbruchfehler, bei dem die letzte Zeile eines Absatzes am Anfang einer neuen Spalte oder Seite steht. Vergleiche auch → Schusterjunge

Ideogramm
Das Ideogramm ist ein Bild, das durch auf einfache Art eine Information vermittelt. Ideogramme wecken im Gegensatz zu Piktogrammen keine bildhaften Assoziationen, sondern werden willkürlich gewählt.

Initial
Ein großer, schmückender Buchstabe am Anfang eines Absatzes oder Kapitels

Interpunktion
Der Überbegriff für die Verwendung von Satzzeichen

Italic
Bezeichnung für einen kursiven, nach rechts geneigten Schnitt einer Schrift

Kalligrafie
Die Kunst des schönen Schreibens

Kantenglättung
→ Anti-Aliasing

Kanzleischrift
Eine Kategorie in der chinesischen Schrift. Die Schreibschrift wurde ab dem Mittelalter für Urkunden verwendet.

Kapitälchen
Eine Variante einer Schrift. Bei Kapitälchen haben alle Buchstaben die Form von Großbuchstaben. Während die Versalien die »normale« Versalhöhe aufweisen, reichen die Kleinbuchstaben von der Grundlinie bis zur Oberkante der Gemeinen.

Kegel
Den Körper eines Bleibuchstabens bezeichnet man als Kegel.

Kerning
Das Ausgleichen von kritischen Buchstabenabständen. Dabei können die Abstände erhöht oder verringert werden.

Klassizistische Antiqua
Die vierte Schriftklasse nach DIN 16518. Merkmale sind waagerechte Serifen ohne Rundungen, senkrechte Achsen und starke Unterschiede in den Strichstärken. Die Oberlängen der Kleinbuchstaben und Versalhöhen sind gleich groß. Eine typische klassizistische Antiqua ist die Bauer Bodoni.

Kompress
Text, der ohne Durchschuss gesetzt wird, wird als kompress bezeichnet. Somit ist bei kompressem Satz die Schriftgröße mit dem Zeilenabstand identisch.

Kopfsteg
Der freie, nicht bedruckte Bereich über dem Satzspiegel am Kopf der Seite

Kursiv
Ein nach rechts geneigter Schriftschnitt

Laufrichtung
Bezeichnet die Richtung, in der das Papier durch die Papiermaschine läuft, wodurch gleichzeitig die Fasern des Papiers ausgerichtet werden. Be-

reits für den Druck, aber auch bei der Weiterverarbeitung, beispielsweise fürs Falzen, Rillen oder Kleben ist die Laufrichtung wichtig. Laufen die Fasern parallel zur langen Seite, spricht man von einer Schmalbahn. Sind die Fasern parallel zur kurzen Seite ausgerichtet, bezeichnet man dies als Breitbahn.

Laufweite
Der Abstand der Buchstaben zueinander

Layout
Eine kombinierte Seite mit Text- und anderen grafischen Elementen und Bildern

Lebender Kolumnentitel
Eine Zeile mit Seitenzahl und Text, die meist am Kopf des Layouts steht und Informationen zur Seite wie zum Beispiel die Kapitelüberschrift enthält. Beim lebenden Kolumnentitel wechselt abhängig vom Inhalt der Seite der Text. Das Gegenstück ist der → tote Kolumnentitel.

Legende
Eine Erklärung zu Seitenelementen, beispielsweise zu einem Bild

Ligatur
Eine Buchstabenkombination von mindestens zwei Zeichen, die im Bleisatz auf einen Kegel gegossen wurden. Ligaturen

verbessern die Lesbarkeit. Typische Ligaturen sind fi oder fl.

Linearschrift
Bei diesen Schriften weisen alle Zeichen die gleiche optische Strichbreite auf. Bei genauerem Hinsehen zeigt sich häufig, dass eine optisch gleiche Strichbreite bei den Rundungen nur erreicht werden kann, wenn die Breite leicht variiert.

Linksbündig
Zeilenausrichtungsart, bei der der Text eine gemeinsame linke Achse aufweist und nach rechts hin flattert

Majuskel
Großbuchstabe oder Versalie

Marginalien
Bemerkungen, die Zusatzinformationen oder Bilder zum Grundtext liefern und in der Regel am äußeren Seitenrand platziert sind

Mediävalziffer
Auch Minuskel-, gemeine oder Charakterziffern genannt. Zahlen, die – im Gegensatz zu Versalziffern – Ober- und Unterlängen sowie unterschiedliche Breiten aufweisen

Minuskel
Kleinbuchstabe oder gemeiner Buchstabe

Mittelachsensatz
Zeilenausrichtungsart, bei der die Zeilen in der Mitte der Spalte eine gemeinsame Achse aufweisen und links und rechts flattern. Wird auch als zentrierter oder symmetrischer Satz bezeichnet

Mittellänge
Auch x-Höhe genannt; Höhe der Kleinbuchstaben wie e, m oder z. Strecke zwischen der Grundlinie und der x-Linie

Mobilsichere Schriften
Mobilsichere Schriften sind mit hoher Wahrscheinlichkeit auf dem iPhone, dem Android oder dem Blackberry installiert.

Nachbreite
Der freie Raum nach einem Zeichen, der gemeinsam mit der Vorbreite des Folgebuchstabens den Buchstabenabstand definiert

Nutzen
Seiten mit gleichem Inhalt, die auf einem Druckbogen angeordnet sind

Oberlänge
Der obere Teil eines Buchstabens über der x-Linie, wie er beim b, h, f oder l vorhanden ist

Outline
Technologie zum Beschreiben von Schriften, wie sie bei TrueType- und PostScript-Schriften zum Einsatz kommt

Outline-Schrift

Eine Schriftvariante, bei der der Buchstabe keine Füllung, dafür nur den äußeren Umriss des Buchstabens aufweist

Pagina

Die Seitenzahl; die Pagina wird mit wechselndem Text kombiniert als → lebender Kolumnentitel bezeichnet, allein oder mit gleich bleibendem Text als → toter Kolumnentitel.

PDF

Portable Document Format; plattformunabhängiges Dateiformat von Adobe für den Datenaustausch und systemübergreifende Veröffentlichung; auch im Web einsetzbar, hat ein festgelegtes Layout

Picapoint

Der Picapoint ist eine typografische Maßeinheit, die vorwiegend im amerikanischen Raum verwendet wird. Ein Picapoint misst 0,34147 Millimeter. 12 Point sind ein Pica.

Piktogramm

Ein Symbol, dass durch einfache Darstellung eine Information vermittelt

Pinselschrift

Pinselschriften weisen einen Pinselcharakter auf und zählen zu den Schreibschriften der Klasse 8 nach DIN 16518. Laut dem neuen DIN-Entwurf von 1998 bilden die Pinselschriften eine eigene Untergruppe in der Gruppe fünf der geschriebenen Schriften.

PostScript

Programmiersprache für die Seitenausgabe von Adobe. Mit PostScript lassen sich die Objekte der Seite auflösungsunabhängig skalieren, die Qualität ist nur von der Auflösung des Ausgabegerätes abhängig. Auf der PostScript-Technologie basieren auch die PostScript-Schriften.

Proportionalschrift

Dabei weist jedes Zeichen exakt die Breite auf, die es auch benötigt. Im Gegensatz dazu steht die Schreibmaschinenschrift, bei der jedes Zeichen die gleiche Breite aufweist.

Punkt

Ein Interpunktionszeichen und gleichzeitig die kleinste Einheit im typografischen Maßsystem. Man unterscheidet den Didot-Punkt und den DTP-Punkt.

Punzen

Der Innenraum eines Buchstabens, wie er bei b, o oder d entsteht

Querformat

Ein Papierformat, bei dem die vertikale Seite kürzer ist als die horizontale

Randausgleich

Auch hängende Interpunktion genannt; um einen durch Satzzeichen verursachten ungleichmäßigen Rand im Blocksatz zu vermeiden, nimmt man einen Randausgleich vor. Dabei werden die Satzzeichen über den Rand hinaus verschoben und sozusagen nach außen gehängt.

Rausatz

Beim Rausatz flattern die Zeilen an der linken oder rechten Kante und weisen ein raues, teilweise unschönes Ende auf. Im Gegensatz zum Flattersatz wird beim Rausatz nicht in den Zeilenfall eingegriffen.

Rechtsbündig

Rechtsbündiger Satz weist an der rechten Satzkante eine Achse auf, die Zeilen laufen nach links aus.

Registerhaltig

Registerhaltiger Text liegt auf einem imaginären Grundlinienraster, wodurch ein deckungsgleicher Abdruck des Grundtextes von Vorder- und Rückseite gewährleistet wird. Text einer Seite, der in mehrere Spalten unterteilt ist, sollte ebenfalls registerhaltig sein.

Responsive Webdesign

Der grafische Aufbau einer Website, wie die Seitenaufteilung und die Navigationselemente, wird so generiert, dass er sich den Gegebenheiten der Ausgabegeräte optimal anpasst. Dadurch wird die Website auf dem Monitor anders dargestellt als auf dem Smartphone, und dort wieder anders als auf dem Tablet.

Römische Kapitalis
→ Capitalis Romana

Sakkaden
Ein geübter Leser liest Text nicht Buchstabe für Buchstabe, sondern in Buchstabengruppen. Die Sprünge, die das Auge dabei vornimmt, werden als Sakkaden bezeichnet. Sakkaden werden von den → Fixationen unterbrochen.

Satzspiegel
Der bedruckte Teil einer Seite, auf dem sich die Elemente wie Text, Grafik, Bilder und lebender Kolumnentitel befinden

Schreibschriften
Die achte Klasse nach DIN 16518. Die Schriften haben einen Feder- oder Pinselcharakter und weisen häufig geschwungene Anfangsbuchstaben auf.

Schriftfamilien
Alle Varianten eines Schriftbildes wie der normale Schnitt, ein kursiver, ein halbfetter und ein Kapitälchenschnitt ergeben gemeinsam die Schriftfamilie.

Schriftgrad
→ Schriftgröße

Schriftgröße
Bezeichnung für die Buchstabengröße, letztlich identisch mit der Kegelgröße

Schriftkegel
→ Kegel

Schriftlinie
→ Grundlinie

Schusterjunge
Ein Umbruchfehler, bei dem die erste Zeile eines Absatzes oder eine Überschrift am Ende einer Spalte oder Seite allein steht. Es sollten möglichst immer mindestens zwei Zeilen, besser drei Zeilen zusammengehalten werden. Das Pendant dazu ist das → Hurenkind.

Schweizerdegen
So wird ein Facharbeiter bezeichnet, der die beiden Berufe Schriftsetzer und Drucker gelernt hat.

Semantik
Bedeutungslehre

Serifen
An-, Ab- und Endstriche der Zeichen

Serifenbetonte Linear-Antiqua
Die fünfte Schriftklasse nach DIN 16518. Bei diesen Schriften sind die Serifen besonders stark betont. Die Strichstärken sind annähernd gleichmäßig.

Serifenlose Linear-Antiqua
Die sechste Schriftklasse nach DIN 16518. Merkmale der serifenlosen Schriften sind die optisch gleichen Strichstärken, das Fehlen der Serifen, senkrechte Achsen und häufig gleiche Größen zwischen den Kleinbuchstaben und den Versalhöhen.

Spaltenzwischenraum
→ Spaltenzwischenschlag

Spaltenzwischenschlag
auch Zwischenschlag. Der Abstand zwischen zwei nebeneinander angeordneten Textspalten

Spationieren
auch Sperren. Der Begriff leitet sich vom → Spatium ab und bedeutet das Ausgleichen der Buchstabenabstände durch Hinzufügen von Spatien.

Spatium
Dünnes, nicht druckendes Metallstück aus dem Bleisatz. Mit einem Spatium wurden Zeilen gefüllt oder Buchstabenabstände erhöht.

Sperren
Das Erhöhen der Buchstabenabstände

Splendid
Bezeichnung für einen Text, der einen relativ großen Zeilenabstand aufweist, also großzügig durchschossen ist

Glossar

Steg
Nicht druckende Metallklötze aus dem Bleisatz, mit denen Leerraum aufgefüllt wurde. Heutzutage bezeichnet man die nicht druckenden Ränder um den Satzspiegel herum als Steg.

Toter Kolumnentitel
Eine Zeile, die entwender nur die Pagina oder Pagina mit gleichbleibender Textzeile enthält. Der tote Kolumnentitel steht außerhalb des Satzspiegels. Das Pendant dazu ist der → lebende Kolumnentitel.

Type-1-/Type-3-Schriften
Auf PostScript basierende Schrifttechnologie von Adobe

Typografie
Die Lehre von der Schriftgestaltung

Typometer
Durchsichtiges Lineal aus Plastik, welches das typografische Maßsystem sowie Möglichkeiten zu Linien- und Rastermessungen aufweist

Überdrucken
Beim Überdrucken wird der hinten liegende Bereich einer Fläche oder eines Bildes nicht durch das darüber liegende Element ausgespart. Abhängig von den beteiligten Farben können beim Überdrucken neue Mischfarben entstehen. Liegt schwarzer Text auf einem farbigen Hintergrund oder auf einem Bild, wird in der Regel überdruckt, um Blitzer zu vermeiden.

Überfüllen
Beim Überfüllen werden Randbereiche von hellen Objekten leicht vergrößert, damit sie in die angrenzenden dunkleren Objekte hineinlaufen und so weiße Blitzer vermieden werden. Überfüllungen sind dann nötig, wenn Flächen in bestimmten Farbkombinationen an- beziehungsweise aufeinander treffen.

Umbruch
Der Umbruch ist das Zusammenstellen aller Elemente wie Text, Grafik und Bild zu einem Layout.

Unicode
Unicode ist ein internationaler Standard, der für jedes grafische Zeichen aller Schriftkulturen einen digitalen Code festlegt. Unicode-Schriften bestehen aus maximal 65 536 Zeichen.

Unterlänge
Der Buchstabenbereich, der sich zwischen der Grundlinie und dem unteren Ende des Buchstabens bis zur p-Linie erstreckt

Unterschneiden
Das Verringern der Buchstabenabstände

Unziale
Die erste Schrift mit deutlichen Kleinbuchstaben mit Ober- und Unterlängen, entstanden aus der römischen Buchschrift

Vakat
Vakat bedeutet leer; eine Vakatseite ist eine leere Seite.

Venezianische Renaissance-Antiqua
Die erste Klasse nach DIN 16518. Typisch sind hier die abgerundeten Serifen, schräge Achsen und geringe Strichstärkenunterschiede.

Versalsatz
Text, der nur aus Versalien besteht. In der Regel sollte man bei kleinen Schriftgrößen die Laufweite leicht erhöhen.

Versalziffer
Versalziffern sind Ziffern in der Größe der Versalien. Sie weisen im Gegensatz zu den Mediävalziffern eine einheitliche Breite auf und eignen sich besonders gut für den Tabellensatz.

Viertelgeviert
Ein Leerraum, der ein Viertel eines Gevierts einnimmt. Bei einer 12-Punkt-Schrift wären das 3 Punkt.

Vorbreite
Der Freiraum vor dem Buchstaben

Glossar

Waisenkind
→ Schusterjunge

Webfont
Webfonts sind Schriften, die
für den Einsatz im Internet optimiert wurden und sich mit
den Websites verknüpfen lassen. Die Einbindung in die
Website erfolgt in der Regel
mit CSS und garantiert die Anzeige der Originalschrift.

Websichere Schriften
Schriften, die auf fast allen
Benutzerrechnern installiert
sind, nennt man websichere
Schriften wie zum Beispiel die
Arial, die Verdana und die
Trebuchet.

Weißraum
Unbedruckte Fläche bezie-
hungsweise unbedruckte Bereiche einer Seite werden als
Weißraum bezeichnet.

Werksatz
Ein Begriff aus dem Bleisatz,
der den Satz von regelmäßig
erscheinenden Druckwerken
bezeichnet, beispielsweise
von Büchern oder Zeitungen.
Das Gegenstück nennt sich
→ Akzidenz.

WOFF
Relativ neues Schriftenformat
für das Web, dass bereits von
einigen Browsern unterstützt
wird

Wortabstand
→ Wortzwischenraum

Wortzwischenraum
auch Wortabstand; Weißraum
zwischen zwei Wörtern. Der
Wortzwischenraum spielt für
den → Grauwert eine wichtige
Rolle.

x-Höhe
→ Mittellänge

Zeilenabstand
Bezeichnet den Abstand von
Schriftlinie zu Schriftlinie. Im
Gegensatz zum Durchschuss
bezeichnet der Zeilenabstand
den Abstand inklusive Schriftgröße.

Zeilendurchschuss
→ Durchschuss

Zeilenfall
Das Satzbild, dass sich aus der
Anordnung der Zeilen und den
Zeilenlängen ergibt. Für einen
dynamischen Zeilenfall mit
einem Wechsel von kurzen
und langen Zeilen ist häufig
Handarbeit angesagt.

Zentrierter Satz
→ Mittelachsensatz

Zwischenschlag
→ Spaltenzwischenschlag

Index

@fontface 272

A

Abkürzungen 129
Abstrich 94
Achtelgeviert 108
Adobe InDesign → InDesign
Adobe Type Manager 313
AFM-Datei 114
AG Buch 69
Ägyptische Hieroglyphen 19
Aicher, Otl 41
Akzidenz-Grotesk 32, 54
Albers, Josef 36
Amador 72
Amboy 72
Anschnitt → randabfallend
ANSI 321
Anstrich 94
Anti-Aliasing → Kantenglättung
Antiqua-Varianten 55
An- und Abführungs-
  zeichen 128
Anzeige 259
Apps 301
Arcadia 63
Arial 286, 337
Arnold Böcklin 34, 55
ASCII 321
Auslassungspunkte 131
Ausrichtung 136, 208
  im Web 295
Auszeichnung 102
  ästhetische 102
  optische 102
Avant Garde 54
Avenir 41

B

Bankleitzahlen 130
Barbedor 70
Barock 31
Barock-Antiqua 51
Baskerville 51
Baskerville, John 31
Bauer Bodoni → Bodoni
Bauer, Konrad F. 38
Bauhaus 36
Baum, Walter 38
Bayer, Herbert 36
Beinert-Matrix 61
Beinert, Wolfgang 61
Bembo 50
Benton, Morris Fuller 46
Benton Sans 64
Berkeley Old Style 49
Berliner Grotesk 41, 76
Berthold-Fotosatzpunkt 81
Berthold-Script 56
Beschnitt → randabfallend
Bézierkurven 314
Biblica 79
Bilderschrift 19
Bildplatzierung 224, 243
Bildunterschrift 226, 244
Bleibuchstabe 88
Bleisatz 88
Blocksatz 140
Blur 55, 63
Bodoni 52
Bodoni, Giambattista 45
Breuer, Marcel 36
Broadway 55
Brody, Neville 40, 63
B-Splines 314
Buchstabe 86
  Großbuchstabe 89
  Kleinbuchstabe 89

C

Cancellaresca 30
Capitalis Quadrata 22
Capitalis Romana 22
Capitalis Rustica 22
Carson, David 40
Caslon Old Face 31, 51
Caslon, William 31
Centaur 49
Centennial 52
Chicago 286
Clairvaux 58
Clarendon 53
Comic Sans MS 286
Concorde 69
Corpid 41, 67
Corporate A · S · E 79
Courier 286
CSS 272, 280

D

Datafork TrueType 325
Delphi 56
Designachse 44
Deutsche Schrift 68
Deutsche Schriften 58
Deutsche Werkschrift 68
Deutsche Zierschrift 68
Dfonts 325
Diablo 72
Dickte 93
Didot, Firmin 32, 52, 81
Didot-Punkt 81
Differenzierendes Lesen 174
DIN 16518 48
  DIN 16518 von 1998 60
DIN-Format 192
DIN-Nummer 130

339

DIN-Reihe 192
  DIN A 192
  DIN B 192
  DIN C 192
DTP-Punkt 81
Duc de Berry 58
Duktus 93
Durchschuss 151

E

Eckmann 34, 55
Eckmann, Otto 34
Edison 80
Egyptienne 32, 53, 65
Einzug 166
  erste Zeile 166
  hängend 167
El Grande 72
El Greco 69
em → Geviert
Embedded Open Type 274
en → Halbgeviert
Encapsulated PostScript 312
Englische Schreibschrift 56
EOT → Embedded Open Type
EPS → Encapsulated PostScript
Expertensatz 46

F

Familie → Schriftfamilie
Farbe 255
Fax 130
Fibonacci-Folge 194
Fibonacci, Leonardo 194
Fixation 105
Flachbildschirm 282
Flatterbereich 137
Flattersatz 137
Folio 38
@fontface 272
Formsatz 140

Fraktur 37, 58, 59
Fraktur-Varianten 59
Französische Renaissance-
  Antiqua 29, 50
Freier Satz 140
Frere-Jones, Tobias 64
Frutiger 41, 43, 54, 65
Frutiger, Adrian 38, 41, 43, 65
Futura 37, 54, 74

G

Garage Gothic 64
Garamond 50, 66
Garamond, Claude 66
Garnitur 46
Gebrochene Schriften 29, 58,
  176
Gedankenstrich → Halbgeviert-
  strich
Gemeine 89
Gemeine Ziffern → Mediäval-
  ziffern
Geneva 286
Georgia 286
Gestaltungsraster 219, 243
Geviert 108
Giambattista Bodoni 32
Gill 54
Glasgow 99 76
Goldener Schnitt 194
Gothic 54
Gotik 26
Gotisch 58
Goudy Old Style 50
Grauwert 106
Griechen 21
Griechisches Alphabet 21
de Groot, Luc(as) 41, 67
Grotesk 54
Grundlinie 92
Grundlinienraster 204
  → Registerhaltigkeit
Grundtext 247
Gutenberg 28

H

Halbgeviert 108
Halbunziale 23
Handschriften 56
Handschriftliche Antiqua 56
Hängende Interpunktion 146
Headline 245
Helvetica 38, 54
Herculanum 65
Hieroglyphen 19
Hinting 290, 316
Hints 313
Hosten 277
HTML 272
Humanistische Kursive 27
Humanistische Minuskel 27
Hurenkind 160

I

Ideogrammen 18
InDesign
  Adobe-Absatzsetzer 146
  Beschnitt 230
  Blocksatz 144
  Glyphe-Skalierung 142
  Hurenkind 164
  Kerning und Laufweite 120
  Kurzbefehle 132
  metrisch 120
  optisch 120
  Registerhaltigkeit 218
  Satzspiegel 202
  Schusterjunge 164
  Silbentrennzone 139
  Text beurteilen 213
  Wortzwischenräume 123
Industria 63
Industrialisierung 45
Info 76
informierendes Lesen 173

340

Initial 168
  hängend 168
Inszenierendes Lesen 174
Interstate 64
ISBN-Nummer 130
Isignia 63
ISO 321
Italic 42
Italienne 53

J

Jessen 68
Jugendstil 34

K

Kabel 37, 54
Kaiser-Antiqua 32
Kantenglättung 284
Kapitälchen 42, 46, 116
  elektronisch 47
Karolingische Minuskel 24
Kaufmann 56
Kegel
  -ausnutzung 87
  -größe 87
Keilschrift 18
Klassifikation
  Antiqua-Varianten 55
  Barock-Antiqua 51
  Französische Renaissance-
  Antiqua 50
  Fremdsprachliche Schriften 60
  Gebrochene Schriften 58
  Handschriftliche Antiqua 56
  Klassizistische Antiqua 52
  Schreibschriften 56
  Serifenbetonte Linear-
  Antiqua 53
  Serifenlose Linear-Antiqua 54
  Venezianische Renaissance-
  Antiqua 49

Klassizismus 32
Klassizistische Antiqua 52, 176
Koch-Fraktur 68
Koch, Rudolf 37, 68
Kompress 152
Konsonantenschrift 18
konsultierendes Lesen 173
Kontonummern 130
Kontrast 255
  im Wcb 299
Künstlerschreibschrift 56
Kursive 42
Kurt Weidemann 41

L

Lange, Günter Gerhard 40, 69
Lapidarschrift 21
Laufweite 112
Lautschrift 19
Leere Räume 108
Le Monde Journal 73
Leonardo von Pisa 194
Leseart 172
  differenzierendes Lesen 174
  informierendes Lesen 173
  inszenierendes Lesen 174
  konsultierendes Lesen 173
  lineares Lesen 173
Libretto 75
Ligatur 98
Linear-Antiqua
  serifenbetont 53
  serifenlos 54
Lineares Lesen 173
Linksbündig 138
Linoscript 56
Linotext 58
Linotype Syntax → Syntax
Ludovico degli Arrighi 30

M

Magnetisches Raster
  → Registerhaltigkeit
Majuskel 89
Majuskeln 89
Mambo 55
Manutius, Aldus 42
Maßsystem 81
Masterdesign 44
Mediävalziffern 66, 101
Meier, Hans Eduard 70
Meta 41, 76
Miedinger, Max 38
Minuskel 89
Minuskelziffern → Mediäval-
  ziffern
Mistral 56
Mittelachsensatz 139, 209
Mittellänge 93, 156
Mobile Websites 301
Mobilsichere Schriften 305
Moderne Typographie 74
Moholy-Nagy, László 36
Mono 41
Moonbase Alpha 55
Morison, Stanley 35, 71
Morris, William 34
MultipleMaster 318
Myriad 44

N

Nachbreite 93
Negativsatz 117
Neue Typografie 36
New Century Schoolbook 52
New York 286
Nobel 64
Nokia 76

O

Oberlänge 92
OCR-B 65
Officina 76
Officina Sans 41
Officina Serif 41
OpenType 99, 320
Optima 41, 80
Optische Mitte 209
Outline-Font 314

P

Pagina 206
Palatino 41, 50
Papierformat 192
Parisine 73
Parkinson 72
Parkinson, Jim 72
PDF 281
Pepita 56
PFM-Datei 115
Phönizier 20
Pica-Point 81
Piktogrammen 18
Pixel per em 317
Plak 74
Plantin 71
P-Linie 93
Poetic 56
Pompeijana 65
Porchez, Jean-François 41, 73
Postfach 130
PostScript 312
PostScript-Schrift 313
Preise 129
Profile 96
Prozent und Grad 129
Punkt
   Berthold 81
   Didot 81
   DTP 81
   Pica 81
Punze 93

Q

QuarkXPress
   Beschnitt 229
   Blocksatz 144
   Geviertgröße 125
   Hurenkinder 164
   Kurzbefehle 133
   Laufweite 124
   Registerhaltigkeit 217
   Satzspiegel 202
   Schusterjunge 164
   Silbentrennzone 139
   Spationierung bearbeiten 127
   Text beurteilen 213
   *Unterschneidung Tabelle
      bearbeiten* 127

R

Randausgleich → Hängende
   Interpunktion
Randbemerkung → Marginalie
Rasterizer 313
Rausatz 137
Rechnerische Mitte 209
Rechtsbündig 136, 138
Regina 69
Regression 104
Renaissance 27
Renaissance-Antiqua 49, 50,
   176
Renner, Paul 37, 74
Responsive Webdesign 301
Revue 55
Röhrenmonitor 282
Rokoko 31
Romanik 25
Römische Kapitalis 22
Rotis 41, 55, 62
Rotis Sans 54
Rotunda 29
Rundgotisch 27, 58

S

Sabon 36, 41, 50, 78
Sabon Next 41, 73, 78
Sakkade 104
Saskia 78
Satzbreite 150
Satzspiegel 196
   *nach dem goldenen
      Schnitt* 200
   nach Neunerteilung 202
Schneider-Antiqua 75
Schneider, Werner 41, 75
Schneidler Stempel 49
Schnitt 42
Schreibregeln 128
   Abkürzungen 129
   *An- und Abführungs-
      zeichen* 128
   Auslassungspunkte 131
   Bankleitzahlen 130
   DIN-Nummer 130
   ISBN-Nummer 130
   Kontonummern 130
   Preise 129
   Prozent und Grad 129
   Striche 130
   Telefon, Fax, Postfach 130
   Zahlen und Formeln 128
Schreibschriften 56, 176
Schriftentwicklung 18
Schriftfamilie 42 → Familie
Schriftgarnitur → Garnitur
Schriftgröße 87
   für mobile Geräte 306
   im Web 290
Schriftklassifikation →
   Klassifikation
Schriftkombination 182
Schriftkünstler 62
Schriftlinie 92
Schriftmischung → Schrift-
   kombination
Schriftschnitt → Schnitt
Schriftsippe → Sippe
Schriftwirkung 175

Schusterjungen 160
Schwabacher 26, 59
Schwarze Liste 266
Schweizer Typografie 38
Schwitters, Kurt 36
Seitenzahl 206
Semantische Typografie 185
Serifen 94
  im Web 283
Serifenbetonte Linear-
  Antiqua 53
Serifenlose Grotesk 32
Serifenlose Linear-
  Antiqua 54, 176
Silbenschrift 18
Sippe 46
Skizze 188
Sonderzeichen
  im Web 308
Souvenir 55
Spalte 157
Spaltenabstand 157
Spaltenlinien 159
Spaltenzwischenraum →
  Spaltenabstand
Spationieren 112
Spatium 112
Sperren 112
Spiegel 67
Spiegel Sans 41
Spiekermann, Erik 41, 76
Splendid 152
Steg 196
  Außensteg 196
  Bundsteg 196
  Fußsteg 196
  Kopfsteg 196
Stone Sans 54
Streckenstrich → Halbgeviert-
  strich
Striche 130
Sumerer 18
Sütterlin 77
Sütterlin, Ludwig 77
Syndor 70
Syntax 70

T

Teige, Karel 36
Tekton 56
Telefon 130
Textura 26
Theinhardt, Ferdinand 35
TheSans 41
Thesis 67
Thesis TheSans 41
Times 35, 51, 71
Traffic 62
Transit 36, 78
Trebuchet MS 286, 337
Trump-Mediäval 50
Tschichold, Jan 36, 78
Type-1-Schrift 313
Type-3-Schrift 313
Typografisches Maßsystem
  → Maßsystem
Typometer 81

U

Übergangsantiqua → Barock-
  Antiqua
Umbruchfehler 160
Unicode 321
Unit 41, 76
Univers 38, 43, 54, 65
Unterlänge 93
Unterschneiden 112
Unterschneidungstabelle 114
Unziale 23

V

Venezianische Renaissance-
  Antiqua 49
Verdana 286, 337
Versalhöhe 90, 92
Versalien 89

Versalsatz 116
Versalziffern 101
vertikaler Text 212
Vialog 41, 75
Viertelgeviert 108
Visitenkarte 264
Vivaldi 56
Vorbreite 93
Vorspann 246

W

Währungsstrich → Halbgeviert-
  strich
Walbaum 32, 52
Walbaum, Justus Erich 32
Wallau 58, 68
Webfont 272, 273, 275
  kostenlos 279
Web Open Font Format 274
websichere Schriften 286
Weidemann 41, 79
Weidemann, Kurt 79
Weißraum 191
Weiß-Rundgotisch 58
Wenzel, Martin 96
Wiedererkennung 253
Wilhelm-Klingspor-Gotisch 68
WOFF → Web Open Font
  Format
Wortabstand 109
Wortbilderkennung 105
Wortzwischenraum → Wort-
  abstand

X

x-Höhe 93
x-Linie 93

Z

Zahlen 100
  arabische 100
  römische 100
Zahlen und Formeln 128
Zapf Chancery 41, 80
Zapf Dingbats 41, 80

Zapf, Hermann 41, 80
Zapfino 41, 56, 80
Zapf International 80
Zeichenabstand 112
Zeichenbelegung 323
Zeilenabstand 151
  im Web 293
Zeilenbreite → Zeilenlänge

Zeilenlänge 148
  im Web 292
Zentriert → Mittelachsensatz
Zeus 36, 78
Zitat 254
Zwischenschlag → Spalten-
  abstand
Zwischenüberschrift 247

Grafik & Gestaltung

620 Seiten, 2010, 39,90 €

Markus Wäger
Grafik und Gestaltung
Das umfassende Handbuch

Was macht eine Gestaltung perfekt? Dieses umfassende Praxisbuch zeigt Ihnen im Detail, wie Sie mit Form, Farbe, Schrift und Bildern ansprechende und professionelle Layouts erstellen. Markus Wäger verrät so manchen Trick aus der Praxis und wertvolles Hintergrundwissen. Nutzen Sie das Buch als Nachschlagewerk und Inspirationsquelle – und perfektionieren Sie Ihre Designs!

ISBN 978-3-8362-1206-9
www.galileodesign.de/1812

---

318 Seiten
2. Auflage 2013
24,90 €

Claudia Korthaus
Grundkurs Grafik und Gestaltung
Für Ausbildung und Praxis

Dieses Buch führt Sie Schritt für Schritt in die Geheimnisse guter Gestaltung ein. Es zeigt Ihnen, welche Grundregeln es zu beachten gilt und wie Sie mit den richtigen Farben, Bildern und Schriften Layouts entwerfen, die im Gedächtnis bleiben. Mit zahlreichen Beispielen, Vorher-nachher-Vergleichen und praktischen Checklisten!

ISBN 978-3-8362-2355-3
www.galileodesign.de/3357

439 Seiten
10. Auflage 2012
49,90 €

Uwe Koch, Dirk Otto, Mark Rüdlin
Recht für Grafiker und Webdesigner
Der praktische Ratgeber für Kreative

Das Standardwerk für Kreative in der 10. Auflage! Drei Anwälte beantworten Ihre dringendsten Fragen: Wie kann ich meine kreativen Arbeiten vor dreistem Klau schützen? Wie gelingt der Schritt in die Selbstständigkeit? Wie sollten Verträge formuliert sein? Dieses Buch schafft Klarheit – mit Vertragsmustern und Checklisten zum Download.

ISBN 978-3-8362-1844-3
www.galileodesign.de/3001

330 Seiten, 2013, 24,90 €

Claudia Korthaus
Das Design-Buch für Nicht-Designer
Gute Gestaltung ist einfacher, als Sie denken!

Die einzige Voraussetzung für dieses Buch ist: Spaß am Gestalten! Egal ob Grußkarte, Vereinszeitung oder Aushang – schauen Sie sich einfach die zahlreichen Beispiele an und lassen Sie sich inspirieren. Vorher-nachher-Vergleiche und genaue Analysen helfen beim Verstehen. So steht gutem Design nichts mehr im Wege!

ISBN 978-3-8362-1779-8
www.galileodesign.de/3105

Aus dem Inhalt:

- Drei Schritte für jede Gestaltung
- Layouts für jeden Zweck
- Ideen gekonnt umsetzen
- Aufmerksamkeit erzeugen
- Standards kennen und nutzen
- Die richtige Schrift auswählen
- Passende Farben finden
- Mit Räumen arbeiten
- Visitenkarte, Briefbogen
- Flyer, Broschüre, Plakat
- Postkarte, Einladung
- Aushang, Vereinszeitung
- Webseite u. v. m.

InDesign & Illustrator

1.223 Seiten, mit DVD, 59,90 €

Hans Peter Schneeberger, Robert Feix
Adobe InDesign CC
Das umfassende Handbuch

Adobe InDesign sicher beherrschen! Dieser Bestseller bietet zu allen Themen rund um Ihre Software detaillierte Erklärungen, schnelle Lösungen und unzählige Profitipps. Leicht verständlich erläutert er alles, was Sie wissen müssen: Von der ersten Layoutarbeit bis hin zu den modernen Techniken wie EPUB, Tablet-Publishing, Skripten, GREP und zur Automatisierung.

ISBN 978-3-8362-2450-5
www.galileodesign.de/3385

Aus dem Inhalt:
- InDesign einrichten
- Layouts anlegen und organisieren
- Professioneller Umgang mit Text, Grafiken und Bildern
- Lange Dokumente meistern
- Printproduktion
- Schriftprobleme lösen
- Farbmanagement
- Layout multimedial: E-Books, PDF-Formulare, Tablet-Publishing
- InDesign automatisieren: GREP, Skripte, Publishing mit XML

446 Seiten
29,90 €

Karsten Geisler
Adobe InDesign CC
Der praktische Einstieg

Dieses Buch führt Sie kompetent und leicht verständlich in die Arbeit mit InDesign ein und begleitet Sie vom leeren Blatt bis zur perfekten Ausgabe für den Druck, das Web oder auf iPad und E-Book-Reader. Mit zahlreichen Tipps, Hintergrundinfos und Praxisworkshops!

ISBN 978-3-8362-2463-5
www.galileodesign.de/3393

432 Seiten
34,90 €

Kai Flemming
Adobe Illustrator CC
Der praktische Einstieg

Dieses Buch ermöglicht dem Einsteiger einen schnellen Zugang in das komplexe Programm Adobe Illustrator CC. Leicht verständliche Erklärungen und zahlreiche Praxisübungen helfen Ihnen, die wichtigsten Funktionen und Werkzeuge sicher anzuwenden. Ein Muss für Einsteiger!

ISBN 978-3-8362-2455-0
www.galileodesign.de/3389

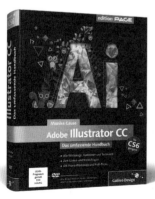

811 Seiten, mit DVD, 59,90 €

Monika Gause
Adobe Illustrator CC
Das umfassende Handbuch

Generationen von Illustrator-Anwendern haben dieses hilfreiche Nachschlagewerk von Monika Gause bereits im Regal stehen. Klar strukturiert und leicht verständlich erläutert es wirklich alle Werkzeuge und Funktionen und zeigt, wie Sie mit Illustrator CC kreativ arbeiten können. Ein umfassendes Lern- und Nachschlagewerk für jeden Illustrator-Anwender.

ISBN 978-3-8362-2451-2
www.galileodesign.de/3386

Aus dem Inhalt:
- Illustrator einrichten
- Arbeiten mit Dokumenten
- Vektorobjekte erstellen, bearbeiten und kombinieren
- Transparenzen, Masken und Effekte
- Text und Typografie
- Muster und Symbole
- Perspektivische Darstellungen und 3D-Live-Effekte
- Mit Pixeldaten arbeiten
- Ausgabe für den Druck
- Web- und Bildschirmgrafik

Bücher und Video-Trainings zur CS6 finden Sie auf unserer Website.

Photoshop

Sibylle Mühlke
Adobe Photoshop CS6 und CC
Das umfassende Handbuch

Sie wollen das komplette Photoshop-Wissen stets griffbereit? Dann sind Sie hier richtig, denn mit diesem Buch halten Sie das deutsche Standardwerk zu Photoshop in Ihren Händen: Bewährt, praxisnah und randvoll mit Informationen finden Sie hier immer, was Sie brauchen. Inkl. DVD, Tastenkürzel-Übersicht, Infoteil, Zusatzinfos im Web u. v. m.

1.220 Seiten, mit DVD, 59,90 €

ISBN 978-3-8362-2466-6
www.galileodesign.de/3396

Photoshop von A bis Z:
- CC-Neuheiten sofort anwenden
- Arbeitsoberfläche, alle Werkzeuge
- Kontraste, Helligkeit und Schärfe
- Farbkorrektur, Schwarzweiß
- Reparatur und Retusche
- Camera Raw, Bridge, Mini Bridge
- Ebenenmasken, Auswahlen, Kanäle
- Füllmethoden, Ebenenstile, Filter
- Smart-Objekte, Texte, Pfade
- Farbe, Malen mit Misch-Pinsel & Co.
- Automatisierung, nützliche Helfer
- Farbmanagement, Druck- und Webausgabe

Unsere Video-Trainings zu Photoshop finden Sie unter » www.galileo-videotrainings.de

461 Seiten
mit DVD
24,90 €

Robert Klaßen
Adobe Photoshop CC
Der professionelle Einstieg

Dieses Buch ist Ihre Eintrittskarte in die Welt von Photoshop CC. Gespickt mit zahlreichen Tipps aus der Praxis lernen Sie alle wichtigen Grundlagen und Photoshop-Techniken kennen. Von der Arbeit mit Ebenen über Bildkorrekturen und Fotomontagen auf Profi-Niveau – der Adobe Certified Expert Robert Klaßen zeigt Ihnen, wie es geht!

ISBN 978-3-8362-2462-8
www.galileodesign.de/3392

502 Seiten, mit DVD
39,90 €

Maike Jarsetz
Photoshop CC für digitale Fotografie
Schritt für Schritt zum perfekten Foto

Photoshop für Fotografen: Maike Jarsetz stellt in diesem Buch immer ein konkretes Bild und die damit verbundenen Bearbeitungsfragen in den Vordergrund. Mit den Bildern von der DVD können Sie jeden Workshop nacharbeiten und so ganz praktisch Photoshop erlernen. Auch für Photoshop CS6 geeignet.

ISBN 978-3-8362-2590-8
www.galileodesign.de/3435

Der Photoshop-Podcast von Galileo Press
» www.photoshop-profis.de

Seien Sie dabei, wenn alle 2 Wochen die »Photoshop-Profis« von Galileo Press neue Techniken, Tricks und Effekte aus der Photoshop-Welt enthüllen...

Webdesign

424 Seiten, 2013
mit DVD, 29,90 €

Björn Rohles

Grundkurs Gutes Webdesign
Alles, was Sie über Gestaltung im Web wissen sollten

So entstehen moderne und attraktive Websites, die jeder gerne besucht! In diesem Buch erlernen Sie die Gestaltungsgrundlagen für gutes Webdesign – vom Layout über Farben und Schrift bis hin zu Grafiken, Bildern und Icons. So wird aus einer einfachen Website ein echter Hingucker. Inkl. HTML5, CSS3 und Responsive Webdesign.

ISBN 978-3-8362-1992-1
www.galileodesign.de/3236

Aus dem Inhalt:
- Gestaltungsgrundlagen
- Ideen finden und bewerten
- Typografie, Webfonts
- Farblehre, Farbe im Web
- Grafiken, Bilder, Icons
- Buttons, Links, Navigation
- Website-Konzeption
- Informationsarchitektur
- CSS-Layouts, Raster
- HTML5 und CSS3

---

394 Seiten, 2014
29,90 €

Hussein Morsy
Adobe Dreamweaver CC
Der praktische Einstieg

Starten Sie mit Dreamweaver CC durch: Vorlage anlegen, Seite füllen, Navigation hinzufügen, Website veröffentlichen. Auch fortgeschrittene Themen wie Formulare, die Ausgabe auf mobilen Geräten, das Bloggen mit WordPress und die Integration mit YouTube und Twitter werden behandelt.

ISBN 978-3-8362-2452-9
www.galileodesign.de/3387

422 Seiten, 2013
mit DVD
39,90 €

Manuela Hoffmann
Modernes Webdesign
Gestaltungsprinzipien, Webstandards, Praxis

Die Grafikerin und Webdesignerin Manuela Hoffmann (pixelgraphix.de) führt Sie von der Idee über erste Entwürfe bis hin zur technischen Umsetzung: ein Wegweiser für modernes Webdesign, der gleichzeitig Praxis, Anleitung und Inspiration liefert. Inkl. DVD mit Beispielmaterial, Software, WordPress-Template u. v. m.

ISBN 978-3-8362-1796-5
www.galileodesign.de/2907

444 Seiten, 2011
mit DVD
39,90 €

Heiko Stiegert
Modernes Webdesign mit CSS
Schritt für Schritt zur perfekten Website

In ausführlichen Praxisworkshops zeigt Ihnen Heiko Stiegert, wie Sie moderne und professionelle Webdesigns standardkonform mit CSS realisieren. Attraktive Beispiele demonstrieren sowohl die Gestaltung einzelner Seitenelemente als auch das Layout ganzer Websites.

ISBN 978-3-8362-1666-1
www.galileodesign.de/2455

438 Seiten, 2014
mit DVD
39,90 €

Andrea Ertel, Kai Laborenz
Responsive Webdesign
Anpassungsfähige Websites programmieren und gestalten

Lassen Sie sich von den spannenden Beispielprojekten inspirieren. Als erfahrener Webentwickler lernen Sie in diesem Buch alles, was Sie wissen müssen: flexible Gestaltungsraster, anpassungsfähige Bilder, Media Queries, dem Aufbau einer HTML5-Site, textliche Gestaltung sowie Navigations- und Layoutanforderungen, Barrierefreiheit, Tools, Frameworks.

ISBN 978-3-8362-2582-3
www.galileodesign.de/3429

Webdesign, Online-Marketing

826 Seiten, 2014, 44,90 €

Kai Günster

Schrödinger lernt HTML5, CSS3 und JavaScript

Das etwas andere Fachbuch

Eine runde Sache! Schrödinger wird Webentwickler. Zusammen lernt ihr HTML, CSS und JavaScript. Drei Sprachen, ohne das Buch zu wechseln, was auch zu schade wäre. Von »Hallo Webwelt« bis zu Responsive Webdesign und TouchScreens. Theorie und Praxis auf dem neuesten Stand und wenn Du willst, mit Deinem eigenen Webserver.

ISBN 978-3-8362-2020-0
www.galileodesign.de/3277

407 Seiten, 2013
24,90 €

Kim Weinand

Top-Rankings bei Google und Co.

Zieht Ihre Internetseite zu wenige Besucher an? Kim Weinand weiß, worauf es ankommt, damit Ihre Website eine Spitzenposition bei Google erreicht. Er vermittelt Ihnen aktuelles Praxiswissen und Trends der Suchmaschinen-Optimierung. Hier erfahren Sie alles darüber, wie Sie erfolgreicher im Netz auftreten können.

ISBN 978-3-8362-1961-7
www.galileodesign.de/3184

487 Seiten, 2013
29,90 €

Peter Müller

Einstieg in CSS

Webseiten gestalten mit HTML und CSS

Peter Müller erklärt Ihnen hervorragend, was Sie bei der modernen Webgestaltung mit HTML und CSS wissen müssen: von den grundlegenden Prinzipien bis hin zu den neuesten Entwicklungen. Immer kompetent, klar und verständlich. Anschauliche Beispiele können Sie leicht auf eigene Projekte anwenden. Inkl. HTML5 und CSS3.

ISBN 978-3-8362-2212-9
www.galileodesign.de/3323

575 Seiten, 2014
29,90 €

Vivian Pein

Der Social Media Manager

Handbuch für Ausbildung und Beruf

Was ist ein Social Media Manager? Welche Aufgaben nimmt er wahr? Und welche Ausbildungsmöglichkeiten gibt es für diesen spannenden neuen Beruf? Antworten darauf und vieles mehr bietet das erste deutsche Handbuch für jeden, der diesen Job anstrebt oder die Stelle im Unternehmen einführen möchte. Praxisnah und umfassend!

ISBN 978-3-8362-2023-1
www.galileodesign.de/3280

404 Seiten, 2014
29,90 €

Anne Grabs, Jan Sudhoff

Empfehlungsmarketing im Social Web

Kunden gewinnen und Kunden binden

Kaufanreize für Freunde schaffen durch Empfehlungen von Kunden, das ist Social Commerce. Ob im Online-Shop oder im lokalen Handel, mit diesem Buch erhalten Sie Grundlagen, Best Practices und zahlreiche Tipps und Tricks an die Hand, wie Sie den Umsatz steigern können. Durch Social Media, mobile, local und online. Vor, während und nach der Kaufphase.

ISBN 978-3-8362-2038-5
www.galileodesign.de/3300

Video-Trainings – Lernen durch Zuschauen

✓ Einfach lernen durch Zuschauen
✓ Komfortable Navigation und Suchfunktion
✓ Die komplette Schulung für PC und Mac

Zahlreiche Videos stehen Ihnen zum Kennenlernen frei zur Verfügung.

» www.galileo-videotrainings.de

Photoshop & Fotografie

Pavel Kaplun, Orhan Tançgil
Adobe Photoshop CS6 für Fortgeschrittene
ISBN 978-3-8362-1901-3
www.galileo-videotrainings.de/3080

Maike Jarsetz
Adobe Photoshop CS6 für digitale Fotografie
ISBN 978-3-8362-1907-5
www.galileo-videotrainings.de/3086

Braunschmid, Braunschweig, Lior, Roetsch, Hecker
Die Tricks der Photoshop-Profis – Volume 3
ISBN 978-3-8362-1912-9
www.galileo-videotrainings.de/3091

Matthias Schwaighofer
Kreatives Fotodesign mit Matthias Schwaighofer
Bildlooks und Composings mit Photoshop
ISBN 978-3-8362-1911-2
www.galileo-videotrainings.de/3090

Pavel Kaplun
Digital fotografieren mit Pavel Kaplun
ISBN 978-3-8362-1820-7
www.galileo-videotrainings.de/2961

Matthias Schwaighofer, Alexander Heinrichs
Creative Shooting
Live am Set mit den Foto-Profis
ISBN 978-3-8362-2679-0
www.galileo-videotrainings.de/3500

Video-Trainings

InDesign, Illustrator, Layout

Orhan Tançgil
Adobe InDesign CS6
Das umfassende Training
ISBN 978-3-8362-1902-0
www.galileo-videotrainings.de/3081

Karl Bihlmeier
Adobe Illustrator CS6
Das umfassende Training
ISBN 978-3-8362-1903-7
www.galileo-videotrainings.de/3082

Orhan Tançgil
Grafik und Gestaltung
Das umfassende Training
ISBN 978-3-8362-1743-9
www.galileo-videotrainings.de/2837

Weitere Video-Trainings zu Photoshop CC, Photoshop Elements, GIMP, Blender, OSX, Fotografie, Webdesign und Social Media finden Sie auf unserer Website.

Webdesign & Online-Marketing

Jonas Hellwig
Responsive Webdesign
Das umfassende Praxis-Training
ISBN 978-3-8362-2312-6
www.galileo-videotrainings.de/3347

Eric Kubitz
Suchmaschinen-Optimierung
Schritt für Schritt zum optimalen Ranking
ISBN 978-3-8362-1981-5
www.galileo-videotrainings.de/3213

Matthias Bruch, Henry Zeitler
jQuery
Das Praxis-Training
ISBN 978-3-8362-2813-8
www.galileo-videotrainings.de/3572

Peter Kröner
HTML5 und CSS3
Innovative Webseiten und Web-Apps entwickeln
ISBN 978-3-8362-2507-6
www.galileo-videotrainings.de/3409

Jonas Hellwig
WordPress 3
Das umfassende Training
ISBN 978-3-8362-2289-1
www.galileo-videotrainings.de/3337

Florian Franke, Johannes Ippen
Apps entwickeln mit HTML5 und CSS3
ISBN 978-3-8362-1982-2
www.galileo-videotrainings.de/1982

Wir hoffen sehr, dass Ihnen dieses Buch gefallen hat. Bitte teilen Sie uns doch Ihre Meinung mit. Eine E-Mail mit Ihrem Lob oder Tadel senden Sie direkt an die Lektorin des Buches: *ruth.lahres@galileo-press.de*. Im Falle einer Reklamation steht Ihnen gerne unser Leserservice zur Verfügung: *service@galileo-press.de*. Informationen über Rezensions- und Schulungsexemplare erhalten Sie von: *ralf.kaulisch@galileo-press.de*.

Informationen zum Verlag und weitere Kontaktmöglichkeiten finden Sie auf unserer Verlags-website *www.galileo-press.de*. Dort können Sie sich auch umfassend und aus erster Hand über unser aktuelles Verlagsprogramm informieren und alle unsere Bücher versandkostenfrei bestellen.

An diesem Buch haben viele mitgewirkt, insbesondere:

Lektorat Ruth Lahres
Herstellung Janina Brönner
Korrektorat Annette Lennartz, Bonn
Einbandgestaltung Janina Conrady
Satz Claudia Korthaus, Berlin
Druck Beltz Bad Langensalza GmbH, Bad Langensalza

Dieses Buch wurde gesetzt aus der Linotype Syntax (9 pt/12,2 pt) in Adobe InDesign CS6. Gedruckt wurde es auf chlorfrei gebleichtem Offsetpapier (120 g/m²).

Der Name Galileo Press geht auf den italienischen Mathematiker und Philosophen Galileo Galilei (1564–1642) zurück. Er gilt als Gründungsfigur der neuzeitlichen Wissenschaft und wurde berühmt als Verfechter des modernen, heliozentrischen Weltbilds. Legendär ist sein Ausspruch *Eppur si muove* (Und sie bewegt sich doch). Das Emblem von Galileo Press ist der Jupiter, umkreist von den vier Galileischen Monden. Galilei entdeckte die nach ihm benannten Monde 1610.

Bibliografische Information der Deutschen Nationalbibliothek:
Die Deutsche Nationalbibliothek verzeichnet diese Publikation in der Deutschen National-bibliografie; detaillierte bibliografische Daten sind im Internet über *http://dnb.d-nb.de* abrufbar.

ISBN 978-3-8362-2818-3
© Galileo Press, Bonn 2014
1. Auflage 2014

Das vorliegende Werk ist in all seinen Teilen urheberrechtlich geschützt. Alle Rechte vorbehalten, insbesondere das Recht der Übersetzung, des Vortrags, der Reproduktion, der Vervielfältigung auf fotomechanischem oder anderen Wegen und der Speicherung in elektronischen Medien.

Ungeachtet der Sorgfalt, die auf die Erstellung von Text, Abbildungen und Programmen verwendet wurde, können weder Verlag noch Autor, Herausgeber oder Übersetzer für mögliche Fehler und deren Folgen eine juristische Verantwortung oder irgendeine Haftung übernehmen.

Die in diesem Werk wiedergegebenen Gebrauchsnamen, Handelsnamen, Warenbezeichnungen usw. können auch ohne besondere Kennzeichnung Marken sein und als solche den gesetzlichen Bestimmungen unterliegen.